LES AGENDAS CONCILIAIRES DE MGR J. WILLEBRANDS

INSTRUMENTA THEOLOGICA
XXXI

LES AGENDAS CONCILIAIRES DE MGR J. WILLEBRANDS
SECRÉTAIRE DU SECRÉTARIAT POUR L'UNITÉ DES CHRÉTIENS

Traduction française annotée

par

L. Declerck

With a Preface by
Thomas Stransky c.s.p.
Rector emeritus, Tantur

Maurits Sabbebibliotheek
Faculteit Godgeleerdheid

Uitgeverij Peeters

Leuven
2009

ISBN-978-90-429-2217-4

*No part of this book may be reproduced in any form,
by print, photoprint, microfilm or any other means without written
permission from the publisher*

*Toutes réproductions ou adaptations d'un extrait quelconque de ce livre
par quelque procédé que ce soit, et notamment par photocopie ou microfilm,
sont réservées pour tout pays.*

© 2009 by the Maurits Sabbe Library, Faculty of Theology (K.U. Leuven)
Sint-Michielsstraat 2-6, B-3000 Leuven (Belgium)

D/2009/0602/60

Table des matières

Preface, by Thomas Stransky c.s.p. VII
Introduction XIX
Sigles et abréviations XXXIX
Agenda de l'année 1963 1
Agenda de l'année 1964 88
Agenda de l'année 1965 144
Index onomastique 270

Preface

Memories of J. Willebrands at Vatican II: An Insider's Story

Thomas Stransky c.s.p.
Rector emeritus Tantur Ecumenical Institute, Jerusalem

The historian Annette Wieviorka calls our times "The Era of the Witness". The personal testimonies of direct witnesses are *the* way to convey historical truth. Thus the importance of oral and written recordings of such witnesses while they are still alive and whose fading memories are not displaced by fantasies which others then create into myths. "History is not in the truth but in the telling" (Robert Penn Warren).

I apply this generalization to Vatican II (1960-1965), to the infant years of the Secretariat for Promoting Christian Unity (SPCU), and to Johannes Willebrands. Ruthless time is dispossessing us of "insider's stories" from participants who in their tellings could still *re-present* the events and their personalities. At last count (January 2008), of those 2,500 bishops from 134 countries who experienced Vatican II, less than 30 are still breathing. Of the bishops and consultors and staff of the SPCU, every bishop has passed away; the last, Donal Lamont of Rhodesia (2003), age 92. Of the consultors still active are Gregory Baum (Toronto) and Emmanuel Lanne (Chevetogne). Of the fulltime original and expanded staff, with the deaths of Cardinal Willebrands (August 2006) and of Bishop Pierre Duprey (May 2007), only I still wake up in the mornings, as do the two secretaries – Corinna De Martini and Josette Kersters of The Grail. Fifty years later, we remember, mis-remember and forget.

True, it is impossible to understand modern Catholicism, indeed modern Protestantism and Eastern Orthodoxy, without taking into account Vatican II. But it is also true that this "convulsive alteration of the whole religious landscape" (Garry Wills) took place before most of today's Catholics and others have been born. For these, the gravity of history is not the past and our narratives, but the future and their predictions. Vatican II promulgated SPCU documents on ecumenism, on religious freedom, on the relation of the Church to Non Christian Religions, and on Divine Revelation, this last co-drafted with the Theological Commission. But for most who are interested, these four and the twelve others stand by themselves, without a history. The texts outlive the contexts. The end product is stripped of unpredictable and threatened journeys of surprises, setbacks and blessings along the way. And alas, falling back into darker shadows are the actors, such as Johannes Willebrands. Fading faster than what he *did* is what he *was* – his persona and personality, his Dutchness in ecumenical diplomacy, his style of leadership, his ostensible enjoyment of friends and ease with co-workers, his moods.

I am a SPCU witness with an insider's story. I flaunt my own credentials. In early June 1958 I left the USA on a ship to Rotterdam, on my way to Münster, Germany. Its eminent university professor of missiology, Thomas Ohm, OSB, had agreed to tutor me in the histories and theologies of Catholic and Protestant foreign missions, and the missionary beginnings of the modern ecumenical movement. Ohm had strongly urged me not to confine myself to libraries, but also to interview mission and ecumenical leaders in the Netherlands and Belgium, in Germany and France, and in Geneva (World Council of Churches, WCC).

I lodged the first days at the international headquarters of The Grail, in Tiltenberg. Its president Dé Groothuizen contacted Father Willebrands in nearby Warmond. We had a long lunch. He described the history, work and participants of the Catholic Conference for Ecumenical Questions (CCEQ) which he and Frans Thijssen had co-founded in 1951. Six weeks after this interview the Dutch Hierarchy appointed Willebrands its representative for ecumenical affairs – the first such national post, anywhere. With this responsibility begins the first page of three notebooks or cahiers from 1 August 1958 to 6 March 1961; the journal is now being translated into English and annotated by Theo Salemink.

In January 1959 Fr. Willebrands came to Münster to engage Prof. Ohm in addressing the next CCEQ in Paderborn, late August. The major theme was mission-in-unity, in anticipation of the integration of the International Missionary Council into the WCC at the New Delhi assembly, December 1961. Ohm recommended me to the Paderborn conference. Willebrands invited me. We had met once more at Tiltenberg before he arrived in Rome in July 1960. He invited me to come aboard the new Bea/Willebrands boat to prepare the council as one of two SPCU crewmen (the other was Jean-François Arrighi, a CCEQ participant at Paderborn, a private secretary to Cardinal Tisserant, and a consultor to the Congregation for the Eastern Churches).

Indeed a surprise! I asked, how long are council preparations? how long the council itself? The reply: "Not even the pope knows". And in my first conversation with Bea: "No one can tell us what was done last year". The SPCU boat had no map. Yet this impatient American with understandable jitters intuited serious commitment, calm not nervous guides. I answered with an enthusiastic yes. Then the required curial clearances before the public announcement, 3 September 1960, which happened to be my birthday, age 30.

Before we could move into Vatican quarters then occupied by a family and needing paint and repairs, in mid-September Willebrands, and I, were in Gazzada near Milano, for the CCEQ meeting on ecumenical hopes, wishes and desires for the council. To our surprise there arrived on the last day Cardinal Montini (Milano), Alfrink (Utrecht, on holidays in the Italian Alps), and Bea. Bea talked at length with those ten who already had been papally appointed SPCU consultors. This was "although limited to those who happened to be present, the first meeting, unofficial, of the SPCU" (Willebrands, 1981). We were wandering into great historical event, unpredictable its outcome.

I cannot compare the above prelude with the day-to-day experiences with Johannes Willebrands, the council preparations, the council itself, the interims, the immediate post-Vatican II activities, the annual plenarium of the SPCU, and meetings of the RCC/WCC Joint Working Group; in June 1982 a vacation with him and Thijssen in my native rural environment; two weeks of pilgrimage in the Holy Land with him and his only living seminary classmate Piet Schoonebeek (1993), and the last time together, old friends, during his declining years with caring nuns at Denekamp. In this personal context, I place the Agenda, 19 February 1963 to 8 December 1965, translated from the Dutch and superbly annotated by Leo Declerck.

The trickiness of perusing this Agenda depends on what one is looking for and expecting. Willebrands shorthanded selective episodes for his own purposes, however puzzling they may seem to a curious detective. He did not envisage a future historian and publisher looking over his shoulder, as did Yves Congar and his *Journal du Concile* (Cerf, 2002, 2 vols., 1,191 pages!). The Agenda is not a customary journal à la Congar of personal feelings and moods, ups-and-downs in physical health, and blunt descriptions and judgements of others. Nevertheless, the Agenda presents an embarrassing question: may the publication be an intrusive entrance into a private world?

I cannot detect a consistent pattern in the selective items, and why Willebrands ignores far more memorable ones. Why the fact of a few of several routine luncheons with staff members at Roberto's, a modest restaurant near to the offices, yet he does not note even the date of a working audience with Pope Paul VI? Why only the dates of his studied preparation of a conference, and nothing on the theme and the listeners? Congar narrates a long, revealing conversation with Willebrands on the snags in drafting *De Judaeis*, yet the Agenda lists nothing for the same day.

I easily give flesh-and-blood to the flattened skeletons of several names, and I clearly or hazily recall an episode. Even the weeks of blanks create a vacuum which I rush in to fill, or I simply allow to rest because of no recollection. "Where is the truth of unremembered things?" asks C. Milosz. What the Agenda leaves out often creates in me more arresting reality than the recorded, for left out is his direct participation and influence in events which were turning points for the SPCU and Vatican II, and which illustrate Willebrands's leadership skills and style.

For example, among the names, Willebrands mentions Frans Thijssen 51 times without comment – evening dinners at Willebrands's residence on Monte Mario; getaway weekends at a convent on Lake Bracciano. They were the closest friends, mutually consulting *entre nous*. One cannot understand Willebrands without also knowing Thijssen.

In 1937 Willebrands had returned from Rome with a doctorate in philosophy, and the young priest became a resident chaplain at the Beguinage in central Amsterdam. The older Thijssen introduced him to Catholics and Protestants who were aiding helpless refugees from the Nazis, Jews in particular. Thijssen was later called "the prophet of Holland" because of his bold actions in the underground movement during the Nazi occupation, when the dignity of the Netherlands and the integrity of the Church were at stake. After the war he was vocal in promoting positive relations in common witness among the churches, more so since the 1948 first assembly of the WCC in Amsterdam. In J. Grootaers's description, Thijssen was "the *vox clamans* of the ecumenical movement in its prophetic years". A year before the WCC assembly, the Dutch bishops appointed Willebrands president of *Sint Willibrordvereniging*, then a staunch and aggressive organization which defended the Catholic Church vis-à-vis the Dutch Protestants, and boasted its unembashed aim of their "conversion". Thijssen helped his friend to soften the approach, develop positive relations with the other churches, and seek like-minded Catholics beyond the national borders.

Thijssen's doctoral studies at the Gregorianum in Rome and his residency at the Germanicum-Hungaricum on the Via S. Nicolò da Tolentino gained him lasting friends in Germany, Austria, Hungary, Slovenia and Croatia. He recruited several of them to become members of the CCEQ. In naming the two co-founders of the CCEQ, Willebrands is always the first. In fact, initially peripatetic Frans Thijssen was the more visible and active, and he recognized in the rector of the Philosophicum in Warmond calmer leadership and organizational skills. The demeanor was contrasting. The expansive Thijssen could not speak with stranger or friend without moving hands and grand body gestures – Dutch panache. He had a brilliant theological mind, yet not always easy to understand – the wry judgment of Henry Davis (Birmingham), a member of the CCEQ executive committee: "Thijssen speaks Dutch and French, German, Italian and English, all in the same sentence!".

After each CCEQ conference, Willebrands submitted the executive committee report to the Holy Office, and with Thijssen he went to Rome, there to discuss it with Pius XII's unofficial consultor on ecumenical affairs – Father Augustin Bea at the Biblicum. Prudent in church diplomacy the Dutch pair did not want only the complainers to inform the Holy Office.

When Willebrands had been appointed SPCU secretary, Cardinals Alfrink and Bea readily approved his recommendation that Frans Thijssen represent the Netherlands as a SPCU consultor.

What was the relationship of Cardinal Bea with Willebrands, the original staff (Arrighi and Stransky) and its expansion (Salzmann, Duprey and Long)? In August 1960, after Bea and Willebrands had put together the first list of members and consultors, the cardinal made his annual retreat in Germany. In this week of prayerful reflection on his new responsibilities, Bea resolved: "with subordinates, always friendly, patient, kind and not familiar, firm and clear" (private retreat notes). And another retreat entry after two years of working with the given staff: "Towards all who work with me, show confidence for them, prove my love of them whenever I can, be patient with them – making allowances for the character of each individual – and make sure that it is a joy to work with me. Pay tribute to the work they do". We all experienced Bea's fidelity to his private resolution. He treated us as he treated Willebrands, who in 1981 recounted that when he became the SPCU secretary in June 1960: "The cardinal advised: 'I shall not mind if you sometimes make mistakes, but I shall mind if you do not do something practical". Bea wanted to start a *new* tradition in *practical ecumenism.*

Cardinal Bea also followed his resolution, "not to be familiar" with his staff. I admired his dove-like simplicity *and* serpentine wisdom. He never seemed to lose his calmness or to dull his extraordinary sense of timing: when to push whom for what, when to lie back and wait (this quality I appreciated after the fact). I never questioned his loving trust in affirming what I was doing right and in correcting my awkward mistakes. I was a loyal collaborator with the paterfamilias, but without familiarity. Willebrands was so different. In our small family he was an easy friend, he preferred in English to be called "John". He enjoyed being just that, a friend.

The arrangements and working routine conditioned these relationships with the cardinal and his secretary. During the council preparations the Vatican administration designated our office space on the first floor (*primo piano*) of an old and large palazzo on the Via dei Corridori, two blocks east of the Piazza San Pietro. The quarters were very small – a midget entrance parlour, four rooms.

Seventy nine year old Bea followed a strict discipline of study and prayer and work, and he adhered to careful abstemious diet. He seldom came to his SPCU office, except to preside over a "congresso" every month. He preferred to remain at his simple quarters at the Collegio Brasiliano on the Via Aurelia. There he did his business with Willebrands and occasionally with a summoned staff member. Also at his residence he received all visitors, and kept most of the names to himself. He was protecting his privacy. He relied on his private secretary, fellow Jesuit and former secretary of the Biblicum – Stjepan Schmidt, a Croatian. Daily a driver exchanged the post and memoranda.

This arrangement meant that Willebrands, *not* Bea, directed the staff at the Via dei Corridori. Work and informality mixed. We were at the office at 08:00, if not before. From 08:30 to 09:00 Willebrands presided over a "congressetto" with staff and secretaries in sharing and discussing the new correspondence or recent travels, assigning responsibilities of answers, either directly or drafts for him, and offering suggestions for improving or initiating projects and contacts. This nuclear unity was of an extended family. The first plenarium, November 1960, was held in a stuffy, ill-lit room in the Vatican, adjacent to a junkroom of sculptured fragments called the Hall of Broken Heads. With Bea's strong support, for future plenaries we will go outside the city. Willebrands, Arrighi and myself found an isolated retreat institute at Ariccia on Lago di Nemi, far enough from Rome to prevent bishops' skipping out during meetings for Vatican business or for visits with city friends. Ariccia provided an atmosphere which quickly bonded members, consultors, and staff into a democratic community of intense work, shared liturgy and recreation. Five pre-council plenaries were at Ariccia except for one away from the Italian August heat, in Bühl, Germany, near to Bea's birthplace at Riedböhringen.

By symbiosis the SPCU adjusted to a *modus vivendi*: accept the unpredictable, settle for immediate resolution, with no pretense of long-range visions and strategies.

The staff enlarged, beginning with Eric Salzmann who joined us four weeks before the second plenarium, February 1961. A diocesan priest from Brig (Switzerland) and Bea's former student, he was an adept Latinist and competent archivist. He had an eagle eye on the ordinary order, or occasional disorder, of the office. With Arrighi he organized the complicated logistics for the lodging of the delegated Observers. He was self-effacing, and zealous in his own way away from the office as chaplain to the de la Salle Christian Brothers' generalate. Archbishop Felici, secretary of the council preparatory commission, refused to accept Salzmann as a SPCU employee: "You are the smallest of the preparatory organs, not even a proper commission, and you need an extra on the staff?". Bea and Willebrands would have Salzmann in their own way. For the next two years his salary came from the cardinal's private pocket. The Agenda lists Salzmann 27 times.

Two more staff members in Pierre Duprey and John Long. In establishing the SPCU, *Superno Dei Nutu* (5 June 1960) did not separate the two major groups of other Christians: those of the Orthodox Churches of the Byzantine (Greek and Slavic) and of the Oriental Orthodox (Syrian, Armenian, Coptic and Ethiopian), and those of the Anglican and Protestant Communions. Would the SPCU be responsible for contacts with both or leave the Orthodox and the Oriental to the Preparatory Commission for the Eastern Churches (Cardinal Amleto Cicognani)? Prior to the appointment of Willebrands, the cardinal preferred the division. He told the Pope that he considered himself little qualified to handle the problems of the Eastern Churches. The Pope would have it otherwise but conceded. Willebrands questioned the practicality of a structured division of ecumenical relations. The WCC, as prime example, had both Protestant and Orthodox under the same tent. So did the CCEQ, among whose regulars were Olivier Rousseau, Pierre Dumont and Emmanuel Lanne from Chevetogne; Christophe Dumont from the Istina Centre in Paris; and from the Middle East, Pierre Duprey, Jean Corbon, and Robert Clément.

The original list of SPCU members and consultors had not even an Eastern Catholic bishop-member. The first plenary heard many objections, especially from Christophe Dumont: the Orthodox will shun any initiative from the Congregation for the Eastern Churches, pejoratively called "Uniates" and their very existence judged to be "proselytic". The Vatican Congregation was not noted for ecumenical initiatives. Bea admitted his initial mistake and reported to Pope John who happily replied: "All right, Your Eminence, by all means take the Orthodox" (Bea, 1967).

Willebrands soon proved to be very acceptable to the Orthodox hierarchs. They welcomed his frank diplomatic ways and genuine faith in the unity of the one Church of Christ. Not by letter but in person, he travelled eastwards in February and May 1962. He asked if the heads and synods would delegate Observers. Twice he visited Ecumenical Patriarch Athenagoras. These contacts *in situ* convinced him that the SPCU needed fulltime staff experts who were knowledgeable in the theologies and historical contexts of each Eastern Church, and who in particular knew the strengths and weaknesses of living leaders.

For the first council session Willebrands had selected Pierre Duprey to serve as theologian/interpreter/translator (Greek, Arabic and French) for the delegated Observers of the Middle East Churches. Since 1956 Duprey (b. 1922) was the rector of the Melchite seminary of St Anne in the Old City of Jerusalem, and editor of *Proche Orient Chrétien*. He became familiar with the region ever since he had studied in Tunisia in 1940 and was ordained as a Père Blanc in Carthage, 1950. After the first session Willebrands facilitated the enlistment of Duprey and, mainly at Duprey's request, the American Jesuit John Long. Duprey had a quick intuitive intellect, an impatience with burocratic delays, and impulsive outbursts among friends. "Stupide" and "bêtise" and Arab words felicitously never translated were no strangers to his lips. The more reserved Long (b. 1925) had studied at the University of Athens, and, like Duprey, at the Jesuit Oriental Institute in Rome. He was fluent in Russian and familiar with the Russian and Slavic Churches "behind the Iron Curtain". Both Duprey and Long warmly accepted Willebrands' s direction of the SPCU office and its milieu – the combination of serious, intense work and constant consultation, informality and humour. They joined myself who was resistent to walking down the trodden path of *romanità*, the *stylus Curiae*.

I presume a missing Cahier from March 1961 to December 1962. The first entry in the Agenda here is February 1963. The context was different. After the first session and before the death of Pope John, we were experiencing a qualitative shift in the SPCU's perception of itself because of the council Patres' perception of the SPCU. On October 22 they received the pope's clarification that the SPCU, like the commissions, had the right to present its own schemata and to cooperate in joint-commissions. In the discussion and voting on the preparatory *De Fontibus Revelationis* as a basis for future discussion, the pope intervened; he called for a new schema to be drafted by members from the newly composed theological commission and from the SPCU. Then on December 1, the bishops voted, 2,068 to 36, for one schema on church unity which would harmonize the three drafts of the preparatory theological commission, the commission for the Eastern Churches, and the SPCU. Bishops were trusting the SPCU's competence to evaluate the "ecumenical dimension" of schemata without ever seeing SPCU's own; they were not yet printed! The most single important disclosure of the first session was the strength shown by advocates of renewal and reform. Unintentionally the SPCU was mirroring this majority tendency, and the opposing minority began to mobilize. Bea became an icon. Wits who read public advertising for British European Airlines or BEA were exclaiming: "Fly with BEA". Monsignor Willebrands was still unknown to most bishops; he was the SPCU secretary who sat in the Observers' tribunal.

He had his own coup, but the Agenda leaves it out in the January 1963 negotiations for the release of Archbishop J. Slipyj (L'viv, Ukraine) from a 17 year confinement in a Siberian prison town. To avoid direct political relations between the Kremlin and Cicognani's Secretariat of State, Pope John empowered Bea and Willebrands with the negotiations. The pope had been impressed with the positive outcome of Willebrands's receiving approval in the Moscow Patriarchate (and Kremlin) for Russian Orthodox Observers at the first session. On 24 January Bea and Willebrands received news that the Soviet Premier Nikita Kruschev was permitting Slipyj to leave Russia for Rome, but no publicity before or during the exit. Willebrands flew to Moscow, accompanied the ex-prisoner to Vienna, then by train to Grottaferrata, the Eastern Church monastery north of Rome (February 10). For the first time in 17 years the robed Archbishop fully celebrated the high Slavic rite. Willebrands, Arrighi and I witnessed the tears. The dramatic release and the Romeward journey with Willebrands reached the press the next day, Monday, giving the Vaticanologists fresh stuff for speculation.

Willebrands, I know, regarded this episode as one of his most gratifying. Archbishop Slipyj and his freedom was a fact and prophetic symbol, a small positive voice from "the Church of Silence". He was personally wounded and saddened when Slipyj had pleaded in his first intervention in aula (October 11, 1963) for raising the prestige of the metropolitan see of Kiev to patriarchal rank. Paul VI and the SPCU had opposed the request for "ecumenical reasons", and the decision was bitterly resented by Slipyj and the church in Ukraine and by the emigrant Ukrainians, such as Archbishop M. Hermaniuk (Winnipeg, Canada), later a member of the SPCU.

The Agenda leaves out Willebrands's and Duprey's essential role in the rencounter and embrace of Pope Paul and Ecumenical Patriarch Athenagoras, on the Mount of Olives, 6 January 1964: "Two pilgrims, their eyes fixed on Christ" (the words of their joint communiqué). Thirty years later, October 1993, I accompanied the Cardinal to that same room, and there greeting him were the incumbent Patriarch of Jerusalem, his entourage, and, yes, his visiting sister and brother-in-law. Driving back to Tantur, he remarked about the 1964 gesture: "one of the most privileged events in my long life".

I am often surprised at the lack of an entry on some of those temporary but critical unexpected worries, almost panics. For example, on 24 April 1964, the prosaic note: "Lunch with Long and Stransky". The simple fact triggers my memory of a sudden challenge to crisis-management. During the second session the Observers were more publicly commenting on council issues in press interviews and publicized conferences in Rome. Some comments were not nuanced, too much of "we" versus "they" to designate the council-minority – the "ecumenical opposition". The conservative Coetus Internationalis Patrum directly went to Pope Paul with their troubling rhetorical question: Were the Observers becoming too influential on the council processes? Perhaps confirming his own worries, the pope wrote to Bea in mid-April 1964, to consider if the presence of the "separated brethren" and of their *mentalità* were "excessively dominating the Council thus diminishing its psychological freedom". "It seems", he concludes, "that far more important than pleasing the Observers is protecting the coherence of the teaching of the Catholic Church". Years later the insider at the time of the letter, Cardinal Villot, commented that Paul VI was considering "dis-inviting" the Observers delegated by other Communions.

Willebrands had just returned from Athens and Istanbul, and the cardinal showed him the pope's letter. At lunch with Long and myself he expressed his irritation and sought our counsel about possible responses: "We did not invite the Observers to particular sessions but to the Council". I do not know how Bea answered the papal letter. Nothing ensued. The crisis never travelled beyond us four.

In 2004 a cross-section of Willebrands's friends and colleagues fittingly celebrated at Denekamp his anniversaries: 95 since birth; priest, 70; bishop, 40; and cardinal, 35. From Tantur I telephoned my congratulations. He commented: "The most important gift to me is my priesthood". Until 1964 he bore the honorific (non biblical) title of prelate, "Monsignor". But "Father" fit him better.

During the first two council sessions he was not a bishop, not of the Vatican II Patres as were the SPCU members. The status gave him no right to speak or vote in aula, but he had a certain freedom. During the days of a *congregatio generalis*, he could remain in his office on Via dei Corridori, or he could join the SPCU staff, the translators/interpreters, the delegated Observers and SPCU Guests ad personam. The designated tribunal was near the high altar and across from the cardinals' seats. Located under Bernini's Saint Longinus, the Observers called themselves "The Separated Brethren of St. Longinus". Willebrands enjoyed the two council coffee bars, quickly named Bar-Jona and Bar-Abbas, highlighted by Oscar Cullmann for their "ecumenical role". In this relaxed milieu he could more easily read the council pulse. The Observers were of his extended family. His Agenda notes only a few of many luncheons at the Pensione Sant'Angelo, where most of the Protestant and all of the Orthodox Observers lodged; they invited to table *periti*, visiting clergy and spouses, lay friends, and Patres. On most free Thursdays he joined the Observers on one-day bus trips outside Rome. We lunched too sumptuously with generous local hosts, such as the monasteries of Subiaco, Montecassino, Casamari, Assisi and Grottaferrata, or in the towns of Viterbo, Orvieto, Napoli and the Castelli Romani.

On 4 June 1964, Pope Paul nominated Father (monsignor) Willebrands a titular bishop. He was in France; 1-9 June – a flurry of diverse activities in Geneva, Lyons, Ars and at Taizé. The Agenda highlights his conversations with lay leaders of la Petite Église. His Agenda skips the ordination itself by the Pope in St. Peter's Basilica, June 28; and it omits the joyful celebration at the Collegio Olandese, in fact the first family reunion since the funeral of his mother – his father, brothers and sisters and their children, and his brother a Redemptorist for years a missionary in Dutch Guiana (Surinam).

Now Bishop Willebrands had the right to *interventiones* in aula, to submit written *animadversiones*, and to vote. But in order of seniority of episcopal consecration his new council seat was in the very back of the long aula: "I am not able to see the Observers!". Whereas Cardinal Bea delivered 18 *interventiones* and wrote even more *animadversiones*, Willebrands never spoke in council. He added his name to a few written *animadversiones* of groups. The only one with his sole signature was his ecumenical concern for deeper, more balanced Marian doctrine in *De Ecclesia* which could challenge Protestant doctrine, attitudes and pieties about Mary. Most of them were ignorant of the Scriptures and the ancient tradition of the undivided Church, and even the teachings of Luther and Calvin. He was against the title of Mary as Mediator (Mediatrix). The word itself should not be in *De Ecclesia*; it seemed to juxtapose Christ, the sole Mediator. The additional Marian title would create even more problems with the Protestants.

The sole public appearance of Bishop Willebrands in aula was at the last solemn assembly, 7 December 1965. In the presence of Pope Paul and at his side on the high altar, Greek Orthodox Metropolitan Meliton of Constantinople, Bishop Willebrands read in French the Common Declaration of Pope Paul VI and Ecumenical Patriarch Athenagoras, which decided to "remove from memory and from the midst of the Church", the sentences of mutual excommunications of 1054. Pierre Duprey, indispensable in the drafting and negotiations, described the Declaration "a major step towards the healing of schism". The Agenda states only the fact of the Declaration and on the same day the promulgation of another ecumenical triumph of Willebrands's patience – *On Religious Freedom*.

If some judged Willebrands shy, it was a deceptive shyness which seemed not to obstruct his initiatives in meeting people eye-to-eye. His unsought popularity came from his quiet honesty, his speaking the truth in unfeigned charity, his conveying realistic hopes without being preachy. He told me, as I presume he told a few others, what Pope Paul expected from him in audience or memoranda, in the pope's words: "Help me by being completely honest and frank". Even with His Holiness he could be himself. His irritation was duplicity or vagueness in speech which hides true intent and thought. He disdained mediocre incompetence in those who wield ecclesiastical power over others. He described one such cardinal: "Sub-Zero". Already in the 1950s, when he and Frans Thijssen reported in Rome, they spoke not only always with Father Bea but also often with Cardinal Ottaviani, secretary of the Holy Office. In the council years Ottaviani vigorously opposed the SPCU in some critical areas, such as religious freedom and Church-State relations. Willebrands respected him and his competence: "He always clearly says what he clearly thinks necessary to defend the faith".

I have recorded here but a few of my personal recollections which may complement Leo Declerck's penetrating analysis of the 1963-1965 Agenda. Sometimes, as old people are wont to do, I savour my most enjoyable times with John

Willebrands. Coming to mind are those occasions when together we made the Rome-Geneva-Rome trip. He was trusting me to be the staff member who would help him strengthen the SPCU bonds with WCC personnel and WCC programmes. The WCC officers were cramped into a former home on the route de Malagnou (at present a museum of Swiss clocks). Visser 't Hooft always greeted Willebrands as a colleague who shared the same ecumenical commitment. We lodged nearby, in an old Swiss-style hotel with a long outside porch; after a tiring day we would sit in rocking chairs, and chat, and he smoked his cigar and I my pipe.

I conclude with another personal memorable. On the occasion of Cardinal Willebrands's funeral in Utrecht (August 2006), his friends Louis and Maria ter Steeg asked me to summarize the Cardinal's *persona*. To my surprise the expected pious eulogizing formalities vanished. I answered, briefly: "He was a Dutch gentleman".

Tantur, Pentecost 2008   Thomas Stransky c.s.p.

Introduction

1. Willebrands et Vatican II

Lorsque le 28 juin 1960, Willebrands[1] est nommé, à la demande du card. Bea, secrétaire du nouveau Secrétariat pour l'Unité, créé le 5 juin 1960, peu de personnes pouvaient soupçonner qu'il jouerait un rôle aussi important à Vatican II. Sans doute, le concile constituait une chance exceptionnelle de développer une action d'envergure. Encore fallait-il de solides qualités pour saisir cette chance et Willebrands les possédait effectivement.

Tout d'abord, il n'était nullement novice en matière de rapprochement des Églises. Dès 1952, en collaboration avec Fr. Thijssen, il avait pris l'initiative de fonder la Conférence catholique pour les questions œcuméniques. Cette Conférence lui avait déjà donné l'occasion de nouer de nombreux contacts avec les centres et les personnalités œuvrant à l'unité des chrétiens au sein de l'Église catholique. Pensons ici à l'abbaye de Chevetogne, au Johann-Adam-Möhler-Institut de Paderborn, au Centre Istina de Paris, au Foyer Unitas de Rome. Mais il avait aussi tissé des liens avec plusieurs personnalités des autres confessions chrétiennes (notamment avec Visser 't Hooft, son compatriote, secrétaire général du COE)[2].

---

1. Johannes Gerardus Maria Willebrands est né à Bovenkarspel (Pays-Bas) le 4 septembre 1909. Il fait ses études secondaires au petit séminaire des pères rédemptoristes à Roermond et à Vaals, et fait une année de noviciat comme rédemptoriste à Bois-le-Duc. En 1929, après avoir quitté le noviciat des rédemptoristes, il devient étudiant au grand séminaire de Warmond et, en 1934, il est ordonné prêtre du diocèse de Haarlem. De 1934 à 1937, il entreprend des études de philosophie à l'Angelicum à Rome où il obtient, en 1937, le doctorat avec une thèse sur Newman («The Illative Sense in he Thought of John Henry Newman»). De 1937 à 1940, il est nommé chapelain au Béguinage d'Amsterdam et, en 1940, il devient professeur au Philosophicum du grand séminaire de Warmond, dont il devient directeur en 1945. En 1948 il est nommé en outre président de la «Sint Willibrordvereniging». Dans cette dernière fonction, il commence ses contacts œcuméniques qui aboutissent en 1952 dans la fondation de la Conférence catholique pour les questions œcuméniques. En juin 1960, il est nommé, sur proposition du cardinal Bea, secrétaire du Secrétariat pour l'Unité à Rome. Le 28 juin 1964, il est sacré évêque titulaire de Mauriana et, en 1969, il succède au card. Bea comme président du Secrétariat pour l'Unité. Le 28 avril 1969, Paul VI le crée cardinal. Tout en gardant la présidence du Secrétariat pour l'Unité, il est archevêque d'Utrecht de 1975 à 1983. En 1983, il retourne à Rome et continue à exercer la présidence du Secrétariat jusqu'en 1989. En 1997 il retourne aux Pays-Bas et réside à la Nicolaasstichting à Denekamp, où il est décédé le 2 août 2006.

2. Pour s'en rendre compte, il suffit de lire les Cahiers de Willebrands concernant la période de 1958 à 1961 (ces Cahiers sont édités par Th. Salemink). Cf. aussi M. VELATI, *Una difficile transizione*, p. 17-174.

Par ailleurs, Willebrands était doué d'un sens inné de l'adaptation aux circonstances et il a trouvé dans le Secrétariat pour l'Unité un organisme qui lui convenait à merveille. Sans doute, à ses débuts, le Secrétariat – bien que voulu expressément par le pape Jean XXIII – n'avait qu'un statut précaire[3]. Il n'avait pas le rang de commission préparatoire et, en conséquence, il n'était pas habilité à préparer des textes pour la future assemblée conciliaire[4]. Mais ce statut flou et non officiel présentait aussi des avantages. Bea et Willebrands disposaient en effet d'une grande liberté dans la nomination des membres et consulteurs du Secrétariat[5]. Ils pouvaient choisir les questions à traiter et, pour réaliser le travail, ils formaient de petites équipes sans pratiquement faire de distinction entre les membres et les consulteurs. De plus, ils n'hésitaient pas à réunir les sous-commissions et même tout le Secrétariat hors de Rome (par exemple, à Fribourg en décembre 1960 et à Bühl en août 1961). Bref, ils n'étaient pas soumis aux pesanteurs et aux règles strictes des commissions conciliaires officielles.

C'est sans doute cette souplesse de fonctionnement qui explique que le Secrétariat qui, au départ, ne s'était vu assigner qu'un rôle modeste (minimisé d'ailleurs par beaucoup), s'est développé rapidement au cours des sessions au point de devenir l'un des organes les plus importants de l'événement conciliaire. Ainsi, grâce à l'esprit d'initiative de Bea et de Willebrands, le Secrétariat a pris en charge et mené à leur terme quelques textes qui, quoique relativement brefs, comptent parmi les plus importants et les plus novateurs de tout le concile: le décret sur l'œcuménisme, la déclaration sur les relations avec les religions non chrétiennes (comprenant le texte sur les Juifs), et la déclaration sur la liberté religieuse. C'est surtout le long calvaire de ces deux derniers textes que les notes des Agendas de Willebrands permettent de retracer.

Mais le rôle du Secrétariat ne se réduisait pas à la rédaction de textes. Sa mission principale était de servir d'interface entre le Concile et les Églises chrétiennes séparées de Rome. Cette mission demandait de grandes qualités d'accueil et de compréhen-

---

3. Un signe de cette précarité est que le Secrétariat, dans ses premières années, n'avait pas de locaux convenables et ce sera un grand souci pour Willebrands de résoudre de nombreux problèmes matériels. Un autre grand souci pour Bea et Willebrands sera d'assurer la «permanenza» du Secrétariat à la mort de Jean XXIII en juin 1963.

4. Tromp, secrétaire de la Commission doctrinale, refusera, pendant toute la période préconciliaire, une collaboration officielle avec le Secrétariat, en prétextant qu'il ne s'agissait pas d'un organe explicitement mandaté. Les incidents autour du texte *De Libertate religiosa* illustrent clairement ce conflit de compétence: le projet du Secrétariat sur le *De Libertate religiosa* se retrouve mis en concurrence avec le projet de la commission théologique devant la commission centrale préparatoire en juin 1962. Ce n'est qu'au cours de la 1ère session (19 octobre 1962, cf. *A.S.* VI, I, p. 194) que Jean XXIII confère au Secrétariat le rang de commission conciliaire.

5. Voir l'entretien de M. Lamberigts et L. Declerck avec Willebrands le 26 février 1999 (F. De Smedt, p. XVI, note 2).

sion du point de vue des autres et, en outre, beaucoup d'esprit d'initiative. Willebrands a excellé en tous ces points. Grâce à lui, on peut se rendre compte que les textes du concile n'ont pas été élaborés en vase clos, mais sont redevables de l'apport de nombreuses personnes extérieures au concile et qui, par leurs manifestations de sympathie mais aussi d'opposition, ont influencé le cours des événements.

Énonçons les différentes prises de contact que le Secrétariat a réalisées tout au long du Concile et sur lesquelles nous donnerons ultérieurement plus de détails.

– À Rome même, il y avait l'accueil des observateurs officiellement invités par le pape. On ne peut sous-estimer l'importance de la présence silencieuse, mais malgré tout fort active, de ces observateurs et leur influence sur le travail conciliaire. L'accueil chaleureux que le Secrétariat a déployé à leur égard n'est évidemment pas étranger à cette influence.

– Ce que l'on sait moins, c'est que le Secrétariat ne s'est pas contenté d'accueillir des membres des autres confessions chrétiennes à Rome, il a également tenu à leur rendre visite chez eux. C'est ainsi que Willebrands, seul ou en compagnie de Bea, a fait pendant les années conciliaires d'innombrables voyages à l'étranger. On le voit aux États-Unis, à Moscou, à Constantinople, à Jérusalem, au Caire, en France, en Allemagne, en Suisse, en Angleterre.

– Une autre chose remarquable est que le Secrétariat – avec l'approbation du pape et même à sa demande explicite – a rempli des missions qui revenaient normalement à d'autres dicastères de la Curie. Nous ne citerons que deux exemples. C'est Willebrands qui va chercher Mgr Slipyj à Moscou, quand celui-ci est relâché par Krouchtchev après une médiation de N. Cousins et de Bea, alors qu'on se serait attendu à une intervention de la Secrétairerie d'État. Et c'est encore Willebrands qui fait plusieurs voyages en 1965 chez les patriarches catholiques orientaux (Damas, Jérusalem, Le Caire) pour plaider la cause de la Déclaration sur les Juifs, tâche qui à première vue aurait dû incomber à la Congrégation orientale.

On peut dès lors estimer que si Vatican II a été un concile vraiment «œcuménique», le mérite en incombe en grande partie à des personnalités comme Bea et Willebrands et à leurs collaborateurs du Secrétariat.

2. Les Agendas conciliaires

Dans les archives de Willebrands, on a trouvé principalement trois grands Agendas (de format 12,5×17,6 cm) pour les années 1963, 1964, 1965, écrits en néerlandais, qui recouvrent l'essentiel de la période conciliaire[6].

6. Pour l'année 1962, on n'a pas trouvé d'Agenda, mais dans les archives d'Utrecht il existe trois pages dactylographiées sur les événements du 24 au 27 octobre 1962. Nous avons arrêté la publication de ces Agendas au dernier jour du concile, le 8 décembre 1965.

Pendant les périodes au cours desquelles ils ont été utilisés, ces Agendas sont soigneusement remplis au jour le jour, indiquant même souvent l'heure précise de l'événement. Pour chaque jour, ces Agendas contiennent une page divisée en deux colonnes. Souvent Willebrands a noté les faits et les rendez-vous dans la colonne de droite et parfois il a ajouté un commentaire ou une explication dans la colonne de gauche.

Toutefois, comme le signale le P. Stransky dans la Préface de ce volume, hormis l'année 1965, ces Agendas présentent de grandes lacunes et des périodes où rien n'a été noté. Le fait est étonnant car il s'agit parfois de périodes fort importantes. Ces lacunes sont cependant presque toujours l'indice que Willebrands a consigné ses notes en un autre endroit. En effet, concernant plusieurs voyages, on a trouvé des pages volantes de bloc notes qu'on a replacées et publiées à la date correspondante. Par ailleurs, concernant certaines réunions ou voyages, Willebrands a rédigé des rapports spéciaux[7]. Enfin, concernant la période cruciale des *modi* pontificaux ajoutés au Décret *De Oecumenismo* fin novembre 1964, il a rédigé, en français, un véritable journal, dont il avait d'ailleurs pris soin de confier une copie au Père Tucci s.j.[8].

Le P. Stransky, un des premiers collaborateurs de Willebrands au Secrétariat, nous a par ailleurs confié[9] que des collaborateurs faisaient souvent des rapports sur des réunions ou des voyages, que Willebrands contrôlait et signait par la suite.

Tout ceci indique que l'historien ne dispose pas encore de tous les papiers et notes que Willebrands a réalisés pendant et après le concile[10]. Ces papiers ont-ils été perdus ou se trouvent-ils dans les archives (secrètes) du Vatican? On le découvrira sans doute plus tard.

Il est évident que Willebrands a le sens de l'histoire et qu'il est conscient que la mémoire de beaucoup d'événements auxquels il a participé mérite d'être conservée. Ceci ne l'empêche pas de noter aussi des faits de la vie quotidienne (visites à sa famille, excursions avec ses amis, séance de cinéma, visite d'un musée, achat d'une nouvelle voiture, etc.).

---

7. Par ex. pour la rencontre du 15 avril 1964 entre le Secrétariat et le COE à Milan, il a fait un long rapport, cf. Archives du COE à Genève, 4201.2.4.

8. Ce journal a été publié par M. VELATI, *L'ecumenismo al Concilio: Paolo VI e l'approvazione di «Unitatis redintegratio»*, dans *Cristianesimo nella storia* 27 (2005) 427-475.

9. Entretien avec Stransky à Brescia le 27 septembre 2007.

10. On peut signaler qu'on a également trouvé aux archives, à Utrecht, trois petits agendas de poche pour les mêmes années 1963, 1964 et 1965. Ils sont très incomplets, confirment certains événements des grands Agendas et parfois, pour certaines périodes, se contentent d'indiquer où le cardinal Bea se trouve à ce moment.

Ces notes ont été confiées au papier après l'événement[11] mais il est plus difficile de déterminer exactement le moment de l'annotation. On peut croire que celle-ci a eu lieu souvent le jour même ou un des jours proches de l'événement[12].

Les notes de Willebrands sont fort lapidaires et écrites en style «télégraphique». Souvent elles ne présentent qu'une énumération sèche des événements ou donnent seulement une série de noms des personnes rencontrées. Rarement elles expriment un sentiment personnel ou font allusion à des situations privées. Elles sont cependant fort objectives et font connaître une multitude de détails et surtout des dates exactes. En dépit de leur concision, elles nous permettent dès lors de compléter et de préciser de nombreux événements de Vatican II. C'est ce que nous voudrions indiquer à présent à grands traits.

3. Importance des Agendas

En retraçant fidèlement les occupations de Willebrands pendant les années tellement mouvementées du concile, les Agendas nous font découvrir diverses facettes de sa riche personnalité, ils nous apportent des données nouvelles sur le cheminement des textes conciliaires rédigés sous la responsabilité du Secrétariat, ils nous révèlent enfin les multiples tâches œcuméniques du Secrétariat qui témoignent de l'essor inattendu pris par cet organisme au cours du concile.

1. L'homme Willebrands

Quand on parcourt les Agendas, l'une des premières choses qui frappe le lecteur est la grande capacité de travail de Willebrands. Chaque matin, le secrétaire est à 8 h à son bureau (après avoir célébré la messe, et après avoir parcouru en voiture une route d'une demi-heure du Monte Mario au Secrétariat) et a une première réunion avec ses collaborateurs directs à 8 h 30. À midi, il déjeune en ville, la plupart du temps avec des hôtes, puis il revient à son bureau continuer le travail (sans avoir fait la sieste si chère aux Romains). S'il rentre d'habitude vers 19 h à la maison, il poursuit souvent certaines tâches, reçoit des personnes ou encore rend visite à d'autres. Le samedi il va au bureau tout comme les autres jours et, même le dimanche, il retourne très souvent au Secrétariat pour régler des questions urgentes.

11. Ces Agendas ne servaient donc pas – comme c'est d'habitude le cas – d'aide-mémoire pour le programme des journées à venir mais ils permettaient plutôt d'enregistrer les événements qui venaient d'avoir lieu.

12. Dans ses Cahiers, Willebrands note parfois qu'il a mis à jour ses notes après les avoir suspendues pendant un certain temps.

Mais ce qui est le plus frappant dans cet emploi de temps, ce sont les multiples voyages à travers le monde: en voiture (il était un bon chauffeur et disposait d'une voiture puissante, une Volvo), en avion et en train[13]. Il s'agissait chaque fois de missions délicates et difficiles après lesquelles on le voit se remettre de suite au travail sans prendre du repos.

Les Agendas rendent aussi témoignage de la grande qualité des relations humaines que Willebrands entretenait.

– Il est particulièrement prévenant pour les membres de sa famille. L'émotion perce lors de la mort de sa maman (21 mai 1963). Il retourne ensuite régulièrement en Hollande pour voir son père. Il accueille aussi ce dernier à Rome, du 1er au 18 mai 1964, et l'accompagne à une audience chez le pape qu'il a obtenue pour lui.

– Il manifeste une grande vénération à l'égard du card. Bea et celle-ci se traduit par une loyauté sans faille et un dévouement total.

– Il reste en outre très lié avec les prêtres de son diocèse et surtout avec ceux qui ont été ordonnés en même temps que lui. En Hollande il loge chez eux, à Rome il les reçoit chez lui.

– Il est d'une fidélité exemplaire à ses amis: Fr. Thijssen, P. Schoonebeek, J. Remmer et Mgr De Smedt (par exemple, il vient faire une conférence à Bruges à l'invitation de De Smedt. Il demande à celui-ci de l'accompagner au Proche-Orient en juillet 1965).

– Touchantes sont également les attentions pour ses collaborateurs et collaboratrices. Il n'oublie pas les anniversaires; passant par la Suisse, il rend visite à la mère de sa secrétaire Corinna De Martini; il reconduit chez elle une secrétaire qui a travaillé tard au bureau, etc.

Malgré le fait que Willebrands développe surtout des talents de «manager» et qu'il est d'abord un homme pratique et concret, on constate chez lui un grand intérêt humaniste. Entre deux avions, il va voir un film intéressant, à Moscou il ne rate pas le théâtre Bolschoi ni la galerie des icônes Tetriakov, à Saint-Pétersbourg il va admirer «la nuit blanche», à Helsinki il fait même l'expérience des bienfaits d'un sauna[14].

---

13. Par exemple, en 1965, du 1 janvier au 8 décembre (clôture du concile) Willebrands est absent de Rome pendant 110 jours: il va 3 fois à Constantinople, 3 fois au Proche-Orient (Beyrouth, Damas, Jérusalem, Le Caire), une fois à Moscou, Kiev, Leningrad, une fois à Belgrade, Sofia, Zagreb, trois fois en France, une fois à Genève et il prend 24 jours de «vacances» en Hollande au mois d'août. Non sans raison Willebrands était parfois étiqueté das les milieux de la curie romaine comme «De vliegende Hollander» (The flying Dutchman).

14. Voir par exemple 27 mars 1963, 24 mai 1965, 1 juin 1965, 3 juin 1965, 10 juin 1965, 15 juin 1965.

Faut-il également signaler que Willebrands possédait quelques qualités typiquement hollandaises: une franche honnêteté[15], un flegme à toute épreuve[16], un sens commercial certain[17].

Son emploi de temps révèle aussi sa piété et son dévouement pastoral[18]: messe quotidienne, retraite annuelle, semaine sainte passée si possible dans une abbaye, multiples prédications, sans oublier un engagement pastoral constant pour les membres du mouvement apostolique De Graal, les Dominicaines de Béthanie, les Dames de Béthanie, les moniales de l'abbaye de Sainte-Lioba. On ne trouve que des indices sommaires de cette piété et de cette sollicitude dans les Agendas mais ces qualités apparaissent plus clairement dans ses Cahiers, qui ont davantage la forme d'un journal et contiennent plus de données à ce sujet.

2. Les textes conciliaires du Secrétariat

Essayons de décrire brièvement ce que les Agendas apportent de neuf et d'intéressant sur l'histoire et la genèse des trois textes confiés à la responsabilité du Secrétariat et sur les interventions de Willebrands à propos de ces textes.

Une première constatation est que Willebrands a, dans chaque cas, joué un rôle déterminant, non pas tant comme auteur des textes mais plutôt comme ultime responsable (en collaboration étroite avec Bea).

C'est Willebrands qui organise le travail: il constitue les sous-commissions, il attire les compétences, il dirige les débats au cours des réunions plénières du Secrétariat, il prend les contacts nécessaires avec le secrétaire général Felici, surtout pour le calendrier des discussions et des votes *in aula*. Bref, il connaît les rouages de la «machinerie» du concile et, en bon «manager», il est attentif à tous les détails.

Mais son rôle (et celui de Bea) devient encore plus important durant les périodes où l'on voit diverses personnes (représentant diverses instances) intervenir directement auprès du pape en dehors de toute procédure réglementaire et à l'insu des membres du Secrétariat. Le but de ces «intervenants» était de demander au pape d'imposer leurs amendements ou, en tout cas, de tenir compte de

---

15. Willebrands était notamment honnête et franc dans ses relations humaines. On le constate avec Ottaviani, Tromp et aussi avec par ex. Visser 't Hooft lors de l'incident de Rhodes en 1959 (cf. Cahier I, août 1959).

16. Dans les notes de son Agenda sa plus vive émotion est rendue par un ou deux points d'exclamation.

17. L'Agenda fait preuve de ce sens commercial lors des tractations pour l'achat d'une nouvelle voiture en 1965.

18. Quand il rend visite en France aux membres de la Petite Église, il ne dédaigne pas entendre lui-même longuement les confessions (27 mars 1963).

leurs objections tenaces, signes de leur opposition irréductible. Plusieurs cardinaux influents (notamment Siri, Ruffini, Traglia), certains théologiens romains (par ex. Ciappi, Boyer) mais aussi le secrétaire général du concile (Felici) et le secrétaire d'État (Cicognani) ont eu fréquemment recours à cette tactique «paraconciliaire». C'est à ces moments que la vigilance de Willebrands et ses excellents contacts tant avec Mgr Dell'Acqua, substitut et homme de confiance de Paul VI, qu'avec Mgr Colombo, théologien et ami du pape, ont été d'une importance capitale pour que les textes controversés, surtout le *De Judaeis* et le *De Libertate religiosa*, puissent arriver à bon port.

a) Le Décret *Unitatis redintegratio*[19]

Quand le Secrétariat aborda dans son texte *De Oecumenismo* les relations avec les Églises orthodoxes, plusieurs membres de la commission pour les Églises orientales furent d'avis que ce chapitre était de leur ressort. Mais cette dernière commission était dominée par des membres provenant de la congrégation pour l'Église orientale qui s'occupait exclusivement des Églises catholiques de rite oriental et surtout des uniates, ce qui ne lui avait guère valu de renommée œcuménique chez les orthodoxes.

L'opposition au Secrétariat venait surtout du P. Welykyj, secrétaire de la commission conciliaire mais aussi consulteur de la congrégation pour l'Église orientale. Celui-ci influençait le président de sa commission qui n'était autre que le card. Cicognani, ancien secrétaire de la congrégation pour l'Église orientale de 1959 à 1961, devenu depuis lors secrétaire d'État et président de la commission de coordination[20].

Grâce aux Agendas, nous pouvons suivre les efforts de Willebrands en février et en avril 1963 pour arriver à un nouveau texte, nous assistons également à une attaque de Welikyj entre le 21 et le 24 septembre 1963 et nous constatons enfin les pressions exercées par Cicognani le 30 mai 1964.

Le plus grand mérite de Willebrands concernant le *De Oecumenismo* fut toutefois le fait qu'entre le 16 et le 20 novembre 1964, il ait réussi, avec Bea, Duprey, Lanne, Thils et Feiner, à faire voter ce décret en fin de la session, après avoir réduit les amendements du pape de 40 (nombre probable) à 19. C'était un vrai tour de force qui fut toutefois critiqué, sur le moment même, par d'assez nombreux Pères et observateurs reprochant à Willebrands d'avoir accepté ces compromis et ces modifications de dernière heure. Plus tard, on saluera cependant son sang-froid, sa capacité de travail et sa ténacité qui avaient rendu possible cette

---

19. Pour l'histoire détaillée de ce décret, cf. M. VELATI, *Una difficile transizione*.
20. Voir notamment les 22 mars, 6-8 avril, 21-24 septembre 1963, 30 mai 1964.

promulgation en fin de session. Grâce à lui, une autre grave déception a été évitée aux Pères et aux observateurs au cours de la tumultueuse «settimana nera»[21].

b) La Déclaration *Nostra Aetate*

La Déclaration sur les religions non chrétiennes a connu une histoire mouvementée. Demandé par Jean XXIII, ce texte ne parlait à l'origine que des relations avec les Juifs mais il a évolué vers une déclaration concernant toutes les grandes religions non chrétiennes.

De multiples objections se sont très rapidement élevées à l'encontre de ce texte, objections qui venaient de côtés très différents et qui allaient souvent en des sens opposés. Beaucoup de chrétiens étaient d'avis qu'après la Shoah, l'Église avait un devoir impérieux de demander pardon pour l'antisémitisme. Mais il y avait aussi les chrétiens arabes qui, meurtris par le sort du peuple palestinien, s'opposaient à toute déclaration pouvant être interprétée comme une approbation de la politique de l'État d'Israël.

La conséquence fut que, pendant toute l'élaboration de ce texte, le Secrétariat a été soumis à des pressions politiques, répercutées surtout par la Secrétairerie d'État. Ces pressions venaient aussi bien des États arabes (par le canal de leurs ambassades auprès du Saint-Siège) que des milieux juifs en Israël mais surtout aux États-Unis (par le canal de la presse internationale, et des évêques américains). Il faut y ajouter l'influence de milieux intégristes qui affirmaient que la mort du Christ était bien la faute du peuple juif, comme c'était le cas du *Coetus Internationalis Patrum*.

Ici encore, le rôle de Willebrands fut important. Une de ses tâches fut de veiller à la rédaction délicate et laborieuse du texte définitif[22]. Une autre tâche fut de prendre de nombreux contacts avec les ambassades des États arabes. Mais la tâche la plus importante fut d'accomplir trois voyages au Proche et au Moyen-Orient en vue de contacter les autorités ecclésiastiques – tant du côté catholiques qu'orthodoxes – afin de les convaincre d'abandonner leur opposition au texte, quitte à leur accorder quelques amendements.

– Le premier voyage s'effectue, en compagnie du P. Duprey, du 18 au 23 mars 1965 à Beyrouth et aux alentours de Beyrouth. Willebrands rencontre, du côté catholique, le patriarche Maximos (accompagné de ses évêques auxiliaires

---

21. Willebrands n'a rien écrit dans son Agenda concernant cet épisode mais, comme nous l'avons signalé précédemment, il a fait un rapport circonstancié de ces journées cruciales.
22. Voir, par exemple, la réunion des *periti* et des membres du Secrétariat du 4 au 15 mai 1965.

Medawar, Edelby et Tawil), le patriarche Meouchi ainsi que l'archevêque Nabaa. Du côté orthodoxe, il rend visite au Katholikos Khoren I et à Mgr Sarkissian (Église arménienne orthodoxe), Ignatius Jacoub (syrien-orthodoxe) et Theodosis (grec-orthodoxe). Une entrevue avec les nonces Alibrandi (Liban) et Punzolo (Syrie) a également lieu[23].

– Le deuxième voyage a lieu du 22 au 30 avril 1965 toujours en compagnie du Père Duprey. Willebrands se rend à Beyrouth, à Jérusalem, au Caire et à Addis-Abeba. À Jérusalem, il voit le patriarche latin Gori, le Père Cappiello (custode de la Terre Sainte), le métropolite Basilios et l'archimandrite Germanos (grecs-orthodoxes), le délégué apostolique Zanini, le patriarche Benediktos et le métropolite Basilios (grecs-orthodoxes), l'archevêque anglican McInnes, Mgr Alexis de Tallin (russe) et Mgr Rodhain (du Secours catholique). Au Caire, il est reçu par le nonce Brini et, au couvent de St Menas, il a une entrevue avec le patriarche Kyrillos et Amba Samuil (coptes-orthodoxes). Le jour suivant, il rencontre l'ambassadeur du Liban en Égypte et va déjeuner chez le cardinal-patriarche Sidarouss. À Addis-Abeba il a un rendez-vous avec l'empereur Haïlé Selassie et le patriarche Theophilos, de l'Église orthodoxe copte. Dans la soirée du 29 avril, il rend visite à l'archevêque catholique d'Addis-Abeba, Yemmeru, puis à l'archevêque grec orthodoxe, Nikolaos.

Dans le long rapport de ce voyage[24], envoyé le 8 mai à Mgr Dell'Acqua, Willebrands se montre fortement impressionné par l'opposition violente des pays arabes au texte sur les Juifs. Parmi les solutions possibles[25], il suggère même de proposer aux Pères du concile de ne pas promulguer la Déclaration mais simplement de lui donner une approbation de principe. On demanderait alors de voter un texte recommandant au Secrétariat pour l'Unité et au Secrétariat pour les religions non chrétiennes de promouvoir les études et les rapports de l'Église catholique avec les autres religions dans l'esprit de la Déclaration. Il est significatif que Bea ait exigé que Willebrands fasse cette proposition uniquement en son nom personnel[26].

---

23. À la demande de la Secrétairerie d'État, les deux nonces rédigeront un rapport du séjour de Willebrands à Beyrouth, bien entendu à son insu. Le cardinal Bea sera indigné par ce procédé et l'interprètera comme un signe de méfiance de la Secrétairerie d'État (cf. Agenda, 15 avril 1965). On a l'impression que les diplomates italiens chevronnés n'avaient pas pleine confiance en Willebrands et le considéraient comme un «novice» hollandais.

24. Cf. *A.S.* V, III, p. 314-320.

25. Une autre solution proposée était de modifier le texte (notamment en biffant le terme «déicide» et en renonçant de condamner explicitement l'antisémitisme).

26. Cf. Agenda 8 et 9 mai 1965.

– Après que le texte fut modifié en mai[27] par le Secrétariat, Willebrands entreprend, à la demande du pape[28], un nouveau voyage au Proche-Orient du 18 au 24 juillet 1965 pour obtenir l'accord des patriarches. Il est cette fois accompagné par Duprey et par Mgr De Smedt[29]. À Beyrouth, les trois voyageurs rencontrent d'abord les cardinaux Meouchi et Maximos (avec Edelby et Medawar), puis le patriarche Batanian, l'archevêque Ziade et Mgr Dib. Le jour suivant, ils prennent le déjeuner avec le card. Tappouni et le dîner avec Mgr Nabaa. À Jérusalem, ils voient le patriarche Gori, Mgr Simaan, le délégué apostolique Zanini, le père Cappiello, le patriarche grec-orthodoxe Benediktos et l'archevêque anglican McInnes. Au Caire, ils voient le nonce Mgr Brini, le patriarche Sidarouss et son auxiliaire Kabes, ainsi que l'évêque copte orthodoxe Samuil.

Ce troisième voyage fut couronné de succès. Si Mgr Gori, patriarche latin de Jérusalem, maintenait son opposition, le patriarche Maximos – dont le prestige était très grand – avait en revanche marqué son accord, moyennant quatre amendements qui furent introduits dans le texte le 15 septembre[30].

L'itinéraire du texte *Nostra Aetate* nous fait voir comment la rédaction d'un texte peut être influencée par des éléments qui se situent en dehors de l'aula conciliaire et des commissions. On doit sans doute tenir compte de l'action directe du pape mais aussi du rôle de l'opinion publique, de la presse, des diplomates, de la Secrétairerie d'État et de tout le réseau des nonciatures. Willebrands était assez sage et réaliste pour comprendre l'importance de tous ces éléments et c'est la raison pour laquelle il se plie au jeu diplomatique où il se révèle d'ailleurs un négociateur habile, tenace et efficace.

c) La Déclaration *Dignitatis humanae*

La Déclaration sur la liberté religieuse fut sans doute un des textes les plus révolutionnaires de Vatican II[31]. Les méandres de son élaboration sont aujourd'hui bien connus[32]. Toutefois, les Agendas de Willebrands nous livrent des détails nouveaux et des éclaircissements spécifiques à propos de trois épisodes cruciaux.

27. Notamment par l'omission des termes «deicida» et «damnat».
28. Selon la note de Willebrands envoyée à Felici le 2 septembre 1965, où il écrit «faciendo seguito al desiderio di Sua Santità» (*A.S.* V, III, p. 338) et le Journal Congar, II, p. 392.
29. Si Willebrands s'est fait accompagner par De Smedt, vice-présent du Secrétariat pour l'Unité, c'est sans doute parce que celui-ci avait acquis une grande renommée au concile par son art oratoire et par son plaidoyer en faveur de la liberté religieuse.
30. Pour ces quatre remarques, cf. F. De Smedt 1475.
31. On sait que Mgr M. Lefebvre, fondateur après le concile de la Fraternité sacerdotale Saint Pie X, a nourri dès le départ une opposition irréductible à l'égard de cette Déclaration.
32. Voir le livre magistral de S. SCATENA, *La fatica*.

Les incidents, créés par Mgr Felici, à la mi-octobre 1964

Rappelons tout d'abord brièvement les événements[33]. Mgr Felici était très mécontent du fait que le texte soit tombé sous la compétence du Secrétariat et non pas de la commission doctrinale. Comme l'idée de confier ce texte à une commission spéciale mixte (Secrétariat et commission doctrinale) avait été lancée, Felici prit l'initiative – en invoquant un prétendu «ordre» du pape – de désigner quatre membres pour cette commission mixte, à savoir le cardinal Browne, Mgr M. Lefebvre, le P. Fernandez o.p. et Mgr C. Colombo. Or, trois de ces membres étaient des opposants notoires au texte préparé par le Secrétariat. Cette désignation provoqua immédiatement une indignation dans l'aula, une lettre de protestation signée par plusieurs cardinaux, de multiples réactions et finalement on apprit la révocation de cette «décision».

Willebrands confirme entièrement cette version des faits: l'incident provient effectivement d'une initiative de Felici. Il apporte en outre de nombreuses précisions sur cet épisode. En effet, le secrétaire, qui avait interrompu son Agenda le 28 juin 1964, en reprend l'écriture, avec force détails, du 9 au 17 octobre, pour raconter le bras de fer qui s'est joué à ce moment entre, d'un côté, Felici (appuyé sans doute par le Secrétaire d'État et Ottaviani) et, de l'autre, le Secrétariat (où Bea a jeté toute son autorité morale dans la balance). Lui-même est présent sur tous les fronts: il intervient auprès de Bea et De Smedt, il prend contact avec les modérateurs, avec Frings, Alfrink et C. Colombo mais surtout il alerte le substitut Dell'Acqua, qui est l'accès direct au pape. Après une semaine d'émotions, l'affaire fut sauvée, grâce à l'appui du pape.

Le vote d'orientation du 21 septembre 1965

Après l'ajournement, à la fin de la troisième session, d'un vote de prise en considération du texte sur la liberté religieuse, le débat sur cette question avait repris au début de la quatrième session et il devait normalement se terminer par un vote d'orientation. Toutefois un tel vote présentait des risques à ce moment. Les arguments des adversaires du texte avaient fait impression dans l'aula et on craignait une masse de 300 à 400 votes négatifs qui auraient constitué un handicap très sérieux pour une approbation définitive. Pour cette raison, certains voulaient améliorer d'abord le texte et reporter le vote à une date ultérieure.

---

33. Sur le moment même, cet incident a provoqué un émoi considérable à l'intérieur et à l'extérieur du concile. Beaucoup de personnes ont pensé que «Rome» refusait le texte sur la liberté religieuse.

La chose se compliquait en raison du voyage que le pape devait effectuer à l'ONU le 4 octobre. Pour se présenter devant cette assemblée, le pape avait en effet besoin d'un vote positif massif sur la liberté religieuse, autrement son prestige s'en serait trouvé fort amoindri.

Le Secrétariat, pour sa part, était partisan d'un vote afin que la situation soit éclaircie. Mais il s'est d'abord heurté au refus des organes directeurs du concile (présidence, commission de coordination, modérateurs) à l'issue d'une réunion le 20 septembre. Coup de théâtre! Le matin du 21 septembre, on apprend que le pape impose le vote mais sur une formule très ambiguë (tenant largement compte des adversaires du texte). Le texte est donc voté par l'assemblée et il est approuvé par 1997 *Placet* contre seulement 224 *Non placet*.

Ce vote a été interprété comme une grande victoire pour le Secrétariat mais les historiens désiraient évidemment en savoir plus. L'Agenda de Willebrands est précieux à cet égard. En effet, entre le 15 et le 20 septembre 1965, le secrétaire a noté soigneusement toutes les péripéties de cette histoire dont il est lui-même un des acteurs principaux.

Dès le 15 septembre, il contacte les modérateurs et demande à Bea de leur adresser officiellement une demande écrite de vote, ce qui est fait le même soir. Le 17, après un coup de téléphone alarmiste de De Smedt, il téléphone à Bea et, en accord avec De Smedt, il décide de réunir la sous-commission du *De Libertate* le lendemain. Le 18, après la réunion de la sous-commission, il prend contact avec Dell'Acqua. Celui-ci demande une lettre de Bea écrite directement au pape. Willebrands rédige cette lettre et la fait signer par Bea. Le 19, Willebrands téléphone à De Smedt, Döpfner et Shehan et il suggère à Bea (par l'intermédiaire du P. Schmidt) de téléphoner à Tisserant. L'après-midi, il rend visite à Agagianian, qui reste opposé au vote. Le lundi 20, Willebrands est informé que le pape est favorable à un vote. Dans l'après-midi, le Secrétariat se réunit pour discuter une formule de vote rédigée par Carlo Colombo. Ce dernier vient d'ailleurs voir Bea et lui demande de confirmer à nouveau la demande de vote faite par le Secrétariat. Bea rédige deux lettres à cet effet: la première est destinée au pape (et c'est Willebrands qui la porte chez Macchi, le secrétaire privé du pape); la seconde est destinée à Agagianian (avec copie pour Felici). Le soir, à 21 h, on apprend que la réunion des organes directeurs a abouti à un rejet du vote. Mais, à 21 h 30, la situation se renverse: Dell'Acqua demande à Willebrands de rédiger une nouvelle note et de la lui faire parvenir le lendemain matin à 8 h. Le 21 septembre, le pape réunit chez lui, à 9 h, Tisserant, Cicognani, Agagianian, Felici et Dell'Acqua et il impose le vote selon la formule élaborée principalement par Colombo.

Tout cet épisode, crucial pour le sort du texte, illustre une fois de plus le rôle essentiel joué par Willebrands: jour et nuit, le secrétaire veille au grain.

Les dernières semaines avant la promulgation du 7 décembre 1965

Le «textus recognitus» du *De Libertate*, rédigé sur base de la discussion de septembre 1965, a été présenté par De Smedt le 25 octobre et toutes les parties du texte (découpé pour la circonstance) ont reçu au moins deux tiers de votes favorables lors des séances des 26 et 27 octobre. Suivant le règlement, le texte était donc approuvé et la dernière «Expensio modorum» ne devait désormais plus prendre en considération que les modifications d'amélioration. Pourtant – chose incroyable – de nombreux incidents visant à changer le texte ou à l'arrêter – se sont encore produits à plusieurs reprises: durant cette dernière «Expensio» (qui s'effectue durant les premières semaines de novembre), juste avant le vote du «textus denuo recognitus» (le 19 novembre) et même jusqu'à sa promulgation définitive (le 7 décembre). L'Agenda de Willibrands recense toutes ces manœuvres faites en dehors de toute procédure réglementaire.

– Il y eu tout d'abord l'incident de la lettre au pape de Wyszynski (4 novembre), au nom de l'épiscopat polonais, suivie d'un entretien au Secrétariat avec Wojtyła. En fait, cet incident était partiellement basé sur une erreur de lecture: les polonais croyaient qu'on avait omis une de leurs corrections qui avait pourtant été retenue. L'accord fut rétabli, mais non sans mal.

– Une pétition de 54 Pères contre le texte de la Déclaration fut adressée au pape.

– Le pape lui-même proposa certains amendements via Colombo (14 novembre).

– Felici fit diverses tentatives pour retarder le vote du 19 novembre. Ces tentatives n'échouèrent que grâce à une intervention explicite du pape.

– On note encore les interventions (qui n'eurent pas de succès) de Ciappi – le 15 novembre – et de Boyer (qui fait appel au cardinal Traglia – le 1er novembre – et au cardinal Browne – le 26 novembre).

– Mentionnons enfin encore les ultimes tentatives (infructueuses) de Ruffini (19 novembre) et de Staffa (26 novembre).

Toutes ces interventions démontrent, d'un côté, l'acharnement des opposants au texte et, de l'autre, la patience, la capacité de travail et la vigilance de Willebrands soutenu par les membres du Secrétariat. On remarque enfin l'appui donné par le pape au texte (sur ce point efficacement aidé par Dell'Acqua et Colombo).

3. *Les activités du Secrétariat*

Outre la mise au point des textes évoquée à l'instant, le Secrétariat a rempli plusieurs tâches fort importantes. Comme nous l'avons signalé initialement, le Secrétariat est intervenu dans l'invitation et l'accueil des observateurs et des hôtes; il a multiplié à un rythme inattendu les contacts avec les autres Églises et confessions; il a été aussi chargé, à la demande directe du pape, de quelques missions fort importantes. Mais, pour le rendre à même de remplir ces différentes tâches, Willebrands a dû d'abord structurer et organiser le Secrétariat.

a) La structuration du Secrétariat

Comme ils ne commencent qu'en 1963, les Agendas ne donnent pas de renseignements sur ce qui précède cette date: ils ne nous apprennent donc rien ni sur la nomination des membres et consulteurs du Secrétariat ni sur les efforts pour obtenir pour cet organisme le même statut que les autres commissions conciliaires.

Par contre, on constate qu'après la mort de Jean XXIII, le 3 juin 1963, Willebrands et Bea sont obligés de faire plusieurs démarches pour maintenir l'existence du Secrétariat et pour conjurer de la sorte le danger – nullement imaginaire – de voir le nouvel organisme disparaître après la mort de son créateur.

En 1962, le Secrétariat ne comptait qu'un «minutante» (Arrighi) et un «scrittore-archivista» (Stransky). Dans la suite, Willebrands partage le Secrétariat en deux sections (orientale et occidentale) et, pour étoffer ces sections, il engage de nouvelles personnes très compétentes (Duprey, Salzmann, Long, Fortino).

En ce qui concerne le personnel d'exécution, il aura recours à des dames appartenant au mouvement apostolique De Graal qui, pour la plupart, lui avaient déjà rendu des services aux Pays-Bas. Ces dames n'étaient pas seulement totalement dévouées à la cause de l'Église, mais elles étaient en outre polyglottes et au courant du travail œcuménique[34]. Willebrands leur cherchera aussi un logement communautaire à Rome. Dans les périodes très chargées, il fera appel à de nouvelles aides intérimaires, provenant également du mouvement De Graal.

L'extension du personnel entraînera la nécessité de chercher de nouveaux et de plus amples bureaux. Willebrands fera à ce sujet de nombreuses démarches auprès des autorités vaticanes sans toujours obtenir le succès escompté. Ces démarches témoignent en tout cas du zèle déployé par le secrétaire mais aussi, en contrepartie, de la résistance (ou de l'inertie) de certains milieux de la curie, qui ne voyaient pas d'un bon œil l'essor de cet organe nouveau.

---

34. Ce n'est qu'après le concile par ex. que Mlle C. De Martini sera reconnue officiellement comme employée et sera ainsi la première femme inscrite sur le «payroll» du Vatican.

b) Les observateurs et les hôtes du Secrétariat

Si pour connaître l'histoire de l'invitation des observateurs et des hôtes, il faut consulter d'autres documents[35], les Agendas font preuve des efforts déployés par Willebrands en 1963 et 1964 pour obtenir du Patriarcat de Constantinople l'envoi d'observateurs.

Ce qui a le plus frappé les observateurs, c'est la qualité de l'accueil dont ils furent l'objet lors de leur séjour. On leur accorda une place privilégiée dans l'aula conciliaire, on leur communiqua tous les textes dont disposaient les pères conciliaires (et qui à l'époque étaient encore *Sub Secreto*), on organisa des réunions et des débats autour des thèmes traités au concile en faisant venir les meilleurs spécialistes (Philips, Congar, Murray, etc.).

Les observateurs eurent aussi l'occasion de participer à des audiences générales (et parfois privées) chez le pape, à des réceptions (souvent offertes par Bea), et aussi à des conférences de presse où ils trouvaient une tribune pour exprimer leurs idées.

Willebrands était un hôte attentif: il va fréquemment accueillir les observateurs à l'aéroport, il leur procure un logement décent à Rome (meilleur que celui de beaucoup d'évêques), il organise pour eux des visites (avec des guides compétents) dans Rome ou dans les environs de Rome (Rieti, Bracciano), il les invite à des déjeuners ou à des dîners, il prend contact avec leurs ambassades, il règle même une dispense de mariage pour un théologien orthodoxe. Quant aux épouses des observateurs, parfois un peu désœuvrées pendant les séances du concile, il fait en sorte qu'elles soient, elles aussi, entourées de prévenances spéciales. À ce propos, Willebrands a souvent fait appel aux services des Dames de Béthanie (du Foyer Unitas).

c) Les multiples contacts œcuméniques

Ce qui frappe l'observateur, c'est que le Secrétariat – à la différence des autres congrégations romaines – ne limite pas ses activités à Rome. Dès le départ, Bea tout comme Willebrands (et plus tard aussi Duprey, Stransky et Arrighi) prennent leur bâton de pèlerin pour se rendre auprès des frères séparés. Ils vont à Genève (pour prendre contact avec le COE) et à Strasbourg (pour rencontrer la Fédération Luthérienne Mondiale). Ils prennent l'avion pour Constantinople, Moscou, Damas, Beyrouth, Jérusalem et Le Caire. Ils vont donner des conférences dans diverses universités aux États-Unis, en Allemagne, en Angleterre.

---

35. Cf. les Cahiers 1958-1961 et aussi les articles de J. WILLEBRANDS, *La rencontre entre Rome et Moscou*, dans A. MELLONI (éd.), *Vatican II in Moscow*, Leuven, 1997, 331-338; cf. également T. STRANSKY, *Paul VI and the Delegated Observers/Guests to Vatican Council II*, dans Istituto Paolo VI, *Paolo VI e l'Ecumenismo*, Brescia, 2001, 118-158.

Si, au début, Willebrands accompagne souvent Bea, il va développer très vite son propre programme de voyages et de visites. Pour ces voyages, il est grandement aidé par le réseau de relations qu'il avait tissé entre 1950 et 1960, et par ses qualités de polyglotte (outre le néerlandais, sa langue maternelle, il maniait couramment l'anglais, l'allemand, le français, l'italien et même le latin).

Nous avons relaté plus haut les trois voyages au Moyen Orient destinés à faire accepter la déclaration sur les Juifs. Relevons ici d'autres voyages également effectués pendant les années conciliaires.

À plusieurs reprises, Willebrands se rend en effet à Genève (et à Bossey) pour prendre contact avec les milieux du COE:
– En mars 1963, il va à la rencontre de Visser 't Hooft et de Lukas Vischer.
– En juin 1964, il a de nouveaux entretiens avec le COE.
– Le 17 février 1965, il accompagne Bea pour une visite officielle au COE et pour l'installation d'un Joint Working Group, dont il devient co-présideent avec Visser 't Hooft.
– Le 21 mai 1965, il assiste à une réunion de ce groupe à Genève.

En juillet 1963, il assiste à la Quatrième Conférence mondiale de «Foi et Constitution» à Montréal.

Le 15 avril 1964, il accompagne Bea à Milan pour rencontrer Visser 't Hooft, Vischer et Nissiotis.

Plusieurs voyages ont pour but de nouer des contacts avec le monde orthodoxe:
– À Constantinople, en avril 1964, il fait un nouvel effort pour que le patriarcat œcuménique envoie des observateurs au concile. Le 3 avril 1965, il accompagne Bea pour une visite officielle à Athénagoras et, fin novembre 1965, il fait partie de la délégation catholique pour discuter de la levée de l'excommunication de 1054.
– Le 18 mai 1964, il se rend à Athènes et à Patras, notamment pour mettre au point la restitution de la relique de Saint André.
– Il fait deux voyages en Serbie: début septembre 1963, à Belgrade et, fin juin 1965, à Belgrade, Sofia, Zagreb.
– Du 30 mai au 16 juin 1965, il entreprend un long voyage en URSS et en Finlande: il passe par Moscou, Erevan, Tiflis, Kiev, Pskov, Leningrad, Helsinki.

Les milieux anglicans, épiscopaliens et protestants ne sont pas négligés pour autant: Willebrands se rend aux États-Unis en mars 1963 (avec Bea), à Londres et à Cambridge (début avril 1964), à Taizé (début juin 1964), et à Strasbourg (fin août 1965).

Une des activités les plus touchantes de Willebrands fut ses efforts pour nouer des contacts avec la Petite Église[36]. En 1964 (avril, juin et août[37]) et 1965 (en janvier et en mars) il se rend cinq fois en France (dans le Lyonnais et dans le Poitou) pour prendre un contact direct et tout simple avec quelques familles, restées fidèles à la Petite Église. Il essaie de gagner leur confiance et y réussit en partie, surtout dans le Poitou, où il retourne plusieurs fois y compris pour entendre les confessions et pour confirmer. En 1966 (fin septembre – début octobre) il se rendra une nouvelle fois à Notre-Dame-de-Pitié[38].

En dehors de ces voyages «officiels», Willebrands se rend encore à Gazzada (pour la Conférence catholique pour les questions œcuméniques, août 1963) et à Paris (pour Istina, juillet 1963). Il donne des conférences à Turin et à Trente (juin 1963), à Paderborn (avril 1964), à Florence (mai 1964), à Lyon, à St-Étienne et à Clermont-Ferrand (janvier 1965), à Bruges (avril 1965), à Vienne (juin 1965), à Chevetogne (août 1965).

d) Deux voyages entrepris sur ordre direct du pape[39]

Nous avons déjà signalé le voyage à Moscou, fin janvier 1963, pour aller chercher Mgr Slipyj, qui venait d'être libéré par les autorités soviétiques. Précisons ici que Willebrands était l'homme tout indiqué pour accomplir cette mission hautement délicate: en effet, il était allé au patriarcat de Moscou du 27 septembre au 2 octobre 1962 pour obtenir – avec succès – l'envoi d'observateurs et il avait noué ensuite d'excellentes relations avec ces observateurs russes. Il était donc parfaitement au courant de la situation.

Par ailleurs, rappelons que Willebrands a accompagné le pape dans son pèlerinage en Terre Sainte en janvier 1964. Ici encore la chose n'est pas étonnante. En effet, c'est au Secrétariat que revient le mérite d'avoir préparé la rencontre du pape avec Athénagoras à Jérusalem. Duprey avait fait un voyage à Constantinople à cet effet et il y avait eu ensuite la signature d'un protocole d'accord à Rome, le 30 décembre 1963, entre Bea et le métropolite Athénagoras de Thyatira[40]. Willebrands et Duprey – qui avaient participé de près à toutes ces négociations – méritaient bien l'honneur de faire partie de la suite du pape en Terre Sainte.

---

36. Église (schismatique) née en France, surtout dans le Poitou et le Lyonnais, du refus du concordat de 1801 entre Pie VII et Napoléon.
37. Willebrands n'ayant rien noté dans son Agenda du 28 juin jusqu'au 8 octobre 1964, le voyage du 2 août 1964 n'y est pas mentionné.
38. Cf. l'Agenda de 1966.
39. Ces deux voyages ne sont pas mentionnés dans les Agendas.
40. Cf. Agenda 8, 9, 10, 11, 13, 14, 17, 25, 28, 29, 30 et 31 décembre 1963.

On peut conclure que ces Agendas, malgré leur concision et leurs lacunes, donnent une vue détaillée et fort précise des multiples activités du Secrétariat et de l'engagement infatigable de son premier secrétaire.

4. L'édition et la traduction

Pour l'édition:
– Nous avons corrigé directement les fautes d'orthographe, notamment pour quelques noms propres. Nous avons également uniformisé l'orthographe des noms propres et, en ce qui concerne les noms étrangers (russes, grecs etc.), nous nous sommes basés sur l'orthographe employée par le Secrétariat dans ses listes des Observateurs-Délégués et Hôtes du Secrétariat, publiées à l'époque du concile.
– Quand il y a des passages illisibles, ce qui est rare, ou un blanc dans l'Agenda on l'a indiqué dans le texte.
– Nous avons ajouté entre [ ] quelques brèves indications utiles pour la lecture du texte.
– L'indication de l'heure du jour (qui était imprimée dans l'Agenda) est parfois approximative et, en certains endroits, Willebrands n'en a pas tenu compte. Dans ce cas, nous n'avons pas indiqué l'heure.
– Certains jours Willebrands n'a rien noté. On a alors omis ce jour dans la transcription.

Pour la traduction:
– Nous avons gardé le style «télégraphique» et elliptique de l'original. Toutefois, à certains endroits, nous avons dû ajouter quelques mots pour rendre la traduction compréhensible.
– Les Agendas sont écrits en néerlandais. Toutefois Willebrands emploie assez souvent des mots (ou des expressions) en italien, en latin et anglais. D'habitude on n'a pas traduit ces additions en d'autres langues.

Pour l'annotation, on s'est laissé guider par un triple souci:
– Donner des éclaircissements sommaires sur des passages qui autrement resteraient obscurs.
– Donner la référence des documents conservés dans des archives, surtout quand ces documents ne sont pas encore publiés (et pour autant qu'on ait pu trouver le renseignement). Le fonds des archives De Smedt (vice-président du Secrétariat) nous a rendu de grands services à cet égard.

– Identifier les personnes qui se trouvent dans les Agendas (sans toutefois y parvenir complètement) en donnant l'année de naissance et de mort et en ajoutant quelques éléments biographiques sommaires.

Pour la rédaction des notes nous avons fait appel à une multitude de collaborateurs, que nous tenons à remercier chaleureusement. Mentionnons spécialement: Evert Willebrands, Louis (†) et Maria ter Steeg, Thomas Stransky, Josette Kersters, Corinna De Martini, Mathijs Lamberigts, Antoine Lambrechts, Emmanuel Lanne, Jan Grootaers, Piero Doria, Johan Bonny, Theo Salemink, Silvia Scatena, Mauro Velati, Jacques Aucher, les Sœurs Dominicaines de Béthanie, les Moniales de l'Abbaye de Ste-Lioba et Jared Wicks.

Liesbeth Schepens, Loïc Figoureux et Claude Troisfontaines ont bien voulu corriger le texte et revoir la traduction française.

Nous devons tout spécialement remercier ici le Père Thomas Stransky, collaborateur éminent de Willebrands dès le début du Secrétariat pour l'Unité mais surtout son ami fidèle. Il a eu la grande amabilité d'écrire une préface à ces Agendas. Outre sa grande précision d'historien il nous y livre un témoignage direct, chaleureux et émouvant sur la personne et l'œuvre de Willebrands. Témoignage qui a en effet une valeur extraordinaire pour l'histoire de Vatican II.

Sigles et abréviations

A.A.S.	*Acta Apostolicae Sedis*
A.S.	*Acta Synodalia Sacrosancti Concilii Oecumenici Vaticani II*
ASV Conc. Vat. II	Archivio Segreto Vaticano, Fonds Concile Vatican II
Cahier	Cahier I, II et III de Mgr Willebrands, publiés par Th. SALEMINK, *You Will Be Called Repairer of the Breach: The Diary of J.G.M. Willebrands 1958-1961*, Leuven, 2009
COE	Conseil Œcuménique des Églises
FConc. Suenens	voir L. DECLERCK – E. LOUCHEZ, *Inventaire des papiers conciliaires du cardinal L.-J. Suenens* (Cahiers de la Revue théologique de Louvain, 31), Louvain-la-Neuve, 1998
F. De Smedt	voir A. GREILER – L. DE SAEGER, *Emiel-Jozef De Smedt. Papers Vatican II. Inventory* (Instrumenta theologica, 22), Leuven, 1999
F. Heuschen	voir L. DECLERCK, *Inventaire des papiers conciliaires de Monseigneur J. M. Heuschen, évêque auxiliaire de Liège, membre de la commission doctrinale et du professeur V. Heylen* (Instrumenta theologica, 28), Leuven, 2005
F. Moeller	voir Cl. SOETENS, *Concile Vatican II et Église contemporaine. I. Inventaire des Fonds Ch. Moeller, G. Thils, Fr. Houtart*, Louvain-la-Neuve, 1989
F. Philips	voir L. DECLERCK – W. VERSCHOOTEN, *Inventaire des papiers conciliaires de Monseigneur Gérard Philips, secrétaire adjoint de la commission doctrinale* (Instrumenta theologica, 24), Leuven, 2001
F. Prignon	voir J. FAMERÉE, *Concile Vatican II et Église contemporaine. II. Inventaire des Fonds A. Prignon et H. Wagnon*, Louvain-la-Neuve, 1991
Journal Charue	L. DECLERCK – Cl. SOETENS (éd.), *Carnets conciliaires de l'évêque de Namur A.-M. Charue* (Cahiers de la Revue théologique de Louvain, 32), Louvain-la-Neuve, 2000
Journal Congar	Y. CONGAR, *Mon Journal du Concile*, Présenté et annoté par É. MAHIEU, 2 tomes, Paris, 2002
Journal Edelby	N. EDELBY, *Il Vaticano II nel diario di un vescovo arabo* (éd. R. CANNELLI), Cinisello Balsamo, 1996
Journal Hermaniuk	K. SCHELKENS – J. SKIRA (éd.), *Council Diary of Metropolitan Maxime Hermaniuk*. Annotated English-Ukrainian Edition and Companion Volume (à paraître)
Journal Prignon	L. DECLERCK – A. HAQUIN (éd.), *Mgr Albert Prignon, recteur du Pontificio Collegio Belga. Journal conciliaire de la 4ème session* (Cahiers de la Revue théologique de Louvain, 35), Louvain-la-Neuve, 2003
RCC	Roman Catholic Church

S. SCATENA, *La fatica*	S. SCATENA, *La fatica della libertà. L'elaborazione della Dichiarazione «Dignitatis humanae» sulla libertà religiosa del Vaticano II*, Bologna, 2003
Secrétariat	Secrétariat pour l'Unité des chrétiens
St. SCHMIDT, *Augustin Bea*	St. SCHMIDT, *Augustin Bea. Der Kardinal der Einheit*, Graz, 1989
Tomos Agapis	*ΤΟΜΟΣ ΑΓΑΠΗΣ, Vatican-Phanar (1958-1970)*, Rome-Istanbul, 1971
TPV	Typis Polyglottis Vaticanis
M. VELATI, *Una difficile transizione*	M. VELATI, *Una difficile transizione. Il cattolicesimo tra unionismo ed ecumenismo (1952-1964)*, Bologna, 1996
WCC	World Council of Churches

AGENDAS CONCILIAIRES

1963

Mardi 19 février 1963
16.30 Vodopivec[1].
Rédigé le rapport de la Commissio mixta[2].

Mercredi 20 février 1963
11.00 Card. Bea[3].
16.00 Vodopivec.
18.00 Witte[4].

Jeudi 21 février 1963
11.00 Schutz[5].
16.00 Vodopivec.
18.00 Witte.

Samedi 23 février 1963
10.00 Secretariatus[6].
17.00 Comm. Mixta: De Divina Revelatione[7].

1. J. Vodopivec (1917-1993), prêtre slovène, consulteur du Secrétariat pour l'Unité, professeur d'ecclésiologie à l'Université urbanienne à Rome de 1949 à 1990.
2. Les entretiens de Willebrands avec Vodopivec et Witte avaient lieu afin de rédiger un nouveau texte *De Oecumenismo* en commission mixte (la commission doctrinale, la commission pour les Églises orientales et le Secrétariat), selon la décision de la commission de coordination (cf. M. VELATI, *Una difficile transizione*, p. 350-354 et *A.S.* V, I, p. 180). Pour les projets de texte, cf. F. De Smedt 684-687.
3. A. Bea (1881-1968), jésuite allemand, professeur et recteur de l'Institut biblique pontifical à Rome, cardinal en 1959, président du Secrétariat pour l'Unité en 1960. Cf. St. SCHMIDT, *Augustin Bea*. Le card. Bea logeait au Pontificio Collegio Pio Brasiliano, Via Aurelia 527, Roma. La plupart des entretiens de Bea avec Willebrands se passaient au collège brésilien.
4. J. Witte (1907-1989), jésuite hollandais, professeur de protestantisme à l'Université Grégorienne de 1955 à 1977, consulteur de la commission théologique préparatoire et *peritus* conciliaire.
5. R. Schutz (1915-2005), protestant suisse, fondateur de la communauté de Taizé, hôte du Secrétariat.
6. Il s'agit toujours du Secrétariat pour l'Unité des chrétiens, Via dei Corridori 64, Rome.
7. Il s'agit d'une réunion de la Commissio mixta, composée de membres de la commission doctrinale et du Secrétariat pour l'Unité, érigée par Jean XXIII en novembre 1962 pour rédiger un

Lundi 25 février 1963
10.00 Comm. mixta de div. Rev. (?)[8], secus [ensuite] Secretariatus.
17.00 Comm. mixta de Matrimoniis mixtis[9].

Lundi 18 mars 1963
14.30 vers Genève – Bossey[10].
Consultation Faith and Order. Conférence catholique questions œcuméniques[11].

Mardi 19 mars 1963
Genève-Bossey.
Conversation avec le Dr Visser 't Hooft[12]:
1. La Roumanie, la Bulgarie et la Serbie désirent envoyer des observateurs [au concile Vatican II].
2. Contacts de caractère purement religieux avec l'URSS.
3. Importance de la liberté religieuse[13].
4. Des observateurs pour Kampala[14].

---

nouveau *De Revelatione*. La Commissio mixta, dont le card. Bea fut co-président, s'était à nouveau réunie à partir du 23 février. Les réunions étaient parfois très difficiles (cf. Journal Charue, p. 88-93). Selon le Journal Charue, p. 88, la réunion a commencé à 16 h.

   8. À bon droit Willebrands a placé un point d'interrogation. En effet, selon le Journal Charue, p. 89 et le Journal Tromp, du 25.2.1963 [Cahier 4], la commission mixte s'est uniquement réunie l'après-midi à 16 h. Et comme Willebrands était, avec le P. Tromp, un des secrétaires de cette commission, il est fort probable qu'il y avait assisté. Charue gardera un souvenir douloureux de cette réunion: suite au désaccord entre Bea et Ottaviani, les deux co-présidents de cette commission, on a fait appel à la commission de coordination.

   9. Dans sa réunion du 25 janvier 1963, la commission de coordination avait décidé qu'une commission mixte, composée de la commission pour les sacrements, du Secrétariat pour l'Unité et de la commission doctrinale devrait être érigée pour étudier la question des mariages mixtes (cf. *A.S.* V, I, p. 116 et 132).

   10. L'Institut œcuménique de Bossey (à 25 km de Genève) est le centre international de rencontre, de dialogue et de formation du Conseil Œcuménique des Églises (COE) et a été fondé en 1946. En octobre 1958, Willebrands avait été le premier catholique à donner des cours à Bossey (cf. Cahier I).

   11. La Conférence catholique pour les questions œcuméniques a été érigée en 1952 par Willebrands et Thijssen. Cf. J. Y. H. A. JACOBS, *De Katholieke Conferentie voor Oecumenische Vragen. Een leerschool en gids 1951-1965*, Tilburg, 1991. Willebrands a déposé toutes ses archives concernant cette Conférence catholique pour les questions œcuméniques au monastère de Chevetogne.

   12. W. A. Visser 't Hooft (1900-1985), protestant réformé néerlandais, en 1948 premier secrétaire général du Conseil œcuménique des Églises, fonction qu'il garda jusqu'en 1966.

   13. Il s'agit notamment du texte sur la Liberté religieuse qui sera – non sans difficultés – finalement adopté par le concile en décembre 1965.

   14. Il s'agit de la première réunion de la «Conférence des Églises de toute l'Afrique, All Africa Conferences of Churches» (Association des Églises chrétiennes d'Afrique; 120 millions de chrétiens),

Mercredi 20 mars 1963
Genève-Bossey.
Conversation avec le Dr. Lukas Vischer[15] au sujet de la Conférence de «Foi et Constitution» à Montréal[16] et de la collaboration éventuelle des observateurs au sujet des schémas[17].

Jeudi 21 mars 1963
Genève-Rome.

Vendredi 22 mars 1963
10.30 Chez le cardinal Cicognani[18].
Le cardinal Cicognani accepte le schéma sur l'œcuménisme[19]. J'ai envoyé une copie à Felici[20] et aux collaborateurs de ce schéma[21].
19.00 Cocktail chez Gamal Naguib[22].

Samedi 23 mars 1963
13.30 Rome-Amsterdam.

---

qui s'est tenue à Kampala (Uganda) en avril 1963, et où l'Église catholique pouvait déléguer des observateurs.

15. L. Vischer (1926-2008), pasteur de l'Église réformée (Suisse), secrétaire de la commission «Faith and Order» («Foi et Constitution»), observateur au Conseil œcuménique des Églises à Vatican II.

16. La 4ᵉ Conférence mondiale de «Foi et Constitution» s'est tenue à Montréal du 12 au 26 juillet 1963.

17. En fait, pendant les sessions du concile, le Secrétariat pour l'Unité a organisé, presque chaque mardi, des réunions avec les observateurs pour leur expliquer les schémas en discussion au concile et pour qu'ils puissent formuler leurs remarques et suggestions (par ex. pour le *De Ecclesia*, voir F. Philips 1050-1055). Voir aussi T. STRANSKY, *Paul VI and the Delegated Observers/Guests to Vatican Council II*.

18. A. G. Cicognani (1883-1973), cardinal en 1958, secrétaire d'État de 1961 à 1969, président de la commission de coordination et de la commission pour les Églises orientales.

19. Dans sa réunion du 21 au 27 janvier 1963, la commission de coordination avait décidé qu'un nouveau schéma *De Oecumenismo* devait être rédigé et envoyé à la commission de coordination avant le 10 mars 1963 (cf. *A.S.* V, I, p. 183 et 190-191; pour ce texte voir *A.S.* V, I, p. 464-476).

20. P. Felici (1911-1982), secrétaire général du concile, cardinal en 1967. Pour la lettre de Willebrands à Felici, datée du 23 mars 1963, cf. *A.S.* VI, II, p. 96.

21. Pour cette lettre et pour le texte de Willebrands, cf. F. De Smedt 689-690.

22. Gamal Naguib, conseiller à l'ambassade de la République Arabe Unie (R.A.U.), état formé en 1958 par la fédération de l'Égypte, de la Syrie et du Yemen, mais dont ces deux derniers se retirèrent dès 1961. Selon l'agenda de poche le cocktail se passe à la Via dei Monti Parioli 38, Roma.

Dimanche 24 mars 1963
Hoorn[23].
Le matin j'ai téléphoné à mes frères et à ma sœur: ce soir je vais administrer le sacrement des malades à maman[24].
Étaient présents à l'administration:
Mon père[25],
Herman et Mia[26],
Piet et Ans[27] (Frans et Loet[28]),
Walter et Jos[29],
Evert et Lies[30].

Lundi 25 mars 1963
13.30 Amsterdam-New York.
À New York les Pères Sheerin[31] et Stransky[32] sont venus me chercher et m'ont conduit chez les Paulist Fathers, 59th Street[33].

23. Ville des Pays-Bas où habitaient les parents de Willebrands (à Achterom 15).
24. Afra Kok (1885-1963), mère de Willebrands.
25. Herman Willebrands (1884-1975).
26. Herman Willebrands (1914-1978) et Mia Raat (1922-), frère et belle-sœur de Willebrands.
27. Piet Willebrands (1916-1984) et Ans Fluitman (1912-2007), frère et belle-sœur de Willebrands.
28. Frans et Loet Willebrands, enfants de Piet et Ans, neveu et nièce de Willebrands.
29. Walter Willebrands (1918-) et Jos Rypes (1920-2006), frère et belle-sœur de Willebrands.
30. Evert Willebrands (1920-) et Lies Verwer (1926-), frère et belle-sœur de Willebrands.
31. John Sheerin, membre américain de la congrégation religieuse des Paulist Fathers, directeur du «The Catholic World», membre du «Press Panel» des évêques américains pendant le concile.
32. T. Stransky (1930-), Américain, membre de la congrégation religieuse des Paulist Fathers, a été étudiant de Dom Thomas Ohm o.s.b. (1892-1962), qui était un collaborateur de la Conférence catholique pour les questions œcuméniques (cf. J. Grootaers, *Diarium*, Cahier 295, 7 février 1995), en 1960 «minutante» au Secrétariat pour l'Unité. Il a joué un rôle important dans la rédaction du n. 4 de *Nostra Aetate* (sur les relations avec les Juifs) et, après avoir été quelque années supérieur général (de 1970 à 1978) de sa congrégation, il est devenu recteur en 1986 de l'Institut œcuménique de Tantur à Jérusalem.
33. En fait 415 West 59th street, New York. Willebrands s'est rendu aux États-Unis pour y accompagner le cardinal Bea qui y fait un voyage fort important fin mars – début avril 1963 sur invitation de la Harvard Divinity School. Pour ce voyage cf. St. Schmidt, *Augustin Bea*, p. 535-542 et A. Bea, *Aspects of a Peaceful Revolution*, dans *Chicago Studies* 5 (1966) 121-133. Pour le colloque, cf. S. Miller et G. E. Wright, *Ecumenical Dialogue at Harvard*, Cambridge, MA, 1964.

Mardi 26 mars 1963[34]
9.00 Audience Archevêque Jakovos[35].
11.30 Conversation avec Dr Fry[36] et Dr Barnes[37] (Stransky).
17.00 Vers Boston.

Mercredi 27 mars 1963
12.30 Déjeuner chez le cardinal Cushing[38]. Étaient présents: Card. Bea, P. Schmidt[39], Stransky, Morlion[40], Heschel[41], Pusey[42], Dean Miller[43] et quelques autres personnes (après le déjeuner une brève conversation avec Cushing).
(film: Killing a mocking bird[44]).
19.00 Réception à la Harvard University.
20.00 Conférence du cardinal Bea[45].

Jeudi 28 mars 1963
Boston.
8.30 Vers Harvard Divinity School.
9.00 Séminaire: Symbol and Sacrament.

34. Du 26 au 30 mars, Willebrands avait écrit dans son agenda qu'il devait être présent à Paderborn. Ensuite il a biffé cette mention, puisqu'il a dû accompagner Bea aux États-Unis.
35. Jakovos Coucouzes (1911-2005), archevêque grec orthodoxe de l'Amérique du Nord et du Sud de 1959 à 1996. Il était un protagoniste de l'œcuménisme. Il représentait le patriarcat œcuménique auprès du COE jusqu'en 1959.
36. Franklin Clark Fry (1900-1968), pasteur luthérien américain, de 1957 à 1963 président du «Lutheran World Federation», connu pour son engagement pour l'unité des Églises.
37. Roswell P. Barnes. Il était directeur du Bureau du COE à New York.
38. R. J. Cushing (1895-1970), archevêque de Boston en 1944, cardinal en 1958.
39. Stjepan Schmidt (1914-2006), jésuite croate, il a fait un doctorat à l'Institut Biblique Pontifical de Rome, secrétaire privé du cardinal Bea.
40. F. Morlion (1904-1987), dominicain belge, *peritus* conciliaire, fondateur de l'«université» *Pro Deo*, directeur de l'«American Council for Democracy under God».
41. A. J. Heschel (1907-1972), né à Varsovie et émigré aux États-Unis, rabbin juif, auteur et professeur renommé, homme de dialogue avec les chrétiens. Au nom de l'American Jewish Committee, il a donné son avis au sujet des rédactions successives du *De Judaeis*. Cf. E. K. KAPLAN, *Spiritual Radical. Abraham Joshua Heschel in America, 1940-1972*, New Haven, CT, 2007, chapitre IV.
42. M. Pusey (1907-2001), méthodiste, président de la Harvard University (Cambridge, Massachusetts) de 1953 à 1971.
43. S. H. Miller, doyen de Harvard Divinity School.
44. Il s'agit en effet du film «To kill a mocking bird», 1962, avec Gregory Peck, basé sur le livre de Harper Lee, *To Kill a Mocking Bird*, 1960.
45. Le titre de la conférence était: «La tâche de l'enseignement et de la recherche académiques au service de l'unité des chrétiens».

10.30 Chez le card. Bea (au sujet des contacts à New York avec Jakovos et le COE).
13.00 Déjeuner au Faculty Club avec Douglas Horton[46] et Stransky.
14.00 Visite à l'Andover Library[47], et à des instituts etc.
16.00 Conférence de Gregory Baum[48].
18.00 Dîner avec le Prof. George Williams[49], Schubert [sic = Schomer][50], Stransky, Gregory Baum, un professeur de Princeton et un de Californie[51].
20.00 Conférence du cardinal Bea[52].

Vendredi 29 mars 1963
9.00 Chez le card. Bea, pour la rencontre avec Jakovos. Ensuite, conversation avec le card. Bea, le P. Schmidt et un entretien avec le P. Morlion.
12.00 Vers Harvard Divinity School. Déjeuner et conversation avec le Père Thomas s.j.[53].
14.30 Conférence de presse.
15.30 Chez les Paulist Fathers pour préparer mon homélie.
17.30 Homélie dans le St Pauls Church, à Cambridge.
Dîner au Jewett-house[54] avec le doyen Miller, Douglas Horton et Stransky.
20.00 Conférence du cardinal Bea[55].

---

46. D. Horton (1891-1968), Américain, professeur et doyen (1955-1959) à la Harvard Divinity School, ancien modérateur du Conseil International des Congrégationalistes, observateur au concile. Il a publié *Vatican Diary*, 4 vol., Philadelphia, PA, United Church Press, 1964-1966.

47. Il s'agit sans doute de l'Andover-Harvard Theological Library, 45 Francis Avenue, Cambridge, MA.

48. G. Baum (1923-), né à Berlin, émigré en Angleterre puis au Canada en 1940, juif séculier converti au catholicisme, augustin canadien, *peritus* conciliaire, consulteur du Secrétariat pour l'Unité. La conférence avait comme titre: «Theological Reflections on the Second Vatican Council».

49. G. Williams (1914-2000), professeur d'histoire ecclésiastique à la Harvard Divinity School, observateur au concile.

50. Howard Schomer (1928-2001), professeur à l'Université de Chicago, membre de l'United Church of Christ.

51. Il s'agisssait du Prof. James Barr (1924-2006), bibliste, Princeton Theological Seminary, et du Prof. Gerhart Ladner (1905-1993), historien et patrologue, University of California at Los Angeles (UCLA).

52. Le sujet de la conférence était: «The Academic Pursuits and Christian Unity».

53. John L. Thomas (1910-1991), jésuite américain, sociologue de la famille.

54. Maison construite en 1774, à South Berwick, Maine, USA où l'écrivain Sarah Orne Jewett a vécu.

55. Avec le même sujet que le soir précédent.

Samedi 30 mars 1963
9.00 Pendant la matinée, chez moi, j'ai lu des rapports.
14.00 Vers New York.
16.30 Vers New Canaan[56].

Dimanche 31 mars 1963
8.30 Vers New York.
9.30 Grand-messe à Saint Patrick[57]. Sermon de Mgr Griffiths[58].
12.30 Conversation avec Mgr Oesterreicher[59]. Déjeuner[60].
16.00 Conversation avec le COE[61].
17.30 Conversation au Jewish Committee[62].

Lundi 1 avril 1963
10.30 Conversation avec Rabbi Heschel au Jewish Theological Seminary.
11.30 Visite avec le card. Bea à l'Union Theological Seminary.
12.30 Consultation avec le COE à Riverside Drive[63] et déjeuner.
14.00 Après le déjeuner, avec les P. Stransky et Sheerin chez les Paulist Fathers.
15.00 Conversation avec Father [un blanc].
17.00 Avec le card. Bea, les P. Schmidt et Stransky chez Jakovos.
Conversation avec le Dr Knoff[64] et Stransky à Plaza.
19.00 Avec Stransky vers Radio-Music[65].

---

56. En fait, il s'agissait de New Haven, Connecticut, où la Yale Divinity School était située.
57. Église cathédrale de New York.
58. J. H. Griffiths (1903-1964), évêque auxiliaire de New York de 1955 à sa mort, membre de la commission doctrinale du concile.
59. J. M. Oesterreicher (1904-1993), juif religieux né en Moravie, converti au catholicisme et ordonné prêtre en 1934, émigré aux États-Unis en 1940, protagoniste des relations entre juifs et catholiques, en 1953, directeur de l'«Institute of Judeo-Christian Studies», Seton Hall University, South Orange, New Jersey; collaborateur à *Nostra Aetate*, n. 4 (Déclaration conciliaire sur les Juifs), consulteur du Secrétariat pour l'Unité.
60. Dans son Agenda de poche, Willebrands mentionne ce déjeuner avec le card. Spellman à Madison Avenue 452, New York.
61. Il s'agissait d'un entretien du card. Bea et de Mgr Willebrands avec des représentants du COE (cf. St. SCHMIDT, *Augustin Bea*, p. 537).
62. Avec le card. Bea (cf. *ibid.*, p. 537). L'American Jewish Committee fut fondé en 1906 pour défendre les Juifs dans le monde.
63. À l'Interchurch Center, Riverside Drive 475.
64. Sic. Selon Stransky il s'agit de Laton Holmgren (1915-2004), directeur de l'American Bible Society.
65. Selon Stransky, c'est à Radio City Music Hall que Willebrands a vu le fim *To Kill a Mocking Bird*.

Mardi 2 avril 1963
9.00 Avec le Père Ralph[66] et Stransky vers Graymoor[67].
16.30 De Graymoor à Idlewild[68].
20.45 Départ avec la KLM[69] vers Amsterdam.

Mercredi 3 avril 1963
9.00 Arrivée à Schiphol[70]. Mon père, Piet et Ans sont venus me chercher. Vers Hoorn.

Jeudi 4 avril 1963
Hoorn.
12.30 Visite de Fr. Thijssen[71].
16.00 Avec Thijssen vers Amsterdam-Schiphol.
18.00 Départ vers Paris.

Vendredi 5 avril 1963
11.00 L'avion OA[72] a du retard jusqu'à 18 h 30 du soir.
18.30 Départ pour Rome.

Samedi 6 avril 1963
10.00 Réunion chez le card. Cicognani[73].

---

66. Father Ralph, religieux des «Friars of the Society of Atonement» à Graymoor.
67. Le couvent des «Friars of the Atonement», fondé en 1898 par Paul Wattson (1863-1940), se trouvait à Graymoor (Garrison, New York). La congrégation religieuse se consacrait notamment à la réconciliation des Églises. E. Hanahoe, membre de cette congrégation, était consulteur du Secrétariat pour l'Unité.
68. Aéroport de New York, actuellement John F. Kennedy International Airport.
69. Koninklijke Luchtvaart Maatschappij (compagnie néerlandaise de transport aérien).
70. Aéroport d'Amsterdam.
71. Fr. Thijssen (1904-1990), prêtre du diocèse d'Utrecht, œcuméniste, ami intime de Willebrands avec qui il a fondé – en 1951-1952 – la Conférence catholique pour les questions œcuméniques, consulteur du Secrétariat pour l'Unité.
72. Il s'agit de la compagnie grecque Olympic Airways.
73. Cicognani était président de la commission «De Ecclesiis orientalibus» et Pujol consulteur de la Congrégation pour les Églises orientales. Suite au vote des Pères (1er décembre 1962), la commission de coordination avait décidé le 27 janvier 1963 que le texte pour les Orientaux (catholiques et orientaux) devait être élaboré par une commission mixte composée de membres de la commission doctrinale, de la commission orientale et du Secrétariat (cf. *A.S.* V, I, p. 180), décision qui avait été la cause de beaucoup de tensions. La nouvelle rédaction du schéma *De Oecumenismo* de mars 1963 comportait un chapitre III spécial «De Ecclesiarum orientalium peculiari consideratione» (cf. *A.S.* V, I, p. 469-471). Les jours suivants, Willebrands travaillera au texte *De*

[étaient présents] Card. Cicognani, Mgr Mauro[74], Welykyj[75], Pugeol [sic = Pujol][76], Hamer[77], Willebrands.
Discussion du Caput *de Christianis separatis occidentalibus*.
11.00 Discussion au Secrétariat: Welykyj, Pugeol [sic = Pujol], Hamer, Willebrands.

Dimanche 7 avril 1963
Dimanche des Rameaux.
11.00 Travaillé chez moi[78] sur le *De Oecumenismo*.

Oecumenismo et spécialement au chapitre sur les relations avec les Églises orientales. Lors de la réunion de la commission de coordination du 28 mars 1963, plusieurs membres étaient d'avis qu'il fallait détacher le chap. III (concernant les Églises orientales) du Décret sur l'Œcuménisme et le rattacher au Décret sur les Églises orientales (cf. *A.S.* V, I, p. 480-481). Le Secrétariat pour l'Unité était d'avis qu'un chapitre spécial consacré aux Orientaux devait être maintenu dans le schéma *De Oecumenismo* (cf. la lettre de Arrighi à Suenens du 28 mars 1963 et la note ajoutée: De necessitate servandi Caput III Decreti De Oecumenismo prout jacet in schemate a Secretariatu proposito, FConc. Suenens 885-886). Le 30 mars 1963, on avait décidé de maintenir dans le Décret *De Oecumenismo* le chapitre III sur les Orientaux mais en y ajoutant une section sur les chrétiens issus de la Réforme. Pour connaître l'histoire complexe du schéma *De Oecumenismo* en cette période, voir J. GROOTAERS, *Il concilio si gioca nell'intervallo; la «seconda preparazione» e i suoi avversari*, dans G. ALBERIGO (éd.), *Storia del concilio Vaticano II*, II, Bologna, 1966, 464-471. Cf. aussi le *Pro Memoria* rédigé par A. Welykyj au sujet de la collaboration de la commission pour les Églises orientales à l'élaboration du schéma *De Oecumenismo*, *A.S.* VI, II, p. 116-119 (avec une chronologie détaillée entre le 5 décembre 1962 et le 30 mars 1963). Voir également M. VELATI, *Una difficile transizione*, p. 342-354 et 357-363.

74. A. Mauro (1904-1990), prêtre du diocèse de Reggio Calabria, à l'époque conseiller de nonciature, travaillant à la Secrétairerie d'État, *peritus* conciliaire, archevêque titulaire de Tagaste en 1967.

75. A. Welykyj (1918-1982), ukrainien, basilien de S. Josaphat, secrétaire de la commission «De Ecclesiis orientalibus», *peritus* conciliaire.

76. Il s'agit sans doute de Cl. Pujol s.j., professeur de droit canonique à l'Institut oriental, consulteur de la Congrégation pour les Églises orientales, *peritus* conciliaire.

77. J. Hamer (1916-1996), dominicain belge, consulteur du Secrétariat pour l'Unité, *peritus* conciliaire, secrétaire du Secrétariat pour l'Unité de 1969 à 1973, en 1985 cardinal et préfet de la Congrégation pour les Instituts de vie consacrée. Il a joué un rôle important dans la rédaction de la Déclaration sur la liberté religieuse.

78. Willebrands logeait au quartier du Monte Mario, à la Via Achille Mauri 14, 00135 Roma, chez les Dominicaines de Béthanie (congrégation religieuse d'origine française, fondée par le P. Lataste mais avec une branche autonome néerlandaise à Venlo à partir de 1914). Cette maison qui s'appelait «Betania dello Spirito Santo», fut érigée en 1960 pour l'accueil des pèlerins et fermée en 1987 (cf. J. Willebrands, *Ich war ihr Hausgenosse*, in Dominikanerinnen von Bethanien, *Angerührt*, Abtei Münsterschwarzach, 1993, p. 6-7). Actuellement cette maison appartient aux «Suore della Sacra Famiglia».

Lundi 8 avril 1963
10.00 Chez Witte à la Grégorienne pour le *De Oecumenismo*.
15.00 Chez le P. Lanne[79] au collège grec pour le *De Oecumenismo*.

Mardi 9 avril 1963
9.30 Avec Vodopivec et le P. Lanne au Secrétariat pour le *De Oecumenismo*.

Mercredi 10 avril 1963
9.30 Chez le card. Bea. Discussion avec Norman Cousins[80].
11.30 Avec N. C. [Norman Cousins] à la Secrétairerie d'État (Mgr Cardinale[81]).

Jeudi 11 avril 1963
Jeudi saint. Liturgie à la maison au Monte Mario.
11.00 Chez le card. Testa[82].

Vendredi 12 avril 1963
Vendredi saint. Liturgie à la maison au Monte Mario.
17.00 Vers le Secrétariat.

Samedi 13 avril 1963
Samedi saint. Liturgie au Monte Mario.
10.00 Chez Kozyrew[83].

---

79. E. Lanne (1923-), bénédictin français du Monastère de Chevetogne, membre du Secrétariat pour l'Unité, recteur du collège grec à Rome de 1962 à 1967.

80. Norman Cousins (1915-1990), publiciste et éditeur américain qui avait des contacts personnels avec Krouchtchev et Kennedy. Grâce à l'intervention de Cousins auprès de Krouchtchev, l'archevêque ukrainien Slipyj fut libéré en février 1963. Le 10 décembre 1962, Cousins fut reçu par Bea. Cf. N. COUSINS, *The Improbable Triumvirate: J. Fitzgerald Kennedy, Pope John, Nikita Khruscev*, New York, 1972; St. SCHMIDT, *Augustin Bea*, p. 750-753; A. KRASSIKOV, *The Second Vatican Council in the Context of Relations between the USSR and the Holy See*, dans A. MELLONI (éd.), *Vatican II in Moscow*, Leuven, 1997, 313-330. Lors de son voyage aux États-Unis en mai 1963, le cardinal Suenens avait reçu du Père Morlion un rapport confidentiel de Cousins (cf. Archives personnelles du card. L. J. Suenens, boîte 20, Archives de l'archidiocèse de Malines-Bruxelles). En avril 1963 Cousins se rendit à Moscou mais passa d'abord par Rome. C'est aussi le 10 avril 1963 que le card. König rendit pour la première fois visite au card. Mindszenty à l'ambassade américaine à Budapest.

81. I. Cardinale (1916-1983), né à Fondi, archidiocèse de Gaeta, à l'époque chef du protocole de la Secrétairerie d'État, archevêque titulaire de Nepte en 1963, nonce apostolique en Belgique de 1969 à sa mort.

82. G. Testa (1886-1969), prêtre du diocèse de Bergamo, archevêque titulaire de Amasea, cardinal en 1959, secrétaire de la Congrégation pour les Églises orientales en 1962. Ami personnel de Jean XXIII.

83. S. P. Kozyrew, ambassadeur de l'URSS en Italie. Probablement à la suite des contacts entre Cousins et Bea (avec Willebrands), on a discuté notamment d'un rétablissement éventuel des relations diplomatiques entre l'URSS et le Saint-Siège (cf. St. SCHMIDT, *Augustin Bea*, p. 753).

12.00 Chez le card. Bea.
13.00 Déjeuner chez Mgr Slipyj[84].
15.00 Au Secrétariat avec Corinna [De Martini][85]. Envoyé les textes de l'encyclique[86].

Dimanche 14 avril 1963
9.30 Grand-Messe au Monte Mario.
13.30 Départ de Rome pour Amsterdam.
17.00 Arrivée à Schiphol. Lies et Truus[87] sont venues me chercher. Chez Evert. Vers Hoorn.

Lundi 15 avril 1963
Hoorn.
À Hoorn, visites de Herman et Mia, d'Ans[88] et de Willy[89], du curé J. Remmer[90].

Mardi 16 avril 1963
Hoorn.
18.30 Visite de Fr. Thijssen.
19.30 Vers le presbytère d'Amstelveen[91].

Mercredi 17 avril 1963
10.00 Départ de Schiphol vers Rome.
13.30 Rome. Salzmann[92] et Corinna sont venus me chercher. Vers le Monte Mario.

84. J. Slipyj (1892-1984), de l'archidiocèse ukrainien de L'viv, évêque coadjuteur de L'viv en 1939 et métropolite de L'viv en 1944, emprisonné par les Soviétiques de 1945 à 1963. Libéré le 23 janvier; il est arrivé à Grottaferrata le 11 février 1963 (c'est Willebrands qui est allé chercher Slipyj à Moscou). Il est devenu cardinal en 1965.
85. Corinna De Martini (1921-), d'origine italienne, née en Suisse, membre du mouvement De Graal, secrétaire de Willebrands au Secrétariat pour l'Unité de 1961 à 1995.
86. Il s'agit sans doute de l'encyclique *Pacem in terris,* de Jean XXIII, parue le 11 avril 1963. La traduction russe de l'encyclique a été envoyée à Krouchtchev par le canal de l'ambassade russe de Rome.
87. Truus Willebrands, fille d'Evert Willebrands et de Lies Verwer, nièce de Willebrands.
88. Ans (ou Annie) Willebrands (1917-2003), sœur de Willebrands, marié à Willy Grol.
89. Willy (ou Wil) Grol (1911-1986), marié à Ans Willebrands.
90. Jan Remmer (1909-1982), curé à St Gérard Majella à La Haye en 1956, ordonné prêtre avec Willebrands le 26 mai 1934.
91. Ville aux Pays-Bas.
92. E. Salzmann (1929-2006), prêtre du diocèse de Sion, il a étudié à l'Institut Biblique pontifical, où il avait comme professeur le Père A. Bea, archiviste au Secrétariat pour l'Unité et un des premiers collaborateurs du Secrétariat jusqu'en 1988.

Jeudi 18 avril 1963
9.00 Chez le card. Bea. Conversation avec N. Cousins, P. Schmidt, card. Bea.
11.30 Chez Mgr Cardinale.
16.00 Mr Béguin[93] au Secrétariat (secrétaire général de l'Alliance biblique universelle).

Vendredi 19 avril 1963
11.00 Collegio Bellarmino[94]. Father Kilmartin s.j.[95]. Faculté de théologie s.j. de Boston[96].
16.00 Père Stephanou[97] A. A. d'Athènes. Au sujet des boursiers[98] et d'une visite à Athènes.
17.30 Avec Mgr Cardinale chez le card. Bea.

Samedi 20 avril 1963
Kampala (-30 avril)[99] [sic].
9.30 Chez le card. Cicognani. Le card. Cicognani accepte le texte sur le *De Oecumenismo*. Nous relisons le n° 1 du paragraphe sur les Protestants ainsi que la lettre du card. Döpfner[100]. Il est d'accord avec les contacts avec l'URSS, et aussi avec la perspective d'un internonce.

---

93. Olivier Béguin (1914-1972), suisse, secrétaire général des United Bible Societies, d'abord fondé à Londres en 1804 sous le nom de «British and Foreign Bible Societies» puis élargi en 1946 comme un conseil de plusieurs sociétés bibliques non confessionnelles.

94. Collegio Bellarmino, communauté pour les jésuites (actuellement une centaine) qui poursuivent leurs études à Rome. Fait partie de l'Université Grégorienne. Adresse: Via del Seminario 120, Roma. Selon l'Agenda de poche, l'entretien s'est passé au Secrétariat et le P. Kilmartin logeait au Collegio Bellarmino.

95. Edward Kilmartin (1923-1994), jésuite américain, professeur de théologie liturgique et sacramentelle au Boston College.

96. Boston College, Université des jésuites à Boston.

97. Iannis (en religion: Elpide) Stephanou (1896-1978), assomptioniste (Augustiniani ab Assumptione) grec, qui a fait des études à Louvain, prêtre en 1928, fondateur à Athènes de la congrégation féminine des «Sœurs de la Croix», consulteur de la commission préparatoire pour les Églises orientales.

98. Il s'agit de bourses d'études pour des ecclésiastiques grecs.

99. Il s'agit de la réunion de la Conférence des Églises de toute l'Afrique qui se tenait à Kampala (Uganda) du 20 avril jusqu'au 30 avril.

100. J. Döpfner (1915-1976), archevêque de Berlin en 1957 et de Munich en 1961, cardinal en 1958, membre de la commission de coordination, modérateur du concile. Le 9 avril 1963, Döpfner avait écrit une lettre à Bea: Cicognani lui avait demandé un projet pour le chapitre sur les Protestants dans le Décret *De Oecumenismo*. Döpfner envoie son texte à Bea. Le même jour Willebrands avait envoyé à Döpfner le nouveau projet sur les protestants dans le Décret sur l'œcuménisme. Il demande l'avis de Döpfner. Cf. G. Treffler (éd.), *Julius Kardinal Döpfner. Konzilstagebücher, Briefe und Notizen zum Zweiten Vatikanischen Konzil*, Regensburg, 2006, p. 251-252.

11.30 Chez le métropolite Slipyj. Mgr Slipyj me donne deux textes à lire: une lettre à Cicognani et son sermon lors d'une ordination sacerdotale chez les Basiliens.
12.00 Visite des Pères Bréchet s.j.[101], Rouquette s.j.[102], Ebneter s.j.[103], Galli s.j.[104].
16.00 Father Davis s.j.[105] de *America* (conversation au sujet de *Pacem in Terris*).

Dimanche 21 avril 1963
10.30 Visite de Guus Schlatmann[106] au Monte Mario.

Lundi 22 avril 1963
10.30 Chez le card. Bea.
13.30 Chez J. Höfer[107].
18.00 Conférence chez les Prêtres du Sacré Cœur[108].

Mardi 23 avril 1963
10.30 Départ du P. Stransky.
17.00 J. Remmer et P. Schoonebeek[109] sont arrivés au Columbus[110].

101. Raymond Bréchet (1923-2007), jésuite suisse, pendant le concile il a travaillé pour Radio Canada (un bulletin d'actualité – de 2 min. 30 – le samedi dans le cadre de l'émission *Trente minutes d'information*). Il était également rédacteur de *Choisir* (revue fondée en 1959 par un groupe de jésuites pour la Suisse Romande), qui consacrait une rubrique au concile.
102. R. Rouquette (1905-1969), jésuite français, collaborateur des *Études* dès 1943. À partir de 1957 il y rédige une «Chronique d'actualité religieuse», qui se poursuit pendant le concile. Cf. R. ROUQUETTE, *Vatican II, la fin d'une chrétienté*, Paris, 1968.
103. Albert Ebneter, jésuite suisse, œcuméniste, professeur à l'*Institut für Weltanschauliche Fragen* à Zürich.
104. Mario von Galli s.j. (1904-1987), rédacteur en chef d'*Orientierung* de 1954 à 1972, correspondant sur le concile pour la radio allemande.
105. Il s'agit de Thurston Davis, jésuite américain, éditeur responsable d'*America* (hebdomadaire catholique américain, édité par les jésuites depuis 1909) de 1955 à 1968. C'est sous sa direction que la revue a informé ses lecteurs sur Vatican II.
106. Guus Schlatmann (1925-), prêtre du diocèse de Rotterdam, en 1963, professeur au lycée St Martin à Voorburg.
107. J. Höfer (1896-1976), prêtre du diocèse de Paderborn, où il était chargé des contacts œcuméniques, membre du Secrétariat pour l'Unité, conseiller de l'Ambassade de la République Fédérale Allemande auprès du Saint-Siège.
108. Congregatio Sacerdotum a Sacro Corde Jesu. Leur maison généralice se trouvait à la Via Casale S. Pio V, 20, Rome.
109. P. Schoonebeek (1912-2001), prêtre du diocèse de Haarlem ordonné le 26 mai 1934 avec Willebrands, aumônier en chef de l'Armée en 1963, ami de Willebrands.
110. Hotel Columbus, Via della Conciliazione 34, 00193 Roma. Pendant le concile, beaucoup d'évêques et d'observateurs logeaient dans cet hôtel, situé près de la Basilique de St Pierre et du Secrétariat pour l'Unité.

Mercredi 24 avril 1963
13.00 Déjeuner avec J. Remmer et P. Schoonebeek au Columbus.
14.00 Excursion vers Bracciano[111].
18.00 On a dîné ensemble et passé la soirée chez moi.

Jeudi 25 avril 1963
10.30 Le P. Gabriel (secrétaire du card. Coussa[112]).
13.30 Déjeuner chez J. Höfer avec le card. Bea, le P. Schmidt, Mgr Cardinale.
17.00 À la maison, rédigé le programme pour CCQE[113].
Lukas Vischer est arrivé à Rome.

Vendredi 26 avril 1963
9.30 Visite de L. Vischer au Secrétariat.
10.30 Chez Son Excellence Mgr Dell'Acqua[114].
12.30 Avec J. Remmer et P. Schoonebeek vers Palestrina et Anagni.
20.00 Retour à Rome.

Samedi 27 avril 1963
10.00 Avec L. Vischer chez le card. Marella[115].
11.00 Convoqué chez le card. Cicognani pour le *De Oecumenismo*.
16.00 Au Secrétariat le P. de Riedmatten o.p.[116].
et Mr Stoop, journaliste *Vrije Volk*[117].

---

111. Bracciano situé à 50 km de Rome sur le lac de Bracciano.
112. G. A. Coussa (1897-1962), né à Alep, prêtre basilien alepin, archevêque titulaire de Hierapolis in Siria et pro-secrétaire de la Congrégation orientale en 1961, cardinal et secrétaire de la Congrégation orientale en 1962.
113. CCQE: Conférence catholique pour les questions œcuméniques.
114. A. Dell'Acqua (1903-1972), secrétaire de la Délégation Apostolique en Turquie et en Grèce de 1931 à 1935 (quand A. Roncalli y était Délégué apostolique), substitut de la Secrétairerie d'État en 1953, cardinal en 1967, vicaire général de Sa Sainteté pour la ville de Rome en 1968.
115. P. Marella (1895-1984), délégué apostolique au Japon en 1933, nonce apostolique en France en 1953, président de la commission *De Episcopis et Dioecesium Regimine*, membre du Secrétariat pour l'Unité, premier président du Secrétariat pour les non chrétiens en 1964.
116. H. de Riedmatten (1919-1979), dominicain suisse, secrétaire de la *Commissio pontificia pro studio populationis, familiae et natalitatis*, peritus conciliaire, observateur permanent du Saint-Siège auprès des Nations-Unies à Genève.
117. *Het Vrije Volk*, journal néerlandais de tendance social-démocrate. À une certaine période, le journal le plus important des Pays-Bas. Le premier numéro a paru le 1er mars 1945, et le journal a disparu en 1970.

18.00 Chez le card. Bea.
20.00 Dîner chez G. Lindbeck[118] avec Luk. Vischer, le pasteur Brinkerink et sa femme, Corinna.

Dimanche 28 avril 1963
10.30 Chez le P. Pujol s.j., Istituto Orientale[119]. Au sujet de nouveaux changements dans le *De Oecumenismo*.
17.00 Chez le P. Welykyj.

Lundi 29 avril 1963
9.00 Mgr Pacchiacucchi[120] (minutante de Bidagor[121]).
9.30 Visite du Rév. Coleman[122].
10.30 Chez le card. Cicognani. Au sujet des dernières modifications dans le *De Oecumenismo*. (J'ai déjà reçu les épreuves d'imprimerie de Mgr Fagiolo[123]. La lettre du Saint-Père est datée du 22 avril![124])
13.30 Déjeuner chez Höfer. Étaient présents: Lukas Vischer, Georges Lindbeck, Mgr Glorieux[125], Mgr Vodopivec.
17.00 Conversation avec Lukas Vischer au Secrétariat. Au sujet de la collaboration pratique avec le COE et des problèmes de principe qui se posent à ce sujet: ne pas devenir membre du COE, mais quand même s'engager dans la collaboration.

118. G. Lindbeck (1923-), théologien luthérien américain, professeur à Yale de 1952 à 1993, observateur de la Fédération Luthérienne Mondiale, œcuméniste. Le dîner avait lieu à la Via di Villa Pamphili 15, Roma (Agenda de poche).

119. Pontificio Istituto Orientale, fondé par Benoît XV en 1917, confié aux Jésuites par Pie XI en 1922, Piazza S. Maria Maggiore, 7, Roma.

120. F. Pacchiacucchi (1924-2007), prêtre du diocèse de Cortona en 1947, minutante à la commission *De Sacramentorum Disciplina*, dont le Père Bidagor était le secrétaire, chanoine de Saint-Pierre.

121. R. Bidagor (1894-1977), jésuite espagnol, professeur de droit canonique à l'Université Grégorienne de 1930 à 1967, secrétaire de la commission *De Sacramentorum Disciplina*, nommé secrétaire de la commission pour la réforme du code de droit canonique le 23 février 1965.

122. P. Coleman, prêtre anglican, il était chargé par l'archevêque de Canterbury des relations œcuméniques, il a été reçu en audience par Jean XXIII le 30 avril 1960, évêque d'Exeter.

123. V. Fagiolo (1918-2000), prêtre du diocèse de Segni, *peritus* conciliaire, assistant de Mgr Felici au secrétariat général du concile, cardinal en 1994.

124. Il s'agissait de l'autorisation donnée à Cicognani au cours d'une audience de Jean XXIII, le 22 avril 1963, pour envoyer aux Pères conciliaires les schémas de plusieurs Constitutions ou Décrets du concile afin d'être discutés à la prochaine session. Ce nouveau schéma comporta un troisième chapitre (De christianis ab Ecclesia catholica sejunctis) avec deux sections: 1. De Ecclesiae orientalium peculiari consideratione 2. De communitatibus inde a saeculo XVI exortis.

125. A. Glorieux (1910-1999), prêtre du diocèse de Lille, secrétaire de la commission pour l'apostolat des laïcs, *peritus* conciliaire, archevêque titulaire en 1969.

Mardi 30 avril 1963
9.30 Inauguration Bracciano[126].

Mercredi 1 mai 1963
9.30 Visite de Mgr Hallinan[127], évêque d'Atlanta et de Mgr McManus[128]. Au sujet du schéma sur la Liturgie et de la *Libertas religiosa*.
10.30 Chez le card. Bea.
13.30 Déjeuner chez Winderaken[129].

Jeudi 2 mai 1963
9.30 Minutante de R. Bidagor[130].
10.00 Rev. Chr. van Oeyen[131].
11.00 L'évêque Moorman[132] de Ripon. Il est allé à Constantinople et a parlé au patriarche au sujet du concile (observateurs)[133].
17.00 Concert Maurice Pirenne[134] à l'école pontificale de musique[135].
19.00 Vers le collège néerlandais[136]. Mgr Bekkers[137], Lambert Rooyackers[138], Jan Loeff[139].

126. Les Dominicaines de Béthanie (chez qui Willebrands logeait à Rome, Via A. Mauri 14) avaient également une communauté et une maison pour enfants à Bracciano (Betania di Santa Caterina) de 1962 à 1999. Willebrands s'y rend parfois pour travailler ou se reposer. Il a probablement inauguré leur chapelle.

127. P. J. Hallinan (1911-1968), prêtre du diocèse de Cleveland, archevêque d'Atlanta de 1962 à sa mort, membre de la commission pour la liturgie.

128. F. McManus (1923-2005), prêtre du diocèse de Boston, canoniste et liturgiste, professeur de la Catholic University of America, Washington, consulteur de la commission préparatoire pour la sainte liturgie, *peritus* conciliaire.

129. Winderaken, correspondant à Rome de plusieurs journaux néerlandais. Le déjeuner avait lieu à la Via Oreste Tommasini 6, Rome (Agenda de poche).

130. F. Pacchiacucchi.

131. Chr. A. M. van Oeyen, argentin de descendance belge, qui en 1960 était étudiant au Collegio Pio-Latino (cf. Cahier III, 21 octobre 1960).

132. J. Moorman (1921-1988), évêque anglican de Ripon, observateur au concile.

133. Il s'agit du patriarche Athénagoras (1886-1972), patriarche œcuménique de Constantinople en 1948. Alors que le patriarcat de Moscou avait envoyé des observateurs dès la 1ère session du concile, le patriarcat de Constantinople ne pourra en envoyer qu'à la 3ème session.

134. M. Pirenne (1928-), prêtre néerlandais, ordonné en 1952, organiste, compositeur et chef de chœur, en 1965 Rector Cantus de la Schola Cantorum de la cathédrale de Bois-le-Duc.

135. Il s'agit sans doute du Pontificio Istituto di Musica Sacra (actuellement Via di Torre Rossa 21, 00165 Roma) où Pirenne avait suivi des cours.

136. Pontificio Collegio Olandese Pio XI, Via Ercole Rosa 1, Roma.

137. W. M. Bekkers (1908-1968), évêque de Bois-le-Duc en 1960, membre de la commission pour la liturgie.

138. L. Rooyackers (1905-1980), prêtre du diocèse de Bois-le-Duc en 1930, résistant au nazisme et interné à Dachau, premier trésorier de la «Sint Willibrordvereniging», vicaire général de Bois-le-Duc en 1961, œcuméniste.

139. Jan Loeff (1903-1978), de 1954 à 1973 professeur à l'Institut supérieur catholique de Tilburg.

Vendredi 3 mai 1963
10.00 Paul Verghese[140]. Revient de Kampala. Conversation au sujet du concile et d'une visite aux églises en Inde.
11.00 Père Alonso[141].
11.30 4 Danois, 2 professeurs de Copenhague et Aarhus[142] et 2 prêtres catholiques du Collegio S. Pietro[143].
16.00 Chez Mgr Vodopivec. Chez lui, j'ai fait le rapport de la 7ème session de la Commissio Mixta[144].

Samedi 4 mai 1963
10.30 Chez le card. Bea avec l'évêque Moorman et sa femme.
16.30 Visite de Mr Kelly, assistant personnel de Mr Edmund L. de Rothschild[145].

Dimanche 5 mai 1963
19.30 Dîner au Tre Scalini[146]. L'évêque Moorman et sa femme, canon Pawley[147] et sa femme, Mgr Arrighi[148], Père Duprey[149].

Lundi 6 mai 1963
9.30 Le correspondant van Look.
10.00 Le Père Hamer o.p. au sujet de Kampala.

140. P. Verghese (1922-) (= Paulos Mar Gregorios), évêque métropolitain de l'Église orthodoxe syriaque de 1975 à 1995, secrétaire général-adjoint du COE, observateur du COE.
141. Il s'agit du P. Gioacchino Alonso CMF, clarétin espagnol, qui avait fait une étude sur la liberté religieuse (cf. F. De Smedt 661 et *A.S.* VI, II, p. 139).
142. Il s'agit des professeurs Skydsgaard et J. Aagaard, doyen du département de missiologie de l'Université d'Aarhus.
143. Collegio San Pietro Apostolo, collège fondé en 1947 par la Congrégation de Propaganda Fide pour le clergé indigène, Viale delle Mura Aurelie 4, Roma.
144. Il s'agit probablement de la Commissio mixta pour les mariages mixtes.
145. Edmund L. de Rothschild (décédé en 2007), suisse, juif, il avait des relations avec l'Institut œcuménique de Bossey. Il s'agissait d'une recommandation de Lord [illisible] pour une audience de Rothschild (Agenda de poche).
146. Restaurant à la Piazza Navona 28, 00186 Rome.
147. B. Pawley, anglican, chanoine du diocèse d'Ely, représentant personnel de l'archevêque de Canterbury à Rome en 1961. Il avait été prisonnier de guerre en Italie et avait connu Montini, lorsqu'il était archevêque de Milan (cf. T. STRANSKY, *Paul VI and the Delegated Observers/Guests to Vatican Council II*, p. 134, note 53).
148. J.-Fr. Arrighi (1918-1998), né à Vico, Corse, secrétaire du card. Tisserant, minutante puis sous-secrétaire pour la section occidentale du Secrétariat pour l'Unité de 1960 à 1985, *peritus* conciliaire, évêque titulaire de Vico Equense et vice-président du Conseil pontifical de la Famille de 1985 à 1992.
149. P. Duprey (1922-2007), père blanc français, de 1956 à 1963 professeur de théologie dogmatique au Séminaire de Sainte Anne à Jérusalem, sous-secrétaire pour la section orientale du Secrétariat pour l'Unité en 1963, ensuite secrétaire du Pontificium Consilium ad Unitatem Christianorum fovendam de 1983 à 1999, évêque titulaire de Thibaris en 1989.

17.00 Au Foyer Unitas[150]. Conférence sur le concile avec 70 étudiants en théologie de Copenhague et d'Aarhus.
19.30 Dîner chez les Dames de Béthanie[151].

Mardi 7 mai 1963
9.30 Canon B. Pawley.
12.00 Chez le métropolite Slipyj.
16.30 Avec Mgr Vodopivec au Secrétariat. Rédigé le rapport 8-9 de la commission mixte[152].

Mercredi 8 mai 1963
11.30 Chanoine Beauduin[153].
17.30 Mr Kelly (voir 4 mai).
17.30 Abbé von Rudloff o.s.b.[154]
18.00 Father Brown[155] S.S. Au sujet de Faith and Order, la conférence à Montréal.

Jeudi 9 mai 1963
9.30 Réunion de la Section orientale du Secrétariat[156]. Rapport de Mgr Willebrands (histoire, origine de la Section orientale, évolution de la question des observateurs orthodoxes).

---

150. Foyer Unitas, maison de l'Associazione Internazionale per l'Unità cristiana, Unitas, érigée par les Dames de Béthanie avec le P. Ch. Boyer s.j. en 1950.
151. Dames de Béthanie (Vrouwen van Bethanië), congrégation religieuse féminine, fondée aux Pays-Bas en 1919 par le Père J. van Ginneken s. j. (1877-1945) et reconnue officiellement en 1932. Elles ont pour but la catéchèse, l'œcuménisme, la pastorale, l'accompagnement spirituel. Elles ont fondé plusieurs centres aux Pays-Bas, aux États-Unis, en Autriche, en Espagne et à Rome, notamment le Foyer Unitas.
152. De matrimoniis mixtis.
153. É. Beauduin (1907-1982), prêtre du diocèse de Liège, neveu de Dom Lambert Beauduin o.s.b., directeur de «L'Œuvre d'Orient» en Belgique, membre du Secrétariat pour l'Unité.
154. L. von Rudloff o.s.b. (1902-1982), père abbé de l'abbaye «Dormitio Mariae» au Mont Sion (Israël) en 1952, à partir de 1968 prieur de Weston (Vermont), membre du Secrétariat pour l'Unité, président de la sous-commission *De Judaeis*.
155. R. Brown (1928-1988), sulpicien américain, à l'époque professeur d'exégèse au St Mary's Seminary à Baltimore, membre de la commission pontificale biblique en 1972. À la 4ᵉ Conférence de Faith and Order à Montréal, il a donné la principale conférence catholique au sujet de «La Bible et l'Unité de l'Église».
156. Au début de 1963, la création d'une section orientale (avec Duprey, Long et avec Lanne comme consulteur) au sein du Secrétariat a été décidée (cf. M. VELATI, *Una difficile transizione*, p. 323).

Vendredi 10 mai 1963
9.30 Sectio Orientalis Secrétariat. Au sujet du Comité pour les bourses et les livres.
16.30 Sectio Orientalis Secrétariat. Au sujet des contacts et de la collaboration avec les Églises orientales.

Samedi 11 mai 1963
9.30 Sectio Orientalis Secrétariat. Vote des membres du Comité.
11.00 Chez le card. Bea.
12.30 Chez le Père Duprey, Via Aurelia[157]. Discussion de la lettre de la Secrétairerie d'État au sujet des invitations Athos[158].
16.00 Visite au P. Tromp[159], Gregoriana. Malgré le fait qu'il est prêt à travailler avec moi à un texte sur la liberté religieuse[160], conversation décevante (au sujet de la lecture de la Bible, de la lutte contre les hérétiques, de l'inquisition, du serment de l'évêque[161], du Schéma *De divina Revelatione* et du *De Oecumenismo*)[162].

---

157. Le Père Duprey, père blanc, habitait à la maison générale des Pères Blancs (Missionnaires d'Afrique), Via Aurelia 269, Rome.

158. Du 22 au 25 juin 1963 on célébrait le millénaire du Mont Athos comme fondation monastique (cf. D. I. DOENS, *La célébration du millénaire de l'Athos sur la Sainte Montagne*, dans *Irenikon* 3 [1963] 391-392). Une invitation d'envoyer des représentants d'ordres monastiques catholiques avait été transmise à la Secrétairerie d'État. Cf. M. VELATI, *Una difficile transizione*, p. 416-417.

159. S. Tromp (1889-1975), jésuite néerlandais, professeur à l'Université Grégorienne de 1929 à 1967, secrétaire de la commission théologique préparatoire et ensuite de la commission doctrinale, *peritus* conciliaire.

160. Le 20 juin 1962, la commission centrale préparatoire avait connu un affrontement entre Ottaviani et Bea concernant deux textes au sujet de la liberté religieuse, l'un rédigé par la commission théologique préparatoire et l'autre rédigé par le Secrétariat pour l'Unité. À la suite de quoi Jean XXIII avait confié le soin d'unifier les deux textes à une commission mixte restreinte. Toutefois le P. Tromp avait éludé les invitations du Secrétariat à discuter un nouveau texte.

161. Avant son ordination, chaque évêque doit prêter le serment de fidélité au pape et au magistère de l'Église. Dans le Pontifical Romain, en vigueur avant la réforme liturgique de Paul VI, le futur évêque devait encore lire la phrase: «Haereticos, schismaticos, et rebelles eidem Domino nostro, vel Successoribus praedictis, pro posse persequar et impugnabo».

162. Le 11 mai 1963, le P. Tromp a noté dans son *Diarium* (Cahier 5): «Vespere longum colloquium cum Mgr Willebrands, secr. Secr. pro unione: Dicit se addere debuisse plures paginas in Const. de Oecumenismo de Protestantibus, ita volente Cardli Secr. Status, et se non habuisse tempus monstrandi mihi Schema. Vult omnia facere, ut non obstante responso Secretarii Status agatur de libertate et tolerantia religiosa. Dixi ei ubi iacent difficultates theoricae et practicae quaestionis. Sed mansit in suo proposito, ita tamen ut redactio committatur secretariis Comm. doctr. et Secr. pro unione».

Dimanche 12 mai 1963
10.00 Travaillé à une conférence pour Livourne, Turin, Trente.
11.00 Fait mon introduction pour le Secrétariat[163].

Lundi 13 mai 1963
10.00 Session du Secrétariat. Introduction du card. Bea. Introduction du Secrétaire. Constitution des sous-commissions. Brève discussion.
16.30 Sous-commission *De Libertate religiosa*[164].

Mardi 14 mai 1963
9.00 Entretien avec Abbot von Rudloff o.s.b. au sujet du *De Judaeis*.
10.00 Session du Secrétariat.
16.30 Sous-commission *De Judaeis*.
20.00 Coup de téléphone de Mgr Cardinale: pour les invitations Athos, nous pouvons agir sous notre propre responsabilité[165].

Mercredi 15 mai 1963
10.00 Session du Secrétariat.
14.00 Frans Thijssen vient déjeuner au Monte Mario.
15.00 Chez le R. P. Anic. Fernandez o.p.[166].
16.00 Chez le R. P. Benno Gut o.s.b.[167].
chaque fois au sujet des invitations pour le Mont Athos.
16.30 Sous-commission *De Judaeis*.

Jeudi 16 mai 1963
9.30 Père Dumont Pierre o.s.b.[168].
10.00 Session du Secrétariat.
12.30 Avec le Comité culturel de la Section orientale.

---

163. Le Secrétariat pour l'Unité a tenu une session plénière du 13 au 18 mai 1963.
164. Pour le travail de cette sous-commission, voir notamment F. De Smedt 663-668.
165. Avant le concile, les contacts de catholiques avec d'autres Églises devaient être autorisés par le Saint-Office. On verra que pour la réunion du Mont Athos, un conflit de compétence surgira entre le Saint-Office, la Secrétairerie d'État et le Secrétariat pour l'Unité.
166. A. Fernandez (1895-1981), dominicain espagnol, général de son ordre de 1962 à 1971, membre de la commission doctrinale.
167. B. Gut (1897-1970), bénédictin suisse, père abbé d'Einsiedeln en 1947, abbé primat en 1959, cardinal et préfet de la Congrégation des Rites de 1967 à sa mort, membre de la commission centrale préparatoire et de la commission doctrinale.
168. P. Dumont (1901-1970), moine de Chevetogne, recteur du collège grec à Rome de 1956 à 1962, consulteur du Secrétariat pour l'Unité.

13.00 Herr Waltermann[169] de la West Deutsches Fernsehen.
14.00 Déjeuné avec Hermann Volk[170] et Frans Thijssen.
16.30 Sous-commission *De Libertate religosa*.
18.30 Chez le Procurateur général o.f.m.[171] avec le P. Duprey au sujet de l'invitation au Mont Athos.

Vendredi 17 mai 1963
10.00 Session du Secrétariat.
12.30 Chez Mgr Parente[172] au Saint-Office. Au sujet des invitations pour le Mont Athos.

Samedi 18 mai 1963
10.00 Session du Secrétariat.
12.30 Sous-commission *De Judaeis*. Au sujet des changements apportés par le cardinal[173].
16.30 Sous-commission mixte *De Matrimoniis mixtis*.
20.00 Piet a téléphoné au sujet de l'aggravation de l'état de santé de maman.

Dimanche 19 mai 1963
11.00 J'ai téléphone à Piet. Maman semble aller un peu mieux.

Lundi 20 mai 1963
10.30 Chez le card. Cicognani. J'ai également parlé brièvement avec Mgr Cardinale. Au sujet de l'intervention du Saint-Office concernant les invitations au Mont Athos. Le card. Cicognani ne comprend pas cette intervention, et dit que c'est pour cette fonction que le Secrétariat a été érigé et que je dois avoir une discussion de fond avec le card. Ottaviani[174]. Mgr Cardinale dit que c'est le Saint-Père lui-même qui a décidé que cette affaire devait être confiée au Secrétariat. La «mens Summi Pontificis» est d'accepter les invitations.

169. L. Waltermann (1928-2001), informateur religieux de la Westdeutsche Rundfunk, Köln.
170. H. Volk (1903-1988), professeur à l'Université de Münster de 1946 à 1962, évêque de Mayence en 1962, consulteur du Secrétariat pour l'Unité puis membre de la commission doctrinale, cardinal en 1973.
171. A. Lazzeri (1906-1998), franciscain italien, prêtre en 1929, procurateur général de son ordre de 1957 à 1967.
172. P. Parente (1891-1986), archevêque de Pérouse en 1955, assesseur du Saint-Office en 1959, membre de la commission doctrinale, cardinal en 1967.
173. Il s'agit du cardinal Bea qui a introduit des changements.
174. A. Ottaviani (1890-1979), (pro) secrétaire du Saint-Office en 1953, cardinal en 1953, président de la commission doctrinale.

12.00 Le Prof. Castelli[175].
13.00 Déjeuné au collège néerlandais.
16.30 Visite du Prof. Friis [sic][176] de Copenhague.
17.00 Mgr Martin[177], archevêque de Rouen.
17.30 Mgr Oesterreicher.
18.00 Leo Alting von Geusau[178].

Mardi 21 mai 1963
9.30 Chez le card. Ottaviani. Au sujet des invitations pour le Mont Athos. Le card. Ottaviani fait des concessions: les 3 ordres[179] peuvent envoyer des représentants. Ensuite il dit que la Liberté religieuse ne se trouve plus au programme[180]. Je conteste cela. Il verra encore. Il demande pourquoi nous n'invitons pas nos cardinaux-membres[181].
10.00 Prof. Schink [sic = Schlink[182]] au Secrétariat.

---

175. Enrico Castelli (1900-1977), professeur de philosophie à l'Université de Rome. Il organisait chaque année des colloques (connus comme les «Colloques Castelli») réunissant des philosophes et des théologiens notamment P. Ricœur, A. Vergote, A. De Waelhens, E. Lévinas etc.

176. Il s'agit peut-être du Prof. Fries, qui avait déjà participé à des réunions de la Conférence catholique pour les questions œcuméniques.

177. Joseph M. Martin (1891-1976), archevêque de Rouen de 1948 à 1968, cardinal en 1965, membre du Secrétariat pour l'Unité.

178. L. Alting von Geusau (1925-2002), prêtre du diocèse de Groningen, *peritus* conciliaire, pendant le concile il était chargé par l'épiscopat néerlandais d'informer la presse et a ensuite créé un centre d'information pour les pères et experts du concile à Rome au Palazzo Doria, Piazza Navona, D.O.C. (Documentatie Centrum Concilie), plus tard I.D.O.C., qui est devenu un centre des idées «progressistes» à Rome. Il a quitté Rome en 1972 et s'est alors consacré à l'anthropologie notamment en Thaïlande, où il est décédé.

179. Il s'agit des dominicains, des franciscains et des bénédictins.

180. Le nouveau schéma *De Ecclesia* (le «projet Philips«) ne reprenait plus le problème des relations entre l'Eglise et l'État (comprenant le problème de la liberté religieuse) qui figurait dans le chapitre IX du premier projet de la commission théologique. C'est pourquoi dans la réunion de la commission de coordination du 29 mars 1963, après une remarque du card. Spellman, le card. Suenens avait suggéré de parler de la liberté religieuse dans le schéma XVII (cf. *A.S.* V, II, p. 513 et 520). La question reviendra à la commission de coordination du 4 juillet 1963 (cf. *A.S.* V, II, p. 636). Voir aussi la lettre du 22 mai 1963 d'Arrighi à Suenens qui demande ce que la commission de coordination avait décidé au sujet de la Liberté religieuse (FConc. Suenens 1201-1202). Pour cette question, voir S. SCATENA, *La fatica*, p. 46-57.

181. Il s'agit des cardinaux Marella, Testa et Antoniutti, nommés par Jean XXIII mais qui sont devenus assez vite, sous Paul VI, des membres honoraires.

182. E. Schlink (1903-1984), luthérien, professeur de dogmatique à l'Université de Heidelberg, observateur au concile. Schlink fera un rapport de ses entretiens le 4 juin 1963 (rapport déposé au Konfessionskundliches Institut à Bensheim). Déjà en 1961, Schlink avait été désigné par l'Église évangélique d'Allemagne comme son représentant auprès du Secrétariat pour l'Unité.

11.00 Mary Kalapesi[183] au Secrétariat.
12.30 Avec le docteur Tolenaar[184] et sa femme et Corinna vers la Villa Adriana et Poli.
19.30 Arrivé à la maison. Piet a téléphoné deux fois. Thijssen a téléphoné de San Pastore[185]. J'ai téléphoné moi-même à Hoorn. L'état de santé de ma maman est très grave. Je ne puis prendre un avion avant demain matin.

Mercredi 22 mai 1963
8.00 Avec la KLM vers Amsterdam. Arrighi se rendra chez le card. Bea.
11.00 Arrivée à Amsterdam. Evert et Lies sont venus me chercher: ils m'apprennent que maman est décédée hier soir vers 11 h.
12.00 Arrivé à la maison à Hoorn (Ans, Piet et Ans, Evert et Lies).

Jeudi 23 mai 1963
À Hoorn.

Vendredi 24 mai 1963
À Hoorn.

Samedi 25 mai 1963
À Hoorn.
19.30 Le soir, maman a été mise dans son cercueil.

Dimanche 26 mai 1963
À Hoorn.
L'abbé A. Boekel[186]: 40 ans de sacerdoce.
16.30 Visite au curé Boekel, à Bovenkarspel[187].

---

183. Mary Kalapesi, catholique, de nationalité indienne et vivant à Rome (Via Trinità dei Pellegrini, 19/14) au temps du concile, cf. Mary KALAPESI, *Some Reflections on the Fourth Meeting on Hindu and Christian Spirituality*, Religion and Society, 11.4 (December 1964), 73.
184. Dr Tolenaar, de Leyde (cf. Cahier I, 17 janvier 1959). Il examinera Willebrands le 12 août 1965.
185. Villa San Pastore, depuis 1845 maison de campagne du collège germano-hongrois à Gallicano, près de Palestrina (à 30 km de Rome).
186. A. Boekel (1896-1976), prêtre du diocèse de Haarlem en 1923, curé de Saint Martin à Bovenkarspel.
187. Bovenkarspel, village natal de Willebrands dans le «West Friesland» (dans la province «Noord Holland»). La famille Willebrands y habitait Hoofdstraat, 15.

Lundi 27 mai 1963
9.00 De Hoorn à Bovenkarspel.
10.00 Funérailles à Bovenkarspel.
11.00 Enterrement au cimetière de Bovenkarspel.
13.30 Parti vers Warmond au Philosophicum. Papa accompagne Ans et Willly à Musselkanaal[188].

Mardi 28 mai 1963
Au Philosophicum à Warmond.
16.00 Parti de Schiphol pour Rome.

Mercredi 29 mai 1963
8.30 Le matin au Secrétariat (e. a. reçu une lettre de Cicognani au sujet de la *Libertas religiosa*[189] et une lettre de l'Abbas Primas[190] sur le Mont Athos).
14.00 L'après-midi, chez moi. Travaillé à ma conférence pour Livourne, Turin, Trente.

Jeudi 30 mai 1963
10.30 Chez le card. Bea. Au sujet du *De Libertate religiosa*, *De Judaeis*. Au sujet de la nomination de J. Long s.j.[191], de la permanence du Secrétariat[192], de la nomination de représentants.
15.00 J'ai travaillé chez moi à ma conférence.

Vendredi 31 mai 1963
9.30 Chez Mgr Cardinale à la Secrétairerie d'État (et brièvement chez Mgr Dell'Acqua). J'ai parlé de l'état [de santé] du Saint-Père, des intérêts du

---

188. Village dans la province de Groningen.
189. On n'a pas retrouvé cette lettre de Cicognani, qui a probablement été écrite après la convocation (du 20 mai) d'une réunion chez le card. Ciriaci (chargé de la présidence d'une commission mixte pour la liberté religieuse) avec Ottaviani, Bea, Tromp et Willebrands. Cf. V. CARBONE, *Il ruolo di Paolo VI nell'evoluzione e nella redazione della Dichiarazione «Dignitatis Humanae»*, dans Istituto Paolo VI, *Paolo VI e il Rapporto Chiesa-Mondo al Concilio*, Brescia, 1991, 129.
190. Il s'agit sans doute de B. Gut o.s.b.
191. J. Long (1925-2005), jésuite américain, qui avait étudié à l'Institut oriental de Rome et à la Faculté de Théologie de l'Université d'Athènes. En mai 1963, il était nommé minutante au Secrétariat pour la section orientale, à l'insistance de P. Duprey.
192. Le pape Jean XXIII était mourant (il décédera le 3 juin 1963). Willebrands s'inquiète dès lors du sort futur du Secrétariat (le problème de la «permanenza»).

Secrétariat (Permanenza[193], la nomination de Long, les représentants). Au sujet du texte grec de *Humanae Salutis*[194] (quelle était son origine et sous quelle autorité il fut distribué), et de la continuation des négociations avec Kozyrew.
13.00 Salzmann me conduit au train.
14.00 Départ pour Livourne.
17.30 Arrivée à Livourne. En arrivant, j'entends les nouvelles inquiétantes au sujet [de la santé] du pape.
18.00 À l'hôtel, j'ai fait un résumé pour la presse.
20.00 Dîné chez Mgr Guano[195]. Conférence.
21.30 Conférence dans la salle de la Province. Puis train de nuit vers Turin.

Samedi 1 juin 1963
8.30 Arrivée à Turin.
9.00 Dit la messe à «Consolata»[196].
12.00 Visite chez le card. Fossati[197] et Mgr Tinivella[198].
13.00 Déjeuné avec le vicaire général et deux laïcs dans un restaurant à côté du théâtre Calignano [sic][199].
17.30 Conférence au Théâtre Calignano [sic].
19.30 Logé au séminaire près de la «Consolata».

Dimanche 2 juin 1963
Messe au maître-autel de la «Consolata».
8.30 Départ de Turin vers Trente.
13.30 Arrivée à Vérone. Deux prêtres de Trente sont venus me chercher, déjeuné à Vérone. Trajet le long du Lac de Garde vers Trente.

---

193. Le 3 février 1964 Congar note dans son journal: «Arrighi m'a rapporté ce mot d'un haut prélat, lors de la mort de Jean XXIII: Maintenant le Secrétariat va payer!» (Journal Congar, II, p. 20).

194. La Constitution apostolique de Jean XXIII pour convoquer le concile Vatican II le 25 décembre 1961.

195. E. Guano (1900-1970), évêque de Livourne en 1962, membre de la commission pour l'apostolat des laïcs. Fin 1963 il a été chargé de la révision du schéma XVII. Tombé gravement malade en 1965, il sera remplacé par Mgr Garrone.

196. La «Basilica della Consolata» à Turin.

197. M. Fossati (1876-1965), de l'Ordre des Oblats des Saints Gaudence et Charles de Novara, évêque de Nuoro en 1924, archevêque de Turin en 1930, cardinal en 1933.

198. F. Tinivella (1908-1978), franciscain italien, archevêque coadjuteur de Turin de 1961 à 1965, archevêque d'Ancona et Numana de 1967 à 1968.

199. Il s'agit du Teatro Carignano, un des théâtres les plus réputés de Turin, construit en 1711.

19.00 Dîné chez l'archevêque de Trente[200].
21.15 Conférence[201].

Lundi 3 juin 1963
8.30 Dit la messe dans le dôme de Trente. Altare del Crocifisso[202].
9.30 En train de Trente à Rome.
17.30 Arrivée à Rome.
En taxi vers le Secrétariat. Le taxi ne peut continuer au-delà de la Chiesa Nuova: dans la direction de Saint-Pierre tout est bouché. À pied vers le bureau. J'ai regardé la correspondance. Arrighi vient. Ensemble nous allons vers Saint-Pierre. La fin de la messe sur la place. Peu après à 19 h 49, le décès du pape Jean XXIII.

Mardi 4 juin 1963
8.00 Au Secrétariat.
15.00 L'après-midi à la maison.

Mercredi 5 juin 1963
10.30 Mgr Pavan[203] au Secrétariat.
Conversation avec Mgr Pavan:
– au sujet de mes expériences en Russie.
– au sujet du Schéma *De Libertate religiosa*. Il fait l'éloge de notre schéma. Le fait que nous prenions comme point de départ l'acte de foi le rend plus fort du point de vue théologique[204].

---

200. A. M. Gottardi (1912-2001), prêtre du diocèse de Venise, archevêque de Trente de 1963 à 1987.

201. Le thème de la conférence était les relations avec les Juifs. À Trente ce thème avait une certaine importance. En effet, dans la cathédrale de Trente il y avait une chapelle dédiée à l'enfant martyr Saint Simon, qui, au Moyen Âge, aurait été victime d'un meurtre rituel, commis par des Juifs. Le 29 octobre 1965, le jour après la promulgation de *Nostra Aetate*, la Congrégation des Rites, à la demande de Mgr Gottardi, a défendu le culte de Simon de Trente. Ce culte s'appuyait d'ailleurs sur des légendes antisémites du Moyen Âge.

202. L'autel de la crucifixion se trouve dans la chapelle Alberti où les décrets du concile de Trente furent promulgués le 4 décembre 1563.

203. P. Pavan (1903-1994), prêtre du diocèse de Treviso, professeur d'économie sociale à l'Université du Latran de 1948 à 1969 et recteur de 1969 à 1974, membre de la commission théologique préparatoire, *peritus* conciliaire, cardinal en 1985. Il a joué un grand rôle dans la rédaction des encycliques *Mater et Magistra* et *Pacem in Terris* et aussi de la Déclaration *Dignitatis Humanae* (à partir de la 3ème session).

204. Cependant ce point de départ sera abandonné à partir de la 3ème session sous l'influence de J. C. Murray et de Pavan.

– au sujet de l'Encyclique *Pacem in Terris*. Il dit que dans le texte, partout où on lit «natura», il y avait originairement «conscientia». Certaines personnes ont fait ce changement parce qu'ils étaient d'avis que la conscience est la base du subjectivisme!

Beaucoup de passages, notamment sur la distinction entre l'erreur et les fautifs etc. sont du pape Jean lui-même.

16.00 À la maison, j'ai eu un malaise. La conséquence des émotions et de la fatigue.

Jeudi 6 juin 1963
Indisposé. À la maison au Monte Mario.
16.30 Dans l'après-midi, j'ai dicté des lettres à Corinna. De la correspondance pour le décès de ma mère.

Vendredi 7 juin 1963
10.00 Mgr Vladimir Kotliarov[205] m'a téléphoné. Les 3 observateurs russes viendront aux funérailles solennelles du pape Jean XXIII.
11.30 Le card. Bea au Secrétariat.
L'après-midi, à la maison.

Samedi 8 juin 1963
17.00 vers Bracciano.

Dimanche 9 juin 1963
À Bracciano. J'ai retravaillé la conférence «Il Concilio e l'Unione dei Cristiani».

Lundi 10 juin 1963
Le matin, de Bracciano je vais au Secrétariat.
10.00 Coup de téléphone de la Secrétairerie d'État, au nom de Mgr Cardinale: tout est réglé au sujet de la lettre du 8 juin (les frères séparés, pour le Requiem du 17 juin[206]).
10.30 Monsieur Maggi avec un correspondant du *N. Z. Z.*[207] et un membre directeur de Pax Romana[208].
11.30 Visite de Mgr Stankelevitch.

---

205. V. Kotliarov (1929-), archimandrite russe, en décembre 1962 évêque de Zvenigorod, de 1962 à 1964 observateur de l'Église orthodoxe russe auprès du COE à Genève, observateur du patriarcat de Moscou au concile, en 2000 métropolite de Saint-Pétersbourg.
206. Dernier jour des neuf jours de deuil pour le pape défunt.
207. Probablement le journal suisse *Neue Zürcher Zeitung*.
208. Ce mouvement a commencé comme une association d'étudiants universitaires en 1921 à Fribourg (Suisse) et est devenu un mouvement catholique international d'intellectuels à Rome en 1947.

Mardi 11 juin 1963
25 ans de sacerdoce: Mgr van Dodewaard[209], P. C. Groenendijk[210], A. H. Huyboom[211], B. P. M. Schoonebeek[212].
10.00 Gentleman de l'Indonésie (j'ai contacté Mgr Landy [sic][213], la Propaganda Fide etc.).
11.30 Mgr Stankelevitch.

Mercredi 12 juin 1963
Anniversaire de maman.
12.30 Signorina Cervi[214] de «Pro Civitate Christiana»[215].

Jeudi 13 juin 1963
Corpus Domini[216].
12.30 Déjeuner à Santa Sabina[217]. Le Maître général, le père Fernandez, m'a reçu très cordialement. Je lui ai expliqué les détails des invitations pour le Mont Athos. Après le repas, conversation avec le P. Hamer: situation de l'ordre, du Centre Istina[218], situation du Secrétariat (les perspectives, les rumeurs)[219].
16.00 Un petit exposé chez les sœurs.

209. J. van Dodewaard (1913-1966), évêque coadjuteur en 1958, puis évêque de Haarlem de 1960 à sa mort, membre de la commission doctrinale. Comme professeur d'exégèse au séminaire de Warmond, il avait été collègue de Willebrands.
210. P. C. Groenendijk (1913-1982), ordonné prêtre de Haarlem en 1938, en 1963 aumônier militaire, (en 1965 il a écrit un article dans *G-3* (18, 1 janvier 1965) «Waarom geen afscheidsreceptie bij het verlaten van het ambt?» [Pourquoi pas une cérémonie d'adieu lorsqu'on quitte le ministère?], p. 268-274, un article qui fut contesté par les évêques flamands, cf. Journal Prignon, p. 158, note 131).
211. A. H. Huyboom (1911-1982), prêtre du diocèse de Haarlem en 1938, en 1963 curé et doyen à Den Helder.
212. B. P. M. Schoonebeek (1912-2000), prêtre du diocèse de Haarlem, en 1962 curé de la paroisse des Anges gardiens à Hoorn.
213. Il s'agit de Mgr Andrew Landi, prêtre américain du diocèse de Brooklyn, chargé des «Catholic Relief Services», *peritus* conciliaire.
214. Nora Cervi, musicologue, responsable de la formation musicale du mouvement Pro Civitate Christiana.
215. Mouvement d'apostolat et de culture chrétienne, fondé en 1939 à Assise par G. Rossi (1887-1975), avec une revue importante *La Rocca*. Cf. M. Tocchi, *Per la chiesa e per gli uomini: Don Giovanni Rossi, 1887-1975*, Genova, 1990. Willebrands avait rendu visite à Rossi à Assise les 7-9 décembre 1958 et le 15 mai 1960 (cf. Cahier I, 7 déc. 1958 et Cahier III, 15 mai 1960).
216. Fête du Saint Sacrement.
217. Maison générale des Dominicains à Rome située sur l'Aventin.
218. Le Centre d'études Istina fut créé à Paris en 1927 par les Dominicains pour promouvoir les rencontres avec le monde slave. Après la 2ème guerre mondiale, sous la direction du P. Ch. J. Dumont o.p., les intérêts du Centre Istina s'élargirent au monde protestant et aux chrétientés du Proche-Orient. Il fait alors œuvre de pionnier de l'unité chrétienne.
219. En français dans le texte.

Vendredi 14 juin 1963

11.30 Le card. Bea au Secrétariat.
16.00 Chez le card. Léger[220] au collège canadien[221].
19.30 Au collège néerlandais chez le card. Alfrink[222].

Samedi 15 juin 1963

 9.00 Chez le card. Testa.
10.00 Requiem (Novemdialis[223]) à Saint-Pierre.
12.00 De retour au Secrétariat. La question des places des observateurs à Saint-Pierre le 17 juin ne semble pas encore tout à fait réglée.
18.30 Téléphoné à Mgr Cardinale. Il me rassure au sujet des places à Saint-Pierre pour le 17 juin. Il a téléphoné au Commendatore Giovannini[224]: il y a un «reparto» [un endroit réservé].

Dimanche 16 juin 1963

Travaillé au *De Judaeis* à la maison.
15.30 Vers Pensione Castello[225]. Plusieurs Observers arrivent pour les funérailles du pape. Le Père Duprey a été chercher l'évêque Vladimir[226], Borovoj[227] et Anfinoguenov[228] à Fiumicino. Arrighi et moi les ont salués à Pensione Castello. Ensuite un bref échange de vues au Secrétariat (au sujet de l'organisation et des solennités de demain).
16.30 Au Secrétariat.
17.00 Chez le métropolite Slipyj, qui est malade et alité depuis trois jours.
19.30 Dîné au collège néerlandais. Conversation avec le card. Alfrink.

---

220. P. É. Léger (1904-1991), sulpicien canadien, archevêque de Montréal en 1950, cardinal en 1953, membre de la commission doctrinale.

221. Le collège canadien se trouvait à la Via Quattro Fontane 117, Rome.

222. B. J. Alfrink (1900-1987), archevêque d'Utrecht en 1955, cardinal en 1960, membre du conseil de présidence du concile.

223. Après la mort du pape une période de deuil de neuf jours est observée pendant laquelle il y a chaque jour une messe de requiem à Saint-Pierre.

224. G. Giovannini (1910-2008), laïc, camérier de cape et d'épée, secrétaire de l'office du majordome du pape.

225. Il s'agit de la Pensione Castel Sant'Angelo où, pendant le concile, étaient logés plusieurs observateurs et hôtes du Secrétariat.

226. Vladimir Kotliarov.

227. Vitalij Borovoj (1916-2008), archiprêtre, de 1962 à 1972, représentant de l'Église orthodoxe russe au COE, observateur du patriarcat de Moscou au concile, de 1973 à 1978 recteur de la cathédrale de la Théophanie à Moscou.

228. N. Anfinoguenov, laïc, secrétaire de la représentation de l'Église russe orthodoxe auprès du COE à Genève, observateur du patriarcat de Moscou au concile, en fait capitaine du KGB.

Lundi 17 juin 1963

10.00 À Saint-Pierre. Avec les Observers à la messe des funérailles. Dans la sacristie, j'ai présenté au card. Bea les trois représentants russes du patriarcat de Moscou et les deux anglicans. Il ne restait plus de temps pour les autres.

16.00 Visite au tombeau du pape Jean XXIII. Les Observers présents prennent congé. Avec les Observers on a prié sur le tombeau (le Notre Père, et le Requiem aeternam).

17.00 Lukas Vischer au Secrétariat. Conversation avec L. Vischer au sujet de l'Église unie du Japon. Le COE n'est pas favorable à une invitation directe. Plutôt une invitation comme Observer du COE[229].

Mardi 18 juin 1963

10.00 Le chan. Pawley au Secrétariat. Le chan. Pawley demande: est-ce qu'on va envoyer des invitations pour le couronnement du pape? Si oui, le Church of England viendra. Il en a parlé avec Schlink et Vischer. Eux voient des difficultés et ne viendraient pas. Le chan. Pawley y attache de l'importance: après la mort de Jean XXIII les relations doivent continuer, même au cas où le nouveau pape prenait une autre direction. Cela ne peut dépendre d'une seule personne. Arrighi déclare que le couronnement n'est pas une chose essentielle et plutôt de l'ordre profane.

Mercredi 19 juin 1963

9.00 Coup de téléphone de Genève de Lukas Vischer. Lukas Vischer à parlé à Visser 't Hooft: ils préfèrent que l'Église unie du Japon vienne au concile par la voie du COE.

10.00 Messe du Saint-Esprit à Saint-Pierre. Le Dr Giovannini me donne une place tout devant. Discours de Tondini[230]: de eligendo pontifice. Il fait mauvaise impression, comme une critique sur le pontificat de Jean XXIII. Après la messe, dans la sacristie, j'ai parlé au card. Bea. Au sujet de la question de l'Église unie du Japon. Le cardinal est d'accord que cela se fasse par le COE.

---

229. En effet, Masotashi Doi, professeur de théologie à la Doshisha University (Kyoto) et membre de l'Église Unie du Christ au Japon, sera nommé observateur du COE à partir de la 2ème session.

230. A. Tondini, secrétaire aux Brefs et Lettres latines, *peritus* conciliaire. Pour le texte de ce discours, voir *L'Osservatore Romano*, 20 juin 1963, p. 1-2. Dans son discours Tondini avait ouvertement pris position contre l'optimisme du pape défunt et avait suggéré de remettre la suite du concile à plus tard pour que les questions puissent d'abord mûrir.

18.00 Avec Mgr Arrighi au cocktail d'adieu du conseiller Gamal Naguib. Plusieurs diplomates, et aussi Mgr Lupi[231], disent leur indignation au sujet du discours de Tondini. Le secrétaire de l'ambassade de Bulgarie vient faire ma connaissance.

Jeudi 20 juin 1963
12.00 Vers la place Saint-Pierre. Fumée noire[232].
17.30 Visite au Monte Mario de Mme Manes-Mulder. Bonne conversation.

Vendredi 21 juin 1963
Fête du Sacré-Cœur. Aurons-nous un nouveau pape aujourd'hui?
11.00 La radio annonce que la fumée est blanche. Tous vont à la place Saint-Pierre. Je suis resté avec Arrighi pour attendre la visite de Naguib. Avec Arrighi et Naguib vers la place Saint-Pierre. J'ai donné à Naguib les documents de Kampala. Uniquement ce qui a certainement été publié.
Vers la place Saint-Pierre. Grande joie pour l'élection du card. Montini[233] et le choix du nom de pape Paul VI. Le chan. Pawley vient nous offrir du champagne au Secrétariat!
14.30 À la maison, coup de téléphone du curé G. de Beer[234] et W. Nicolaas[235]: ils sont arrivés à Rome une heure et demie trop tard. Je vais au Secrétariat et avec eux je visite Saint-Pierre et le tombeau de Jean XXIII.
17.00 Le card. Bea est rentré au collège brésilien. Je lui téléphone du Secrétariat. Grande joie au sujet du nouveau pape. Le cardinal me communique que le pape Jean XXIII a légué une croix pectorale au Secrétariat. Lors de la première obédience[236], le pape Paul VI a dit au card. Bea que le Secrétariat doit continuer son travail comme auparavant. À la seconde obédience, il a transmis ses salutations au Secrétariat, à l'Institut Biblique[237] et à la Grégorienne.

---

231. Achille Lupi, minutante au Secrétariat général du concile.
232. Il s'agit évidemment de la fumée noire qui sort de la cheminée de la Chapelle Sixtine, indiquant que le nouveau pape n'est pas encore élu.
233. G. B. Montini (1897-1978), prêtre du diocèse de Brescia, archevêque de Milan en 1954, élu souverain pontife (Paul VI) en 1963.
234. G. de Beer (1910-1972), prêtre du diocèse de Rotterdam, curé de la paroisse St Joseph à Den Haag de 1958 à 1964.
235. W. Nicolaas (1909-2002), prêtre du diocèse de Rotterdam, doyen de «Westland» en 1962.
236. Après l'élection, tous les cardinaux font leur «obédience» chez le nouveau pape.
237. Bea avait été professeur et recteur de l'Institut Biblique, institut qui avait été l'objet de virulentes attaques dans les années 1962-1963 de la part de certains professeurs de l'Université du Latran, notamment de Mgr A. Romeo et de Mgr F. Spadafora.

Samedi 22 juin 1963

9.00 Envoyé des lettres à Mgr Dell'Acqua pour demander si nous pouvons communiquer aux dirigeants des Églises séparées, de façon officielle et au nom du pape, l'élection du pape, et si le card. Bea peut envoyer au nom du pape un télégramme au Mont Athos.

10.00 Chez Paglialunga[238] : à la télévision, j'ai écouté le message du pape Paul VI.

11.00 Le P. Schmidt au Secrétariat. On a parlé de l'élection du pape ; il est très heureux de ce choix.

12.30 Avec le curé G. de Beer et W. Nicolaas vers Bracciano.

17.00 J'ai conduit les deux curés à la Stazione Termini.

Dimanche 23 juin 1963

Je suis resté à la maison au Monte Mario.

18.30 J'ai mangé en ville avec Ted Zwartkruis[239].

Lundi 24 juin 1963

Onomastico del papa (Gian Battista).

11.30 Visite au Secrétariat de Monsieur Hetzler (KNP)[240].

13.00 Déjeuner au collège grec. Le card. Bea, le P. Schmidt et le prieur de Chevetogne[241] étaient également présents.

Mardi 25 juin 1963

11.00 Chez le card. Bea au collège brésilien. Long entretien ; tous les points ont été traités.

13.30 Déjeuner chez Mgr Arrighi. Le père d'Arrighi est présent.

16.00 Au Secrétariat. Visite de Mr Franck[242], dessinateur.

Je suis resté jusqu'à 19 h 30 et j'ai répondu à beaucoup de lettres.

---

238. G. Paglialunga, concierge de l'appartement de la Via dei Corridori, 64.

239. Theodoor Zwartkruis (1909-1983), prêtre du diocèse de Haarlem, évêque de Haarlem de 1966 à sa mort.

240. J. H. Hetzler (1908-1976), journaliste du journal *De Tijd*, en 1953 directeur du « Katholiek Nederlands Persbureau » (agence catholique de presse néerlandaise).

241. Thomas (Paul) Becquet (1896-1985), prieur de Chevetogne de 1950 à 1963, membre de la commission préparatoire pour les Églises orientales.

242. Frederick Franck (1910-2006), né à Maastricht, citoyen américain en 1945, peintre sculpteur et auteur. Il a fait beaucoup de dessins et de portraits des papes Jean XXIII et Paul VI et des pères conciliaires.

Mercredi 26 juin 1963
9.30 Visite au Secrétariat du Dr Picker et sa femme. Il prépare un livre sur Jean XXIII et sur l'unité des chrétiens[243].

Jeudi 27 juin 1963
Ce soir *L'Osservatore Romano* publie la nouvelle date pour le concile: le 29 septembre[244]!

Vendredi 28 juin 1963
Le Père Dumont o.p.[245] est de retour du Mont Athos. Il me fait déjà un rapport. Décevant pour nous; cela n'a rien rapporté pour la question des orthodoxes au concile. En général une réunion confuse.
10.30 Le chan. Pawley au Secrétariat. Le chan. Pawley part en Angleterre (à Ely) le 2 juillet.
18.00 Mgr Cardinale téléphone: Un télégramme est arrivé à la Secrétairerie d'État. Le synode du patriarcat de Moscou a décidé d'envoyer 3 représentants pour le couronnement du pape. Nous devons nous mettre en communication avec le Maggiordomato. Il leur fera signe. Au sujet de tous les représentants des Églises, le pape Paul VI a dit: ricevere con particolare cortesia, con dovuti riguardi[246].

Samedi 29 juin 1963
Saints Pierre et Paul.
12.00 Chez le Commendatore Giovannini pour les billets[247]. J'ai reçu tout ce que j'avais demandé.
13.00 Déjeuner avec le P. Hamer chez De Graal[248].

---

243. Cf. Henry Picker, *Johannes XXIII: Der Papst der christlichen Einheit und des 2. Vatikanischen Konzils*, Kettwig-Velbert, 1963.
244. Il s'agit de la date de l'ouverture de la 2ème session.
245. Chr. Dumont (1897-1991), dominicain français, directeur du Centre d'études Istina, consulteur du Secrétariat pour l'Unité.
246. Recevoir avec une courtoisie spéciale et avec les honneurs dus.
247. Il s'agissait des «billets» pour assister à la cérémonie du couronnement du pape.
248. Les «Vrouwen van Nazareth» (Dames de Nazareth), association fondée par J. van Ginneken s.j. en 1921, était un mouvement laïc de femmes célibataires vivant dans le monde – parfois en de petites communautés – et se consacrant entièrement au Règne de Dieu. Les «Vrouwen van Nazareth» constituaient une «Pia Unio» reconnue par le diocèse de Haarlem. En 1938 elles ont fondé, à la demande de Mgr Aengenent, évêque de Haarlem, un mouvement d'action catholique pour jeunes filles, qui s'appelait De Graal. Et les Dames de Nazareth constituaient le noyau de De Graal. Le centre de l'organisation était «De Tiltenberg», situé à Vogelenzang (Pays-Bas). Après la deuxième guerre mondiale De Graal s'est développé en un mouvement international de

18.30 Procession du Saint Sacrement à la paroisse N. S. di Guadalupe[249].
20.00 Réception à l'ambassade anglaise en honneur du Duke of Norfolk[250].

Dimanche 30 juin 1963
Couronnement du pape Paul VI.
10.00 À la maison, Monte Mario. Avec le Père Duprey j'ai rédigé une note pour Mgr I. Cardinale pour une audience du Saint-Père[251]. Apporté la Note à la Secrétairerie d'État.
12.00 Avec l'évêque Vladimir [Kotliarov] et le Père Vitalij [Borovoj] vers les catacombes de Priscille. Visite aux catacombes. Déjeuner chez les sœurs de Priscille[252].
16.00 Départ du Secrétariat vers la place Saint-Pierre pour le couronnement. Étaient présents: Mgr Vladimir Kotliarov, Father Vitalij Borovoj, Mgr Moorman[253], Can. Pawley, Rector Woodhams[254], frère André de Taizé[255].

Lundi 1 juillet 1963
12.00 Audience chez le Saint-Père. Présents: les mêmes personnes qui étaient au couronnement.
18.00 Chez le card. Bea. Traité toutes les affaires courantes.

---

femmes et au temps du concile le secrétariat international se trouvait à Paris. Willebrands avait beaucoup de contacts avec De Graal, et ses secrétaires Corinna De Martini et Josette Kersters en étaient membres. Il séjournait souvent à «De Tiltenberg» (cf. Cahier I). Pour un projet des statuts de De Graal (de 1962) avec des observations de Willebrands, cf. Archives Willebrands, Archevêché d'Utrecht.

249. La maison des Dominicaines de Béthanie (Via Achille Mauri 14), où Willebrands logeait, était située dans la paroisse de Nostra Signora di Guadalupe.

250. Le Duc de Norfolk représentait la reine d'Angleterre au couronnement. Il appartenait à une famille aristocratique, qui était resté catholique malgré la pression de Henri VIII.

251. Il s'agit d'une audience pour les délégués d'autres Églises, présents au couronnement.

252. Les catacombes de Priscilla se trouvent à la Via Salaria 430, 00199 Rome. Les Sœurs Bénédictines de Priscilla y ont leur monastère.

253. J. Moorman (1921-1988), évêque anglican de Ripon, spécialiste de la spiritualité franciscaine, observateur au concile qui a encore parlé le 4 décembre 1965 au nom des observateurs pour la séance de clôture du concile.

254. W. Woodhams († 2006), recteur de l'église épiscopale américaine St-Paul, Via Nazionale 16a à Rome.

255. André Berruex (1924-2005), français, frère de Taizé. Au couronnement de Paul VI il a représenté le frère Roger Schutz, qui devait assister à la célébration du Millénaire du Mont Athos.

Mardi 2 juillet 1963
10.00 Chez le card. Suenens[256] au collège belge[257]. Chez Suenens au sujet du concile en général, et surtout concernant la *Libertas religiosa* et le chap. IV *De oecumenismo*[258].
11.00 Chez le card. Döpfner, au collège Germanicum[259].
13.00 Déjeuné avec Leo Alting von Geusau.
17.00 Fait de la correspondance au Secrétariat.

Mercredi 3 juillet 1963
10.00 Visite de J. Höfer au Secrétariat.
10.30 Consulta[260] au Secrétariat. Présents: le card. Bea, tout le staff, Mgr Höfer, Mgr Vodopivec, P. Lanne.
17.00 Le Père Mateos[261] de l'Istituto Orientale au Secrétariat. Il est allé au Mont Athos et dans la suite il a encore rencontré le patriarche Athénagoras[262] à Athènes. Il en a gardé une impression positive.
18.30 Assisté à la réunion de la commission de coordination au Vatican. Le card. Cicognani fait d'abord mention du chap. IV *De Oecumenismo*. Avec un complément du card. Liénart[263], on l'accepte à l'unanimité. Ensuite on parle du *De Matrimoniis mixtis*[264].

256. L. J. Suenens (1904-1996), évêque auxiliaire de Malines en 1945, archevêque de Malines-Bruxelles en 1961 et cardinal en 1962, membre de la commission préparatoire *De Episcopis ac de dioecesium regimine*, de la commission centrale préparatoire, du Secrétariat pour les Affaires extraordinaires, de la commission de coordination, modérateur du concile en septembre 1963.

257. Situé à la Via del Quirinale 26, Rome.

258. Il s'agit du chapitre sur les Juifs.

259. Pontificium Collegium Germanicum et Hungaricum in Urbe, Via di S. Nicolò da Tolentino 13, Rome. On constate que Willebrands prépare soigneusement la réunion de la commission de coordination du 3 et 4 juillet, notamment par une visite à deux de ses membres.

260. Consulta: réunion des dirigeants du Secrétariat avec quelques consulteurs (présents à Rome). Au Saint-Office, la consulta réunissait uniquement les consulteurs.

261. Juan Mateos (1917-1993), jésuite espagnol, professeur de liturgie orientale à l'Institut pontifical oriental, consulteur à la Congrégation pour l'Église orientale.

262. Athénagoras (1886-1972), patriarche œcuménique de Constantinople en 1948.

263. A. Liénart (1884-1973), évêque de Lille de 1928 à 1968, cardinal en 1930, membre du conseil de présidence et de la commission de coordination.

264. La commission de coordination s'est réunie le 3 juillet à 18 h au Palazzo Apostolico. À un certain moment Bidagor, Tromp et Willebrands furent introduits pour assister à la discussion sur les mariages mixtes. Le président Cicognani a alors ouvert une parenthèse pour dire qu'il était d'accord que le concile parle des Juifs, à condition d'éviter toute allusion, même voilée, à des situations politiques. Le card. Liénart marquait son consentement et disait qu'on pouvait traiter des Juifs conjointement avec le problème des non chrétiens. Ce sujet pourrait alors être traité dans le *De Oecumenismo*. Tous les membres étaient d'accord (cf. *A.S.* V, I, *Processus verbalis*, p. 567-568).

Jeudi 4 juillet 1963

10.00 L'archevêque de Trivandrum Mar Gregorios [Thangalathil][265] au Secrétariat. Conversation au sujet d'un voyage en Inde. Avec Duprey.
11.00 Miss Mary Kalapesi.
12.30 Repas à S. Sabina chez les Dominicains. Présents: le card. Bea, le P. Schmidt, Arrighi, Duprey, Mgr del Gallo[266].

Vendredi 5 juillet 1963

Téléphoné au card. Suenens pour connaître le résultat de la discussion dans la commission de coordination au sujet du *De Libertate religiosa*. Le card. Suenens a proposé de ne pas insérer ce texte dans le schéma XVII mais bien dans le *De Oecumenismo* pour laisser toute liberté au Secrétariat. Cela a été accepté également avec l'accord des cardinaux Cento[267] et Browne[268], malgré des difficultés de Tromp. Le cardinal Cicognani devait le communiquer au pape, au nom de la commission. Ce matin, le cardinal Suenens avait lui-même une audience et a expliqué cette évolution au pape. Celui-ci n'était pas encore au courant mais était pleinement d'accord. Le cardinal Suenens m'a encore téléphoné après son audience et il a demandé que le card. Bea continue à veiller sur l'exécution de cette décision[269].

---

265. Gregorios B. Varghese Thangalathil (1916-1994), O.I.C., archevêque de Trivandrum de 1955 à sa mort.

266. L. del Gallo Roccagiovine (1922-), prêtre du diocèse de Rome en 1950, aumônier des scouts catholiques en Italie, au temps du concile camérier secret de Sa Sainteté, évêque titulaire de Camplum en 1982.

267. F. Cento (1883-1973), ancien nonce en Belgique, cardinal en 1958, président de la commission pour l'apostolat des laïcs et donc co-président de la commission mixte pour le schéma XVII.

268. M. Browne (1887-1971), dominicain irlandais, vice-président de la commission doctrinale, cardinal en 1962.

269. Le *Processus verbalis* de la réunion mentionne que, quand le P. Tromp avait dit que le thème de la liberté religieuse avait été laissé de côté dans le schéma *De Ecclesia*, Suenens a demandé que la liberté religieuse soit traitée avec le schéma *De Oecumenismo*. À quoi Felici avait observé que le schéma *De Oecumenismo* était déjà imprimé et envoyé aux Pères. Cicognani avait conclu que, pour le moment, le Secrétariat pouvait préparer un texte, en demandant l'avis de la commission doctrinale pour l'aspect doctrinal du problème. Ensuite, quand le schéma *De Oecumenismo* serait à nouveau élaboré après avoir reçu les remarques des Pères, le Secrétariat pourrait insérer la partie concernant la liberté religieuse (*A.S.* V, I, p. 636).

On peut donc constater (tel que Willebrands l'écrira à De Smedt le 11 juillet, F. De Smedt 669) que le texte du Protocole est différent de ce que Suenens a communiqué à Willebrands. Cela a probablement plusieurs raisons:

– Les discussions à la commission de coordination se passaient souvent dans une grande confusion (sous la présidence de Cicognani qui avait 80 ans). Suenens s'en est plaint à plusieurs reprises (cf. par exemple Journal Prignon, p. 252, 266).

Le matin j'ai également téléphoné à Visser 't Hooft. À Montréal[270] nous aurons l'occasion de nous parler en toute tranquillité. Il dit que les nouvelles de l'Orient sont très mauvaises. Quand je lui dis que, à Athènes, le Père Mateos de l'Institut Oriental a encore parlé au patriarche Athénagoras et que celui-ci disait qu'une nouvelle invitation au nom de Paul VI serait très importante, Visser 't Hooft répondait: alors je peux seulement dire qu'il tient un double langage.

11.30   Visite de D. Woodruff[271].
13.30   Corinna a déjeuné au Monte Mario. Dans l'après-midi j'ai travaillé à la maison avec Corinna. Correspondance pour la Conférence[272].

Samedi 6 juillet 1963
10.30   Chez le card. Bea. Au sujet de toutes les questions courantes. Spécialement concernant le *De Judaeis*: la décision de la commission de coordination, le tumulte causé par Weigel[273] (le cardinal est fort mécontent). Au sujet de la *Libertas religiosa*: lundi prochain consulta au collège brésilien.
13.00   Avec Mère Hildegard[274], soror Ruth[275] et soror Petra[276] vers le Monte Cavo.

– Le texte du Protocole n'est jamais approuvé officiellement, même pas au début de la réunion suivante. Ces rapports étaient rédigés par V. Carbone et V. Fagiolo, adjoints de Felici. Et ils étaient parfois quelque peu libellés dans le sens de Felici. Or Felici a, pendant tout le concile, fait son possible pour que le schéma sur la liberté religieuse ne soit pas confié uniquement au Secrétariat mais plutôt à la commission doctrinale.
– À cela il faut ajouter que, souvent, Suenens n'était pas non plus très précis quand il devait rendre la teneur d'une discussion ou d'une conversation.
Dans les semaines qui suivent, on verra donc que la «décision» de la commission de coordination sera cause de confusions et d'incertitudes. Cf. S. SCATENA, *La fatica*, p. 53-57.

270. Lors de la conférence de «Foi et Constitution».
271. Douglas Woodruff (1897-1978), journaliste et rédacteur du *The Tablet* depuis 1936.
272. Conférence catholique pour les questions œcuméniques.
273. G. Weigel (1906-1964), jésuite américain, professeur à Woodstock College, consulteur du Secrétariat pour l'Unité (voir P. W. COLLINS, *Gustave Weigel. A Pioneer of Reform*, Collegeville, MN, 1992). Pour l'incident avec Weigel (qui avait dit, fin juin 1963, à un correspondant du *New York Times* que la condamnation de l'antisémitisme avait été enlevée du texte à cause de l'opposition des États arabes), voir J. OESTERREICHER, *Erklärung über das Verhältnis der Kirche zu den nichtchristlichen Religionen. Kommentierende Einleitung*, dans *Lexikon für Theologie und Kirche. Das Zweite Vatikanische Konzil*, II, Freiburg-Basel-Wien, 1967, p. 429.
274. Mère Hildegard Michaelis (1900-1982), née à Erfurt, fondatrice en 1935 de la congrégation religieuse bénédictine Ste-Lioba, Herenweg 85, 1935 AH Egmond-binnen. Willebrands a aidé à la rédaction des constitutions de la nouvelle fondation ainsi qu'à leur approbation – en 1952 – par les autorités ecclésiastiques. Cf. K. LELYVELD, *Hildegard Michaelis. Een glimlach lang – Nur ein Lächeln lang*, Tielt, 2008.
275. Sœur Ruth Nachbar (1933-), à l'époque secrétaire de Mère Hildegard, actuellement prieure de la fondation des Sœurs de Ste-Lioba, Monastero Santa Hildegardis, Via Brione, 3 à Orselina (Suisse).
276. Sœur Petra (Hermanides) (1911-1987), religieuse de Ste-Lioba.

Au Monte Cavo je rencontre par hasard le card. Liénart qui exprime encore sa joie au sujet de notre Décret *De Judaeis*. Il me confirme ce que le card. Suenens m'avait raconté au sujet du *De Libertate religiosa*.

Dimanche 7 juillet 1963

10.30 Audience chez le Saint-Père. Card. Bea, Mgr Arrighi, le P. Duprey et moi, le P. Schmidt et son frère. Tous les points soumis par le card. Bea sont acceptés. Le Saint-Père veut toujours soutenir notre travail.

13.00 Le P. Witte à déjeuner au Monte Mario. Parlé de Helsinki[277], des observateurs de Suède, sur l'état de la question des mariages mixtes.

17.30 Entretien avec Mère Hildegard.

Lundi 8 juillet 1963

9.30 Visite du Père Ayrouth[278] s.j. du Caire.

10.00 Visite de Mgr Molari[279] (Seminario Romano).

12.00 Consulta chez le card. Bea au sujet du *De Libertate religiosa*.

13.30 Déjeuner chez Höfer.

15.30 Avec Vodopivec à la Villa Stuart[280], rédigé un texte de liaison pour le *De Libertate religiosa*.

Mardi 9 juillet 1963

10.30 Chez Mgr Dell'Acqua. Au sujet du télégramme de Moscou, de la Liberté religieuse, de l'espace pour le Secrétariat (Palazzo Torlonia[281]), de l'«apocrisiarius»[282] de Constantinople et du card. Testa.

277. Du 30 juillet au 11 août 1963, il y avait une assemblée générale à Helsinki de la Fédération Luthérienne Mondiale. Witte avec Blaser seront les deux observateurs catholiques à cette assemblée.

278. Henri (Habib) Ayrouth, jésuite égyptien. En Haute-Égypte il s'occupait de l'apostolat parmi les grecs-catholiques, auteur de plusieurs livres, notamment *Mœurs et coutumes des fellahs*, Paris, 1938; cf. aussi Journal Edelby, p. 83.

279. C. Molari (1928-), *aiutante di studio* au Saint-Office et professeur de théologie. Pour le travail de la commission doctrinale, il assistait spécialement le cardinal Ottaviani, à cause de la cécité croissante de celui-ci. Il était aussi le secrétaire de Mgr Pl. Pascoli, recteur du Seminario Romano, qui lui avait demandé d'organiser pour les séminaristes quelques conférences sur le concile. Willebrands donnera sa conférence le 21 septembre 1963 (cf. lettres de C. Molari à L. Declerck, 12 août 2002 et 22 janvier 2008).

280. Clinique privée à 00136 Roma, Via Trionfale 5952, où pendant le concile logeaient plusieurs évêques et *periti*.

281. Situé Via della Conciliazione 30 à Rome. En effet, le Secrétariat ne disposait que d'un appartement à la Via dei Corridori, 64 à Rome. Il était bien situé près de Saint-Pierre mais l'espace disponible était tout à fait insuffisant. De même l'équipement des bureaux laissait à désirer. Ainsi, en février 1961 (cf. Cahier III, 27 février 1961), Mgr De Smedt, évêque de Bruges et membre du Secrétariat, a lui-même fait don au Secrétariat d'une machine à polycopier.

282. Le représentant du patriarche. Il s'agit probablement des négociations menées par Duprey avec le représentant d'Athénagoras, A. Scrima, pour établir des représentants permanents entre

11.30 Chez le card. Cicognani: le télégramme de Moscou; la question a été discutée avec le Saint-Père et elle est réglée[283].
12.00 Téléphoné à Charrière[284] et à Dumont.
12.30 Visite au Secrétariat de Salmeron au sujet de la Conférence de Gazzada[285].
16.30 Audience du card. Bea chez le card. Cicognani. Celui-ci dit que les schemata *De Judaeis* et *De Libertate religiosa* ont été approuvés, qu'ils seront imprimés et envoyés aux évêques. Il dit que le schéma *De Oecumenismo* aura une signification mondiale. Au sujet de la «Permanentia» [du Secrétariat], le card. Cicognani dit: Mais c'est évident. Il n'est pas nécessaire pour le moment d'y faire quelque chose (opinion que nous ne partageons pas!)[286].
19.00 Coup de téléphone de Fribourg de Mgr Charrière: il accepte.
20.00 Dîné avec Mgr Blomjous[287] et le P. Duprey en ville.

Mercredi 10 juillet 1963
10.30 Chez le card. Bea. Traité toutes les affaires courantes. Le *De Judaeis* et le *De Libertate religiosa* ont été acceptés par Cicognani. La Permanenza: plus tard. Les locaux: insister maintenant pour une amélioration.
13.30 Déjeuné avec Corinna au Monte Mario et ensuite travaillé à la Conférence.
17.30 Visite de Mme Mela Manes-Mulder.

Rome et Constantinople. Négociations qui n'ont pas eu de résultats concrets (cf. M. VELATI, *Una difficile transizione*, p. 415).

283. Il s'agit d'un voyage à Moscou de Mgr Charrière et de Chr. Dumont, envoyés par le Secrétariat pour le 80ème anniversaire du patriarche Alexis (cf. M. VELATI, *Una difficile transizione*, p. 420-421).

284. Fr. Charrière (1893-1976), évêque de Lausanne, Genève et Fribourg de 1945 à 1970, membre du Secrétariat pour l'Unité.

285. À la villa Cagnola à Gazzada une réunion de la Conférence catholique pour les questions œcuméniques aura lieu en août 1963. Déjà en 1960, du 19 au 23 septembre, une réunion fort importante de cette même Conférence catholique pour les questions œcuméniques avait été organisée par Willebrands et tenue à Gazzada (avec la présence des cardinaux Bea, Montini, Alfrink et également d'Y. Congar, R. Aubert, J. Vodopivec, G. Alberigo, E. Lanne, R. Clément). Cf. L. VACCARO, *Chronicon delle attività di Villa Cagnola (1947-1991)*, dans *La Gazzada, Notiziario dell'Istituto Superiore di Studi religiosi e della Fondazione Ambrosiana Paolo VI*, n. 22, Février 1992, Anno XII, p. 80-81.

286. Durant la période préconciliaire, le Secrétariat avait érigé une sous-commission et approuvé un texte «De Permanentia Secretariatus» (cf. F. De Smedt 331-333). En effet, de nombreux membres de la curie espéraient qu'après le concile, le Secrétariat disparaîtrait. De là les efforts de Bea et de Willebrands pour assurer la permanence de ce Secrétariat après l'élection d'un nouveau pape.

287. J. Blomjous (1908-1992), père blanc néerlandais, en 1946 vicaire apostolique de Mwanza et évêque de Mwanza de 1953 à 1965, secrétaire de la section anglaise du Secrétariat des conféren-

19.30 J'ai conduit Corinna au Monte Verde[288]. Brève visite à De Graal.
20.00 Mgr Charrière téléphone de Fribourg: il n'a pas encore de visa [de l'URSS]. Il va à Paris.

Jeudi 11 juillet 1963
9.00 Les documents *De Judaeis* et *De Libertate religiosa* ont été envoyés au card. Cicognani avec une lettre d'accompagnement du card. Bea pour être imprimés et envoyés[289].
11.00 Coup de téléphone du Père Chr. Dumont o.p. de Paris. Le visa pour la Russie est promis.
11.30 Téléphoné à Mgr Dell'Acqua, qui souhaite une initiative de notre part au sujet de la Permanenza.
13.30 Déjeuné en ville avec Corinna.
15.00 Vers la Nunziatura à la Via Po[290] et vers l'ambassade du Canada pour le visa[291].
16.30 Travaillé au Secrétariat.
Le P. Schmidt est d'avis que nous devons laisser reposer pendant quelque temps la question de la Permanenza jusqu'au moment où le cardinal [Bea] lui-même ne la reprenne en main.
19.00 Coup de téléphone de Mgr Mauro: il me donne l'ajout du card. Liénart au sujet du *De Judaeis* ainsi qu'une modification proposée par Cicognani.

Vendredi 12 juillet 1963
8.30 Au Secrétariat. Achevé les travaux autant que possible. Selon l'avis de tous, toutes les pièces importantes et urgentes ont été envoyées. Arrighi prendra encore contact avec le card. Bea au sujet des «fogli d'udienza»[292] [feuilles d'audience].

---

ces épiscopales africaines. Fortement intéressé par les problèmes de la mission, de l'inculturation et de l'œcuménisme.

288. Quartier de Rome où De Graal avait un appartement (Via Giovanni Pantaleo, 00153 Roma).

289. Voir la lettre de Bea à Cicognani, Prot. A 673/63. Cf. V. CARBONE, *Il ruolo di Paolo VI nell'evoluzione e nella redazione della Dichiarazione «Dignitatis humanae»*, dans Istituto Paolo VI, *Paolo VI e il Rapporto Chiesa-Mondo al Concilio*, Brescia, 1991, 129-130.

290. La nonciature auprès de l'Italie se trouvait à la Via Po, 27-29 à Rome.

291. Willebrands se rendra à la Conférence de «Foi et Constitution» à Montréal. L'ambassade se trouvait à la Via Salaria 243. À cette époque le Canada n'avait pas encore d'ambassade auprès du Saint-Siège.

292. Un cardinal (ou membre de la curie) qui voulait soumettre un problème au pape lors d'une audience devait introduire auparavant cette question par écrit. Le pape pouvait alors préparer

10.00 J'ai téléphoné à Mgr Felici avant mon départ. Il dit que le *De Judaeis* est arrivé chez Fagiolo[293], mais qu'il faut encore y apporter une modification. Je lui réponds que c'est la modification du card. Liénart et rien d'autre. Au sujet du communiqué de presse de ce matin[294], on a oublié d'en parler à la Secrétairerie d'État. J'ai téléphoné à Dell'Acqua. Celui-ci dit qu'il suffit que le P. Duprey vienne l'apporter « per conoscenza ». Cela est un heureux exemple de confiance.
14.30 Parti du Monte Mario. Le P. Duprey m'a conduit à Fiumicino.
17.00 Départ de Rome.
18.00 Arrivée à Orly, Paris.
18.30 Dîné chez le Père Dumont.
19.00 Conversation avec Mgr Charrière et le P. Dumont.

Samedi 13 juillet 1963
8.30 À Paris, Istina.
9.30 Accompagné Mgr Charrière et le P. Dumont à Orly[295]. Ils partent à 11 h 15 pour Moscou via Copenhague. Je suis heureux qu'ils soient partis.
12.00 De retour à Istina. Conversation avec Le Guillou[296].
13.30 Vers Le Bourget[297]. Juste avant le départ, le P. Le Guillou est appelé par la radio française pour lui demander si Dumont est déjà parti. À Rome on a donc divulgué le communiqué de presse.
17.00 Arrivée à Amsterdam. Téléphoné à Evert. Mangé une tartine chez Evert et Lies. Ils me conduisent à Hoorn.
Arrivé à Hoorn à la Maison Saint-Joseph[298], je ressens une forte émotion parce que maman n'est plus là.

Dimanche 14 juillet 1963
À Hoorn.
10.00 Pris le café avec papa chez Piet et Ans.

---

sa réponse et la consigner sur cette feuille, qu'il remettait au cardinal au cours de l'audience. Pour chaque question on devait introduire une feuille séparée.

293. Mgr Fagiolo était notamment responsable des relations avec la Typographie Polyglotte Vaticane.

294. Au sujet du voyage à Moscou de Charrière et de Dumont o.p.

295. Un des aéroports de Paris.

296. Marie Joseph (Marcel) Le Guillou (1920-1970), dominicain français, professeur de théologie morale au Saulchoir, en 1952 membre du Centre d'études Istina.

297. Un des aéroports de Paris.

298. Maison de repos, où la maman de Willebrands avait résidé.

14.30 Vers Bovenkarspel avec papa, Piet et Ans pour visiter le tombeau de maman. La pierre [tombale] est neuve et elle se présente bien.
17.30 Pris le café à Enkhuizen.
18.00 Fait une promenade avec papa à Hoorn.

Lundi 15 juillet 1963
Pendant la matinée, à Hoorn.
Lies vient me chercher à 11 h 30 et reste manger avec nous. Avec papa nous allons à Amsterdam-Schiphol.
14.30 Départ avec la KLM vers Montréal[299].
19.30 À l'arrivée à Montréal, le Rev. O'Connel[300] vient me chercher. Hospitalité du card. Léger. Le cardinal me reçoit et me fait part de son projet d'organiser chez lui un déjeuner pour les Observers et un groupe de «Faith and Order» et me donne son projet de discours pour la réunion publique.

Mardi 16 juillet 1963
J'ai fait un nouveau projet pour le discours du card. Léger. Le soir, j'ai lu et donné mon projet au cardinal. Demain il rédigera son texte lui-même et il fera usage de certains éléments.
11.00 Visite au Dr Visser 't Hooft à Divinity Hall.

Mercredi 17 juillet 1963
19.00 Réception et dîner chez le card. Léger. Ensuite une petite excursion avec Gr. Baum.

Jeudi 18 juillet 1963
9.00 Enregistrement pour la Radio anglo-canadienne (deux confrères de Stransky[301]).
10.00 Conversation avec le Dr Visser 't Hooft.
15.30 Assisté à la 2ème session au sujet de «Worship» (brève rencontre et conversation avec le Dr Harms[302] au sujet de sa conférence).

---

299. Willebrands se rend à la 4ème conférence mondiale de «Foi et Constitution» qui se tient à Montréal du 12 au 26 juillet 1963. Cf. P. C. RODGER – Lukas VISCHER, *Fourth World Conference on Faith and Order (Montreal 1963)*, Montréal, 1963.

300. Il s'agit probablement du Rév. John McConnell, à l'époque vice-chancelier du diocèse de Montréal.

301. Il s'agissait des Pères J. Keating et F. Stone.

302. H. Harms (1914-2006), pasteur luthérien allemand, directeur du «Study Department» du COE en 1954, il participa à des travaux de la Conférence catholique pour les questions œcuméniques et était chargé par le COE des relations avec l'Église catholique. En octobre 1958, il avait déjà invité Willebrands pour donner quelques cours à Bossey.

Vendredi 19 juillet 1963
9.30 Conversation avec le Prof. Alivisatos[303].
10.30 Conversation avec Luk. Vischer.
12.00 Conversation avec le métropolite Chrysostomos Constantinidis[304].
14.30 Au Centre œcuménique du Père Beaubien[305].
17.00 Conversation avec l'archiprêtre Vit. Borovoj.
18.30 Réception offerte par le Prime Minister à «Faith and Order».
20.00 Au Québec Room de l'Hôtel Sheraton, réception pour les Observers offerte par le staff de «Faith and Order».
Le soir à la maison conversation avec Ch. Moeller[306].

Samedi 20 juillet 1963
Le matin, resté à la maison. Fait quelques notices.
9.30 Conversation avec le card. Léger. Ses préoccupations au sujet de la Curia romana: si celle-ci ne change pas dans les 5 années qui viennent, tout le concile aura été vain. Changement des structures (distinction entre le «policy making body» et l'«executive»), les personnes (Staffa[307], Parente[308]...).
Le Père Alonso[309] de l'Institut biblique est à Montréal. Crainte pour l'Institut biblique.

---

303. H. Alivisatos (1887-1969), grec-orthodoxe, professeur de théologie et de droit canonique à l'université d'Athènes, membre du Comité central du COE de 1948 à sa mort.

304. Chrysostomos Constantinidis (1921-2006), métropolite d'Éphèse et professeur de théologie à l'École de théologie de Halki, près d'Istanbul; appelé par le patriarche Athénagoras comme émissaire et conseiller dans les rapports œcuméniques.

305. Irénée Beaubien (1916-), jésuite canadien, en 1963 fondateur du Centre Canadien de l'œcuménisme.

306. Ch. Moeller (1912-1986), prêtre du diocèse de Malines-Bruxelles, chargé de cours et ensuite professeur à l'Université catholique de Louvain à partir de 1949, *peritus* conciliaire, de 1966 à 1973 sous-secrétaire de la Congrégation pour la Doctrine de la Foi, de 1973 à 1981, secrétaire du Secrétariat pour l'Unité des chrétiens. Il est l'auteur de six volumes *Littérature du XXe siècle et christianisme*. À plusieurs reprises Moeller a donné des cours d'été au Canada. Ainsi il est entré en contact avec le card. Léger, qui l'a fait nommer *peritus* au concile. Du Québec, Moeller avait écrit à Philips, le 29 juillet 1963, que Willebrands lui avait dit que l'assemblée (de «Foi et Constitution») avait été très divisée sur l'Église (cf. F. Philips 461).

307. D. Staffa (1906-1977), secrétaire de la Congrégation pour les Séminaires et Universités, vice-président de la commission *De Seminariis, de Studiis et de Educatione catholica*, cardinal en 1967.

308. Aussi bien Staffa que Parente avaient la réputation d'être fort conservateurs. Toutefois il faut remarquer que Parente a toujours courageusement défendu la sacramentalité et la collégialité de l'épiscopat.

309. Luis Alonso Schökel (1920-1998), jésuite espagnol, professeur à l'Institut biblique à Rome en 1957.

13.00 Déjeuné au Sheraton Hôtel avec Mgr Justin[310], métropolite de Jassy[311], Moldavie.
19.00 Le soir, conversation avec Ch. Moeller[312].

Dimanche 21 juillet 1963
9.00 Pris congé du card. Léger. J'ai demandé à modifier quelque chose dans son allocution.
13.00 Déjeuné à l'archevêché.
18.00 Conduit par Mgr O'Connell et Ch. Moeller à l'Airport.

Lundi 22 juillet 1963
8.00 Arrivée à Schiphol – Amsterdam. Avec le bus et le train vers Hoorn.
10.30 Arrivé chez papa, lettre de Arrighi, etc.
19.00 Le soir visite de Evert et Lies.

Mardi 23 juillet 1963
À Hoorn.
Le matin travaillé à la conférence de presse.
16.00 Encore travaillé à la conférence de presse.
19.30 Avec papa visite chez Piet et Ans.

Mercredi 24 juillet 1963
À Hoorn.
11.00 Visite de Leo Alting von Geusau. Au sujet de la conférence de presse.

Jeudi 25 juillet 1963
À Hoorn.
13.30 Avec papa vers Utrecht.
15.30 Conférence de presse à Utrecht, Pays-Bas. Leo Alting von Geusau, le P. Schmitt s.j. et aussi Frans Thijssen sont venus.
19.00 Roulé avec P. Schoonebeek vers sa maison à Voorburg.
19.30 J'ai conduit papa chez Herman et Mia.

310. Justin Moisescu (1910-1986), de 1957 à 1977 archevêque de Jassy, patriarche de l'Eglise orthodoxe roumaine en 1977.
311. Ancienne capitale de Moldavie, ville de la Roumanie au Nord-Est de Bucarest.
312. Moeller a noté que Willebrands lui a raconté les difficultés qu'il a eues avec Parente au sujet de l'envoi d'observateurs catholiques au jubilé du Mont Athos et a parlé de la mission de Charrière à Moscou. Cf. F. Moeller, Carnet 14, p. 40.

Vendredi 26 juillet 1963
À Voorburg.
10.00 Vers l'Office des permis de conduire, Imhoffstraat 41[313].
19.30 Chez les Pères Capucins de Pokrof[314].
Logé chez Jan Remmer.

Samedi 27 juillet 1963
Avec Piet [Schoonebeek] et Jan [Remmer].
12.00 Sur la jetée de Scheveningen.
14.00 Déjeuné à Delta, Vlaardingen[315].
Logé chez Piet Schoonebeek.

Dimanche 28 juillet 1963
8.30 Messe avec sermon à Voorburg, St Martin.
10.30 Chez Herman. Fête de l'anniversaire de Herman.
Le soir, vers la cure de J. Remmer.

Lundi 29 juillet 1963
Anniversaire de Herman.
8.00 Messe à Gérard Majella, La Haye.
10.00 J'ai été chercher ma voiture chez le Volvo Dealer.
11.30 Avec papa de La Haye à Musselkanaal.
16.00 Chez Willy et Ans.
Logé à la cure.

Mardi 30 juillet 1963
À Musselkanaal.
Le matin chez Ans.
14.30 Une petite excursion avec Ans, Willy et papa vers Paterswolde[316] etc.

---

313. En fait: Rue Van Imhoff, à La Haye.
314. Pères Capucins de Pokrof. À la demande de la Congrégation orientale, quelques pères capucins avaient été détachés après la deuxième guerre mondiale, pour aider des gens de l'Europe de l'Est. Actuellement, cette organisation coordonne les communautés de liturgie byzantine catholique.
315. Delta Hotel, Maasboulevard 75, 3133 AK Vlaardingen.
316. Village faisant partie de la commune de Haren, situé près de Groningen.

Mercredi 31 juillet 1963
À Musselkanaal.
9.30 Le matin, à la cure, j'ai écrit une lettre à Rome (Arrighi – Stransky) au sujet des invitations des Baptistes, de l'United Church of Japan, d'Alivisatos[317].
14.30 L'après-midi une petite excursion avec le curé, Willy et papa vers Denekamp[318].

Jeudi 1 août 1963
À Musselkanaal.
14.00 Dans l'après-midi, avec papa vers Bedum[319].

Vendredi 2 août 1963
À Musselkanaal.
10.00 J'ai pris congé du curé.
14.00 Adieu d'Ans et Willy. En voiture vers Hoorn.
16.00 Visite à Amatus van Straaten o.e.s.a.[320] à Witmarsum[321] et à Frederick Davis[322].
18.00 Dîné à Hoorn.
20.00 Vers Ste-Lioba.

Samedi 3 août 1963
À Egmond-binnen.
Le matin, correspondance.
12.00 Conversation avec Mère Hildegard.
L'après-midi, correspondance.

---

317. Il s'agit probablement de l'invitation d'observateurs ou d'hôtes du Secrétariat à la 2ème session du concile.

318. Village appartenant à la commune de Dinkelland, dans la province d'Overijssel. C'est à Denekamp que Willebrands, une fois retraité, passera les dernières années de sa vie.

319. Commune dans la province de Groningen.

320. A. van Straaten (1914-1982), augustin néerlandais de Witmarsum. Déjà pendant la deuxième guerre mondiale, il participait avec Willebrands, Thijssen et Groot à des réunions œcuméniques avec des protestants («Larense kring»), membre du premier comité directeur de la «Sint Willibrordvereniging».

321. Le centre de formation des pères augustins *Vinea Domini*, à Witmarsum, village de la commune de Wonseradeel, dans la province de Friesland. Actuellement un centre pour réfugiés.

322. F. Davis (1918-1981), né à Boston (États-Unis), prêtre anglican en 1952, converti au catholicisme en 1962 et entré chez les augustins à Witmarsum, il a fondé la revue «Dome» et était relié au Centre Unitas du P. Boyer.

Dimanche 4 août 1963
À Egmond-binnen.
10.00 Grand-messe pour la fondation de Ste-Lioba.
18.00 Conférence pour les sœurs.

Lundi 5 août 1963
À Egmond-binnen.
16.30 Visite du Père Abbé Andriessen[323].

Mardi 6 août 1963
À Egmond-binnen.
12.00 Conversation avec Mère Hildegard.
15.00 Dans l'après-midi vers Amsterdam (Mademoiselle Bakker[324]).

Mercredi 7 août 1963
À Egmond-binnen.
 9.30 Fait le projet de texte *De Judaeis*.
12.00 Conversation avec Mère Hildegard.
15.00 Dans l'après-midi vers Haarlem (Coebergh[325]) et chez Mgr Huibers[326].
18.30 Vers De Graal, Tiltenberg.

Jeudi 8 août 1963
À Egmond-binnen.
12.00 Conversation avec Mère Hildegard.
17.00 Vers Hoorn.

Vendredi 9 août 1963
À Hoorn.
10.00 Avec papa chez Evert.
16.00 Retour à Hoorn.

---

323. P. Andriessen (1909-1977), prêtre du diocèse de Haarlem, ordonné en même temps que Willebrands (26 mai 1934), entré chez les bénédictins à l'abbaye d'Oosterhout en 1936, premier abbé de l'abbaye Sint-Adelbert, Egmond, de 1950 à 1966.
324. Tiny Bakker, présidente de la JOCF néerlandaise en 1961.
325. H. Coebergh, librairie connue (depuis 1892) de Haarlem, Gedempte Oude Gracht 74 (actuellement: Plantage Boekhandel Coebergh, Barteljorisstraat 35, 2011 RA Haarlem).
326. J. P. Huibers (1875-1969), évêque de Haarlem de 1935 à 1960.

Samedi 10 août 1963
À Hoorn.
Une lettre de Malines est arrivée[327]. Le card. Suenens m'attend aujourd'hui à Malines pour le déjeuner. J'ai téléphoné à Thijssen. Nous irons ensemble à Malines.

9.00 Parti de Hoorn en voiture vers Utrecht – Malines, avec Frans Thijssen.
13.00 Arrivé à Malines.
Parlé avec le card. Suenens de la question *De Libertate religiosa*. Selon le cardinal, la phrase dans le protocole de la session[328] [de la commission de coordination] qui dit que pour les aspects doctrinaux de cette question, nous [le Secrétariat] devons d'abord consulter la commission théologique ne correspond pas à la réalité, mais y est tout à fait opposée. Cela n'a pas été dit et n'a pas été décidé. L'intention est que le texte soit ajouté sans plus au *De Oecumenismo*[329].
19.00 Le soir, arrivé à la maison de retraite à Seppe[330]. Conversation avec le P. Randag[331] et avec le Père Otto de Groot[332]. Logé sur place.

Dimanche 11 août 1963
9.30 De Seppe vers Venlo.
11.30 Arrivée à Venlo, Béthanie.
14.30 Vers Hoorn. Le village pour enfants de Béthanie.
17.30 Vers Nimègue. Henk van der Linde[333].
20.00 Vers Béthanie. Mook[334].

327. Il s'agit d'une lettre, du 7 août 1963, de J. De Wil, secrétaire de Suenens, à Willebrands (cf. FConc. Suenens 1203).

328. Cf. *A.S.* V, I, p.636. Voir supra la note en bas de page pour le 5 juillet 1963.

329. Le 12 août 1963, Suenens écrit encore à Willebrands que la commission de coordination a décidé que le *De Libertate religiosa* doit être rattaché au *De Oecumenismo* et ne doit pas être soumis à la commission théologique. Mais le 17 août, dans une nouvelle lettre à Willebrands, Suenens «précise» que le texte *De Libertarte religiosa* ne doit pas être «soumis» à la commission théologique mais qu'il peut y avoir un examen en commission mixte (théologique et Secrétariat). Cf. FConc. Suenens 1204 et 1207 et S. SCATENA, *La fatica*, p. 55. En fait le texte rédigé par le Secrétariat sera examiné d'abord par une sous-commission (le 7 novembre 1963) et ensuite par la commission théologique plénière le 11 novembre 1963. Cf. F. Philips 1103-1104.

330. Village près de Bosschenhoofd où il y avait une maison de retraites des Pères rédemptoristes.

331. W. Randag (1909-2003), rédemptoriste néerlandais, ami de Willebrands (Willebrands avait fait ses études secondaires chez les Pères Rédemptoristes).

332. O. de Groot (1889-1967), rédemptoriste néerlandais, ordonné prêtre en 1915.

333. H. van der Linde (1915-2008), pasteur protestant, converti – en 1960 – du protestantisme et ordonné prêtre catholique marié en 1967 grâce aux démarches de Willebrands, professeur de théologie œcuménique de 1961 à 1981 à la Faculté de Théologie de l'Université catholique de Nimègue.

334. Village appartenant à la commune de «Mook en Middelaar», dans la province du Limbourg. Les sœurs Dominicaines de Béthanie y avaient une maison de 1946 à 1986.

Lundi 12 août 1963
Béthanie. Mook. Rendu visite à la «maison d'observation»[335].
9.30 Chez H. Sondaal[336], Esch[337].
11.30 Chez H. Sondaal avec J. Groot[338] et H. Beex[339].
12.30 Vers Utrecht, presbytère Saint Martin.
16.00 Pris congé de Frans Thijssen et vers Ste-Lioba, Egmond.

Mardi 13 août 1963
À Ste-Lioba, Egmond-binnen.
Le matin, travaillé à ma conférence pour Gazzada[340].
16.00 Conversation avec Mère Hildegard.

Mercredi 14 août 1963
À Egmond-binnen.
Le matin, travaillé à ma conférence pour Gazzada.
12.00 Conversation avec Mère Hildegard.
15.00 Arrangé mon voyage de retour à Rome.
17.30 Travaillé à ma conférence pour Gazzada.

Jeudi 15 août 1963
Assomption de la Vierge Marie.
À Egmond-binnen.
9.00 Allocution «ad Mandatum»[341] dans la chapelle.
10.00 Grand-messe Couvent de Ste-Lioba.
11.30 Vers Hoorn.

---

335. Les Sœurs de Béthanie s'occupaient d'enfants et de jeunes à problèmes.
336. H. L. Sondaal (1898-1988), prêtre du diocèse de Haarlem, ami de Willebrands, premier secrétaire de la «Sint Willibrordvereniging» dont Willebrands était président.
337. Esch, village dans la province du Brabant.
338. J. C. Groot (1908-1994), prêtre du diocèse de Rotterdam, professeur de philosophie au séminaire de Warmond de 1937 à 1960, il succéda à Willebrands comme président de la «Sint Willibrordvereniging» de 1960 à 1972; auteur (avec C. W. Mönnich) de *Encyclopedie van het Christendom* (1955) et de *Encyclopedie van het Katholicisme* en 1959. Il avait été un des cinq observateurs catholiques à la Troisième Assemblée générale du COE à New Delhi du 19 novembre au 5 décembre 1961.
339. Harry Beex (1914-1997), prêtre du diocèse de Bois-le-Duc, en 1959 curé à Esch, en 1965 directeur du Centre diocésain pastoral.
340. La conférence de Willebrands aura comme titre: La présence des observateurs au concile.
341. Le rite du lavement des pieds, qui dans cette comunauté se pratiquait non seulement le Jeudi Saint mais aussi la veille d'une prise d'habit ou du début d'un noviciat.

14.30 Avec papa chez oncle Klaas et tante Geertje[342] et ensuite vers le cimetière de Bovenkarspel.
18.30 À Hoorn.
20.00 Le soir, retour à Ste-Lioba.

Vendredi 16 août 1963
À Egmond-binnen.
9.00 Vers la «Twentse Bank»[343] à Oegstgeest.
12.00 Mon auto est de retour à La Haye.
13.00 Chez Tante Lize[344] à Wassenaar.
16.00 Vers Amsterdam, Mlle Schwarz[345].
20.00 De retour à Ste-Lioba.

Samedi 17 août 1963
À Egmond-binnen.
12.00 Conversation avec Mère Hildegard.
14.30 Vers Hoorn.
19.30 Le soir chez Piet.
Logé au presbytère.

Dimanche 18 août 1963
Le matin, en train vers Amsterdam et Schiphol.
10.10 Départ d'Amsterdam par KLM.
13.20 Arrivée à Rome. En taxi vers la Via Achille Mauri.
16.30 Chez les Sœurs.
18.00 Visite du P. Duprey.
Mgr Arrighi, le P. Duprey et Father Long sont également retournés à Rome cet après-midi.

---

342. Klaas De Wit, marié à Geertje Kok, sœur de la mère de Willebrands.
343. Institution bancaire.
344. Lize Willebrands, sœur du père de Willebrands.
345. Ottilie Schwarz (1922-1986), née à Vienne d'un père juif mais baptisée protestante, émigrée en Hollande, devenue catholique en 1951, en 1966 elle obtient un doctorat en théologie à l'Université de Nimègue. De 1952 à 1957, secrétaire privée de Willebrands à Warmond, qui était à l'époque président de la «Sint Willibrordvereniging». Elle a sensibilisé Willebrands aux relations christianisme – judaïsme. Cf. M. POORTHUIS et Th. SALEMINK, *Op zoek naar de blauwe ruiter*, Nimègue, 2000.

Lundi 19 août 1963
Roma.
9.00 Vers le Secrétariat.
10.00 Discussion avec Arrighi, Duprey, Stransky, Long.
15.00 L'après-midi, à la maison.
17.30 Vers Bracciano, où Sœur Petra[346], malade, est alitée.

Mardi 20 août 1963
8.30 De Bracciano à Rome.
9.30 Vers le Secrétariat.
10.00 Le Père Beaubien s.j.
10.30 Le Père Anawati o.p.[347]
L'après-midi, à la maison.
17.00 Coup de téléphone de Mgr Cardinale (au sujet d'un télégramme de Mgr Gad[348] concernant une soi-disant invitation à Papas Eftym[349]. Hier matin déjà nous avons envoyé un démenti par l'intermédiaire de l'ambassade grecque).

Mercredi 21 août 1963
10.30 Le Père Hamer o.p.
11.00 Chez Mgr Cardinale.
13.30 Corinna et Josette [Kersters[350]] au Monte Mario.
15.00 L'après-midi, à la maison.

Jeudi 22 août 1963
9.00 Le matin, au bureau.
10.30 Téléphoné à Mgr Felici pour recevoir des copies des «schemata».
15.00 L'après-midi, à la maison.

---

346. Sœur Petra (Wihelmina Hoefsloot) (1922-), néerlandaise, dominicaine de Béthanie.
347. G. Anawati (1905-1994), dominicain, grec orthodoxe converti à 16 ans au catholicisme, prêtre en 1939, directeur de l'Institut dominicain d'Études orientales au Caire, membre du Secrétariat pour l'Unité, spécialiste du dialogue entre le christianisme et l'islam.
348. H. Gad (1912-1975), syrien, évêque titulaire de Gratianapolis et exarque apostolique pour les catholiques byzantins en Grèce en 1958, membre de la commission pour les Églises orientales.
349. Papas Eftym était le chef d'une communauté de turcs orthodoxes qui, dans les années trente, avec un certain appui du gouvernement turc s'étaient séparés du patriarcat de Constantinople.
350. Josette Kersters (1931-), belge, membre du De Graal, elle a travaillé pour Willebrands (officiellement pour la Conférence catholique pour les questions œcuméniques mais en fait aussi pour le Secrétariat) en 1961-1962, et était à partir de 1969 secrétaire privée du cardinal Willebrands à Rome.

Vendredi 23 août 1963
9.00 Au Secrétariat.
14.00 Déjeuné chez Joseph Höfer.
17.00 Encore travaillé à la maison.

Samedi 24 août 1963
9.00 Le matin, au Secrétariat.
(Reçu les «schemata» du Secrétariat central[351]).
15.00 L'après-midi, travaillé à la maison.

Dimanche 25 août 1963
Travaillé à la maison pour Gazzada.
15.30 Parti pour Gazzada.
19.30 De Milan à Gazzada en taxi.

Lundi 26 août 1963
Gazzada. Villa Cagnola[352].
Le matin, j'ai encore travaillé à ma conférence.
17.00 Arrivée des participants.
18.30 Ouverture dans la chapelle, puis conférence.

Mardi 27 août 1963
Gazzada. Villa Cagnola.

Mercredi 28 août 1963
Gazzada. Villa Cagnola.

Jeudi 29 août 1963
Gazzada. Villa Cagnola.

Vendredi 30 août 1963
Gazzada. Villa Cagnola.

---

351. Il s'agit du Secrétariat général du concile, dirigé par Mgr Felici.
352. Du 26 au 31 août, la Conférence catholique pour les questions œcuméniques a tenu sa dernière réunion à la Villa Cagnola avec comme thème: «La situation œcuménique à l'heure du concile». Il y avait environ 57 participants. Mgr C. Colombo était un des sept membres du conseil directeur de la conférence. Parmi les rapporteurs il y avait notamment Mejia, Martensen, Stransky, Thijssen, Blomjous, Burgos, Bellini, Biot, Corbon, Fries et Willebrands (cf. L. VACCARO, *Chronicon delle attività di Villa Cagnola (1947-1991)*, p. 82).

12.00 Conclusion de la «Conférence» à la chapelle.
16.00 Session du Comité du «Secrétariat pour la collaboration culturelle»[353], sous la présidence du P. Duprey.

Samedi 31 août 1963
Gazzada. Villa Cagnola.
9.00 Session du Comité[354].
11.30 Conclusion de la réunion du Comité.
15.00 Départ de Gazzada via Malpensa, où le Père Mailleux s.j.[355] doit déposer un paquet; vers l'Air Terminal.
17.00 Avec Duprey et Stransky au cinéma, le film «8 1/2» de Fellini.
19.30 Avec Alitalia vers Rome.

Dimanche 1 septembre 1963
Rome.
10.30 Je suis allé chercher ma voiture.
11.00 Travaillé chez moi. Déblayage et correspondance.

Lundi 2 septembre 1963
9.00 Vers l'ambassade yougoslave pour un visa.
11.30 Reçu une journaliste du *Jewish Chronicle*[356].
16.00 L'après-midi, travaillé au Secrétariat.

Mardi 3 septembre 1963
9.00 Interview pour la TV allemande.
11.00 Arrighi part en vacances pour 14 jours.

---

353. La section orientale du Secrétariat avait créé un «Comité catholique pour la collaboration culturelle» qui avait un double but: 1° L'échange de livres et de documentation avec les principaux centres orthodoxes; 2° La création de bourses pour que des étudiants orientaux puissent faire des études en sciences ecclésiastiques à Rome mais aussi à Louvain et Paris. Le futur patriarche œcuménique Bartolomeos I a été un de ses boursiers (cf. M. VELATI, *Una difficile transizione*, p. 418).
354. Il s'agit du comité directeur de la Conférence catholique pour les questions œcuméniques.
355. Paul Mailleux (1905-1983), jésuite belge, professeur à la Fordham University, New York, recteur du Pontificio Collegio Russicum à Rome de 1966 à 1977. Auteur de *Entre Rome et Moscou. L'Exarque Léonid Féodoroff*, Bruges, 1966.
356. Il s'agit probablement de la journaliste Tullia Zevi, italienne, du *The Jewish Chronicle*, hebdomadaire juif britannique, fondé en 1841. Elle a été la présidente des communautés juives en Italie. Cf. Cahier III, 16 février 1961.

Mercredi 4 septembre 1963
12.00 Les Pères Duprey et Long m'ont conduit à Fiumicino. Départ pour Belgrade[357] avec 1 h 1/2 de retard.

Jeudi 5 septembre 1963
Belgrade.

Vendredi 6 septembre 1963
Belgrade.

Samedi 7 septembre 1963
Belgrade.

Dimanche 8 septembre 1963
Belgrade.
19.30 Départ pour Zagreb. Reçu par Mgr Šeper[358].

Lundi 9 septembre 1963
Zagreb.
10.00 Départ pour Rome.
12.00 Arrivée à Rome.

Mardi 10 septembre 1963
10.30 Chez le card. Bea.
12.30 Visite au Secrétariat du Père Clemens König o.f.m., le père hongrois aux États-Unis.
15.00 Enregistrement de la TV néerlandaise au Monte Mario.
17.30 Au Secrétariat.

Mercredi 11 septembre 1963
10.30 Visite de l'archimandrite[359].
11.00 Sign.a Melaspina.
15.00 L'après-midi, au Secrétariat.

---

357. Willebrands s'est rendu à Belgrade pour rencontrer le patriarche Germanos et quelques métropolites du synode de l'Église orthodoxe, afin d'obtenir une délégation d'observateurs au concile. La démarche n'aura pas de résultat.

358. F. Šeper (1905-1981), archevêque de Zagreb en 1960, membre de la commission doctrinale, cardinal en 1965, préfet de la Congrégation pour la Doctrine de la Foi en 1968. Šeper a participé aux travaux de la Conférence catholique pour les questions œcuméniques. Il avait été étudiant, avant la guerre, au Collège germano-hongrois avec Fr. Thijssen.

359. A. Scrima (1925-2000), archimandrite, représentant personnel du patriarche Athénagoras auprès du Secrétariat, à partir de la 1ère session du concile.

Jeudi 12 septembre 1963
10.30 Visite de P. Faller[360] et Pfarrer Huhn[361] de Fürsten Eck [sic][362], président faisant fonction du «Bund der Wiedervereinigung». Conversation fort utile.
16.30 Vers le collège néerlandais. Dîné avec Mgr Damen[363].

Vendredi 13 septembre 1963
10.30 Le card. Bea au Secrétariat. Très bon entretien. Beaucoup de points ont été réglés.
17.00 Arrivée de l'abbé Chavaz[364], qui est venu d'avance pour la venue de Mgr Charrière et de Mgr Nikodim[365].
19.30 Coup de téléphone de Mgr Charrière disant qu'il est arrivé à Rome avec Mgr Nikodim.

Samedi 14 septembre 1963
Visite à Mgr Nikodim et Mgr Charrière à l'hôtel Savoy, via Ludovisi (avec Duprey).
10.30 Audience chez le card. Bea. Conversation très cordiale. Remise de cadeaux par Mgr Charrière.
13.00 Passé un instant chez Mgr Slipyj pour l'informer de la présence de Mgr Nikodim[366].

---

360. Oscar (Ansgar) Faller, père Pallotin (Societas Apostolatus catholici), «commissario» à la Congrégation pour les Religieux. Willebrands lui avait demandé, le 26 novembre 1960, de venir travailler au Secrétariat (cf. Cahier III).

361. Gustav Huhn, faisait partie d'un groupe de pasteurs allemands luthériens (avec Asmussen, Fincke, Lackmann, W. Lehmann) qui cherchaient à s'approcher de l'Église catholique. Cf. G. HUHN, *Es begann mit Hans Asmussen. Ein Bericht auf dem Weg zu einen Kirche*, Münster, 1981.

362. Fürsteneck, village de la Basse-Bavière (province de Freyung-Grafenau).

363. J. W. L. Damen (1909-1989), prêtre du diocèse de Roermond, recteur du collège néerlandais à Rome.

364. Edmond Chavaz (1905-2000), prêtre du diocèse de Lausanne-Genève-Fribourg, curé de la paroisse du Grand-Saconnex, canton de Genève, de 1951 à 1978, membre du Groupe des Dombes, il avait été chargé par la nonciature de Berne d'informer le COE des développements de la préparation du concile, cf. Ph. CHENAUX, *Le Conseil œcuménique des Églises et la convocation du concile*, dans M. LAMBERIGTS et Cl. SOETENS (éd.), *À la Veille du Concile Vatican II*, Leuven, 1992, p. 202. Voir aussi Cahier I, 9 novembre 1958 et Cahier II, 7 juin 1960.

365. Nikodim (Boris Rotov) (1929-1978), métropolite de Minsk et puis de Leningrad. Pour la visite de Nikodim à Rome en septembre 1963, cf. M. VELATI, *Una difficile transizione*, p. 421-422.

366. La présence d'observateurs russes à Vatican II a été un motif de scandale pour les évêques ukrainiens, tandis que leur archevêque Slipyj était encore privé de sa liberté. À la 1ère session ils avaient réagi contre cette présence (cf. Journal Hermaniuk, notamment les 21, 24, 27 et 31 oct. 1962, et G. CAPRILE, *Il Concilio Vaticano II*, II, Roma, 1968, p. 202-203). L'information donnée par Willebrands n'était donc pas superflue en raison de la sensibilité des évêques ukrainiens.

16.00 Visite aux Fouilles de Saint-Pierre, guidée par Mgr Ruysschaert[367]. Nous avons d'abord visité le tombeau de Jean XXIII et avons prié.

Dimanche 15 septembre 1963
10.30 Audience papale de Mgr Nikodim et de Mgr Charrière. À l'audience, j'ai été présenté au pape. Le pape me dit que je dois venir chez lui sans tarder. J'ai accompagné Mgr Nikodim à son hôtel. Parlé avec lui dans sa chambre. Reçu un cadeau. La question d'observateurs pour la Conférence chrétienne pour la Paix à Prague en juin 1964[368]. Rédigé et publié un communiqué pour la presse.

Lundi 16 septembre 1963
9.00 Visite du Dr Grotoff[369].
10.30 Chez Mgr Guerri[370] au sujet des locaux du Secrétariat.
12.00 Visite de Mgr Blomjous: au sujet de l'invitation pour la conférence de Kampala et son article sur l'œcuménisme.

Mercredi 18 septembre 1963
10.00 Chez le card. Bea.
12.00 Audience privée chez le Saint-Père.
13.00 Brève visite à Mgr Cardinale.
14.00 Déjeuné chez Mgr Arrighi. Pris congé de son père.
17.00 Vers Bracciano au sujet de l'examen canonicum de Wilhelmina[371].
20.00 Logé à Bracciano.

Hermaniuk note encore dans son Journal, le 29 septembre 1963: «Most unfortunately, his [Slipyj] presence was not noted by anyone in the television broadcast of this opening program ... nor did the television note the group of our bishops with Metropolitan Josyph [Slipyj], though the presence of the Observers from the Moscow Patriarchate was noted on TV with great interest. Our bishops as well as the whole Ukrainian community in Rome really felt this diplomatic oversight».

367. J. Ruysschaert (1914-1993), prêtre belge, à l'époque *scrittore* à la Bibliothèque Vaticane, dont il deviendra le vice-préfet.

368. Conférence chrétienne pour la paix, dite Conférence de Prague, qui, à partir des années 60, tenait des réunions annuelles. Déjà le 17 janvier 1961, Willebrands n'avait pas accepté de se rendre à Prague pour cette Conférence chrétienne de la Paix, craignant que dans ce pays communiste, les idées chrétiennes et politiques ne soient trop enchevêtrées (cf. Cahier III, 17 et 18 janvier 1961). Le président de cette conférence chrétienne pour la paix était J. L. Hromádka.

369. S. Grotoff, professeur à l'Université internationale pour les études sociales «Pro Deo», Rome, observateur au concile de l'Église russe orthodoxe à l'étranger.

370. S. Guerri (1905-1992), prêtre du diocèse de Tarquinia et Civitavecchia, secrétaire général de l'Administration des Biens du Saint-Siège, *peritus* conciliaire, cardinal en 1969.

371. Sœur Mira Christina (Wilhelmina Tonnier), (1926-1986), Allemande, dominicaine de Béthanie. L'examen canonicum devait attester la pleine liberté de la candidate à la vie religieuse.

Jeudi 19 septembre 1963
10.00 Visite du Prof. Schlink.
11.00 Fagiolo me téléphone au sujet du *De Judaeis* et du *De Libertate religiosa*.
13.00 Avec Arrighi, Duprey, Salzmann et Long vers Anguillara[372], où nous avons déjeuné au bord de l'eau.
16.30 Retour à Rome.
17.30 Audience chez le card. Tisserant[373]. Remis le cadeau du métropolite Nikodim.

Vendredi 20 septembre 1963
Coup de téléphone de Visser 't Hooft au sujet du nouveau Secrétariat pour les non chrétiens[374].
10.00 Visite de Welsh[375] et visite du Canon Pawley.
11.00 Chez Mgr Guerri au sujet des locaux.
Chez Mgr Cardinale: est-ce qu'on a envoyé des invitations [pour l'ouverture de la 2ème session du concile] aux non chrétiens? Non. La lettre au patriarche Athénagoras[376].
12.00 Visite du Père Galli [von Galli].
13.00 Avec Duprey vers le Palazzo Torlonia et le Comitato Italiano[377].

Samedi 21 septembre 1963
10.00 Audience dans l'Aula delle Benedizioni. Discours du pape au sujet de la réforme de la curie[378]. Le card. Cicognani me prend à part au sujet du Schéma *De Oecumenismo*: «Bisogna corregerlo, date tutte le colpe alla Chiesa Cattolica etc.» [Il faut le corriger. Vous rendez l'Église catholique coupable de toutes les fautes].

---

372. Ville au bord du lac de Bracciano.
373. E. Tisserant (1884-1972), prêtre du diocèse de Nancy, cardinal en 1936, président du conseil de présidence du concile.
374. Le «Secrétariat pour les non chrétiens» sera érigé par Paul VI le 19 mai 1964.
375. Clement W. Welsh, chanoine théologal de la cathédrale anglicane de Washington et directeur des études au College of Preachers (Washington), observateur au concile.
376. Pour le texte de cette lettre de Paul VI à Athénagoras, voir *Tomos Agapis*, n. 33.
377. Il s'agit du «Comitato italiano per i congressi eucaristici», qui avait ses bureaux au Palazzo Torlonia (où Willebrands cherchait de nouveaux locaux).
378. Le 21 septembre 1963, Paul VI avait reçu en audience la curie romaine et y avait tenu un discours remarqué, où il invitait la curie à se mettre en harmonie avec le concile, tel qu'il était voulu par Jean XXIII (cf. *A.A.S.*, LV, 1963, p. 793-800).

12.00 Visite du Père Haggan, melchite.
Le P. Lanne me dit qu'à la Commissio Orientalis on a lancé une grande attaque contre le Secrétariat.
15.00 Avec Don Molari vers Rocca Antica[379] pour le Seminario Romano.
20.00 Après le retour de Rocca Antica, Duprey me téléphone. Il a le texte de Welykyj, avec lequel il nous attaque dans la Commissio Orientalis.

Dimanche 22 septembre 1963
9.30 Le P. Duprey apporte le texte de Welykyj. Nous nous demandons ce que nous devons faire. Nous téléphonons à Arrighi et nous nous rendons au Secrétariat. Nous vérifions nos données et décidons de rédiger un aperçu objectif avec notre point de vue.
15.30 Vers Mgr Jansen[380] au collège néerlandais. Au sujet des difficultés avec la Commissio Orientalis.

Lundi 23 septembre 1963
10.30 Avec Mgr Arrighi chez le card. Bea (le cardinal a l'air fatigué). Au sujet de l'attaque de Welykyj. Rédigé un aperçu de la collaboration avec la Comm. Orientalis. Au sujet de la prochaine audience du card. Bea chez le Saint-Père (évêques américains au Secrétariat[381]; les dactylos du Secrétariat et le statut du Secrétariat – quelques autres points).
13.30 Déjeuné chez les Mill Hill Fathers (Fleischmann[382]).
17.00 Réunion des *periti* au Secrétariat au sujet des remarques faites par les évêques sur le schéma *De Oecumenismo*.

Mardi 24 septembre 1963
12.30 Envoyé une lettre à Welykyj au sujet de son «attaque-discours»[383].

---

379. Rocca Antica, commune dans la province de Rieti à 40 km au nord-est de Rome, où le Seminario Romano avait une maison de campagne.
380. M. A. Jansen (1905-1983), professeur au séminaire de Warmond, premier évêque de Rotterdam de 1956 à 1970.
381. Aucun évêque des États-Unis avait été nommé au Secrétariat. Les évêques américains demandaient à avoir un membre au Secrétariat, surtout en vue des textes sur la liberté religieuse et sur les relations avec les Juifs.
382. M. Fleischmann, procurateur général de sa congrégation «Societas Missionariorum S. Joseph de Mill Hill», recteur de leur maison à Rome, Via Innocenzo X, 16.
383. Willebrands et Duprey avaient préparé une «Note sur la collaboration du Secrétariat pour l'Unité des chrétiens avec d'autres commissions conciliaires pour l'élaboration du schéma *De Oecumenismo* (janvier-avril 1963)», 24.9.1963, 6 p. (cf. Fonds Lanne à Chevetogne).

16.30 Réunion des *periti* au Secrétariat au sujet des remarques des évêques sur le schéma *De Oecumenismo*.

19.30 Le Père Duprey a parlé à Mgr Edelby[384], qui veut rétablir la collaboration avec le Secrétariat (entre les évêques).

Mercredi 25 septembre 1963

10.30 Visite chez le P. Tromp à Ste-Marthe[385] au sujet de la collaboration, pour le schéma *De Oecumenismo*, avec la commission théologique et la commission orientale. Je lui ai donné une note. Au sujet des réactions qu'il a reçues sur le *De Ecclesia*. En général: *placet iuxta modum*. Dans la plupart des cas, le «modus» est: [le texte doit être] plus œcuménique.

17.00 Avec Mgr Jansen et le secrétaire van Boxmeer [sic = van Bockxmeer[386]].

Jeudi 26 septembre 1963

10.00 Au collège belge chez les cardinaux Suenens et Döpfner.
Chez le card. Suenens au collège belge. Au sujet du *De Libertate religiosa*. Il me conseille d'envoyer le texte à la commission théologique. Si ceux-ci font des difficultés, les modérateurs prendront une décision[387]. Il souhaite qu'en dehors du *De Oecumenismo* nous exercions également une influence sur d'autres schémas, notamment sur le schéma XVII. Il est satisfait du discours du pape sur la réforme de la curie. Je lui explique la situation avec la Commissio Orientalis. Il vaut mieux arriver à un seul texte. Avant que je ne parte, le card. Döpfner arrive. Il est d'accord avec tout, y compris l'éventualité d'un seul texte avec la commission orientale.

11.30 De retour au Secrétariat. Mgr van Velsen[388].

---

384. N. Edelby (1920-1995), né à Alep en Syrie, de l'Ordre basilien alepin, melchite, évêque auxiliaire d'Antioche en 1961, archevêque d'Alep de 1968 à sa mort. Il est l'auteur d'un journal intéressant de Vatican II, cf. N. EDELBY, *Il Vaticano II nel diario di un Vescovo arabo* (éd. R. CANELLI), Cinisello Balsamo, 1996. Pour le contact entre Edelby et le Secrétariat, cf. Journal Edelby, p. 146-147.

385. La commission doctrinale avait ses bureaux à Ste-Marthe, près de Saint-Pierre dans la Cité du Vatican.

386. C. van Bockxmeer (1928-), prêtre du diocèse de Rotterdam.

387. Le 9 septembre 1963 les quatre modérateurs ont été nommés. Toutefois leur statut et leurs compétences n'ont jamais été clairement déterminés (cf. FConc. Suenens 792-800). Au début Suenens croyait encore que les modérateurs avaient la tâche de diriger et de coordonner tous les travaux du concile. Après le vote (et les conflits à ce sujet) des 5 *Propositiones* sur le *De Ecclesia* du 30 octobre 1963, les compétences des modérateurs seront progressivement réduites à la direction des débats *in aula*, cela à cause de l'opposition de Cicognani et de Felici.

388. G. van Velsen (1910-1996), dominicain néerlandais, évêque de Kroonstad de 1951 à 1975, membre du Secrétariat pour l'Unité.

12.00 Visite du Prof. Skydsgaard[389], sa femme et son assistant.
11.30-12.30 Visite de Mgr Slipyj pour Arrighi, Duprey et moi-même.
16.00 Visite de Grotoff. Je lui explique la difficulté de nommer dès maintenant un évêque à Rome: nous n'avons pas encore établi des contacts entre nos églises.
16.30 Réunion des *periti* au Secrétariat.
17.00 Mgr Volk arrive. Au sujet du *De Oecumenismo* et du *De Ecclesia*.

Vendredi 27 septembre 1963
10.00 Visite du Dr van Dusen[390].
10.30 Chez le card. Bea.
13.00 Enregistrement d'une interview pour la RAI [Radiotelevisione italiana].
13.30 Avec Frans Thijssen et Henk van der Linde au Monte Mario pour le déjeuner.
16.00 Vers le Secrétariat.

Samedi 28 septembre 1963
16.30 Réunion au collège grec au sujet des remarques qui sont arrivées sur le *De Oecumenismo* (Volk, Thils[391], Hamer, Vodopivec, Thijssen, Chr. Dumont, Feiner[392], Willebrands).

Dimanche 29 septembre 1963
8.00 Vers le Secrétariat. Rencontre des observateurs dans la salle du Saint-Sépulcre. Vers Saint-Pierre[393].
12.30 Après les solennités et le discours du pape, vers le Secrétariat et à la maison.
17.00 Visite du Père Volker[394] et du Père Duprey.

---

389. Kristen E. Skydsgaard (1902-1990), pasteur danois, professeur de théologie systématique à l'Université de Copenhague, observateur au concile de la Fédération Luthérienne Mondiale.

390. H. van Dusen (1897-1975), président du «Joint Committee of the International Missionary Council and the WCC», président de l'Union Theological Seminary de 1945 à 1963; c'est lui qui a appelé le card. Bea «pater oecumenicus». Cf. St. SCHMIDT, *Augustin Bea*, p. 540 et M. VELATI, *Una difficile transizione*, p. 370.

391. G. Thils (1909-2000), prêtre du diocèse de Malines-Bruxelles, professeur de théologie à l'Université catholique de Louvain, *peritus* conciliaire, membre du Secrétariat pour l'Unité.

392. J. Feiner (1909-1985), théologien suisse, professeur au séminaire de Coire au temps du concile, professeur au Paulus Akademie, Zürich-Wittikon, éditeur avec M. Löhrer o.s.b. de *Mysterium salutis. Grundriss heilsgeschichtlicher Dogmatik* (1965-1976), consulteur du Secrétariat pour l'Unité.

393. Le 29 septembre, la 2ème session du concile a été ouverte à Saint-Pierre.

394. L. Volker (1906-1970), père blanc néerlandais, supérieur général des Pères Blancs de 1957 à 1967.

Lundi 30 septembre 1963
1ère réunion du concile à Saint-Pierre.
17.00 Réunion des évêques du Secrétariat et de quelques *periti* à la salle du Saint-Sépulcre.
Après la réunion, dîner chez Thils à la Pensione [sic] Romano[395].
19.30 Réunion au Secrétariat, pour préparer une intervention au concile sur le *De Ecclesia* (Thils, Thijssen, Vodopivec, Feiner, Willebrands, Chr. Dumont o.p.) jusqu'à 22 h 15.

Mardi 1 octobre 1963
Session du concile.
11.30 Je me suis rendu au Secrétariat.
12.00 Visite de Isaac Wüst[396].
16.30 Réunion des observateurs dans la salle du Saint-Sépulcre. Introduction par Thils sur le *De Ecclesia*. Discussion de très haut niveau[397].
19.30 Chez le card. Lercaro[398] au sujet du *De Libertate religiosa*. Le cardinal est d'accord que ce sujet doive être traité. L'endroit le plus logique lui semble le schéma XVII, mais cela pourrait aussi se faire dans le *De Oecumenismo*, ce qui aurait comme avantage qu'il serait traité plus tôt. Soumettre un plan aux 4 modérateurs. Ceux-ci vont consulter la commission de coordination et prendront ensuite une décision[399]. Mais le sujet doit être traité.

Mercredi 2 octobre 1963
À Saint-Pierre.
11.30 À la sortie de Saint-Pierre, conversation avec Paul Brand[400] au sujet d'une nouvelle revue[401].

395. Il s'agit du Pensionato Romano, Via della Traspontina, 18 à Rome, pension pour ecclésiastiques, où Thils et aussi Feiner logeaient pendant le concile.
396. I. Wüst (1931-), prêtre du diocèse de Haarlem en 1956, en 1963 il travaillait au «Centro de Investigaciones sociales» à Bogota, Colombie, par après il a quitté le ministère et a été actif dans le «8 Mei-Beweging» et «We are church».
397. Pour le résumé de cette discussion avec les observateurs sur le schéma *De Ecclesia*, voir F. Philips 1050.
398. G. Lercaro (1891-1976), archevêque de Bologne de 1952 à 1968, cardinal en 1953, modérateur du concile en septembre 1963, membre de la commission de coordination, membre de la commission liturgique.
399. À ce moment Lercaro croit encore que les modérateurs disposent d'amples pouvoirs.
400. Paul Brand (1885-1967), fondateur en 1911 des éditions «Paul Brand» avec un fonds de littérature religieuse et théologique.
401. Il s'agit de la revue théologique internationale *Concilium* dont l'édition sera coordonnée par P. Brand. Cette revue a été patronnée notamment par Y. Congar, E. Schillebeeckx, H. Küng, K. Rahner.

15.00 Travaillé au Secrétariat à l'intervention de Mgr van Velsen[402], avec Frans Thijssen et J. Vodopivec.
16.00 Conversation avec Lukas Vischer.
17.00 Conversation avec Ludolf Baas[403] et van Santvoort[404].
19.30 Dîné au Foyer Unitas avec Fr. Thijssen, van der Linde et des Dames de Béthanie. Étaient également présents pour le café les pasteurs Roux[405], van Holk[406] et son épouse et Puchinger[407].

Jeudi 3 octobre 1963
8.30 À Saint-Pierre. Je salue le card. Léger.
9.30 Interventions du card. Bea, de Volk, van Velsen, Martin.
10.30 Conversation avec le P. Hirschmann s.j.[408] Est-ce qu'il nous serait possible de faire mention dans notre schéma [*De Oecumenismo*] de la Question *de Matrimoniis mixtis*? En écrivant notamment que cette question sera rediscuteé dans un esprit œcuménique lors de la réforme du Code [de droit canonique].
Don C. Colombo[409] demande aussi bien pour lui-même que pour le Saint-Père tous les documents que le Secrétariat a rédigés en préparation du concile.
17.00 Session du Secrétariat.
19.30 Dîné en ville avec le Prof. et Mme van Holk.

---

402. Dans son intervention sur le *De Ecclesia* du 3 octobre 1963 Mgr van Velsen demandera notamment d'éviter toute expression qui pourrait heurter les non chrétiens et les non catholiques.
403. L. Baas (1920-1976), en 1958 président de l'Action catholique néerlandaise.
404. Harry van Santvoort (1921-2002), secrétaire de l'Action catholique, directeur du «De Horstink» (centre pour l'action catholique à Amersfoort avec une maison d'édition) et rédacteur de plusieurs publications, notamment le *Katholiek Archief*.
405. Hébert Roux (1902-1980), pasteur de l'Église réformée de France, observateur au concile de l'Alliance presbytérienne mondiale et de la Fédération protestante de France.
406. L. J. van Holk (1893-1982), professeur à l'Université de Leyde (Pays-Bas) de 1931 à 1942 (année où il était démissionné à cause de ses protestations contre la persécution des Juifs) et de 1945 à 1964, observateur au concile pour l'Association internationale du Christianisme libéral. Il logeait au Foyer Unitas, Piazza Navona.
407. G. Puchinger (1921-1999), protestant réformé, historien, professeur à l'Université libre d'Amsterdam de 1961 à 1986.
408. J. Hirschmann (1908-1981), jésuite allemand, *peritus* conciliaire.
409. C. Colombo (1909-1991), professeur et recteur de la Facoltà Teologica de Milan, *peritus* conciliaire, évêque titulaire de Vittoriana en 1964, conseiller théologique et homme de confiance de Paul VI.

Vendredi 4 octobre 1963
À Saint-Pierre.
16.30 Chez Mgr Cassien[410] à la Pensione Castello. Entretiens avec Mgr Cassien et [un blanc]. Ensuite au Secrétariat.

Samedi 5 octobre 1963
10.00 Chez le card. Suenens (chez les Frères de la Doctrine chrétienne[411]). Au sujet de la *Libertas religiosa*, de la situation du Secrétariat (Staffa aurait dit au pape que ce Secrétariat est «irrégulier»[412]), de la méthode de travail (notamment le blocage) de la commission théologique[413].
10.30 Chez le card. Bea. Il me raconte que Mgr Cardinale est nommé à Londres[414] et que lui-même est nommé au Saint-Office[415], mais que sa candidature ne venait pas du Saint-Office.
12.00 Visite de Mr Schuster [sic = Shuster[416]] au Secrétariat (au sujet de la question des Juifs).

Dimanche 6 octobre 1963
Avec Frans Thijssen vers San Pastore, ensuite par Palestrina, Capranica et Prenestina vers Guadagnano.
19.00 Le soir, dîné chez moi avec Frans.

Lundi 7 octobre 1963
10.00 Visite de Hollenbach, Grossreferendar.
11.00 Visite à Mgr Guerri: au sujet de la nomination de Corinna. Il dit que c'est «un fatto storico» [un événement historique]: elle est la première femme au service de l'Amministrazione dei Beni.

---

410. Cassien Bezobrazov (1892-1965), exégète, professeur et recteur de l'Institut de théologie orthodoxe Saint Serge à Paris, évêque orthodoxe, hôte du Secrétariat.

411. Il s'agit en fait des Frères des Écoles chrétiennes. Pendant le concile Suenens passait souvent le week-end dans leur maison généralice (Via Aurelia 476, Rome).

412. Staffa voulait probablement dire que le Secrétariat n'était pas une commission conciliaire comme les autres (par ex. ses membres n'ont pas été élus au début de la 1ère session).

413. Le pape lui-même a dit à Mgr Parente, le 26 octobre 1963, que les travaux de la commission doctrinale devraient s'intensifier (cf. F. Philips 941 et la lettre d'Ottaviani au pape du 27 octobre 1963, cf. *A.S.* VI, II, p. 397-398). Un monitum dans le même sens avait été donné par le pape à Felici le 24 octobre (cf. *A.S.* V, II, p. 12-13).

414. Mgr Cardinale est nommé délégué apostolique à Londres le 4 octobre 1963.

415. Dans la commission des cardinaux qui constituent le Saint-Office.

416. Z. Shuster, directeur du Comité américain juif pour l'Europe à Paris.

13.00 Déjeuné avec les Observers à Castello [Pensione Castello] (à table avec Iwas[417]).
17.30 Fräulein Hamm: interview pour le *Münchener Kirchenzeitung.*
18.30 Visite du Père van Doornik m.s.c.[418].

Mardi 8 octobre 1963
À Saint-Pierre.
À cause des difficultés de la circulation, j'ai mis plus de 50 minutes pour arriver au Secrétariat.
13.00 Déjeuné à Castello [Pensione] avec des observateurs (à table avec Mosconas[419] et un Éthiopien).
15.30 Visite de Borovoj. Au sujet de ses «impressions générales». Mais pas au nom de tous les observateurs: nous représentons chacun notre propre Église et nous-même mais rien de plus[420].
16.30 Réunion avec les observateurs. Introduction par Mgr Philips[421].

Mercredi 9 octobre 1963
Au Secrétariat.
11.00 Fait l'enregistrement de la session avec les observateurs du 8 octobre, avec Ch. Moeller et Gr. Baum.
12.00 Visite de Evenhuis[422] (*Der Spiegel*).

---

417. Zakka Iwas (1932-), secrétaire du conseil exécutif du patriarcat de Damas; observateur de l'Église syrienne-orthodoxe; archevêque de Mossoul en 1963, archevêque de Bagdad et de Basra en 1969, patriarche de l'Église syrienne-orthodoxe d'Antioche en 1980.

418. N. G. M. van Doornik (1898-1984), missionnaire du Sacré Cœur néerlandais, directeur de 1945 à 1961 de l'Oeuvre «Una Sancta» à La Haye (œuvre pour des catéchumènes et des convertis au catholicisme).

419. Th. Mosconas, bibliothécaire et archiviste du patriarcat grec-orthodoxe d'Alexandrie (Égypte), hôte du Secrétariat.

420. Déjà à la 1ère session L. Vischer et E. Schlink avaient suggéré d'arriver à des points de vue communs des observateurs concernant les schémas du concile, mais la plupart des observateurs n'étaient pas d'accord. Comme l'écrivait l'évêque anglican Moorman: «… (the group of Observers and Guests) … are not a church, and any attempt to behave as if we were would be certain to fall» (Cf. J. MOORMAN, *Vatican II Observed*, Londres, 1967, p. 18-19).

421. G. Philips (1899-1972), prêtre du diocèse de Liège, de 1944 à 1969 professeur de théologie dogmatique à l'Université catholique de Louvain, membre de la commission théologique préparatoire et de la commission doctrinale, *peritus* conciliaire, secrétaire adjoint de la commission doctrinale à partir du 2 décembre 1963. Pour cette réunion, cf. F. Philips 1051.

422. Evenhuis, journaliste de l'hebdomadaire allemand *Der Spiegel* (cf. Cahier III, 9 décembre 1960).

13.00 Déjeuné avec le Prof. Groot et Schillebeeckx[423].
15.00 Conversation avec Borovoj au Secrétariat.
16.30 Conversation avec Luk. Vischer.
18.00 Conversation avec Walter Lippmann[424] et sa femme.

Jeudi 10 octobre 1963
9.00 Visite de Niemöller[425], Kirchenpräsident. Conversation au sujet d'épisodes de sa vie et de ses expériences; c'est sa première visite à Rome. Au sujet du pape Jean XXIII et de la Conférence pour la paix à Prague.
12.30 Audience du Saint-Père avec l'observateur éthiopien Melake Selam Dimetros[426] et Dagne[427].
14.00 Déjeuné avec eux à Pensione Castello.
16.00 Visite de l'archevêque D'Souza[428] de Nagpur.
17.00 Session du Secrétariat.

Vendredi 11 octobre 1963
12.30 Audience chez le Saint-Père avec le Pasteur Niemöller.
17.00 Chez Mgr Slipyj. Au sujet des observateurs ukrainiens; et de l'invitation aux observateurs russes de se rendre chez Mgr Slipyj.

Samedi 12 octobre 1963
Excursion à Assise avec les observateurs[429].

---

423. E. Schillebeeckx (1914-), dominicain belge, professeur de théologie dogmatique à l'Université catholique de Nimègue, pendant le concile il était un des conseillers théologiques de l'épiscopat néerlandais.
424. Walter Lippmann (1889-1974), d'origine judéo-allemande, né à New York, journaliste et écrivain renommé.
425. Martin Niemöller (1892-1984), pasteur et théologien de l'Église évangélique, opposant au nazisme, membre de la «Bekennende Kirche» et emprisonné par Hitler à Sachsenhausen et Dachau de 1937 à 1945.
426. Melake Selam Dimetros, vice-président du Sénat Impérial à Addis-Abeba, observateur de l'Église éthiopienne orthodoxe.
427. Haile Gabriel Dagne, professeur de théologie à Addis-Abeba, observateur de l'Église éthiopienne orthodoxe.
428. E. D'Souza (1917-2003), indien, missionnaire de St François de Sales, évêque de Nagpur de 1951 à 1963 et archevêque de Bhopal de 1963 à 1994, membre de la commission *De Missionibus*.
429. Le Secrétariat a également organisé plusieurs excursions – d'habitude le jeudi où il n'y avait pas de session du concile – pour les observateurs et hôtes (ainsi que leurs épouses), notamment à Subiaco, Montecassino, Casamari, Assise, Grottaferrata, Viterbe, Orvieto et même à Naples.

Dimanche 13 octobre 1963
8.30 Father Long téléphone: Mgr Cardinale a téléphoné hier au sujet de l'intervention de Mgr Slipyj concernant la restauration du patriarcat de Kiev. Selon Mgr Cardinale il ne faut plus faire mention au concile du patriarcat de Kiev, sa signification étant purement historique et non politique[430].
9.30 Au collège belge, avec le card. Suenens.
11.30 Avec Mgr De Smedt[431], au sujet d'une intervention au concile sur l'aspect œcuménique du *De Ecclesia*[432].

Lundi 14 octobre 1963
16.30 Chez le card. Bea.
17.30 Avec l'archevêque Alter[433] chez le card. Bea. L'archevêque Alter, président du «Committee of American Bishops on Religious Liberty», vient nous parler de ce que le Secrétariat [sic = le Committee?] a fait pour la Religious Liberty et quel est l'état actuel de la situation.

Mardi 15 octobre 1963
11.30 Conversation au Secrétariat avec Dimetros, observateur éthiopien, au sujet de son fils et de sa prise de congé.
16.30 Réunion avec les Observers[434].

Mercredi 16 octobre 1963
13.30 Déjeuner chez Höfer. Avec le card. Bea, archevêque Heenan[435], Bischof Hengsbach[436], Canon Pawley et sa femme, Bishop Moorman.

---

430. Dans son intervention à la séance du 11 octobre 1963, Slipyj a proposé au concile d'élever le siège métropolitain de Kiev à la dignité de patriarcat (cf. Journal Hermaniuk, 11 octobre 1963 et G. CAPRILE, *Il Concilio Vaticano II*, III, p. 87). La question d'un patriarcat ukrainien catholique reste toujours actuelle (et controversée par les orthodoxes).

431. E. J. De Smedt (1909-1995), évêque auxiliaire de Malines en 1950, évêque de Bruges de 1952 à 1984, membre du Secrétariat pour l'Unité, élu vice-président avec Heenan en février 1964, rapporteur du texte *De Libertate religiosa*.

432. Le 18 octobre 1963, De Smedt fera au concile une intervention au sujet du sacerdoce des laïcs.

433. K. J. Alter (1885-1977), prêtre du diocèse de Toledo (Ohio, États-Unis), archevêque de Cincinnati de 1950 à 1970.

434. Pour le compte-rendu de cette réunion, cf. F. Philips 1052: Remarques des observateurs sur le schéma *De Ecclesia*, Séance du 15 octobre 1963.

435. J. C. Heenan (1905-1975), archevêque de Liverpool de 1957 à 1963 et de Westminster de 1963 à sa mort, cardinal en 1965, membre du Secrétariat pour l'Unité, élu vice-président du Secrétariat avec De Smedt en février 1964.

436. F. Hengsbach (1910-1991), évêque d'Essen de 1957 à 1991, cardinal en 1988, membre de la commission pour l'apostolat des laïcs.

Jeudi 17 octobre 1963
8.30 Vers Viterbe. Deux conférences pour les prêtres du diocèse.
17.00 Réunion du Secrétariat.
18.00 Audience des observateurs chez le pape[437].

Vendredi 18 octobre 1963
15.30 Travaillé à l'intervention *de Laicis* de l'archevêque Mansourati[438].
18.00 Réception des observateurs par le card. Bea à l'Hôtel Columbus.
19.30 Dîné au De Graal. Avec Dolores [Brien][439] au sujet d'une deuxième secrétaire pour le Secrétariat.

Samedi 19 octobre 1963
10.30 Chez le card. Bea.
12.00 Chez le card. Cicognani: au sujet de la Liberté religieuse. Le cardinal veut arriver à une conclusion. Le thème de la Liberté religieuse est accepté comme 5ème chapitre du *De Oecumenismo*. Mais, d'une manière ou d'une autre, il faut contacter la commission théologique. Sinon, il y aura un conflit avec le *Saint-Office*[440]!

Dimanche 20 octobre 1963
Le matin, à Saint-Pierre. Consécration épiscopale (notamment de Mgr Cardinale).
13.00 Rencontre avec Greitemann[441] (Conduit Sr. A. [Agnes][442] chez moi), puis déjeuné avec Nick Greitemann.

---

437. Pour les discours du pape, du card. Bea et du prof. Skydsgaard, cf. *A.S.* Appendix II, p. 243-249.

438. I. Mansourati (1917-1982), libanais, archevêque titulaire et auxiliaire du patriarcat d'Antioche (Syrie) en 1963, membre du Secrétariat pour l'Unité. Il s'agissait du chapitre *De Laicis* dans le *De Ecclesia*. Le discours n'a pas été prononcé mais a été donné *in scriptis*, cf. *A.S.* II, III, p. 506-507.

439. Dolores Brien, de nationalité américaine, à l'époque vice-présidente internationale du De Graal.

440. Le 15 octobre, Cicognani avait donné l'autorisation d'imprimer le texte sur la Liberté religieuse. Toutefois le 17 octobre, dans une note pour Cicognani, Felici avait objecté que le texte n'avait pas été soumis à la commission doctrinale, et n'avait pas reçu l'aval de la commission de coordination ou du Secrétariat général. Et il avait bloqué l'impression (cf. *A.S.* V, II, p. 795). Pour toute cette question et les manœuvres de Felici, voir S. SCATENA, *La fatica*, p. 57-63. Pour les craintes de Willebrands de soumettre le texte sur la liberté religieuse à la commission doctrinale, voir aussi FConc. Suenens 1625.

441. N. Greitemann (1908-1990), professeur d'exégèse au séminaire de Warmond de 1931 à 1941, lorsque Willebrands y était séminariste.

442. Sœur Agnes (Helena Tinga) (1934-), Néerlandaise, dominicaine de Béthanie, qui travaillait pour Willebrands à la Via Achille Mauri.

14.30 Travaillé au Secrétariat.
15.00 Conversation avec Mgr De Smedt au sujet de son intervention au concile concernant les laïcs.
19.00 Vers le collège néerlandais. Conversé avec le card. Alfrink, Mgr van Dodewaard, le prof. Groot.

Lundi 21 octobre 1963
8.30 À Saint-Pierre.
Conversations avec Thils et Moeller au sujet de l'impasse du concile, de la réunion prochaine (le 23 octobre) du Praesidium, de la commission de coordination et des modérateurs[443].
Conversation avec Thijssen, avec Volk.
15.30 Coup de téléphone du secrétaire du card. Suenens au sujet de la Liberté religieuse. Les modérateurs ont écrit à Cicognani et lui ont communiqué leur point de vue: le texte peut être imprimé.
17.00 L'archevêque Alter téléphone au sujet de la Liberté religieuse. À une réunion d'évêques américains, où 120 évêques étaient présents, il a proposé de soutenir notre schéma; tous étaient d'accord; il a l'intention de faire une démarche en ce sens auprès de Cicognani.

Mardi 22 octobre 1963
8.30 Le matin, au Secrétariat. Bref entretien avec l'observateur syrien Iwas au sujet du télégramme-réponse à son patriarche.
10.00 Conversation avec J. Courtney Murray[444] sur l'état de la question concernant la Liberté religieuse.

---

443. Le 15 octobre 1963, Suenens, modérateur de ce jour, avait annoncé *in aula* que, le 17 octobre, l'assemblée aurait à se prononcer par vote sur 4 *Propositiones* (concernant la sacramentalité, la collégialité de l'épiscopat et le diaconat). Or, à cause de la résistance acharnée notamment de Felici, Cicognani et d'Ottaviani, le vote fut remis et n'eut finalement lieu que le 30 octobre. D'où un malaise dans l'assemblée. Pour résoudre le problème, le pape avait demandé une réunion des modérateurs, de la commission de coordination et de la présidence, qui s'est tenue le 23 octobre. Selon Moeller, Willebrands lui a dit: «'Tout le monde est déçu des modérateurs. Quel pouvoir ont-ils? Les lettres envoyées demeurent sans réponse'. Il n'y a rien de changé. C'est Cicognani qui dirige le concile». Cf. F. Moeller, Carnet 16, p. 73.
444. J. C. Murray (1904-1967), jésuite américain, professeur de théologie au Woodstock college, *peritus* conciliaire qui a joué un rôle important dans l'élaboration de *Dignitatis humanae*. Avec P. Pavan, il a défendu l'approche juridique de la liberté religieuse, comme un «droit à l'immunité» de la personne humaine par rapport à toute forme de coercition de l'État.

12.00 Conversation avec Borovoj au Secrétariat. Sa crainte des développements ultérieurs en ce qui concerne Slipyj et l'attitude de celui-ci, qui a des implications politiques.
13.00 Déjeuné à Castello [Pensione].
16.30 Réunion des observateurs[445].

Mercredi 23 octobre 1963
13.00 Après la séance du concile, avec les observateurs russes chez le métropolite Slipyj.
18.00 Chez Mgr Arrighi avec des évêques espagnols, français et sud-américains et des observateurs (L. Vischer, Roux, Miguez-Bonino[446]) au sujet de la Liberté religieuse.
19.00 Mgr Slipyj téléphone au sujet de l'invitation à Skrypnyk[447]. Les évêques ukrainiens lui ont demandé d'aller chez le pape. Il ne veut pas mais il me demande de faire quelque chose. Je lui en parlerai demain.

Jeudi 24 octobre 1963
Au Secrétariat, parlé avec Father Long au sujet d'un arrangement possible de la question Skrypnyk.
12.00 Conversation avec Mgr Slipyj à Saint-Pierre; il a déjà vu le card. Bea. Il écrira lui-même à Skrypnyk. Après son arrivée à Rome, nous verrons.
13.00 Déjeuné chez Son Excellence Migone[448] avec Silén[449], Skydsgaard et d'autres.
17.00 Session du Secrétariat. Le card. Bea, retenu par une session du Saint-Office, est absent.

---

445. Pour le rapport de cette réunion au sujet du schéma *De Ecclesia*, cf. F. Philips 1053.
446. José Miguez-Bonino, recteur de la faculté évangélique de théologie à Buenos-Aires, théologien de la libération, observateur du Conseil mondial des Méthodistes.
447. Mstyslav (Stepan Ivanovych) Skrypnyk (1898-1993), prêtre orthodoxe en 1942 et évêque de Pereiaslav (Ukraine) la même année. Fait prisonnier par la Gestapo en 1942. En 1947, il se rend au Canada et en 1949 aux États-Unis où il rejoint l'«Ukrainian Orthodox Church in America». En 1990, il est élu premier patriarche de Kiev. Skrypnyk voulait se rendre à Rome et participer au concile comme observateur de l'Ukrainian Orthodox Church. Seulement, il venait de sa propre initiative, et n'était pas mandaté par son Église ni invité par le Saint-Siège. Cf. Journal Hermaniuk, 23 octobre, 25 octobre et 23 novembre 1963.
448. B. Migone, ambassadeur d'Italie auprès du Saint-Siège de 1958 à 1964.
449. Sven Silén, évêque luthérien de Västeras (Suède), observateur de la Fédération Luthérienne Mondiale.

Vendredi 25 octobre 1963
À Saint-Pierre, Mgr Fagiolo a communiqué à Arrighi que Felici a envoyé le texte *De Libertate religiosa* à Ottaviani et a demandé de vouloir donner son avis «con cortese sollecitudine».
Conversation à Saint-Pierre avec Mgr Hermaniuk[450] sur la question de Skrypnyk. Je lui ai expliqué l'état des affaires et aussi les difficultés sérieuses: il ne peut pas être un «observator *delegatus*»! Les évêques ukrainiens n'ont pas voulu parler avec le Secrétariat[451].

14.00 Avec Fr. Thijssen vers le Monte Mario.
16.30 Au Secrétariat, une conversation avec Dolores [Brien] au sujet du De Graal.
19.30 Dîné en ville avec Mgr Jansen, Groot et Guljé[452].

Samedi 26 octobre 1963
10.30 Avec Arrighi chez le card. Bea.
18.00 À la réception de l'ambassade d'Iran.

Dimanche 27 octobre 1963
Fête du Christ-Roi.
9.30 À l'église du Russicum. Father Koulik[453] devient «mitrato». Messe pontificale de Mgr Katkoff[454].
12.00 Déjeuner au Russicum.
16.00 À Saint-Pierre pour la béatification de Father Dominicus[455], passioniste.

---

450. M. Hermaniuk (1911-1996), né à Nove Selo, rédemptoriste, archevêque de Winnipeg (pour les Ukrainiens) de 1956 à 1992, membre du Secrétariat pour l'Unité et de la commission théologique préparatoire. Il a fait un doctorat en théologie à l'Université catholique de Louvain et a écrit un journal pendant le concile.

451. Dans son Journal, Hermaniuk note le 25 octobre: «During the meeting [à Saint-Pierre] I spoke once again with Msgr. Willebrands concerning the possible acceptance of Archbishop Mstyslav Skrypnyk at the Council in case he should arrive in Rome. The solidarity of our bishops on this matter, as well as the threat of our visit to the Holy Father himself over it, has accomplished what was needed … The Secretariat for Promoting Christian Unity has agreed to welcome him at the Council».

452. Eugène Guljé (1925-), prêtre du diocèse de Rotterdam, en 1956 secrétaire de Mgr Jansen.

453. Alexander Koulik, jésuite, archiprêtre, interprète au concile.

454. A. Katkoff (1916-1995), né à Irkoutsk, prêtre de la Congrégation des Pères Marianistes (M.I.C.), évêque titulaire de Nauplia en 1958, membre du Secrétariat pour l'Unité.

455. Domenico della Madre di Dio (1792-1849), passioniste italien qui a exercé son ministère pendant plusieurs années en Angleterre. Il y a rencontré J. H. Newman qu'il a reçu dans l'Église catholique le 8 octobre 1845. On comprend l'intérêt de Willebrands pour cette béatification, parce qu'il avait consacré à Newman sa thèse de doctorat en philosophie à l'Angelicum en 1937.

18.00 Après la solennité à Saint-Pierre, entretien avec le card. Spellman[456] au sujet de la Liberté religieuse. Il s'étonne que le texte ait été envoyé à Ottaviani : c'est au pape ou aux modérateurs de décider. Il l'a proposé dans la réunion des modérateurs et de la présidence, mais rien n'a été décidé[457]. « Tell card. Bea that I shall not desist ».

Lundi 28 octobre 1963
À Saint-Pierre pour la messe, célébrée par Paul VI et avec le discours de Suenens en commémoration de Jean XXIII. Suenens me dit que, hier, le pape lui a dit, en présence des autres modérateurs, qu'il a dit à Parente que le *De Libertate religiosa* doit être imprimé et qu'on ne peut plus faire attendre les évêques américains.
17.00 Réception à Unitas pour les observateurs.
19.00 Conversation et dîner avec le P. Zacharias o.f.m.cap.[458].

Mardi 29 octobre 1963
À Saint-Pierre.
Le vote sur la place qu'occupera le schéma *de Beata M.V.*[459].
12.00 Avec Borovoj chez Slipyj.
15.00 Dîné avec Borovoj chez Alfredo[460].
16.30 Session avec les observateurs[461].

Mercredi 30 octobre 1963
16.30 Réunion du Secrétariat au collège anglais[462].
19.00 Conversation au Secrétariat avec Mgr De Smedt et Courtney Murray concernant l'introduction et les notes de Religious Liberty.

---

456. F. Spellman (1889-1967), archevêque de New York en 1939, cardinal en 1946, membre du conseil de présidence et de la commission de coordination.
457. Cette intervention de Spellman n'est pas mentionnée dans le *Processus verbalis* de la réunion du 23 octobre 1963 (cf. *A.S.* V, I, p. 701-735).
458. J. M. Anthonisse (= Zacharias da S. Mauro) (1906-1985), capucin néerlandais, en 1948 professeur de droit canonique et de liturgie à l'Université catholique de Nimègue, consulteur de plusieurs congrégations de la curie, *peritus* conciliaire.
459. Le 29 octobre l'assemblée a voté pour savoir si le schéma sur la Vierge Marie devait être inséré dans le schéma *De Ecclesia* ou s'il devait devenir un schéma indépendant. Avec 1.114 voix (contre 1.074) l'assemblée s'est prononcée pour une intégration dans le *De Ecclesia*.
460. Restaurant italien (il y avait plusieurs restaurants Da Alfredo à Rome mais l'un d'eux était situé Via dei Corridori, 60, tout près du Secrétariat).
461. Au sujet du chapitre III du *De Ecclesia*; pour le rapport, voir F. Philips 1054.
462. Venerabile Collegio Inglese, Via Monserrato 45, Roma.

Jeudi 31 octobre 1963
Vote au concile sur les 5 Questions[463].
12.30 Après la session du concile, vers Mgr Slipyj.

Vendredi 1 novembre 1963
11.00 Avec le P. Duprey chez le card. Bea.
19.00 Dîné chez le Prof. Schlink. Après le dîner, je lui ai parlé de sa conférence au Deutsches Konzils Pressezentrum. Il est touché par les réactions, surtout par un article qui est édité avec l'en-tête du Deutsches Pressezentrum. Cet article semble être écrit par Franziskus Schmahl[464] [lecture difficile] qui l'a distribué de sa propre autorité. Toutefois il a mis lui-même l'en-tête du Pressezentrum. Ni l'évêque Kampe[465], ni Fittkau[466], ni le père Grond[467], le chef de la centrale de polycopie, n'étaient au courant.

Samedi 2 novembre 1963
9.30 Rédigé les points du rapport Slipyj pour Mgr Dell'Acqua.
12.00 Chez Mgr Dell'Acqua.
14.30 Rédigé le rapport définitif pour Mgr Dell'Acqua.
18.00 Apporté ce rapport au Vatican.
19.00 Avec Thijssen vers Bracciano.

Dimanche 3 novembre 1963
9.00 À Bracciano; prise d'habit de Wilhelmina (sœur Mira Christina).
11.30 Mgr Dell'Acqua m'a téléphoné.
12.30 Avec Frans Thijssen vers Viterbe.
17.30 Retour à Rome.

---

463. Willebrands se trompe. Le vote sur les 5 *Propositiones* a eu lieu le 30 octobre.

464. Le 16 octobre 1963, Schlink avait tenu, à la demande de Mgr Kampe, au Deutsches Pressezentrum une conférence sur une évaluation protestante de la constitution de l'Église. Ensuite, un résumé a été distribué aux journalistes, résumé assez unilatéral et qui attaquait assez fort des positions catholiques. Sur cette base, aussi bien l'agence de presse KNA [Katholische Nachrichten-Agentur] que le journal *Die Welt* avaient attaqué Schlink pour ses formulations agressives. Ce qui avait provoqué une petite tempête médiatique. Willebrands s'est efforcé de calmer les esprits. De ces notes il appert que les évêques allemands n'étaient pas au courant.

465. W. Kampe (1909-1998), évêque auxiliaire de Limburg (Allemagne) de 1952 à 1984, pendant le concile porte-parole des évêques allemands pour la presse.

466. Gerhard Fittkau (1912-2004), prêtre du diocèse de Essen, professeur de théologie dogmatique au Séminaire de Essen, un des fondateurs du J.-A.-Möhler-Institut à Paderborn, prélat, nommé par les évêques allemands responsable de la section allemande de l'Ufficio Stampa del Concilio.

467. Linus Grond o.f.m., sociologue de la religion.

Lundi 4 novembre 1963

19.30 Dîner d'adieu à Castello [Pensione] pour Father Iwas, nommé archevêque de Mossoul. Le pape a envoyé une cassette avec des médailles. Réunion très bonne et chaleureuse.

Mardi 5 novembre 1963

16.30 Session des observateurs[468].

Mercredi 6 novembre 1963

10.00 Chez le conseiller de l'ambassade de la République Arabe Unie au sujet de la question *De Judaeis*. Des journaux arabes ont publié des articles sensationnels. De notre côté, on va faire un bon Press release.

11.00 Vers l'ambassade de l'URSS, à la demande de Slipyj[469] et avec l'approbation de Dell'Acqua, qui a discuté de ma note avec le Saint-Père.

16.30 Chez l'archevêque Shehan[470] au Grand Hôtel[471].

20.00 Réception au Circolo di Roma[472] pour les Observers au Palais Sacchetti[473]. Discours de El Faraoni[474] [sic = El-Pharaony].

Jeudi 7 novembre 1963

10.30 Au concile parlé avec l'archevêque Dearden[475] et l'évêque Pocock[476] de Toronto: au sujet de l'Église Vieille-Catholique romaine au Canada[477].

---

468. Au sujet du *De Ecclesia*; pour le rapport, cf. F. Philips 1055.

469. Il s'agit des démarches que Slipyj a faites pour pouvoir retourner en Ukraine (cf. Journal Hermaniuk, 12 novembre 1963: «The issue of the Metropolitan's return to Ukraine has not even been officially initiated»).

470. L. J. Shehan (1898-1984), archevêque de Baltimore de 1961 à 1974, cardinal en 1965, membre du Secrétariat pour l'Unité, membre de la présidence du concile en juillet 1965.

471. Grand Hôtel, Via Vittorio Emanuele Orlando 3, 00185 Roma.

472. Circolo di Roma: cercle culturel fondé en 1950 réunissant des diplomates auprès du Saint-Siège. Il a pour but de promouvoir les rencontres internationales. Le Baron Poswick, ambassadeur de Belgique auprès du Saint-Siège en était le président au temps du concile.

473. Palais construit par A. da Sangallo, situé Via Giulia, 66, Roma.

474. F. El-Pharaony, vice-président du Conseil de la communauté copte orthodoxe d'Alexandrie, ancien conseiller à la Cour d'Appel du Caire, observateur au concile.

475. J. F. Dearden (1907-1988), archevêque de Detroit, cardinal en 1969, membre de la commission doctrinale, chargé spécialement du chapitre sur le mariage dans le schéma XIII.

476. Ph. Fr. Pocock (1906-1984), archevêque coadjuteur en 1961 et archevêque de Toronto (Canada) de 1971 à 1978.

477. L'Église Vieille-Catholique (l'Union d'Utrecht) comprenait également les Églises nationales catholiques polonaises du Canada et des États-Unis.

12.00 Après la session du concile: conversation avec Fittkau concernant la question Schlink.
13.00 Conversation avec Slipyj: je ne puis l'accompagner à l'ambassade russe[478].
17.00 Réunion du Secrétariat à l'Hôtel Columbus.

Vendredi 8 novembre 1963
Au concile on a distribué le schéma *De Judaeis*.
13.00 Avec Father Philippos[479] chez le Saint-Père (observateur de l'Église syrienne orthodoxe indienne). Après, déjeuné avec lui.
15.00 Le Père Grond o.f.m.: j'ai réglé avec lui la question de la conférence de Schlink au Deutsches Konzils Pressezentrum.
17.30 Réception des évêques américains pour les Observers au Grand Hôtel. Bon discours du prof. Outler[480].
20.00 Chez la Mère Prieure[481] à la Clinica.

Samedi 9 novembre 1963
10.00 Chez le card. Bea. Au moment de partir, à la porte je rencontre Mgr Printesis[482] avec le métropolite de Paphos[483]! Je ne reçois pas celui-ci et je mets Printesis en garde.
12.00 Le Père Luchesius Smits o.f.m.[484].
12.30 Arrighi reçoit un coup de téléphone de Fagiolo: mercredi ou jeudi on discutera peut-être déjà le *De Oecumenismo*[485]. Il faut tout de suite fournir les *Relationes*[486] et les *Emendationes*[487].

478. Cf. Journal Hermaniuk, 14 et 20 novembre 1963, où il est dit que Slipyj a assisté le 7 novembre à une réception à l'ambassade de l'URSS à l'occasion de l'anniversaire de la révolution d'octobre.
479. Korah Philippos, vice-recteur et professeur à l'Orthodox Theological Seminary, Kottayam, observateur de l'Église Syrienne Orthodoxe de l'Inde.
480. A. C. Outler (1908-1989), méthodiste américain, professeur de théologie à la Southern Methodist University, Dallas, observateur du Conseil Mondial des Méthodistes, membre de «Faith and Order». Il est l'auteur de *Methodist Observer at Vatican II*, New York, 1967.
481. Il s'agit de la mère prieure des Dominicaines de Béthanie de la Via Achille Mauri.
482. B. Printesis (1917-), syrien, archevêque administrateur apostolique «ad nutum Sanctae Sedis» d'Athènes de 1959 à 1972.
483. Makarios III (1913-1977) (Mihail Christodoulou Mouskos), métropolite et archevêque de l'Église orthodoxe cypriote Paphos (Chypre).
484. Tony (Luchesius) Smits (1918-), capucin néerlandais, prêtre en 1944, professeur de théologie à Tilburg; ses théories au sujet de la transsubstantiation ont été critiquées à Rome dans les années 60.
485. En fait, le débat ne commencera que le lundi 18 novembre.
486. Relatio super schema decreti de Oecumenismo, TPV, 1963, 36 p. (avec les «relationes» de Cicognani, de J. Martin, de G. Bukatko, du card. Bea et de Mgr De Smedt).
487. Emendationes a Concilii Patribus scripto exhibitae super schema Decreti de Oecumenismo, TPV, 1963, 32 p.

13.30 Coup de téléphone de Cicognani: au sujet de fausses traductions d'un communiqué de presse sur les Juifs[488]. Et concernant les *relatores* pour le schéma *De Oecumenismo*. Il veut l'introduire lui-même et exige un oriental parmi les rapporteurs. Il est quelque peu fâché, surtout quand il apprend que le *De Oecumenismo* sera traité sans délai[489].
16.30 Téléphoné au P. Schmidt au sujet de ces questions.
18.30 Le card. Bea rencontrera Cicognani à 19 h 15.
(Visite à Mère Prieure alla Clinica)
22.00 Le P. Schmidt me téléphone. Les deux cardinaux ont convenu, dans un dialogue chaleureux (!), que Cicognani tiendra l'introduction générale, que par après Martin prendra la parole ainsi qu'un oriental, à savoir Bukatko[490].

Dimanche 10 novembre 1963
8.00 Arrighi vient un instant au bureau. Il est fort irrité par cette nouvelle évolution.
8.30 Vers St Jean du Latran[491], avec des observateurs et Father Long. À Long j'ai raconté l'entretien avec Cicognani et le résultat de la conversation Bea – Cicognani. Father Long est très mécontent: Cicognani parlera dans l'esprit de son discours à Naples. Si Bukatko parle, les orthodoxes seront scandalisés, parce qu'il est un «uniate». C'est le jeu de Pujol et de Stephanou. C'est ridicule, inauthentique et scandaleux que Cicognani et Bukatko parlent d'un schéma auquel ils n'ont nullement participé!
Après la solennité, vers le Secrétariat, j'ai parlé avec Long et Duprey jusqu'à 15 h. Duprey lui aussi est scandalisé, mais pense plus aux développements ultérieurs. Limiter les dégâts, influencer les textes de Cicognani et de Bukatko.
Vers la maison. À la maison j'ai travaillé à des points pour le discours de Cicognani. Duprey vient et apporte des points pour le même discours (historique, quelque chose de Léon XIII, comme le card. Bea l'avait demandé).

488. Il s'agit du communiqué de presse du 8 novembre 1963, où le Secrétariat affirmait, une fois de plus, que le texte *De Judaeis* était uniquement de nature religieuse et donc apolitique (cf. G. CAPRILE, *Il Concilio Vaticano II*, III, p. 420-421).
489. Cicognani était également président de la commission pour les églises orientales. Celle-ci s'occupait des relations avec les églises orientales catholiques, souvent des uniates. Or, le monde orthodoxe était en forte opposition avec ces églises uniates. Et, le texte *De Oecumenismo*, rédigé par le Secrétariat, comportait un chapitre sur les relations avec les Églises orientales orthodoxes. Pendant tout le concile il y aura à ce sujet une rivalité entre la commission pour les églises orientales et le Secrétariat.
490. G. Bukatko (1913-1981), prêtre de Križevci (Croatie), administrateur apostolique et évêque de Križevci de 1959 à 1960, coadjuteur et archevêque de Belgrade de 1961 à 1980, vice-président de la commission pour les Églises orientales.
491. Le 10 novembre 1963, Paul VI a pris possession de sa cathédrale, St-Jean de Latran.

Ensemble chez le P. Schmidt s.j. Celui-ci veut maintenant rédiger tout le discours en latin et espère que Cicognani reprendra le texte de Bea. Le P. Schmidt explique la situation psychologique: Cicognani a laissé tout tomber de la commission orientale [c'est-à-dire la partie du texte rédigée par la commission orientale] et il se retrouve sans rien. Il veut sauver la face. Le P. Schmidt raconte encore qu'autrefois Bea avait déjà parlé avec Cicognani d'un rapporteur de la minorité.

Mardi 12 novembre 1963
16.30 Session des observateurs[492].

Mercredi 13 novembre 1963
8.30 Au concile; à l'arrivée, conversation avec l'évêque Wright[493].
11.00 Conversation, avec Mgr Felici et Fagiolo.
16.30 Réunion de la Commissio mixta avec la commission orientale. Ensuite travaillé avec Mgr De Smedt et Father Murray au *De Libertate religiosa*[494].
20.00 Chez moi, conversation avec Mère Hildegard.

Jeudi 14 novembre 1963
17.00 Session du Secrétariat.

Vendredi 15 novembre 1963
13.00 Avec le curé Commandeur[495], déjeuné à l'Hôtel Columbus.
18.00 Réception à l'ambassade d'Italie auprès du Saint-Siège pour les observateurs.
19.45 Chez les Frères de Taizé pour le dîner.
À 22 h 30, le Dr Heschel m'a téléphoné de New York.

Dimanche 17 novembre 1963
13.00 Pranzo à l'Université grégorienne: Commissio Orientalis et le Secrétariat.

Lundi 18 novembre 1963
16.30 Session du Secrétariat.
19.00 Avec Fr. Thijssen vers le collège néerlandais pour dîner.

---

492. Réunion au sujet du *De Oecumenismo*; pour le rapport, cf. FConc. Suenens 1591.

493. J. Wright (1909-1979), archevêque de Pittsburgh en 1959, cardinal et préfet de la congrégation pour le clergé en 1969, membre de la commission doctrinale.

494. Ils ont travaillé à la *Relatio* de De Smedt, prononcée le 19 novembre 1963 (cf. F. De Smedt 861-867 et S. Scatena, *La fatica*, p. 68, notes 137 et 138).

495. N. A. Commandeur (1907-1989), ordonné prêtre du diocèse de Rotterdam en 1933, en 1962 curé à Oegstgeest.

Mardi 19 novembre 1963
Dr J. J. M. Stieger[496]: 12½ ans de sacerdoce.
Concile.
16.30 Session des observateurs.
18.30 Visite du Père de Riedmatten o.p. au sujet du schéma *De Libertate religiosa*.

Mercredi 20 novembre 1963
Concile.
19.00 Le soir, coup de téléphone de Mgr De Smedt: y a-t-il des manœuvres pour retarder le *De Libertate religiosa*?

Jeudi 21 novembre 1963
 8.30 Visite de l'archimandrite Scrima.
Concile.
13.00 Déjeuné avec Fr. Thijssen au Monte Mario.
16.30 Session du Secrétariat.
18.30 Visite du Dr Heschel et du Dr Shuster au Secrétariat au sujet du schéma *De Judaeis*.

Vendredi 22 novembre 1963
19.00 Visite d'un abbé lituanien.

Samedi 23 novembre 1963
De 8 h 30 à 9 h 30 chez le card. Bea. Ensuite chez le P. Schmidt.
De retour au Secrétariat, visite du Rév. Kucinskas de Vilnius.
Visite de Mr Davies de Genève (du COE) au sujet d'une collaboration pour les traductions de la bible et pour le domaine de la diaconie.
11.00 Visite du Père André Scrima.
12.30 Déjeuné avec Stransky et Corinna.
16.30 Visite de l'évêque catholique ukrainien Prasko[497] avec l'évêque ukrainien orthodoxe Skrypnyk[498].

---

496. J. J. M. Stieger (1924-1987), ordonné prêtre du diocèse de Haarlem le 19 mai 1951, professeur de philosophie à Warmond de 1955 à 1967.

497. I. Prasko (1914-2001), né a Zbaraz (Ukraine), en 1958 exarque apostolique pour les fidèles ukrainiens et ruthènes de rite byzantin en Australie, évêque ukrainien de Saint-Pierre-et-Paul à Melbourne de 1982 à 1992.

498. Dans son Journal, Hermaniuk note le 23 novembre: «I had a visit from Archbishop Mstyslav [Skrypnyk], the meeting took about an hour. Archbishop Mstyslav is an eloquent man, who is sincerely interested in the ecclesiastical matters of our people. He went to Patriarch Athenagoras of Constantinople, who blessed him for this Council».

Dimanche 24 novembre 1963

11.00 Visite de Mgr Bekkers et du prof. Groot au Monte Mario pour parler du Dr. H. van der Linde. Je les ai accompagnés au collège néerlandais pour y déjeuner.

15.00 Après le déjeuner, au Secrétariat. Et à 16 h 30, avec Mgr Ursi[499] et un petit groupe de sa Confraternità di San Nicola e San Sergio à Sainte-Marthe.

18.00 Retourné au Monte Mario. Téléphoné au secrétaire du card. Suenens au sujet de l'examen au concile du *De Libertate religiosa* et du 3ᵉ Caput *De Oecumenismo* (si possible, le dernier chapitre devrait être discuté comme une seule entité[500]).

Lundi 25 novembre 1963

8.30 Avec Mgr De Wilde[501] au concile.

9.00 À Saint-Pierre.

12.30 Déjeuné avec le Copecial[502], Father Verghese, L. Vischer, N. Nissiotis[503] chez Corsetti, Piazza Cosimato[504].

14.00 Promenade à pied avec le Père Tucci[505] vers le Secrétariat.

16.30 Pas de réunion au Secrétariat à cause du Requiem pour Kennedy[506] à Saint-Jean de Latran.

18.00 Réception donnée par les Observers à la Faculté théologique vaudoise.

---

499. C. Ursi (1908-2003), né a Andria, évêque de Nardo en 1951, évêque de Acerenza en 1961, archevêque de Naples de 1966 à 1987, cardinal en 1967. Mgr Willebrands connaissait bien Mgr Ursi qu'il avait rencontré à plusieurs reprises déjà avant le concile, notamment le 27 novembre 1958 (Cahier I), le 27 mai et le 26 août 1960 (Cahier II).

500. Le chapitre III était composé de deux sections: l'une concernant les églises orientales et l'autre concernant les églises et communautés séparées en Occident. Il est probable que Willebrands voulait éviter une discussion à part sur les églises orientales parce qu'il craignait l'influence de Cicognani et de la commission orientale.

501. Il s'agit probablement de Mgr F. De Wilde (1908-1976), dominicain belge, évêque de Niangara (R. D. du Congo) de 1959 à sa mort.

502. Comité Permanent pour les Congrès Internationaux pour l'Apostolat des Laïcs, érigé par Pie XII en 1952.

503. N. Nissiotis (1925-1986), théologien grec-orthodoxe, professeur (à partir de 1958) puis directeur de l'Institut œcuménique de Bossey de 1966 à 1974, membre du comité central du COE de 1975 à 1983, observateur du COE.

504. Restaurant Corsetti à Trastevere (Piazza di San Cosimato 27, 00153 Roma).

505. R. Tucci (1921-), jésuite italien, à l'époque rédacteur de *La Civiltà Cattolica*, peritus conciliaire, cardinal en 2001.

506. Le président américain J. F. Kennedy a été assassiné le 22 novembre 1963.

Mardi 26 novembre 1963

8.30   Avec l'évêque Mstyslav Skrypnyk vers Saint-Pierre au concile. Session du concile.

Plus tard, appelé par le card. Bea pour une réunion avec les quatre modérateurs.

Visite au Secrétariat (à 12 h 30) du Kirchenrat Dr Ritter[507], senior du Michaelsbrüderschaft.

15.30   Vers le Secrétariat. Fr. Thijssen.

Session des observateurs.

18.30   Chez le card. Bea. Au sujet des décisions prises par les modérateurs concernant les chapitres 4 et 5 du *De Oecumenismo*. Le lundi 2 décembre, discours pro et contra au concile. Ensuite vote[508] : 51/2.

Mercredi 27 novembre 1963

8.30   Je n'ai pas obtenu de billet d'entrée pour l'archiprêtre ukrainien, secrétaire de Mstyslav [Skrypnyk].

Parlé à Saint-Pierre avec le card. Suenens, avec le card. Ritter[509].

12.00   Accompagné l'archevêque anglican De Mel de l'Inde, de Birmanie et de Ceylan et l'évêque anglican Eley[510] de Gibraltar chez le Saint-Père.

13.30   Téléphoné au Secrétariat avec le card. Suenens au sujet des chapitres IV [*De Judaeis*] et V [*De Libertate religiosa*].

14.30   Coup de téléphone avec l'archevêque Alter.

15.30   Conversation avec l'archiprêtre Vitalij Borovoj jusqu'à 18 h 30.

---

507. Karl Bernhard Ritter (1890-1968), théologien luthérien, un des protagonistes du «Berneuchener Bewegung» fondé en 1926 (un mouvement protestant en Allemagne après la 1ère guerre mondiale) dont est issue en 1931 la «Michaelsbrüderschaft».

508. Malgré le fait que le modérateur Lercaro avait annoncé, le 21 novembre, qu'il y aurait un vote sur la Liberté religieuse (cf. *A.S.* II, VI, p. 365), ce vote n'a pas eu lieu. Le card. Bea déclarait avec (trop?) d'emphase le 2 décembre *in aula* que c'était uniquement par manque de temps (cf. *A.S.* II, VI, p. 365). L'agenda de Willebrands nous permet d'en douter... (cf. aussi S. SCATENA, *La fatica*, p. 72-83). La proposition de faire parler deux orateurs (un pro et un contra) et de voter ensuite venait de Suenens, qui avait déjà proposé cette méthode d'alternative en d'autres circonstances (notamment au sujet des 5 *Propositiones*, cf. *A.S.* V, I, p. 719). Helder Camara mentionne également, dans une lettre du 30 novembre – 1 décembre 1963, que Suenens avait l'intention de faire appel à deux intervenants, un pour et un contre (cf. Dom Helder CAMARA, *Lettres conciliaires (1962-1965)*, I, Paris, 2006, p. 394).

509. J. E. Ritter (1892-1967), archevêque de Saint Louis (États-Unis) de 1946 à sa mort, cardinal en 1961.

510. Stanley Eley, évêque anglican de Gibraltar et en charge des églises anglicanes du continent européen, observateur de la Communion anglicane.

Jeudi 28 novembre 1963

9.00 Chez Mgr Samoré[511]. Deux points:
1° Le pape n'était pas au courant du texte sur les Juifs. Samoré ne veut rien dire sur le contenu: c'est l'affaire du concile.
2° Nos communiqués de presse à ce sujet. La différence entre le texte arabe et le texte anglais. Dorénavant il aimerait bien que, quand il y a des points communs [c'est-à-dire des questions qui concernent aussi bien la Secrétairerie d'État que le Secrétariat pour l'Unité], la 1ère section de la Secrétairerie d'État soit tenue au courant. Ce que je lui promets bien volontiers.

12.00 Audience du Bischof Stählin[512] chez le Saint-Père.
17.00 Session du Secrétariat.
19.30 Dîner offert par le Bishop of Ripon[513] à l'hôtel Columbus.

Vendredi 29 novembre 1963

12.00 Après le concile, rencontre avec H. Sondaal et F. Haarsma[514].
13.00 Déjeuné au Foyer Unitas. Conversation avec Madame Steere[515] au sujet de la possibilité d'organiser quelque chose pour les épouses des observateurs lors de la prochaine session.
16.30 Au Secrétariat, conversation avec Lukas Vischer au sujet des rapports avec le COE dans l'avenir.

Samedi 30 novembre 1963

10.00 Avec le métropolite Hermaniuk et l'évêque Mstyslav Skrypnyk chez le card. Bea[516]. Ensuite avec Arrighi et Duprey chez le card. Bea. Le card. Döpfner

---

511. A. Samoré (1905-1983), secrétaire pour les Affaires ecclésiastiques extraordinaires (Secrétairerie d'État), cardinal en 1967, membre de la commission pour l'apostolat des laïcs.

512. W. Stählin (1883-1975), évêque luthérien d'Oldenburg de 1945 à 1952, un des fondateurs de la Michaelbrüderschaft. Avec Mgr Jaeger de Paderborn il a organisé, dès 1946, l'«Oekumenischer Arbeitskreis evangelischer und katholischer Theologen».

513. Il s'agit de l'évêque anglican J. Moorman.

514. F. Haarsma (1921-), professeur de théologie au Grand Séminaire de Rijsenburg ensuite professeur de théologie pastorale à l'Université catholique de Nimègue. Pendant le concile il était correspondant romain du journal catholique *De Tijd*.

515. Dorothy Steere, épouse du Dr. Douglas V. Steere (1901-1995), Quaker, professeur de philosophie au Haverford College (États-Unis) de 1928 à 1964, observateur du Comité Mondial des Amis (Society of Friends).

516. Dans son Journal, Hermaniuk note le 30 novembre: «At 10.30 in the morning together with Archbishop Mstylsav Skrypnyk, I visited Card. Bea. His Eminence Mstylsav wanted me (as his interpreter) to say to Card. Bea that:
1. he is very happy to be present at this council;
2. to meet here personally Ukrainian Catholic Bishops and other bishops;

a téléphoné: lundi prochain, le card. Bea parlera au concile pour clore la discussion du chapitre III et également des chapitres IV et V. Le modérateur va entériner ce que Bea dira au sujet de IV et V[517]. Le card. Döpfner dit qu'il est absolument faux – ce que d'aucuns ont prétendu – que le pape serait opposé au chapitre IV. À la dernière réunion des modérateurs, le pape a encore dit exactement le contraire.

17.30 Le Prof. Cullmann[518] donne une conférence dans la salle de Saint-Louis-des-Français.

Dimanche 1 décembre 1963
À la maison au Monte Mario.
14.00 Brève interview pour la «Belgische Radio en Televisie» [Radio Télévision belge d'expression néerlandaise].

Lundi 2 décembre 1963
Dernière session du concile avec débats. Un pamphlet anonyme contre la Liberté religieuse est divulgué *in aula*.
17.00 Session du Secrétariat, avec les nouveaux membres élus[519].

Mardi 3 décembre 1963
Le matin: concile. Commémoration du concile de Trente.
13.00 Déjeuné au Monte Mario avec Thijssen et Vodopivec.
19.00 Visite du Président de Pax Romana[520] et sa femme. Au sujet de l'invitation de la Conférence chrétienne pour la Paix (Prague).

3. to feel the ecumenical movement in action;
4. he hopes to come for the third Session of the Council but in the meantime he will propagate interest in its work among the Ukrainian Orthodox in the U.S.A.».

517. Il s'agit de l'intervention de Bea du 2 décembre où il affirmait que les chapitres IV (*De Judaeis*) et V (*De Libertate religiosa*) n'ont pas été discutés mais uniquement par manque de temps. Toutefois, dans les *Acta Synodalia*, on ne voit pas que le modérateur (Agagianian) ait entériné ces paroles de Bea.

518. O. Cullmann (1902-1999), luthérien français, professeur aux universités de Bâle et de Paris, hôte du Secrétariat. Le Prof. Cullmann aurait d'abord dû parler à l'Angelicum (Université ecclésiastique des Dominicains) mais l'autorité supérieure (Mgr Staffa?) l'avait interdit. Puis la conférence a été transférée à Saint-Louis-des-Français (cf. Journal Congar, I, p. 560 et 575).

519. Le 21 novembre le pape avait décidé d'ajouter 5 membres à chaque commission conciliaire: 4 membres élus, 1 membre nommé par le pape.

520. Ramon Sugranyes de Franch (1911-), catalan, exilé d'Espagne en 1936, professeur à l'Université de Fribourg-en-Suisse, secrétaire général puis président de Pax Romana (qui fut érigée à Fribourg après la 2ème guerre mondiale) de 1947 à 1965, auditeur à Vatican II, consulteur du Conseil pontifical pour les laïcs de 1966 à 1974. Cf. R. SUGRANYES DE FRANCH, *Dalla guerra di Spagna al Concilio. Memorie di un protagonista del XX secolo*, Soveria Mannelli, 2003.

20.00 Coup de téléphone de Dell'Acqua au sujet des éventuels nouveaux membres du Secrétariat, qui sont à nommer par le pape. J'ai rédigé une proposition par écrit.

Mercredi 4 décembre 1963
9.00 Concile. Session publique.
12.30 Au Secrétariat. Visites d'adieu, etc.

Jeudi 5 décembre 1963
9.30 Visite de l'évêque Silén.
10.30 Visite du Père Bréchet s.j. Ses projets pour un centre œcuménique à Genève.
11.30 Convoqué chez Mgr Dell'Acqua: au sujet du voyage du Saint-Père en Terre sainte[521]: invitations, prière commune, cadeaux.
13.00 Conversation avec Duprey et Arrighi.
14.30 Au Secrétariat.
16.30 Conversation avec l'archiprêtre Vitalij Borovoj.
17.30 Au Monte Mario pour la fête de Saint Nicolas[522].
19.30 Téléphoné au Père Schmidt concernant l'entretien avec Dell'Acqua.

Vendredi 6 décembre 1963
9.30 Chez le card. Bea avec le Père Duprey: au sujet du voyage du pape en Palestine.
10.30 Visite du Dr. Pelton[523], Notre Dame University.
11.00 Visite de Fred. Davis.
12.00 Avec Vitalij Borovoj en audience chez le Saint-Père.
14.00 Déjeuné avec Vitalij Borovoj.
17.00 Visite au bureau de Roger Schutz et Max Thurian[524]; au sujet de leur audience d'hier chez Paul VI.

521. Le 4 décembre, le pape a annoncé au concile qu'il ferait un pèlerinage en Terre sainte du 4 au 6 janvier 1964. Lors de ce voyage, il a rencontré le patriarche Athénagoras. Pour ce voyage cf. Cl. SOETENS, *L'impegno ecumenico della Chiesa cattolica*, in G. ALBERIGO (éd.), *Storia del concilio Vaticano II*, III, 277-365, notamment p. 358-365, et Th. F. STRANSKY, *Paul VI's Religious Pilgrimage in the Holy Land*, dans Istituto Paolo VI, *I Viaggi apostolici di Paolo VI*, (éd. R. ROSSI), Brescia, 2004, 341-373.
522. Dans plusieurs pays, notamment en Hollande et en Belgique, la fête de Saint Nicolas (le 6 décembre) est une fête où les enfants reçoivent des cadeaux (cf. Santa Claus en Amérique ou la Befana en Italie). Cette fête est parfois célébrée dans les communautés religieuses.
523. Robert Pelton (1921-), c.s.c. américain, spécialiste de l'Amérique latine, directeur de l'«Institute for Pastoral and Social Ministry» à la Notre Dame University.
524. Max Thurian (1921-1996), protestant suisse, un des premiers frères de Taizé; s'est converti au catholicisme et a été ordonné prêtre en 1988.

Samedi 7 décembre 1963
10.00 Un prêtre de Bergen (Norvège): P. Vogt, qui fait un rapport sur la Norvège et les autres pays nordiques (Suède, Danemark, Islande, Finlande).
11.00 Godfrey Browne de l'Inter Church Travel au sujet du pèlerinage en Terre Sainte.

Dimanche 8 décembre 1963
11.30 Chez Mgr Dell'Acqua, au sujet du voyage du Saint-Père en Terre sainte. Il me communique que je peux accompagner le pape. Le Père Duprey se rendra à Jérusalem et à Constantinople pour la préparation et pour faire part des intentions et du plan du voyage et pour enregistrer les réactions.
15.30 Conversation avec le P. Duprey au sujet de son voyage en Orient. Entre temps le P. Duprey a eu un entretien avec l'ambassadeur grec[525], qui l'a convoqué.
18.00 Chez les sœurs [du Monte Mario], parlé du concile et du voyage du Saint-Père.

Lundi 9 décembre 1963
10.30 Visite de l'abbé von Rudloff.
11.00 Godfrey Browne (cf. 7 décembre).
12.00 Départ du Père Duprey vers Constantinople et Jérusalem.
16.00 Travaillé chez moi à un texte pour Radio Vatican au sujet des aspects œcuméniques du pèlerinage du Saint-Père.
18.00 Coup de téléphone de Mgr Dell'Acqua: un petit changement dans le programme du voyage [du Saint-Père].

Mardi 10 décembre 1963
10.00 Chez le chanoine Pawley pour lui donner des informations concernant le pèlerinage du pape en Terre sainte. Le chan. Pawley part à Londres ce matin.
11.30 Convoqué chez le card. Testa en rapport avec le voyage du Saint-Père en Terre sainte. Si je sais quelque chose au sujet des réactions d'Athénagoras? Je lui ai encore parlé de Saint Josaphat. Le card. Testa me raconte que le transfert des reliques à Saint-Pierre s'est fait à la demande de Slipyj[526]. Je

---

525. Hadjivassiliou.
526. Les reliques de St Josaphat ont été transférées de l'église Ste-Anne au Vatican à la basilique de Saint-Pierre. Le 25 novembre, il y a eu à Saint-Pierre une célébration liturgique en présence du pape où le card. Testa a fait l'homélie (cf. Journal Hermaniuk, 21 et 25 novembre 1963). Voir aussi E. LANNE, *La perception en Occident de la participation du Patriarcat de Moscou à Vatican II*, dans A. MELLONI (éd.), *Vatican II in Moscow*, Leuven, 1997, 121-122.

lui ai également demandé de l'aide pour obtenir de meilleurs locaux [pour le Secrétariat].
16.00 Au Secrétariat.
Coup de téléphone de Lukas Vischer au sujet du pèlerinage du Saint-Père en Terre sainte. Qu'est-ce que nous pensons de la déclaration d'Athénagoras disant que tous les dirigeants des Églises devraient se rendre à Jérusalem pour prier pour l'unité avec le pape. Il trouve cela très irréaliste.
U.P. [United Press] et A.P. [Associated Press] mentionnent, de Constantinople via Washington, le voyage du Père Duprey.

Mercredi 11 décembre 1963
10.30 Chez le card. Bea.
11.30 Avec le P. Schmidt rédigé une note pour rectifier les fausses notices au sujet du voyage du P. Duprey.
12.30 À la Secrétairerie d'État. Le communiqué de presse[527] est approuvé. Je l'ai donné à Casimiri [lecture probable].
13.30 Visite d'un ami de Maggi au Secrétariat.
16.00 De retour au Secrétariat.

Jeudi 12 décembre 1963
11.30 Visite du Père Bonifazius[528] de Chevetogne après son voyage en Europe de l'Est.
13.00 Visite de l'ancien ambassadeur d'Argentine auprès du Saint-Siège. Il est intéressé dans le schéma *De Judaeis*. En Argentine l'antisémitisme est fort répandu.
14.00 Déjeuné au nouvel appartement du De Graal[529].
16.30 Visite chez Mgr Cardinale à la Casa di Cura, Viale Africa 32[530].
18.00 De retour au Secrétariat.

Vendredi 13 décembre 1963
14.30 Le Père Duprey est de retour et me téléphone.
15.30 Le P. Duprey au Secrétariat. Rapport de son voyage à Constantinople et à Jérusalem.

---

527. Pour le communiqué de presse, cf. *L'Osservatore Romano*, 11 décembre 1963.
528. Peter Kurt (en religion: Boniface), bénédictin allemand de l'abbaye de Chevetogne, qu'il a quittée en 1965.
529. Via Francesco dall'Ongaro 99, Roma.
530. Casa di Cura Addominale, Viale Africa 32, 00144 Roma.

18.30 Conférence du card. Bea au Capitole pour les juristes catholiques au sujet de la Liberté religieuse[531].

Samedi 14 décembre 1963
10.00 Avec le P. Duprey chez le card. Bea. Rapport du voyage de Duprey à Constantinople et Jérusalem.
12.00 Envoyé le rapport et les résultats du voyage de Duprey à Mgr Dell'Acqua.
13.00 Chez Mgr Slipyj, qui veut me parler de ses préoccupations. Il veut toujours que nous entreprenions quelque chose de concret. Mais que puis-je faire si je ne reçois pas une mission ou un mandat de la Secrétairerie d'État?
14.30 Déjeuné avec le P. Duprey et Long chez Pandolfi (Pensione Castello).

Dimanche 15 décembre 1963
À la maison au Monte Mario.

Lundi 16 décembre 1963
9.00 Ma voiture ne veut pas démarrer. Le P. Duprey vient me chercher.
13.30 E. Salzmann me reconduit à la maison.

Mardi 17 décembre 1963
12.00 Chez le card. Testa. Les résultats du voyage du P. Duprey.
13.00 De Graal vient déjeuner au Monte Mario.

Mercredi 18 décembre 1963
9.00 Le matin au bureau.
12.00 Vers l'Aeroporto Fiumicino. Avec la KLM vers Amsterdam.
À cause du brouillard il est impossible d'atterrir à Schiphol. On retourne à Cologne. Dîné à l'aéroport. À 20 h nous nous envolons vers Schiphol; Lies vient me chercher. Logé au Parkhotel.

Jeudi 19 décembre 1963
10.00 En train vers Assen. Un bus vers Musselkanaal.
Mon papa est à Musselkanaal depuis hier. Il se porte très bien. Anniversaire de Willy.

Vendredi 20 décembre 1963
À Musselkanaal.

531. Pour cette conférence importante au Congrès annuel des juristes italiens, voir St. SCHMIDT, *Augustin Bea*, p. 553-554.

Samedi 21 décembre 1963
À Musselkanaal.
13.00 Départ en bus vers Groningen.
15.00 Visite à la famille Tinga[532] à Bedum[533].
17.30 De Groningen en train vers Leiden.
20.00 Kees Rijk[534] est à la gare de Leiden. Vers le Philosophicum de Warmond.

Dimanche 22 décembre 1963
À Warmond.
Célébré la grand-messe au Philosophicum.

Lundi 23 décembre 1963
Au Philosophicum de Warmond.
14.00 Vers Utrecht. Visite à Frans Thijssen à l'hôpital Sint-Antonius.
20.00 Chez le Docteur Tolenaar, Leiden.

Mardi 24 décembre 1963
11.00 Vers Ste-Lioba à Egmond.

Mercredi 25 décembre 1963
Noël. À Egmond, Ste-Lioba.
21.00 Coup de téléphone du Père Duprey de Rome. Une bonne nouvelle: demain une délégation de Constantinople arrivera à Rome. Le card. Bea a été averti par télégramme. Un beau télégramme du patriarche [Athénagoras] avec des vœux de Noël au Saint-Père[535].

Jeudi 26 décembre 1963
9.30 Chez Piet et Ans à Hoorn.
18.00 Messe du soir à Ste-Lioba, Egmond-binnen.

Vendredi 27 décembre 1963
8.00 Messe à Ste-Lioba.
10.00 Vers Amsterdam, on m'a conduit en voiture; brouillard épais.

---

532. La sœur Agnes Tinga travaillait pour Willebrands au Monte Mario.
533. Commune de la province de Groningen.
534. Kees (Cornelius) Rijk (1921-1979), prêtre du diocèse de Haarlem, professeur a Warmond. En 1966 il travaillait à Rome au Secrétariat pour l'Unité pour les relations entre catholiques et juifs. En 1972, avec l'aide des Sœurs de Notre Dame de Sion, il a érigé à Rome le centre de documentation SIDIC (Service international de Documentation Judéo-Chrétienne, Via del Plebiscito 112, 00186 Roma).
535. Télégramme du 24 décembre 1963, cf. *Tomos Agapis*, n. 40.

11.00 Aux bureaux de la KLM, Leidse plein.
12.30 Chez Evert et Lies.
13.30 Visite du curé M. Nolet[536].
16.30 Chez la KLM: tous les vols sont annulés à cause du brouillard.
19.30 Logé chez Evert et Lies.

Samedi 28 décembre 1963
10.00 Lies me conduit à Schiphol. L'avion part comme prévu.
16.00 À Rome. Téléphoné avec le P. Duprey et le P. Schmidt.
19.00 Visite du P. Duprey. Toutes les nouvelles sont bonnes.

Dimanche 29 décembre 1963
13.00 Déjeuné chez Ernesto avec le métropolite Athénagoras de Thyatira[537], avec l'ambassadeur grec, avec Arrighi, Duprey, Long.

Lundi 30 décembre 1963
11.30 Visite du Rabbin Moskowitz, président des rabbins à New York.
12.30 Un journaliste du *Sunday Times*[538].
17.00 Chez le card. Bea. Réception du métropolite de Thyatira. À mon bureau. Avec le P. Duprey et le métropolite chez Mgr Dell'Acqua. Signature des protocoles pour la rencontre à Jérusalem[539].

Mardi 31 décembre 1963
 8.30 Au Secrétariat.
10.00 Avec le métropolite vers Subiaco. Visite à San Benedetto et au Sacro Speco. En route, parlé des réactions dans le *Tempo*[540]. Elles donnent une interprétation fausse et politique aux paroles du métropolite. Nous rédigeons une brève déclaration, qu'il fera à la presse, demain, lors de son départ.
18.30 De retour à Rome, vers le Secrétariat.
19.30 À la maison.

---

536. M. Nolet (1890-1981), ordonné prêtre du diocèse de Haarlem en 1915, curé à la paroisse des Martyrs de Gorcum à Amsterdam en 1942, chanoine en 1975.
537. Athénagoras Kokkinakis (1912-1979), métropolite orthodoxe (du patriarcat œcuménique de Constantinople) de Thyatira et archevêque de Grande-Bretagne en 1964. Il était envoyé par le patriarche Athénagoras pour arranger une rencontre avec le pape à Jérusalem.
538. Hebdomadaire anglais fondé en 1821.
539. Il s'agit de la rencontre de Paul VI avec Athénagoras. Pour le texte de ce protocole, cf. *Tomos Agapis*, n. 46.
540. *Il Tempo*, journal romain de tendance conservatrice. Pour la déclaration donnée à la presse par le métropolite, cf. *L'Osservatore Romano*, 30-31 décembre 1963.

1964

Mercredi 1 janvier 1964
Gloria in excelsis Deo.
10.00 Avec le métropolite Athénagoras de Thyatira vers les fouilles de Saint-Pierre. Notre guide était la Professoressa M. Guarducci[1] (elle parle bien le grec).
12.00 Déjeuné avec le métropolite à l'hôtel Michelangelo[2].
13.30 Avec le P. Duprey et Father Long, accompagné le métropolite à l'aéroport. Il a donné une déclaration au journaliste de l'ANSA[3].
15.30 De retour à la maison au Monte Mario.

[Il n'y pas de notices du 2 janvier au 20 février 1964]

Vendredi 21 février 1964
60ème anniversaire de F. Thijssen.
Messe au Monte Mario.
10.00 Chez Mgr Guerri: Nous obtenons *modo provisorio* l'appartement de Mgr Gilardone[4]. Plus tard, mais dès cette année, on aura de nouveaux bureaux: environ 10 chambres pour les uffizi, une salle pour les archives, une bibliothèque, une salle[5]. En attendant chez Mgr Guerri, rencontre avec le P. Bugnini[6]. Il me raconte quelque chose au sujet du *Motu Proprio* sur la Liturgie[7].

1. M. Guarducci (1902-1999), spécialiste d'inscriptions et d'épigraphie antiques. En 1965, elle a publié un livre *Le reliquie di San Pietro* (Cité du Vatican, 1965) où elle affirmait avoir retrouvé les reliques authentiques de Saint Pierre dans la nécropole vaticane en-dessous de la basilique de Saint-Pierre. Paul VI avait même envisagé de terminer le concile par un hommage solennel à ces reliques. Mais devant le scepticisme de beaucoup d'historiens sérieux, dont Mgr J. Ruysschaert, qui appelaient M. Guarducci la «romancière archéologique», le pape a renoncé à ce projet (cf. Journal Prignon, p. 157-158 et 162).
2. Hôtel Michelangelo, Via di Stazione di San Pietro 14, 00165 Roma, situé à proximité du Vatican.
3. Agenzia Nazionale Stampa Associata, agence de presse italienne érigée en 1945, qui a son siège central à Rome.
4. Emilio Gilardone, prêtre du diocèse d'Albenga, minutante à la Congrégation pour l'Église orientale.
5. En fait, ce n'est qu'au printemps de 1965 que le Secrétariat occupera les nouveaux bureaux à la Via dell'Erba, 1.
6. A. Bugnini (1912-1982), lazariste italien, secrétaire de la commission préparatoire pour la liturgie en 1960, évincé par le card. Larraona comme secrétaire de la commission conciliaire pour la liturgie, il fut toutefois nommé par Paul VI secrétaire du Consilium ad exsequendam Constitutionem de Liturgia en 1964, archevêque titulaire de Diocletiana en 1964, pro-nonce apostolique en Iran de 1976 à sa mort.
7. Le *Motu Proprio* de Paul VI *Sacram Liturgiam* du 25 janvier 1964, en application de la constitution *Sacrosanctum Concilium* sur la liturgie, limitait les compétences des conférences

13.00 Déjeuner au Monte Mario en honneur de F. Thijssen (Mgr Šeper, Leo Alting von Geusau, tous les membres du Bureau du Secrétariat, les consulteurs présents).
17.00 Réception en honneur de F. Thijssen au Germanicum. Présents: le card. Bea, Mgr Šeper, des membres du Secrétariat et des amis.
20.00 J'ai encore passé la soirée avec Frans au Monte Mario.

Samedi 22 février 1964
16.00 Mgr De Smedt est arrivé au Monte Mario.

Dimanche 23 février 1964
8.30 Grand-messe au Monte Mario par Mgr De Smedt, assisté de Frans et de moi-même.
13.00 Déjeuné au collège[8] avec Thijssen, chez Mgr Šeper.
16.00 Au sujet de la *Libertas religiosa* avec le Père Sigmond[9] o.p. et Mgr De Smedt (au Monte Mario).

Lundi 24 février 1964
16.00 Vers Ariccia, Casa Gesù Divin Maestro[10].
19.00 Prolusio du card. Bea.

Mardi 25 février 1964
9.00 Session: Relatio secretarii [Willebrands], Relatio Feiner[11]. Installation des sous-commissions.
15.00 Visite chez le card. Bea (à Ariccia).

épiscopales (notamment au sujet des traductions) et avait suscité beaucoup de protestations d'évêques (notamment de Lercaro, Döpfner) et de théologiens (notamment de J. Medina, A.-G. Martimort) et on soupçonnait le card. Larraona et Mgr Felici d'avoir manipulé le texte. Devant ces protestations, le pape a suspendu la publication dans les *A.A.S.* et le texte publié par les *A.A.S.* (15 février 1964), p. 139-144, fut légèrement modifié par rapport au texte publié dans *L'Osservatore Romano* du 29 janvier 1964. Cf. *A.S.* VI, III, p. 651-732; R. KACZYNSKI, *Verso la riforma liturgica*, dans G. ALBERIGO (éd.), *Storia del concilio Vaticano II*, III, 269-276; FConc. Suenens 1793-1804.

8. Il s'agit probablement du Collegio S. Girolamo degli Illirici, Via Tomacelli 132, Roma, collège pour les ecclésiastiques croates.

9. R. Sigmond (1919-), dominicain hongrois, président de l'Institut des Sciences sociales de l'Angelicum de 1958 à 1966, *peritus* conciliaire, membre de la *Commissio pontificia pro studio populationis, familiae et natalitatis*.

10. Le Secrétariat tenait une réunion plénière du 24 février au 7 mars 1964 à Ariccia (Rocca di Papa). Mgr De Smedt était déjà arrivé le 22 février pour préparer le texte sur la liberté religieuse. Pour un rapport de cette session du Secrétariat, cf. *A.S.* V, II, p. 166-169.

11. Pour le rapport de Feiner, cf. F. De Smedt 999.

15.30 Session des sous-commissions I – II – III au sujet des Animadversiones in genere et le Prooemium [pour le schéma *De Oecumenismo*].

Mercredi 26 février 1964

9.00 Sessio plenaria: résultats des sous-commissions au sujet des Animadversiones in genere et le Prooemium.
Ensuite sessiones des subcommissiones I – II – III. Relatio de Long sur le caput I pour les sous-commissions II – III[12].

15.30 Session des sous-commissions I – II – III – IV. Pour la sous-commission *De Libertate religiosa* Mgr Pavan, les Prof. Witte et Fuchs[13] sont venus.

Jeudi 27 février 1964

9.00 Sessio plenaria: Relatio de Tavard[14] sur le caput II[15].
Élection des vice-présidents[16].
Votatio sur les points des Animadversiones generales.

15.30 Sessiones Subcommissionum I – II – III et IV (avec Witte et Fuchs).

18.30 Film sur le pèlerinage du Saint-Père en Palestine.

Vendredi 28 février 1964

9.00 Sessio plenaria. Président: card. Bea. Relatio Michalon[17] du Cap. III, pars 2[18]. Relationes des Subcommissiones I – II – III au sujet du cap. I et II; ensuite: subcommissio IV *De Libertate religiosa* et Subcomm. I – II – III.

16.00 Sessio plenaria, président: Heenan. Relatio du P. Long au sujet de la Ia Pars IIIi capitis[19]. Ensuite, Subcommissiones I – II – III – IV.

17.00 Avec le comité de rédaction (Feiner, Vodopivec): on a rédigé le Prooemium[20].

---

12. Pour ce texte de Long, cf. F. De Smedt 998.

13. J. Fuchs (1912-2005), jésuite allemand, professeur de théologie morale à l'Université Grégorienne à Rome, membre de la *Commissio pontificia pro studio populationis, familiae et natalitatis*.

14. G. Tavard (1922-2007), assomptioniste français, résidant depuis 1952 aux États-Unis, théologien, professeur à la «Methodist Theological School» (Ohio) et à la Marquette University (Milwaukee), consulteur du Secrétariat pour l'Unité, *peritus* conciliaire.

15. Pour ce texte de Tavard, cf. F. De Smedt 1000.

16. Mgr Heenan et Mgr De Smedt ont été élus vice-présidents.

17. P. Michalon (1911-2004), sulpicien français, docteur en théologie, il a fait partie du *Groupe des Dombes* de 1947 à 1966 et a créé le Centre œcuménique *Unité chrétienne* à Lyon, professeur au grand séminaire de Lyon, consulteur du Secrétariat pour l'Unité (pour cette nomination, voir Cahier III, 12 janvier 1961).

18. Pour le rapport de Michalon, cf. F. De Smedt 1002.

19. Pour ce rapport de Long, cf. F. De Smedt 1001.

20. Pour ce texte, cf. F. De Smedt 1097.

Samedi 29 février 1964

- 9.00 Avec Feiner et Vodopivec, travaillé à la rédaction du cap. I. Sessio Subcommissio IV (avec Mgr Pavan et le prof. Witte).
- 15.30 Sessio plenaria. Votatio sur le paragraphe *de Mohametanis* dans l'Appendice[21].
Relationes subcommissionum super cap. III. Votatio de Prooemio. Quelques déclarations.
- 19.00 Vers le Monte Mario.

Dimanche 1 mars 1964

- 8.00 Grand-messe au Monte Mario.
(lu des articles sur la liberté religieuse).
- 11.30 Départ vers Ariccia. J'ai emmené Tavard.
- 18.00 Avec Feiner et Vodopivec: rédaction du cap. I.

Lundi 2 mars 1964

- 9.00 Sessio plenaria. Relatio de Mgr De Smedt sur la Liberté religieuse (Mgr Pavan était présent pendant toute la journée).
Ensuite, Subcommissiones I – II – III au sujet de la Liberté religieuse et commission de rédaction, Feiner, Vodopivec, Willebrands sur le cap. I.
- 16.00 Subcommissiones *De Libertate religiosa*. La commission de rédaction achève le texte du Caput I et le discute avec le card. Bea.

Mardi 3 mars 1964

- 9.00 Sessio plenaria.
Relationes subcommissionum I – II – III sur la Liberté religieuse (Mgr Pavan était présent). La réplique de Mgr De Smedt.
Gregory Baum lit la Relatio sur les Observationes des Pères conciliaires concernant le *De Judaeis*.
Sous-commission sur le *De Mahometanis* (avec l'assistance du P. Cuoq[22]).
Sous-commission pour la rédaction du *De Libertate religiosa*.
Commission de rédaction (Feiner, Vodopivec, Willebrands) pour le Cap. II *De Libertate religiosa*.

---

21. Pendant cette session on avait pris la décision de mettre les textes sur les Juifs et sur les Musulmans en Appendice.

22. J. Cuoq (1917-1986), père blanc, spécialiste de l'Islam en Afrique, consulteur de la Congrégation pour l'Église orientale et de la Congrégation de Propaganda Fide, en 1965 sous-secrétaire du Secrétariat pour les non chrétiens.

15.30 Sessio plenaria.
Votatio Capitis Ii *De Oecumenismo*.
Distribué le *De Mahometanis* (un projet)[23].
Le Dr W. Becker[24] lit la Relatio concernant les Observationes des Pères conciliaires au sujet du *De Libertate religiosa*[25].
19.00 Requiem pour le P. Weigel[26], célébré par l'évêque Primeau[27].

Mercredi 4 mars 1964
9.00 Subcommissiones I – II – III au sujet du *De Judaeis*[28] et *De Mahometanis*. Commission de rédaction (Feiner, Vodopivec, Willebrands) pour le Cap. III *De Oecumenismo*.
Subcommissio *De Libertate religiosa* (Mgr De Smedt, Mgr Pavan, le P. Hamer rédigent le texte).
15.30 Sessio plenaria (Praeses: card. Bea). Mgr Arrighi explique la question de la Petite Église[29]. Les évêques marquent leur accord pour envoyer une lettre, en leur nom aussi.

23. Pour ce texte, cf. F. De Smedt 1003.
24. Werner Becker, oratorien de Leipzig (DDR), consulteur du Secrétariat pour l'Unité.
25. Cf. F. De Smedt 1050.
26. Le Père G. Weigel s.j. était décédé le 3 janvier 1964.
27. E. Primeau (1909-1989), évêque de Manchester (U.S.A.) de 1959 à 1974, membre du Secrétariat pour l'Unité.
28. Pour le projet de texte, cf. F. De Smedt 1006.
29. Église (schismatique) née en France, du refus du concordat de 1801 entre le pape Pie VII et Napoléon Bonaparte. En 1965 elle comptait environ 920 familles: 743 au Poitou, 82 à Lyon, 95 à Charlieu et au Saône et Loire, 100 en Belgique (où le mouvement s'appelait Stévenisme et n'avait pas de liens directs avec la Petite Église, cf. T. A. VAN BIERVLIET, *Het Stevenisme in Vlaanderen*, Leuven, 1966) (en tout actuellement encore environ 3.000 fidèles). Mgr Derouineau, visiteur apostolique, qui avait beaucoup de contacts avec la Petite Église, a demandé au card. Bea, pendant la 1ère session du concile, que le Secrétariat prenne en main la question de la Petite Église. Ce qui a été fait avec l'accord de Jean XXIII. Déjà en septembre 1962, Mgr Arrighi avait eu des rencontres avec les famillles Rolland à Lyon et Ulysse Husseau à Courlay. En dehors des voyages de Willebrands, mentionnés dans ses Agendas (avril et juin 1964, janvier et mars 1965), il faut noter que Willebrands et Arrighi se sont rendus le 2 août 1964 au sanctuaire des martyrs à Yzernay (Anjou) pour y célébrer la messe (assistance de 150 personnes). C'est alors qu'on a décidé de célébrer une cérémonie de ralliement (d'abord fixée au 8 décembre 1964, puis retardée jusqu'au 28 mars 1965). C'est uniquement dans le Poitou que le mouvement de ralliement a eu un certain succès (avec nos remerciements au Père Jacques Aucher, archiviste du diocèse de Poitiers, pour ces renseignements précis. Cf. aussi J.-P. CHANTIN, *Les amis de l'œuvre de la vérité. Jansénisme, miracles et fin du monde au XIXᵉ siècle*, Lyon, 1998). Le 8 mars 1964 le card. Bea et les Pères conciliaires, membres du Secrétariat, ont envoyé une lettre officielle aux membres de la Petite Église de France (cf. Fonds C. de Clercq, Centrum voor Concilliestudie Vaticanum II, Leuven. C. de Clercq a publié plusieurs articles au sujet des Stévenistes).

Votatio sur le caput II *De Oecumenismo*[30] (aucun *non-placet*).
Mgr De Smedt au sujet du nouveau texte *De Libertate religiosa*.
Cet après-midi, Feiner et Vodopivec ont travaillé avec le latiniste le P. Springhetti[31] s.j. à la rédaction du *De Oecumenismo* Caput III et le Prooemium.
Reçu une lettre du Saint-Office au sujet de la commission pour les «pastores convertiti». Nomination comme membre de la commission.
L'abbé von Rudloff est arrivé de Jérusalem.

Jeudi 5 mars 1964
9.00   Sessio plenaria (Praeses: card. Bea).
       Votatio Schematis *De Libertate religiosa*[32].
       Relationes Subcommissionum I – II – III sur le schéma *De Judaeis* et propositio *De Mahometanis*.
       Subcommissio pour la rédaction: Feiner, Vodopivec, le P. Springhetti s.j.
15.00 Subcommissio pour la rédaction (cf. supra).
       Subcommissio *De Judaeis* et *Musulmanis* (Mgr Mansourati, Rabban[33], Abbé von Rudloff, Gr. Baum, Duprey).
16.00 Sessio generalis: votatio Ia Pars Capitis III *De Oecumenismo*.
       Le P. Duprey et moi nous parlons du pèlerinage du Saint-Père en Terrre sainte et de nos relations avec le COE.
19.30 Après le souper, il y a encore subcommissio *De Judaeis* et *De Musulmanis*.

Vendredi 6 mars 1964
9.00   Sessio plenaria.
       Votatio de parte 2a Cap. III *De Oecumenismo*.
       L'abbé von Rudloff parle. Gr. Baum lit l'Appendix.
       Votatio primi numeri Appendicis[34].
       Disceptatio de n. 2 et 3.
15.30 Sessio plenaria.
       Votatio de loco Schematis *De Libertate religiosa*.
       Votationes duae de n.n. et cap. III *De Oecumenismo*[35].

---

30. Pour le texte, voir F. De Smedt 1098.
31. Emilio Springhetti (1913-1976), jésuite italien, professeur à la «Schola superior Litterarum latinarum» à l'Université Grégorienne à partir de 1945.
32. Pour ce texte, cf. F. De Smedt 1049a.
33. R. Rabban (1910-1967), archevêque de Kerkūk des Chaldéens (Iraq) de 1957 à sa mort, membre du Secrétariat pour l'Unité.
34. Pour ce texte (Appendix *De Judaeis*), cf. F. De Smedt 1008.
35. Pour ce texte, cf. F. De Smedt 1099.

Votatio generalis de Schemate *De Oecumenismo* cap. I – II – III – IV.
Disceptatio de titulo Appendicis *De Judaeis*.
Votatio de n. 2 Appendicis *De Musulmanis*.
Votatio de n. 3: de ceteris religionibus.
Thermopotio[36] [pause-café].

19.00 Visita commissionis mixtae ex Comm. Orientali [visite des membres de la commission mixte qui proviennent de la commission orientale]: le patriarche Batanian[37], Mgr de Provenchères[38], Mgr Edelby, Mgr Bukatko. Periti: de Clercq[39], Pujol.
Clôture de la session.

Samedi 7 mars 1964
9.00 Visite chez le card. Bea dans sa chambre à Ariccia.
Travaillé au rapport de la session avec le P. Long.
Sous-commission pour la rédaction (Feiner, Vodopivec, le P. Springhetti).

15.30 Travaillé au rapport et à une lettre pour la commission de coordination[40] avec Arrighi.

17.30 Parti avec Arrighi. Signé le registre à l'ambassade grecque pour la mort du roi Paul[41].

19.00 De retour au Monte Mario.

Dimanche 8 mars 1964
16.30 Visite de malades: chez Father Ahern[42] et chez Mgr Damen.
18.30 Au Secrétariat. Rapport des sessions.

Lundi 9 mars 1964
9.00 Chez Mgr Felici. Apporté le rapport sur les sessions d'Ariccia. Il est d'avis qu'après le travail du P. Springhetti, nous n'avons plus besoin d'un latiniste. Les trois premiers chapitres pourront être votés sans discussion ultérieure.

---

36. C'était une boisson chaude.
37. I. Batanian (1899-1979), évêque de Mardin en 1933, patriarche de Cilicia des Arméniens de 1962 à 1976, membre de la commission pour les Églises orientales.
38. Ch. de Provenchères (1904-1984), évêque d'Aix-en-Provence de 1946 à 1978, membre de la commission pour les Églises orientales.
39. C. de Clercq (1905-1982), prêtre du diocèse d'Anvers, spécialiste en droit ecclésiastique oriental, professeur au Latran en 1961, *peritus* conciliaire, secrétaire adjoint de la commission pour les Églises orientales.
40. Pour le rapport (daté du 8 mars 1964) envoyé par le Secrétariat à la commission de coordination et la lettre d'accompagnement (datée du 9 mars 1964) de Bea à Cicognani, voir *A.S.* V, II, p. 165-169 et p. 152-153.
41. Le roi Paul de Grèce mourut le 6 mars 1964.
42. B. Ahern (1915-1995), passioniste américain, bibliste, conseiller du card. Meyer, *peritus* conciliaire. Le Secrétariat faisait souvent appel à lui comme bibliste (cf. Journal Congar, II, p. 24).

Cap. IV *De Libertate religiosa* peut être envoyé sous peu aux évêques. Et demander encore une fois des réactions par écrit. Ensuite mise au vote, peut-être sans un nouveau débat au concile. Il ne parle plus du tout d'une collaboration avec la commission théologique[43].
La lettre au card. Cicognani au sujet du Cap. IV et l'Appendix *De Judaeis* est envoyée[44].
16.30 Téléphoné au card. Suenens au sujet du *De Libertate religiosa*. On peut estimer qu'un *Nihil Obstat* de la commission théologique est superflu. Téléphoné au card. Spellman, mais sans résultat[45].
19.00 Vers Naples et Pompéi.

Mardi 10 mars 1964
9.00 À Naples.
10.00 Vers Pompéi.

Mercredi 11 mars 1964
8.30 De retour à Rome.
11.00 Au Secrétariat, visite du P. Bernard-Maître s.j.[46]. Il prépare un voyage à Moscou, Leningrad et veut aller en Chine.
13.30 Déjeuner chez l'ambassadeur de France[47] avec le card. Liénart. Celui-ci est reconnaissant pour le travail du Secrétariat à Ariccia.
15.30 Vers le Secrétariat.

Jeudi 12 mars 1964
8.30 Vers Viterbe.
Parlé au clergé.
Visite chez l'archevêque[48]. Parlé (l'après-midi) aux sœurs.
17.30 De retour à Rome (de Viterbe).

---

43. Ce n'était que partie remise, cf. *infra* les incidents d'octobre 1964 et le rôle obscur de Felici.
44. Pour cette lettre du 9 mars 1964 de Bea à Cicognani, cf. *A.S.* V, II, p. 151-152.
45. La commission de coordination avait une réunion le 10 mars 1964. Aussi bien Suenens que Spellman en étaient membre et on constate que Willebrands cherche à les mobiliser pour le *De Libertate religiosa*.
46. Henri Bernard-Maître (1889-1975), jésuite français, missionnaire en Chine de 1928 à 1947, spécialiste de l'histoire des missions en Chine et de la philosophie chinoise, consulteur du Secrétariat pour les non chrétiens.
47. René Brouillet (1909-1992), ambassadeur de France auprès du Saint-Siège de janvier 1964 à juillet 1974.
48. A. Albanesi (1883-1970), évêque de Viterbe et de Tuscania de 1942 à sa mort.

Vendredi 13 mars 1964

11.00 Chez le card. Suenens au sujet de la session de la commission de coordination. Le rapport sur la session d'Ariccia a été très bien accueilli. Tout est accepté. Au sujet des Mahométans: le card. Bea et le card. Marella doivent poursuivre le travail ensemble[49].

13.30 Déjeuné avec Hermann Volk.

15.00 Travaillé au Secrétariat.

18.00 Chez le card. Bea. Pour son voyage à Contantinople[50], nous devons nous-mêmes faire les démarches ultérieures. Le cardinal se tient à l'écart, parce qu'il s'agit de sa propre personne, mais il est tout à fait d'accord avec nous.

Samedi 14 mars 1964

9.00 Travaillé, au Monte Mario, à la dernière révision du texte *De Oecumenismo*[51].

17.30 Avec le P. Springhetti à la Grégorienne pour le texte *De Oecumenismo*. (Le card. Bea se rend en Allemagne[52]).

Dimanche 15 mars 1964

9.30 À la maison, écrit des lettres.

11.30 Vers le Secrétariat.

12.30 Parlé avec Mgr Carlo Colombo, au sujet de:
– l'institut de Gazzada;
– la thèse des ordinations anglicanes;
– un lieu à Milan pour la réunion du 15 avril.

14.00 Déjeuné au De Graal.

17.30 Visite, au Monte Mario, des patriarches Batanian et Sidarouss[53]. Visite très aimable.

---

49. Le procès verbal de la réunion mentionne: «Viene approvato l'ordine dello schema come suggerito dal Card. Bea. Quanto all'integrazione del Segretariato [de quelques nouveaux membres pour traiter la question des non chrétiens], l'Em.mo Card. Presidente ricorda che è stato istituito un Segretariato per i popoli non cristiani, di cui è il Presidente il Card. Marella. L'Em.mo Bea potrà – qualora fosse necessario – mettersi d'accordo con il Card. Marella» (*A.S.* V, II, p. 157).

50. Du 2 au 5 avril 1965, le card. Bea, accompagné de Willebrands et Duprey, fera une visite officielle au patriarcat œcuménique de Constantinople. Cf. *Tomos Agapis*, n. 92-97.

51. Le 27 avril 1964 le pape donnera l'autorisation d'envoyer aux évêques le schéma *Decreti de Oecumenismo* (cf. FConc. Suenens 1848).

52. Pour participer à la «Woche der Brüderlichkeit» à Cologne, où il a donné une conférence au sujet des relations avec le peuple juif (cf. St. SCHMIDT, *Augustin Bea*, p. 552).

53. St. Sidarouss (1904-1987), religieux égyptien de la Congrégation des Missions, patriarche d'Alexandrie des Coptes catholiques de 1958 à 1986, membre de la commission pour les Églises orientales, cardinal en 1965.

Lundi 16 mars 1964

9.00 Encore revu le texte *De Oecumenismo* avec le P. Long.
10.00 Visite au Secrétariat de Father William Ferree[54] au sujet du congrès de Pax Romana en juillet à Washington[55]. Réorientation et stratégie de Pax Romana dans une perspective œcuménique.
11.00 Visite du Père Chrysostomus[56] de Nieder Alteich[57].
11.30 Visite de Charles Moeller au sujet de la commission théologique (*De Ecclesia, de B.M.V., De divina Revelatione*)[58] et au sujet de l'institut œcuménique de Gazzada.
16.00 À la maison, correspondance et lecture.

Mardi 17 mars 1964

12.30 Téléphoné au Père Raes[59]: demain concertation.
16.30 Avec le P. Hamer chez le P. Springhetti s.j. pour la correction latine du texte *De Libertate religiosa*.
20.00 Le soir, les notes du *De Libertate religiosa*.

Mercredi 18 mars 1964

9.00 Chez le Père Springhetti s.j, où le P. Hamer est également présent, pour corriger le latin du *De Libertate religiosa*.
11.30 Reconduit le P. Hamer à S. Sabina.
12.00 Chez le P. Raes à la Bibliothèque vaticane.
17.00 Visite du Père Civardi[60] au Secrétariat au sujet de son livre sur l'Athéisme contemporain.
18.00 Visite de Mme Myrtille Sabet[61]: au sujet d'une église à Port Saïd.

---

54. William J. Ferree (1905-1985), marianiste américain, spécialiste de la doctrine sociale de l'Église, aumônier de Pax Romana.
55. Selon l'Agenda de poche il y a eu un congrès de Pax Romana à Washington du 20 au 30 juillet 1964.
56. Il s'agit du Père Dr Johannes Chrysostomus, bénédictin de Niederaltaich, né à Smolensk en Russie, spécialiste de l'histoire récente de l'Église orthodoxe russe.
57. Nieder Alteich ou Niederaltaich, monastère bénédictin en Basse-Bavière, avec un institut œcuménique, où la liturgie byzantine est célébrée régulièrement.
58. La commission théologique avait tenu une session du 2 au 14 mars, à laquelle Moeller avait assisté en tant que *peritus* et proche collaborateur de Mgr Philips.
59. A. Raes (1896-1983), jésuite belge, membre du Secrétariat pour l'Unité, *peritus* conciliaire, préfet de la Bibliothèque Apostolique Vaticane en 1962.
60. On n'a pas trouvé de livre de Mgr L. Civardi (spécialiste de l'Action catholique) sur l'athéisme contemporain. Par contre le Père Giulio Girardi, salésien italien, a publié en 1967 un ouvrage collectif *L'ateismo contemporaneo*, Torino, 1967. Il se pourrait que Willebrands ait confondu les noms.
61. Myrtille Sabet, Égyptienne, elle était en contact avec le Père Ayrouth.

Jeudi 19 mars 1964

9.00 Chez le P. Hamer o.p. à S. Sabina pour contrôler les Notes du *De Libertate religiosa*. Ensuite, ensemble chez le P. Springhetti. Avec le P. Springhetti nous avons terminé le texte *De Libertate religiosa*.

12.00 Reconduit le P. Hamer à S. Sabina.

16.30 Fait un exposé chez les sœurs au Monte Mario.
(Le card. Bea est rentré d'Allemagne).

Vendredi 20 mars 1964

8.30 Au Secrétariat.
Dans la rue, le card. Testa m'a retenu: il a parlé au pape de la demande d'un visa pour Mgr Slipyj afin qu'il puisse rendre visite pendant un certain temps à son Église à Leopoli [= L'viv]. Le pape a dit de faire peut-être appel à Mgr Willebrands. Le card. Testa me demande donc de faire quelque chose. Je réponds que ce n'est qu'après Pâques que je serai de retour à Rome et que je vois deux difficultés: Slipyj lui-même, mais surtout qu'en Russie son Église n'existe pas pour la loi. J'en parlerai au card. Bea.
Ensuite, à 10 h, chez le P. Springhetti pour les corrections du texte de l'Appendix (*De Judaeis*).
De retour au bureau, le Père Bazille[62] apporte sa note au sujet des sources du droit du can. 1351[63]. Le Père Hamer vient plus tard pour parler de quelques notes dans le texte *De Libertate religiosa*. Conduit le P. Hamer à Ste-Sabine (Hamer m'assure encore une fois qu' à son avis il vaudrait mieux omettre le passage sur la conscience erronée dans le *De Libertate religiosa*).
Déjeuné au collège néerlandais. Mgr Damen est encore trop malade pour me recevoir. Après le repas, vers le Secrétariat.
Rédigé une note pour le card. Bea en vue de son audience.
Téléphoné à Schmidt-Clausen[64].
Lettre à Colombo pour une conversation à Milan le 15 avril[65].

---

62. Marie-Joseph (Jacques-Alfred) Bazille, né en 1925, dominicain français, bachelier en droit canonique, de 1963 à 1968 secrétaire de langue française de la Curie générale des Dominicains à Ste-Sabine à Rome, a quitté l'Ordre des Prêcheurs en 1970.

63. Le canon 1351 (du Code de 1917) disait: «Ad amplexandam fidem catholicam nemo invitus cogatur». Texte important pour la liberté religieuse.

64. Kurt Schmidt-Clausen (1920-1993), théologien luthérien, secrétaire de la Fédération Luthérienne Mondiale de 1960 à 1965, abbé du monastère cistercien luthérien d'Amelungsborn de 1971 à 1989.

65. Carlo Colombo va aider Willebrands à trouver un lieu de rencontre pour la conversation des dirigeants du COE avec une délégation du Secrétariat (voir 15 avril 1964).

22.30 Téléphoné à Mgr De Smedt (Bruges) au sujet du passage concernant la conscience erronée dans le *De Libertate religiosa*. En principe il est d'accord pour le laisser tomber, mais il faut d'abord en parler à Pavan.

Samedi 21 mars 1964
9.00 Mgr Pavan au Secrétariat au sujet du *De Libertate religiosa*. On décide de maintenir le passage au sujet de la conscience erronée.
10.30 Chez le card. Bea. Préparation de son audience.
12.00 De retour au Secrétariat. Parlé avec Duprey du voyage à Constantinople. Traité de la correspondance avec Arrighi.
13.30 Déjeuné avec Father Long chez Camillo[66].
15.00 De retour au Secrétariat.
Lettre de V. 't H. [Visser 't Hooft] au sujet du lieu de rencontre à Milan.
Lettre à Lukas Vischer au sujet du *De Libertate religiosa*.
18.00 Réunion avec Arrighi, Duprey, Stransky, Long, Hamer pour rédiger quelques points pour la conversation à Milan le 15 avril prochain.

Dimanche le 22 mars 1964
Le matin, bénédiction des rameaux à la chapelle au Monte Mario.
10.00 Fait mes bagages.
Téléphoné à Arrighi au sujet d'une audience du Drs [= doctorandus: celui qui prépare un doctorat] N. van den Akker[67] et d'un groupe néerlandais.
12.00 Vers le Secrétariat; traité avec Arrighi la correspondance et réglé l'audience du groupe néerlandais.
13.00 Vers Fiumicino.
Téléphoné de Fiumicino au P. Schmidt au sujet de l'audience du groupe néerlandais et de la demande du métropolite Hermaniuk.
14.30 Vers Frankfurt/Main – avec Alitalia.
16.00 À Frankfurt, Hermann Volk, sa sœur et le secrétaire se trouvent à l'aéroport. Pris le café. Avec le train vers Paderborn.

Lundi 23 mars 1964
Réunion «Wissenschaftlicher Beirat» [conseil scientifique]. J.-A.-Möhler-Institut Paderborn.
9.00 Conférence au J.-A.-Möhler-Institut.
(Paderborn).

---

66. Il s'agit peut-être du restaurant Camillo à Porta Portese.
67. N. van den Akker (1917-2000), pasteur de l'Église réformée à Bois-le-Duc; il était membre du cercle œcuménique «Larense Kring» et lié d'amitié avec Willebrands.

Mardi 24 mars 1964
J.-A.-Möhler-Institut Paderborn.
18.00 Fin de la session du J.-A.-Möhler-Institut.

Mercredi 25 mars 1964
J.-A.-Möhler-Institut Paderborn.
13.00 Parti en train de Paderborn via Düsseldorf vers Amsterdam.
19.00 Dîné chez Evert. Evert et Lies me conduisent à Egmond-binnen. La nuit, les matines au monastère Ste-Lioba.

Jeudi 26 mars 1964
Monastère Ste-Lioba.
Les solennités de la Semaine Sainte avec Fr. Thijssen et van den Brink[68].
11.30 Vers Hoorn.
17.00 De retour au monasère Ste-Lioba.

Vendredi 27 mars 1964
Monastère Ste-Lioba.

Samedi 28 mars 1964
Monastère Ste-Lioba.
Via Hoorn, où nous avons pris papa, avec Frans vers Witmarsum.
10.00 Conférence à Witmarsum.
13.00 Agapè à Witmarsum.
14.00 Retour à Egmond.

Dimanche 29 mars 1964
Monastère Ste-Lioba.
15.00 Retour à Hoorn.

Lundi 30 mars 1964
10.00 Célébré la grand-messe à Hoorn.
16.30 Travaillé au presbytère: l'article pour *L'Osservatore della Domenica*.
17.00 Chez papa, où Mr et Mme Dijkman sont en visite.

Mardi 31 mars 1964
80ème anniversaire de papa.
12.00 Tous les enfants sont présents.

---

68. J. K. van den Brink, pasteur réformé, converti au catholicisme en 1954, qui séjournait souvent au couvent de Ste-Lioba. Il travaillait chez la maison d'édition catholique *Het Spectrum*.

14.30 Déjeuner dans la salle supérieure du «Foks». Ambiance fort chaleureuse.
18.00 Retourné à St-Joseph[69] pour le café.

Mercredi 1 avril 1964
9.00 Au presbytère, travaillé à ma correspondance.
11.00 Téléphoné au Secrétariat. Parlé avec le P. Long, Stransky et Corinna:
– la demande de Mgr Fagiolo pour avoir la Relatio.
– le voyage à Constantinople.
– une lettre d'un évêque des États-Unis.
– une brève lettre du Père Tromp concernant le *De divina Revelatione*[70].
Ensuite (11 h 30) chez Father Boekraad[71] à la maison des missions. Au sujet de Newman et du congrès sur Newman à Luxembourg.
Déjeuné avec papa à St-Joseph.
Ensuite vers Haarlem.
(voir la page du 2 avril)[72].
14.00 Vers Amsterdam, pour faire quelques emplettes.
17.00 Chez Mgr van Dodewaard. Au sujet du travail du Secrétariat pour le schéma *De Oecumenismo,* de la commission théologique *De divina Revelatione.* Et au sujet de Ste-Lioba (la réélection de la Mère prieure)[73].

Jeudi 2 avril 1964[74]
11.00 Chez le card. Alfrink. Parlé un instant de la princesse Irène[75], du mouvement œcuménique aux Pays-Bas et de ceux qui lorgnent uniquement vers

---

69. La maison de repos où séjournait le père de Willebrands.

70. Il s'agit probablement de la lettre du 22 mars (que Willebrands n'a vue qu'à son retour de Hollande). Le 22 mars 1964, Tromp note dans son *Diarium* 8: «Mane expedivi cum epistolis adiunctis Observationes circa Schema de Revelatione cum mea relatione generali ad Emum Card. lem Bea et Mons. Willebrands, secr. Comm. pro unitate».

71. A. J. Boekraad (1915-1995), missionnaire de Mill Hill, prêtre en 1943, spécialiste de Newman, enseignait la philosophie à la maison de formation des Missionnaires de Mill Hill à Roosendaal, directeur du «Sint Bonifatius Missiehuis» à Hoorn en 1963. Pour le congrès à Luxembourg il a écrit une contribution «Newman in the Low Countries».

72. Willebrands a noté quelques événements du 1er avril à la page du 2 avril. Nous situons ces notes au 1er avril.

73. Mgr van Dodewaard était membre de la commission théologique et le monastère de Ste-Lioba était situé dans son diocèse.

74. Les annotations du 2 avril ont été écrites à la page du 3 avril.

75. Princesse Irène van Lippe-Biesterfeld (1939-), fille de Juliana, reine des Pays-Bas, et du prince Bernhard. Le 29 avril 1964, elle avait épousé le prince catholique Carlos Hugo de Bourbon-Parme. Avant son mariage elle s'était secrètement convertie au catholicisme et avait été rebaptisée par le card. Alfrink. Ce qui avait semé la consternation chez les protestants et fut un incident grave dans le dialogue œcuménique en Hollande.

les protestants et sèment ainsi davantage de confusion plutôt que de créer une situation nette.
13.30 Déjeuné chez Fr. Thijssen au presbytère.
15.00 Visite chez le curé Maan[76] (Parlé des Old Roman Catholics en Angleterre et de Mathew[77]. Maan est très négatif et les situe pratiquement sur la même ligne que les «Vrij-Katholieken»[78]. Au sujet des développements au concile. Sur la possibilité d'un dialogue avec les Vieux-Catholiques).
18.00 Via Amsterdam vers Egmond (Ste-Lioba).

Vendredi 3 avril 1964
9.00 À Egmond, conversation avec Mère Hildegard.
19.00 Retourné à Hoorn.

Samedi 4 avril 1964
À Hoorn.
Le matin j'ai dactylographié une lettre pour Schlink et une copie pour le card. Alfrink.
20.00 Une soirée de conversation chez Piet et Ans au sujet du concile.

Dimanche 5 avril 1964
À Hoorn.
8.30 Messe avec homélie à l'église.
15.00 Écrit une lettre au card. Bea et au card. Suenens[79].

Lundi 6 avril 1964
À Hoorn.
10.00 Départ vers Haarlem – Coebergh.
De Haarlem à Amsterdam (Schiphol).
14.00 Schiphol. Rencontré Arrighi (Thijssen) et P. Schoonebeek.

---

76. P. J. Maan (1913-1993), professeur d'Écriture Sainte au séminaire d'Amersfoort, observateur de l'Église Vieille-Catholique (Union d'Utrecht).

77. Il s'agit de l'Église Vieille-Catholique d'Angleterre et probablement du Père Arnold Harris Mathew, qui a été sacré évêque Vieux-Catholique à Utrecht le 28 avril 1908.

78. Vrij-Katholieke Kerk (The Liberal Catholic Church), une communauté indépendante ecclésiale fondée en Angleterre, en 1916, par les théosophes James Ingall Wedgwood et Charles Webster Leadbeater. L'évêque Arnold Mathew a ordonné Frederick Samuel Willougbhy qui à son tour a consacré Wedgwood. Ainsi ils revendiquent la succession apostolique.

79. Cette lettre n'a pas été conservée par Suenens.

15.30 Départ avec Arrighi vers Londres. Arrighi a rapporté de Rome ma correspondance et les notes du P. Hamer pour Milan[80].
18.00 À Londres, vers le St Francis Priory[81]. Téléphoné avec Satterthwaite[82], Pawley et Athénagoras de Thyatira.
19.00 Conversation avec M. Bévenot[83] de 6 à 7 h et dîner chez le Délégué apostolique Son Exc. I. Cardinale à 7 h 30.

Mardi 7 avril 1964
À Londres.
12.00 Chez le métropolite Athénagoras de Thyatira. Déjeuner avec le métropolite et deux membres de son clergé. Il parle de la situation délabrée de son Église à Londres. (5.000 enfants non baptisés, 2.000 mariages non bénis). Sa maison a été vendue par son prédécesseur. Bonne relation avec l'archevêque Heenan. Le patriarche Athénagoras vient à Londres du 7 au 17 mai: une opération à l'hôpital, visite à Ramsey[84].
La situation à Constantinople est difficile à cause de la pression du gouvernement turc. Ils [le patriarcat] ne quitteront pas Constantinople de leur propre gré. S'ils y sont contraints, ils vont s'établir en Grèce dans la région frontalière. Est-ce que les Russes désirent s'établir à Constantinople?
19.00 Longue promenade avec Arrighi à travers Londres.

Mercredi 8 avril 1964
À Londres.
9.00 Promenade vers la Westminster Abbey.
Rencontre à la Westminster Abbey avec le Right Rev. Joost de Blank[85].
Promenade vers les Houses of Parliament et la Tamise.
Avec le chan. Pawley, visite à la Church House. Je lui a donné le texte *De Oecumenismo* et les textes du Padre Civardi [= Giulio Girardi?]. Pawley est

---

80. Il s'agit des notes de Hamer, qui avait préparé la rencontre avec le COE à Milan (cf. M. VELATI, *Una diffficile transizione*, p. 439-445).
81. La St Francis Priory (St Francis street) était une maison des Franciscan Friars of the Atonement.
82. John R. Satterthwaite, chanoine anglican, secrétaire général du conseil de l'Église d'Angleterre pour les relations extérieures, secrétaire des archevêques de Canterbury Fisher et Ramsey, observateur de la Communion Anglicane.
83. M. Bévenot (1897-1980), jésuite anglais, consulteur du Secrétariat pour l'Unité. Cf. R. MURRAY, *Maurice Bévenot, scholar and ecumenist (1897-1980)*, dans *The Heythrop Journal* 22 (1982) 1-17.
84. M. Ramsey (1904-1988), archevêque de Canterbury de 1961 à 1974.
85. Joost de Blank (1908-1968), archevêque de Cape Town (Afrique du Sud) de 1957 à 1963, il était fortement opposé à la politique de l'«apartheid».

tout à fait d'accord pour un dialogue au niveau mondial («la plupart des Anglicans mangent du riz et des bananes»). Il demande si des observateurs pourraient être présents à la commission post-conciliaire pour la liturgie. Les Anglicans travaillent à une rénovation liturgique. Il serait important de lire les mêmes péricopes [de l'Écriture sainte] les dimanches.
Après le déjeuner, vers SPCK[86].
À mon logement.
16.00 Avec Brother Bernardine[87] vers St Paul's Cathedral.
18.30 Le soir, dîner chez l'archevêque Heenan. Accueil très chaleureux. Discussion au sujet des Old Roman Catholics (Heenan est négatif), du schéma *De Oecumenismo*, de la princesse Irène, du *De divina Revelatione*.

Jeudi 9 avril 1964
À Londres.
Le matin, travaillé dans ma chambre:
– la note de Hamer
– la conversation avec Sattertwaithe: les points
– notes.
11.00 Avec Brother Bernardine vers Buckingham Palace pour la relève de la garde.
12.00 Vers l'Atheneum Club.
12.30 Lunch avec Satterthwaite.
15.00 Chez l'archevêque de Canterbury, le Dr Ramsey.
16.30 Par la Francisstreet 47 vers le KLM Office pour la réservation de mon vol à Paris (samedi à 13 h).

Vendredi 10 avril 1964
9.00 Vers Ely.
Canon Pawley nous attend à Cambridge et nous fait voir des collèges (Kings College). Passé la journée à Ely.
17.00 Retourné à Londres.
18.00 Le soir, téléphoné à Mgr Cardinale pour lui communiquer les résultats de notre visite. Il est très content.

Samedi 11 avril 1964
Fait des achats à Londres: brochures au sujet des conversations Anglicans-Méthodistes etc.

86. Society for Promotion of Christian Knowledge, société anglicane fondée en 1698 pour la promotion de la foi chrétienne.
87. Bernardine, frère de l'Atonement à la St Francis Priory.

10.30 Téléphoné à l'archevêque Heenan. Hier il a reçu l'évêque Bloom[88] et il a pris des accords pour une conversation catholiques-orthodoxes en Angleterre.
12.30 Départ vers l'aéroport.
15.30 Arrivée à Paris. La belle-sœur d'Arrighi vient nous chercher. Chez Dumont o.p.
18.00 Le soir, dîné chez la belle-sœur d'Arrighi.

[Les notes des journées du 12 et 13 avril de l'Agenda ont été écrites par après et ne suivent pas l'horaire habituel. C'est plutôt un rapport de ces deux journées de contacts et d'entretiens avec des représentants de la Petite Église. Pour ces contacts de Willebrands et Arrighi avec la Petite Église, voir aussi Journal Congar, II, p. 63-64 où Arrighi fait part à Congar[89] de ces démarches.]

Dimanche 12 avril 1964
De Paris à Angers en train avec Mgr Arrighi. Le secrétaire de l'évêque nous attend. L'évêque[90] est absent à cause du jubilé de 25 ans d'épiscopat du card. Leclercq [sic][91]. Mgr de Rouhineau [sic = Derouineau][92] se trouve à l'évêché et discute avec nous des visites à faire.
Déjeuné à l'évêché.
En voiture vers Bressuire[93].
Visite chez Monsieur Hy[94]. Il y a 8 hommes et 5 dames. Au début ils sont peu loquaces. J'ai parlé de Jean XXIII, des besoins spirituels de notre temps, des intentions du concile. Connaître le passé pour y apprendre le bien pour

---

88. A. Bloom (1914-2003), d'abord médecin puis, en 1957, évêque de l'Église orthodoxe russe, exerce notamment son ministère en Angleterre, métropolite de Souroge (Suroš), exarque pour l'Europe occidentale de 1965 à 1974.

89. Y.-M. Congar (1904-1995), dominicain français, professeur au Centre d'études des dominicains «Le Saulchoir», *peritus* conciliaire, cardinal en 1994.

90. Henri Mazerat (1903-1986), évêque d'Angers de 1961 à 1974.

91. Il n'y a pas de cardinal Leclercq à cette époque mais il s'agit du cardinal Joseph Lefebvre (1892-1973), évêque de Troyes en 1938, archevêque de Bourges de 1942 à 1969, cardinal en 1960. J. Lefebvre était prêtre du diocèse de Poitiers.

92. Il s'agit sans doute de Mgr A. Derouineau (1898-1973), né à Blaison (diocèse d'Angers), membre de la Société des Missions étrangères, évêque de Kunming (Chine) en 1946, expulsé de Chine et habitant depuis lors à Gohier (arrondissement d'Angers). Le 20 décembre 1957, Mgr Derouineau était nommé par Pie XII visiteur apostolique des «dissidents» de la Petite Église et il avait eu des entretiens à ce sujet avec le card. Bea à Paris en janvier 1962 et à Rome lors de la 1e session du concile.

93. Commune des Deux-Sèvres dans le Poitou-Charentes.

94. Jean Hy de Bressuire. Après l'annonce du concile, il avait pris l'initiative de faire signer une lettre adressée aux Pères du concile. Toutefois les «Lyonnais» de la Petite Église s'étaient opposés à cette initiative.

l'avenir. Ne pas s'arrêter au passé. Le respect pour les intentions de leurs prêtres et évêques du passé. Cela peut être exprimé. S'ils persistent maintenant, les conséquences de cette attitude vont être en opposition avec les intentions originelles et pures. Ils admettent cela et parlent des intentions originelles et de l'apostasie de la jeunesse. Ils veulent se réconcilier. Ils comparent leurs évêques, expulsés par l'État, avec les évêques de Chine, avec Mindszenty[95] etc. Je parle de «réconciliation en pleine communion». Ils demandent un prêtre pour les instruire dans la pratique des sacrements. Une incorporation solennelle: un pèlerinage vers Notre-Dame-de-Pitié[96]. Un comportement décent et fraternel. Ils espèrent que beaucoup de personnes viendront mais cela provoquera une scission qui divisera même les familles.

Lundi 13 avril 1964

10.00 Visite à Mr Ulysse Husseau[97] à Plainelière[98]. Présents: Madame Husseau et 4 messieurs. La seule qui a parlé est Mme Husseau. Ce qu'elle a dit revient à ceci:

{[99]1) Nous ne bougeons pas: Vous avez les «réclamations»[100]. C'est à prendre ou à laisser. Tout ou rien. Nous n'avons rien à ajouter.
2) Nous ne pouvons pas parler avec vous. Nous ne sommes pas compétents. Adressez-vous à Lyon. Vous y trouverez un monsieur qui pourra parler avec vous.

---

95. J. Mindszenty (1892-1975), archevêque d'Esztergom de 1945 à 1973, cardinal en 1946, emprisonné par le régime communiste en 1948. Lors de la révolution hongroise en 1956, il s'était réfugié à l'ambassade américaine.
96. Chapelle Notre-Dame-de-Pitié, lieu de pèlerinage sur la commune de Chapelle-Saint-Laurent (à 10 km de Bressuire), érigée en basilique mineure en 1964.
97. Mr Ulysse Husseau était le responsable des «dissidents» des Deux-Sèvres.
98. La Plainelière, village de la paroisse de Courlay (commune des Deux-Sèvres), où les membres de la Petite Église se réunissent pour les grandes fêtes.
99. Le passage entre { } a été noté en français par Willebrands. Nous avons repris le texte tel quel, donc avec les fautes de français de Willebrands.
100. Il s'agit des *Réclamations canoniques* que les évêques réunis à Londres avaient envoyées à Pie VII le 6 avril 1803 afin de justifier leur refus de donner leur démission, comme le pape l'avait exigée après la signature du concordat. Ce texte signé par une quarantaine de prélats en exil, est l'acte majeur de l'opposition. Il a été porté à Rome par les Lyonnais, en accord avec les Poitevins, au Premier Concile du Vatican, et les anticoncordataires attendent qu'un nouveau concile donne raison à cette position de leurs «évêques légitimes», pour qu'ainsi la chaîne épiscopale soit rétablie [avec nos remerciements au Prof. J.-P. Chantin].

3) Elle a dit, bien que moins nettement, que l'infaillibilité du pape n'est pas acceptée par elle.
Nous y sommes restés de 10 à 11 h.
Après cela, visite à Monsieur Gabard[101] à Plainelière, président du conseil administratif de La Chapelle. Il nous a reçu bien, sa femme était présente. Ils sont des gens simples et ils disent: Les ancêtres ont vécu ainsi, nous faisons de même. Nous prions, il y a chez nous de lâchement [sic = du relâchement], chez vous aussi. Nous restons dans notre coin.}
Sur le chemin du retour à Les Aubiers[102], visite à Madame Turpeault. Elle possède les portraits du pape Jean et du pape Paul. Elle fait l'éloge de la lettre que nous avons envoyée. Elle applaudit à une visite sérieuse et veut une réconciliation, malgré le fait que cela va coûter.
[À côté de ce texte Willebrands a encore noté le passage suivant]
{M. U. Husseau est le chef de la prière dans La Chapelle.}[103]
J'ai expliqué les buts du concile à Mme Husseau. La nécessité de la réconciliation et du rétablissement de la communion. Aussi son manque de fidélité aux évêques de l'époque, qui se seraient certainement mis en contact avec un concile et auraient rétabli la paix. Les conséquences de son attitude actuelle vont à l'encontre de la pureté des intentions des origines.
Dans l'après-midi nouvelle visite à M. Hy. Il a réuni 8 personnes, 6 dames et deux messieurs. Six d'entre eux n'étaient pas présents hier. Chez eux aussi il y a un grand désir de réconciliation. Ils insistent pour que cela se fasse sans tarder. Ils reprochent son attitude à Mme Husseau: de se cacher derrière «Lyon». De plus, à Lyon, ils sont jansénistes, ce qu'eux ne sont pas. Nous allons y retourner après la Fête-Dieu et préparer notre visite par un échange de lettres.

Mardi 14 avril 1964
Paris.
9.00 Conversation avec le Père André Scrima concernant la situation à Constantinople.
13.00 Déjeuné chez Mme Arrighi.
14.00 Vers Orly.
15.30 Avion vers Milan.
19.30 À Milan (Albergo Ambrosiano), conversation avec le P. Schmidt et le card. Bea.

---

101. Gabard, membre de la Petite Église, responsable de La Chapelle de La Plainelière.
102. Les Aubiers, une commune du Département des Deux-Sèvres, de l'arrondissement de Bressuire (actuellement fusionnée avec Nueil).
103. En français dans le texte.

Mercredi 15 avril 1964
Milan[104].
9.00 Réunion Via di S. Sofia 11-13.
14.00 Conversation à l'Albergo Ambrosiano avec les participants de G. [Genève].
16.00 Réunion à la Via di S. Sofia 11-13.
19.00 Retour à Rome avec le P. Duprey et le P. Hamer.
Fait mon rapport sur le voyage en Angleterre.

Jeudi 16 avril 1964
9.00 Vers Bracciano, visite à Mère Imelda[105] et à sœur Magdalena[106].
12.00 Chez Mgr Parente (Commissio pro pastoribus)[107].

Vendredi 17 avril 1964
10.30 Visite du Dr Douglas Steere. Au Caire il a parlé avec des amis de l'Islam, et aussi du nouveau secrétariat pour les non chrétiens et du concile.
12.00 Mr Eberhard de Berlin, qui est à Rome avec un «Arbeitsgruppe».
13.00 Le Père Meura[108], qui me communique qu'il dispose d'un petit hospice pour des non-catholiques.
16.30 Un Monsignore de Viterbe, pour m'inviter aux fêtes du 10 mai à Viterbe – la commémoration de l'Ordine di Malta à Viterbe et la «coronazione» de la Madonna di Costantinopoli[109], un représentant des orthodoxes.
19.30 Vers la Secrétairerie d'État avec un rapport du voyage en Angleterre; un projet de lettre du pape au patriarche[110], lettre du Dr Ramsey au pape.

---

104. Ce jour, une rencontre importante a eu lieu à Milan entre Bea, Willebrands, Hamer et Duprey (pour le Secrétariat) et Visser 't Hooft, Vischer et Nissiotis (pour le COE). Willebrands en a fait un procès-verbal de 23 p. Cf. M. VELATI, *Una difficile transizione*, p. 439-445 et St. SCHMIDT, *Augustin Bea*, p. 604.
105. Sœur Imelda (Christine Esser) (1897-1977), d'origine allemande, prieure générale des Dominicaines de Béthanie.
106. Sœur Magdalena (Johanna Nouwen) (1901-1975), Néerlandaise, assistante générale des Dominicaines de Béthanie.
107. Il s'agit de pasteurs protestants convertis au catholicisme.
108. É. Meura (1910-1991), prêtre du diocèse de Lille, à l'époque il était responsable de l'édition française de *L'Osservatore Romano* et avait un grand intérêt œcuménique.
109. À l'église S. Faustino et Giovita à Viterbe, se trouve une image de la Madonna di Costantinopoli, vénérée dans beaucoup d'églises en Italie.
110. Il s'agit sans doute d'Athénagoras que Willebrands va rencontrer lors de son prochain voyage à Constantinople du 21 au 23 avril 1964.

Samedi 18 avril 1964

8.30 Au Secrétariat.
11.30 Chez le card. Cicognani:
— Schema *De Oecumenismo*: les trois premiers chapitres sont acceptés pour être votés au concile.
— 4um Caput: Declaratio [*De Libertate religiosa*]. Le texte est bon.
— Appendix: Declaratio sur les Juifs et les autres religions non chrétiennes.
Chez Mgr Pericle Felici:
— Il y aura une lettre du card. Cicognani au sujet de l'Appendix, qui deviendra Declaratio altera. Le texte doit être prêt sous peu, parce que les autres capita ne peuvent être envoyés sans cet Appendix. Ce serait mal interprété par la presse. Aussi le *De Libertate* comme Declaratio (prima)[111].
17.30 Travaillé chez moi au rapport sur les Pastores (pour le S.O. [Saint-Office]).

Dimanche 19 avril 1964

10.00 Chez le card. Bea.
12.00 Chez Mgr Dell'Acqua.
La lettre du pape au patriarche est prête; être prudent, sinon on provoquera un pandémonium, avec la publicité, les réactions. Éviter toute politique ou toute apparence de politique.
Une petite modification dans le communiqué.
Projet de protocole pour une visite du patriarche à Rome[112]. Le chef de Saint André[113].
15.00 Déjeuné avec Father Long en ville.
16.00 Travaillé au Secrétariat. Discussion avec les Pères Long et Duprey.

---

111. Après la réunion de la commission de coordination du 16 avril 1964, Cicognani écrit le 18 avril une lettre à Bea où il communique que les trois premiers chapitres du *De Oecumenismo* seront suivis de deux Declarationes: une «Declaratio de Hebraeis et de gentibus non-christianis» (où il faudra éviter toute allusion au déicide [Le rapport de la réunion disait seulement: «che verso nessun popolo devono essere usate parole offensive»]) et une autre «Declaratio de Libertate religiosa». Cf. *A.S.* V, II, p. 479-480. Voir aussi le rapport de Cicognani pour la commission de coordination, où Cicognani déclare son opposition à l'emploi du terme déicide (*ibid.*, p. 284-288) et le Processus verbalis (*ibid.*, p. 292-293).

112. Finalement le patriarche Athénagoras ne viendra à Rome qu'en 1967 (du 26 au 28 octobre).

113. En septembre 1964, le pape va restituer à Patras les reliques de Saint André, qui se trouvaient à la Basilique de Saint-Pierre. Cf. G. CAPRILE, *Il Concilio Vaticano II*, IV, Roma, 1965, p. 40-42.

Lundi 20 avril 1964

9.00 Au Secrétariat.

10.00 Vers la Secrétairerie d'État: Mgr Martin[114] pour le «laissez passer». Donné le communiqué de presse à Mgr Dell'Acqua: il l'approuve.
De retour au Bureau. Demandé à Arrighi d'envoyer le texte du Secrétariat à Parente (au sujet des pastores convertiti pour la commission du S. O. [Saint-Office]).

11.30 Leo Alting von Geusau au Secrétariat au sujet de la Princesse Irène.

12.30 Départ pour Fiumicino.

13.00 Avec Olympic Airways via Athènes vers Istanbul.

16.00 Istanbul. Voir Rapport.

[Les jours des 21, 22 et 23 avril Willebrands n'a pratiquement rien noté dans son Agenda mais il renvoie à son «rapport»: des notes prises pendant le voyage de retour (parce qu'il écrit sur du papier avec en-tête d'Olympic Airways). Ce sont ces notes que nous publions ici d'abord.]

21-4-1964

Messe à l'église des Jésuites (Père Pasty[115]).
Déjeuner à l'hôtel.
En taxi vers le musée de Hagia Sophia et la mosquée bleue.
Evangelos est venu me chercher à l'hôtel et m'a conduit au Phanar.
Visite au patriarche [Athénagoras]. Vœux pour les fêtes pascales et pour le rétablissement de sa santé.
Le patriarche: au sujet de la Rencontre[116] et sur le concile.
Au sujet des reliques[117].
Au sujet du schéma *De Oecumenismo*.

Vers la cathédrale du Saint-Esprit.
Visite à la nonciature.
Visite à la cathédrale grecque.
Dîner avec le métropolite Const.[118].

---

114. Jacques Martin (1908-1992), né à Amiens, consulteur à la Secrétairerie d'État, évêque titulaire de Neapolis in Palestina en 1964, cardinal en 1988.

115. Gaston Pasty (1902-1988), jésuite français, ordonné en 1934, à l'époque supérieur de la résidence s.j. à Istanbul de 1946 à 1982.

116. Une rencontre future avec Paul VI.

117. Probablement les reliques de Saint André qui seront restituées à Patras.

118. Constantinos (Platis) (1900-1975), métropolite de Patras en 1957, membre du Phanar.

22-4-1964
Messe à l'église des Jésuites.
À 9 h 30, vers le patriarcat Arménien. Reçu par le patriarche[119].
Je lui ai transmis les salutations du pape. Sur la situation de son Église: le nombre des fidèles, prêtres, paroisses. Visites en France. Au sujet du concile.
À la maison; chez moi à 11 h 15.
Coup de téléphone A.F.P.[120] et Exc. Const. [lecture probable: Excellence Constantinos]
Avec le diacre Paulos: promenade vers le Bospore et la Mer noire.
De retour à la maison à 17 h.
Visite Caloyéras[121].
Dîner au Park Hotel avec le diacre Paulos.

23-4-1964
7 h 30: Messe chez les jésuites. Je prends congé du Père Pasty.
Déjeuner à l'hôtel.
Le diacre Kalinikos est venu me chercher.
Vers le patriarcat.
Reçu par le patriarche.
Il répète son projet: venir avec toute l'Église orthodoxe. Des observateurs au concile.
Sera-t-il libre de faire ce qu'il veut?
Il demande si nous désirons quelque chose. Commencer le dialogue.
Il en parlera à la prochaine Conférence panorthodoxe. Peut-être en Serbie.
Il ne veut pas monopoliser Rhodes[122]. Il a remercié les Russes, Nikodim et Alexis[123]. Et maintenant les Russes ont dit qu'ils veulent un dialogue. Miracula. Pas de désaccords au sujet du Filioque, l'Epiklesis etc.
Cicognani a-t-il parlé clairement?
Il n'y a pas seulement un désir mais bien une volonté affichée.

---

119. À l'époque le patriarche arménien de Constantinople était Shenork Kaloustian, patriarche de 1963 à 1990.

120. Agence France Presse.

121. D. Caloyéras (1915-2007), né à Istanbul, dominicain, de 1955 à 1976 administrateur apostolique d'Istanbul (rite byzantin), *peritus* conciliaire, de 1978 à 1983 archevêque d'Izmir (Turquie).

122. Il s'agit de la 3ème conférence panorthodoxe de Rhodes du 1 au 15 novembre 1964.

123. Alexis (Ridiger) de Talinn (1929-2008), évêque de Talinn en 1961, membre du Comité central du COE de 1961 à 1968, élu patriarche de Moscou en 1990 sous le nom d'Alexis II.

[Ici on continue la transcription de l'Agenda]

Mardi 21 avril 1964
Istanbul. Voir rapport.

Mercredi 22 avril 1964
Istanbul. Voir rapport.

Jeudi 23 avril 1964
Istanbul. Voir rapport.
11.00 Départ d'Istanbul avec Olympic Airways. Via Athènes vers Rome.
16.30 Avec l'archevêque Mgr Martin[124] et le Père Duprey chez le card. Bea.

Vendredi 24 avril 1964
9.30 Rev. Keighley[125] (méthodiste) au Secrétariat au sujet de l'éventualité d'observateurs à la prochaine réunion de la «Peace Conference»[126]. Il répondra à mes objections par écrit.
11.30 Discussion (Congresso[127]) au sujet du programme des activités.
12.30 Brève visite du Père Bernard-Maître s.j.
13.30 Déjeuné avec Long et Stransky[128].
15.30 Au Secrétariat. Correspondance etc.

Samedi 25 avril 1964
8.30 Le Père Duprey est venu me chercher.
Lu les propositons du Père Beaubien au sujet du World Fair à Montréal[129] et Pavillon for Unity.
Discussion avec le Père Beaubien et Long concernant un stand au World Fair à Montréal.

---

124. Il s'agit de Mgr Joseph Martin, archevêque de Rouen, qui avait accompagné Willebrands à Constantinople (cf. Journal Congar, II, p. 70).

125. David Allan Keighley, pasteur de l'église méthodiste à Rome, observateur de l'Église méthodiste britannique du Royaume Uni et de la société missionaire méthodiste en Italie.

126. Il s'agit de la Conférence de la paix à Prague.

127. Normalement le Congresso du Secrétariat se tenait une fois par mois sous la présidence de Bea.

128. Dans sa Préface, le P. Stransky révèle que Willebrands lui a fait part pendant ce repas des difficultés soulevées par le pape concernant la présence des observateurs au concile.

129. En 1967, l'Exposition Universelle se tenait à Montréal.

11.30 Visite à Mgr Scapinelli[130]: au sujet de mon voyage à Constantinople.

12.00 Discussion avec les Pères Hamer et Stransky sur la Relatio *De Libertate religiosa*.

16.00 Discussion avec le Père Congar et Charles Moeller au sujet du nouveau texte *Declaratio de Hebraeis et gentibus non-christianis*[131].

17.30 Continué à travailler à la correspondance.

Dimanche 26 avril 1964
Monte Mario.
Travaillé un peu à la conférence pour jeudi prochain.

Lundi 27 avril 1964

8.30 Au Secrétariat. Rapports et correspondance.

11.00 Chez le card. Bea. Le cardinal désire comme titre: *De Judaeis et de non-christianis*. Il veut un bref paragraphe sur les mahométans.

12.00 Vers le Monte Mario.

16.00 Travaillé à la conférence de jeudi.

17.00 Au Secrétariat.

18.00 Travaillé avec le P. Congar et Ch. Moeller au texte *De Judaeis et de non-christianis*[132].

19.30 Dîné avec le P. Congar et Ch. Moeller.

Mardi 28 avril 1964

8.30 Brève délibération au Secrétariat au sujet du nouveau texte *De Judaeis etc.* avec Arrighi, Duprey, Stransky, Long. Rédigé une note pour le card. Bea.

11.00 Visite de Son Exc. Slipyj. Il demande de faire quelque chose pour la Russie.

12.00 La Secrétairerie d'État nous confie tous les vœux de Pâques pour les transmettre aux patriarches, etc.[133].

16.00 Travaillé chez moi à la conférence de jeudi prochain.

---

130. G. B. Scapinelli di Leguigno (1908-1971), archevêque titulaire de Laodicea ad Libanum en 1962, à l'époque assesseur de la Congrégation pour l'Église orientale, membre de la Commission orientale.

131. Pour cette discussion, voir aussi le Journal Congar, II, p. 70-71. Pour le texte, voir F. Moeller 2018, 2020.

132. Cf. Journal Congar, II, p. 74-75. Pendant la réunion, Congar s'est quelque peu énervé («On passe beaucoup de temps pour quelque chose qui eût demandé une demi-heure»). Au cours du dîner, Willebrands a parlé de la Princesse Irène, de son voyage à Constantinople et de la Petite Église (à laquelle le P. Congar s'intéressait vivement). Pour le texte élaboré par Congar et Moeller, cf. F. Moeller, 2016. Dans une lettre du 4 mai 1964, É. Beauduin reprochera vivement à Moeller qu'il a fait des concessions, notamment en omettant le terme «déicide». Cf. F. Moeller 2015.

133. Pour l'importance de ces vœux, cf. St. SCHMIDT, *Augustin Bea*, p. 603.

Mercredi 29 avril 1964

8.30 Travaillé chez moi à la conférence pour jeudi.
11.00 Mariage de la Princesse Irène à Santa Maria Maggiore.
12.00 Vers le Secrétariat. Téléphoné avec Fagiolo au sujet du nouveau texte de la *Declaratio altera*[134], de la Relatio. Confié le texte de la Relatio[135] *De Libertate religiosa* à Hamer.
14.00 Déjeuné avec Duprey, Long, Scrima.
15.30 Au bureau: lettre au patriarche Athénagoras pour la confier à Scrima.
17.30 Vers la maison.
19.00 Coup de téléphone de Mgr Dell'Acqua pour régler l'affaire des reliques de Saint André à offrir à Patras[136]. Le pape n'a aucune difficulté à satisfaire la requête, mais ils doivent faire en sorte que la chose soit bien vue en Grèce. Téléphoné avec le P. Schmidt sur le texte *De Judaeis*.

Jeudi 30 avril 1964

8.30 Travaillé chez moi à la conférence de cet après-midi.
10.00 Renouvellement de la profession de trois sœurs au Monte Mario.
Vers le Secrétariat.
Vodopivec est satisfait du thème de la conférence.
13.00 Déjeuné en ville avec Corinna. Rédigé un résumé de la conférence destiné à la presse.
16.00 Avec le P. Duprey au collège de Propaganda Fide[137] pour la conférence[138]. Elle dure jusqu'à 18 h. Il est trop tard pour me rendre encore à la réception de l'ambassadeur [des Pays-Bas] pour la Journée de la Reine[139].
19.00 Conduit Corinna à la maison.

Vendredi 1 mai 1964.

8.30 Vers le Secrétariat.
Entretien avec le P. Duprey au sujet de l'audience du Père Volker chez le pape. Le Secrétariat pour les religions non chrétiennes n'est pas encore réalisé. On a posé la question si les Juifs *et les Mahométans* ne pourraient pas s'adjoindre à nous[140]! Nous devons affirmer notre opposition vite et nettement. Que veut le card. Bea? À 9 h, vers le collège grec. Travaillé à la Relatio avec Lanne, Dumont o.p. et Long.

---

134. Le texte sur les Juifs.
135. Pour le texte de la Relatio, cf. F. De Smedt 1056-1057.
136. Selon la tradition, l'apôtre André fut crucifié à Patras.
137. Autre nom pour la Pontificia Universitas Urbaniana, Via Urbano VIII 16, Roma.
138. La conférence avait comme titre: «La situazione attuale del movimento ecumenico».
139. Fête nationale aux Pays-Bas (anniversaire de la Reine Juliana, née le 30 avril 1909).
140. C'est à dire ressortir du Secrétariat pour l'Unité.

12.30 Reconduit Long au collège oriental et puis vers le Monte Mario.
20.00 Je suis allé chercher papa au train[141]. Arrivée à Termini à 21 h 25.

Samedi 2 mai 1964
9.00 Avec papa au Secrétariat et ensemble vers Saint-Pierre.
10.30 Avec papa chez le card. Bea.
Entretien avec le card. Bea. Au sujet du secrétariat pour les religions non chrétiennes, le cardinal est tout à fait d'accord: les mahométans ressortissent de ce secrétariat et non pas de nous. Il note ce point pour sa prochaine audience. J'en ai également parlé avec le P. Schmidt.
13.30 De retour au Secrétariat. Téléphoné à Mgr Fagiolo: notre texte *De Judaeis etc.*[142] est prêt, mais pas notre Relatio.
Téléphoné à Feiner à Coire: il viendra mardi prochain pour la Relatio et pour le *De divina Revelatione*.
17.00 Dans l'après-midi, je me suis promené un peu avec papa au Monte Mario.

Dimanche 3 mai 1964
9.30 Vers le collège grec. Avec Lanne, Dumont o.p. et Long, travaillé à la Relatio *De Oecumenismo*.
12.30 Retour au Monte Mario.
15.30 Avec papa, vers le Janicule et le collège néerlandais.
19.00 Dîné au collège néerlandais.

Lundi 4 mai 1964
8.30 Vers le Secrétariat.
17.00 Avec papa, à Bracciano.
20.00 Retour à la maison.

Mardi 5 mai 1964
8.30 Vers le Secrétariat.
11.00 Visite de Rosemary Goldie[143]: concernant le suivi de la réunion à Glyon [sic][144].

141. Il faut se rappeler que le père de Willebrands a déjà 80 ans.
142. Pour cette nouvelle version du texte (où l'expression «deicidium» a été enlevée suite aux remarques de la commission de coordination du 16 avril 1964, cf. la lettre de Cicognani à Bea du 18 avril 1964, *A.S.* V, II, p. 295), voir *A.S.* VI, III, p. 160-161. Pour la suppression de «deicidium» dans ce nouveau texte, voir aussi le Journal Congar, II, p. 82.
143. Rosemary Goldie (1916-), Australienne, secrétaire du COPECIAL, auditrice au concile, consulteur du Conseil des Laïcs en 1967, professeur à l'Université du Latran, elle a publié *From a Roman Window*, s.l., 1998.
144. Il s'agit de Glion, village près de Montreux et de Caux en Suisse, où avait lieu une première réunion œcuménique sur des problèmes du laïcat, suggérée par Willebrands au COPECIAL

12.00 Feiner est arrivé. Conversation au sujet de la Relatio qui doit être faite pour le *De divina Revelatione*.

13.00 Je suis allé chercher papa au Monte Mario pour le déjeuner à l'hôtel Hilton avec Elefteriades[145], Cargiolo [lecture probable], Rina [lecture difficile] ... Duprey.

16.00 À la maison. Travaillé un peu au rapport pour Parente[146].

19.30 Après le repas, fait une promenade avec papa.

Mercredi 6 mai 1964

8.30 Chez moi, travaillé un peu au rapport pour Parente.

9.30 Vers le Secrétariat.
Visite du Père Bernard-Maître. Au sujet du secrétariat pour les religions non chrétiennes. Il y règne encore une grande confusion et incertitude.
Visite du Canon Pawley.

11.30 Visite chez le P. Tromp au sujet du *De divina Revelatione*. Il ne me dit pas grand-chose. Ottaviani en traitera directement avec Bea. Tromp me donnera le texte complet dès qu'il sera dactylographié[147]. Il n'est pas content du *De Ecclesia*: «C'est dirigé par Malines»[148], surtout en ce qui concerne le *de Episcopatu*[149], le *de Beata Maria Virgine*[150] et le *de*

---

et au WCC Division of Ecumenical Action, du 27 au 30 janvier 1964. R. Goldie, secrétaire du COPECIAL y avait participé ainsi que Willebrands, E. Guano, Ch. Moeller, J. Hamer et R. Tucci. Cf. F. Moeller, Carnet 18, p. 17-18.

145. E. Elefteriades, un laïc orthodoxe de Beyrouth, directeur des chemins de fer du Liban, qui avait beaucoup de contacts avec les catholiques. Il était proche du patriarcat œcuménique (cf. M. VELATI, *Una difficile transizione*, p. 304, et Journal Edelby, p. 193-194).

146. Probablement le rapport sur les «pastores convertiti».

147. En principe le schéma *De divina Revelatione* devait être rédigé par une commission mixte (doctrinale et Secrétariat pour l'Unité). En fait, seule la commission doctrinale avait refondu le texte en mars et avril 1964. Ottaviani communiqua alors le texte à Bea pour demander l'approbation du Secrétariat (et Bea avait notamment sollicité l'avis de Mgr De Smedt, cf. F. De Smedt 1121-1127 et Journal Charue, 27 avril 1964, p. 187). Pour la question de procédure, cf. aussi le Memorandum de Tromp à Felici du 27 mai 1964, *A. S.* V, II, p. 523-524.

148. Le card. Suenens, archevêque de Malines-Bruxelles, était, au sein de la commission de coordination, responsable du schéma *De Ecclesia*. De plus l'influence des Belges (notamment Philips, Charue, Heuschen, Thils, Moeller, Prignon) était prépondérante dans la rédaction de ce schéma.

149. Après qu'en mars 1964, la commission doctrinale avait approuvé la doctrine sur la collégialité, une nouvelle offensive contre la collégialité a été déclenchée en avril et mai 1964. Ottaviani dit au pape qu'il retirait son accord donné en commission, Cicognani et Felici communiquèrent leur désaccord au pape. Tout cela conduisit aux fameuses *13 suggerimenti* du 19 mai 1964 (cf. *A.S.* V, II, p. 507-509 et VI, III, p. 151, 166, 184-185).

150. Il est vrai que Suenens, sous l'influence de la Légion de Marie, avait une grande dévotion mariale. Toutefois c'est surtout Philips qui a rédigé le texte et il était moins «maximaliste» que

Religiosis[151]. Il n'est pas content non plus de la méthode des sous-commissions qui se réunissent hors de Rome[152].

Visite à Fagiolo (12 h 30) pour lui expliquer pourquoi notre Relatio[153] n'est pas encore prête.

18.00 Fait mon homélie pour demain [fête de l'Ascension].
19.00 Chez le Canon Pawley. Dîner avec la famille Pawley, papa et Höfer.

Jeudi 7 mai 1964
9.00 Grand-messe et homélie au Monte Mario.
10.00 Travaillé au rapport pour Parente.
16.00 Avec papa vers St-Paul-hors-les-Murs, S. Maria Maggiore, l'église des Rédemptoristes[154] et Piazza Navona.
19.00 Dîné avec papa chez les Dames de Béthanie (Piazza Navona).
Avant son départ, brève rencontre avec le Prof. Weil [lecture probable], qui était fort déçu de sa visite au card. Bea.

Vendredi 8 mai 1964
8.30 Au Secrétariat.
16.00 Avec papa, visite chez Mgr Smit[155].

Samedi 9 mai 1964
10.00 Conversation avec Feiner sur la Relatio.
11.00 Avec papa chez le card. Bea.

Suenens (pour l'histoire compliquée de ce chapitre, cf. C. ANTONELLI, *Il dibattito su Maria nel Concilio Vaticano II*, Padova, 2009).

151. Mgr Charue avait notamment fait tout son possible pour que le *De Religiosis* ne constitue pas un chapitre spécial dans le schéma (voir son *Journal*, passim, et aussi sa lettre à Philips du 18 mars 1964, F. Philips 1154). Toutefois, lors de la 3ème session, les religieux ont obtenu leur chapitre séparé dans *Lumen gentium*.

152. La sous-commission mixte pour le schéma XVII s'était réunie à Zurich en février 1964. De plus pour la rédaction du *De Ecclesia*, Philips avait beaucoup travaillé à Louvain, avec l'aide de Moeller, Thils et Heuschen, ce qui avait irrité Tromp qui devait bien constater que la rédaction du texte lui échappait de plus en plus.

153. Il s'agit ici – ainsi que les jours suivants – de la relatio du schéma *De Oecumenismo*.

154. L'église de San Alfonso (Via Merulana 31, 00185 Roma) aux environs de Ste Marie Majeure. Il faut se souvenir que Willebrands avait fait ses études secondaires dans un juvénat des Pères Rédemptoristes et que son frère Jaap Willebrands (1912-2006) était rédemptoriste et a été missionnaire au Suriname.

155. J. Smit (1883-1972), né à Deventer, évêque titulaire de Paralus en 1922, vicaire apostolique de Norvège de 1922 à 1928, nommé à la curie romaine en 1928, chanoine de Saint-Pierre.

17.30 Vers la conférence du Prof. Vinay[156], au sujet du concile dans la Facoltà Valdese[157] à Rome.
19.30 Dîné avec papa chez Jo Damen au collège néerlandais.

Dimanche 10 mai 1964
9.00 Avec papa vers Bracciano.
Feiner part de Rome aujourd'hui. Il n'a pas fait le cap. II (Relatio) ni corrigé complètement le texte de Long, cap. III, §2. Mais il a fait l'essentiel du travail et la Relatio est devenue bonne.
Logé à Bracciano.

Lundi 11 mai 1964
8.30 De Bracciano vers le Secrétariat.
Téléphoné au Père Lanne afin qu'il vienne au Secrétariat et rédige la Relatio, 2ème chapitre. J'ai relu moi-même les textes de Feiner et corrigé le texte de Long du cap. III, §2.
10.30 Duprey est de retour de Bruxelles. À Genève il a eu un entretien avec l'évêque Vladimir [Kotliarov] et Borovoj.
13.00 Déjeuné avec papa chez De Graal.
16.00 De retour au Secrétariat. Le Père Lanne apporte la Relatio, cap. II. Salzmann porte la Relatio chez Fagiolo. Celui-ci l'embrasse et lui communique que le *De Oecumenismo* et le *De Libertate religiosa* sont déjà envoyés aux évêques. On y a ajouté une note disant que la Declaratio *De Judaeis* avec la Relatio vont suivre.

Mardi 12 mai 1964
8.30 Vers le Secrétariat.
11.00 Discussion avec Duprey, Long, Arrighi sur le protocole pour la réception d'Athénagoras et les reliques de Saint André.
12.00 Avec papa, audience chez le pape.
Parlé à Fagiolo: il me confirme ce qu'il a dit hier à Salzmann. Je lui dis que le fait que le texte sur les Juifs manque sera cause d'étonnement et je lui demande d'envoyer ce texte avec la Relatio aussi vite que possible. Il dit que le texte sur les Juifs n'est pas encore revenu de Cicognani[158].

---

156. Valdo Vinay (1906-1990), professeur à la Facoltà Valdese à Rome jusqu'en 1976, œcuméniste.
157. Facoltà Valdese di Teologia, faculté protestante de théologie, fondée en 1855, située Via Pietro Cossa 42, Roma.
158. Le 6 mai Felici avait déjà reçu le nouveau texte et l'avait transmis au pape, qui va l'approuver le 21 mai, moyennant quelques remarques (cf. *A.S.* VI, III, p. 159-161, 180).

13.00 Vers le Secrétariat et retourné au Monte Mario.
16.00 Pris le thé chez Mme Signorelli[159].

Mercredi 13 mai 1964
9.00 Avec papa vers Subiaco.
12.00 Guidé par le Père Paolo dans le Sacro Speco. Déjeuné avec les pères dans le réfectoire à Santa Scolastica. Reçu très chaleureusement par le Père Abbé.
15.00 Retourné à Rome par Tivoli.

Jeudi 14 mai 1964
8.30 Au Secrétariat.
Papa prépare son voyage de retour.
11.30 Vers la Secrétairerie d'État. Je ne parviens pas à parler à Mgr Dell'Acqua. Je lui laisse quelques documents concernant notre façon d'agir au sujet des reliques de Saint André, surtout concernant le voyage à Athènes les 18 et 19 mai; et au sujet du protocole pour une visite éventuelle du patriarche Athénagoras à Rome.
14.00 Conversation au Secrétariat avec Mgr D'Souza de l'Inde.
16.00 Avec papa chez le photographe Felici[160] pour chercher les photos de l'audience.
17.00 Au Secrétariat. Travaillé à la correspondance.
17.30 Entretien avec le P. Duprey. Scrima est arrivé à Rome de Constantinople.

Vendredi 15 mai 1964
8.30 Au Secrétariat.
10.00 Chez Mgr Guerri. Il promet les locaux de Cantuti[161], ceux des sœurs qui y sont contigus et, au besoin, Romano[162]. Il me promet également la clef du garage.
16.00 À la maison, travaillé à mon homélie pour Florence.

---

159. Mimi Signorelli-Van Ree (1918-), Néerlandaise d'Amsterdam que Willebrands avait connue comme catéchumène avant la guerre. En 1940, elle s'est mariée avec l'avocat italien Signorelli. Elle habite à la Via Nomentana 122 (Villino II), 00161 Roma. En 1990 Willebrands a célébré leurs noces d'or (cf. aussi Cahier I, 23 juin 1959).
160. Fotografia Felici, maison fondée en 1863, depuis 1901 photographe pontifical (Via di Cola di Rienzo 297, 00192 Roma).
161. Francesco Cantuti Castelvetri, commandant-colonel de la Garde d'honneur Palatine.
162. Il s'agit probablement de Gian Franceso Romano, qui était secrétaire du Directeur-général des Services techniques du Vatican.

Samedi 16 mai 1964
- 8.30 Vers le Secrétariat.
- 9.00 Avec Rebecchini[163] vers l'appartamento di Cantuti. je suis très déçu: bas, sombre. Nullement représentatif[164]. Cela me semble inadapté pour notre travail.
- 12.30 Convoqué chez Cicognani au sujet d'une visite d'Athénagoras et de la situation en Turquie.
- 14.30 Vers Florence.
- 17.30 Réception chez Mgr Florit[165] (avec une salutation écrite de La Pira[166]).
- 19.00 Homélie et Messe au Battistero[167].

Dimanche 17 mai 1964
- 8.30 Messe dans la chapelle privée de Mgr Florit.
- 9.00 Départ vers Rome.
- 13.30 Déjeuné à la maison avec papa.

Lundi 18 mai 1964
- 8.30 Vers le Secrétariat.
- 9.30 Visite chez Mgr Dell'Aqua.
  Au sujet de mon voyage en Grèce. Peut-on faire quelque chose pour la Russie? Au sujet des erreurs dans les *A.A.S.* et de meilleurs contacts avec la Secrétairerie d'État (la section anglaise). Entretien très cordial et confidentiel.
- 13.30 Déjeuné avec papa au Monte Mario.
- 14.00 Avec papa vers le Secrétariat, dans l'espoir de recevoir les photos[168]. Elles ne sont pas encore arrivées. Pris congé de papa. Départ avec Duprey vers Fiumicino. Vers Athènes.

[Dans un bloc-notes spécial, Willebrands a noté quelques événements de son voyage à Athènes entre le 18 et 22 mai 1964. Nous donnons d'abord ces notes pour retourner ensuite vers son Agenda.]

---

163. Camillo Rebecchini, ingénieur, chef de service du «Servizio dell'Edilizia» du Vatican.

164. Sic. Willebrands veut dire que les locaux ne convenaient pas pour les fonctions de représentation du Secrétariat, qui doit pouvoir recevoir des hôtes dignement.

165. E. Florit (1901-1985), archevêque de Florence de 1962 à 1977, cardinal en 1965, membre de la commission doctrinale.

166. G. La Pira (1904-1977), député en 1948, maire de Florence de 1951 à 1958 et de 1961 à 1966. En 1959, en pleine guerre froide, il se rend à Moscou, et au Vietnam en 1965. C'est un homme d'une profonde spiritualité («il sindaco santo») dont la cause de béatification a été introduite en 1986.

167. Le Baptistère qui se trouve en face de la cathédrale S. Maria dei Fiori.

168. Il s'agit sans doute des photos de l'audience avec le pape.

18 mai 1964
17h: Départ de Rome avec Alitalia.
18 mai. [sic] Hotel Olympic.
20 h: Conversation avec Kosmadopoulos et Braisios.

19 mai 1964
8 h 15: Messe chez les Petites Sœurs.
Téléphoné à Mgr Gad[169]. Il n'est pas chez lui.
Téléphoné à Alitalia: le voyage de retour pour jeudi.
±10 h: Téléphoné de l'hôtel à Mgr Gad. Il n'est pas là.
Téléphoné à Mgr Printesis[170]: rendez-vous pour 19 h
11 h 45: Kosmadopoulos vient me chercher. Chez le vice-ministre des affaires étrangères, Pappàs[171].
12 h: Avec Pappàs, chez lui.
Salutation du métropolite Constantinos de Patras. Présents: Kosmadopoulos et Braisios, Pappàs.
Le métropolite part; il veut nous rencontrer à 19 h.
Conversation avec Pappàs, Braisios, Kosmadopoulos.
Changé mes projets:
– mercredi à Patras
– jeudi à Athènes
– vendredi vers Rome
Téléphoné à Mgr Gad: il n'est pas chez lui. Téléphoné à Printesis (pour changer notre rendez-vous): il n'est pas chez lui.
Après le repas, de nouveau téléphoné à Mgr Gad: rendez-vous à 15 h 45 chez les Petites Sœurs.
Téléphoné à Mgr Printesis: pas chez lui.
15 h 45: Entretien avec Mgr Gad chez les Petites Sœurs.
16 h 30: Retourné à l'Olympic [hôtel]. Téléphoné à Mgr Printesis. Changé notre rendez-vous: Il vient à l'Olympic à 17 h 30.
À Alitalia: changé mon billet. Départ vendredi matin.
17 h 30 – 18 h 45: Entretien avec Mgr Printesis à l'Olympic.
20 h – 21 h 30: Entretien à l'Olympic avec Mgr Constantinos, métropolite de Patras.
21 h 30: Dîner. Promenade.

---

169. Il habitait: Odos Akarnon 246 à Athènes.
170. B. Printesis (1917-), administrateur apostolique «ad nutum Sanctae Sedis» d'Athènes de 1959 à 1972.
171. Pappàs, vice-ministre des affaires étrangères.

Mercredi 20 mai
Liturgie chez les Petites Sœurs.
8 h 30: En voiture vers Patras.
19 h: De retour à Athènes, Olympic Hotel.
Dîner et promenade.
Téléphoné à Alivisatos. Rendez-vous demain matin à 11 h.

Jeudi 21 mai
Fête de St Constantin. Liturgie chez les Petites Sœurs.
11 h: Chez le Prof. Alivisatos.
12 h 30: Exposition d'art byzantin.
14 h: Déjeuner et sieste.
16 h: Vers la petite église à Ilos et vers Ligabetos [lecture probable] (baptême).
Vers l'hôtel. On a téléphoné pour dire qu'on viendra nous chercher vers 20 h 40.
Vers le monument en face de l'Acropole. Promené vers l'Agora et retourné à l'hôtel, à travers le vieux quartier.
Le soir, à 21 h, dîner offert par le vice-ministre Pappàs avec messieurs Braisios et Kosmadopoulos au Club nautique, Pirée.

Vendredi 22 mai
Messe chez les Petites Sœurs.
Départ d'Athènes vers Rome.

[Ici on reprend l'agenda de Willebrands.]

Mardi 19 mai 1964
Athènes. Voir Rapport.

Mercredi 20 mai 1964
Athènes – Patras.

Jeudi 21 mai 1964
Athènes.

Vendredi 22 mai 1964
Athènes.
Messe et adieu chez les Petites Sœurs.
9.00 Vers l'aéroport.
12.30 De retour à Rome. Vers le Secrétariat. Rédigé les points pour le rapport. Travaillé au Secrétariat – correspondance.

Samedi 23 mai 1964
10.30 Chez le card. Bea.
Au sujet du voyage à Athènes et à Patras.
Concernant le point de vue du Secrétariat relatif à quelques faits récents: la lettre de Dumont o.p., l'intronisation du Katholikos syrien en Inde: Testa est mêlé à ces deux questions. Locaux.
12.30 Chez Mgr Dell'Acqua: fait mon rapport. Parlé de la question du Katholikos en Inde. Il est déjà au courant. Il demande un pro-memoria.
18.00 Visite de Leo Alting von Geusau; dîné ensemble au Monte Mario.

Dimanche 24 mai 1964
Correspondance et pris connaissance de documents du Secrétariat.

Lundi 25 mai 1964
10.00 Chez Mgr Guerri au sujet des locaux.
10.30 Vers Mgr Dell'Acqua, mais il est trop pris. Je discute alors avec Mgr Mauro la note sur la réception d'évêques (orthodoxes) à Paris pour le centenaire de Notre-Dame[172]. Il remettra la note à Dell'Acqua et me téléphonera.
12.00 Retourné chez Mgr Guerri et avec lui nous allons au Palazzo: l'appartement de Cantuti et en bas chez les Suore: nous avons le choix. Il me laisse un plan.
17.30 Commission S.O. [Saint-Office]: sur les «pastores convertiti».

Mardi 26 mai 1964
30 ans de sacerdoce. Félicitations des sœurs.
9.00 Vers le Secrétariat.
12.00 Visite de Mr Garber [lecture probable] et famille (exégète des États-Unis, il exprime sa satisfaction sur l'atmosphère œcuménique à Rome comparé à 1954).
13.30 Vers Frascati avec tout le personnel du bureau pour un repas convivial et agréable.
16.00 Retour à Rome.
16.30 Avec le card. Bea, le P. Schmidt, Arrighi, Duprey et Long vers les locaux: 2ème étage et rez-de-chaussée. On opte pour le 2ème étage.

Mercredi 27 mai 1964
Tâché d'atteindre Marella[173] à San Carlo avant son départ.
9.30 Visite au Secrétariat de Wick et Nel Kere.

---

172. En 1964, on a célébré le VIIIème centenaire de Notre-Dame de Paris.
173. Le card. Marella est le premier président du nouveau Secrétariat pour les non chrétiens, érigé le 17 mai 1964.

11.00 Visite de Mme Falchi[174].
12.00 Lettre à Mgr Guerri: nous prenons le 2${}^{\text{ème}}$ étage.
17.00 Chez le card. Bea, avec tout le personnel du bureau, pour le féliciter de son 83${}^{\text{ème}}$ anniversaire.

Jeudi 28 mai 1964
Fête-Dieu.
9.00 À la maison travaillé à ma correspondance.
12.00 Visite du Père Hub. de Leusse s.j.[175] d'Alexandrie. Pour une jeune Égyptienne il cherche la possibilité d'un voyage d'études dans des centres œcuméniques en Europe.
17.00 Raconté aux sœurs.

Vendredi 29 mai 1964
10.00 Chez Mgr Slipyj, qui craint qu'on ne fasse rien pour la Russie.
12.00 Coup de téléphone de Fagiolo: il y a un ajout pour la Relatio. Cicognani veut ajouter que la «Commissio Orientalis multum laboravit»! Je proteste. Il y a aussi des changements dans le *De Judaeis*. Felici en parlera à Bea[176].
17.30 Session de la commission des Pastores, Saint-Office.
20.00 Reconduit Tromp et Dhanis[177] chez eux à la Grégorienne.

Samedi 30 mai 1964
8.30 Au Secrétariat.
10.00 Chez le card. Bea. Rencontre avec M. Boegner[178] et son fils. Ensuite conversation avec le card. Bea. Concernant ses «punti di udienza». Ses remarques au sujet des «pastores convertiti». Je ne suis pas d'accord avec lui que la décision finale doive revenir à la «plenaria» du Saint-Office[179]. C'est une

---

174. Il s'agit probablement de l'épouse de Franco Falchi, converti de l'Église vaudoise et secrétaire de l'Association Unitas

175. Hubert de Leusse (1906-1992), jésuite français, appartenant à la province jésuite du Proche-Orient, en 1964 il était vice-supérieur de la communauté d'Alexandrie et aumônier d'étudiants.

176. Pour l'histoire compliquée du texte *De Judaeis*, cf. le *Pro Memoria* de Felici du 25 juin 1964, *A.S.* V, II, p. 578-579. Voir aussi M. Lamberigts – L. Declerck, *Nostra Aetate 4. Vaticanum II over de Joden. Een historiek*, dans *Collationes* 36 (2006) 149-177, surtout p. 160-161.

177. É. Dhanis (1902-1978), jésuite belge, professeur à l'Université grégorienne et recteur de cette même université de 1963 à 1964, *peritus* conciliaire.

178. M. Boegner (1881-1970), président de la Fédération protestante des Églises de France de 1929 à 1961, en 1962 élu à l'Académie française, hôte du Secrétariat.

179. La «plenaria» du Saint-Office était la réunion hebdomadaire (le mercredi) des cardinaux membres qui formulaient les décisions du Saint-Office qui devraient être soumises au pape par le secrétaire lors de son audience du vendredi.

procédure beaucoup trop lourde et ce n'est pas l'organe adapté. Le cardinal marque son accord.

Le cardinal signe des documents, mais garde encore, pour lecture, la note sur l'exposition de Montréal.

Nouveau coup de téléphone de Fagiolo: concernant un ajout à la Relatio. Cicognani veut y ajouter que la Commissio Orientalis «multum laboravit» aux trois premiers chapitres. Cela ne correspond nullement à la vérité. Au maximum on pourrait dire: «contributionem dederunt». Mais ils [les membres de la Commissio Orientalis] nous ont surtout causé beaucoup de difficultés.

13.00 Chez Felici. Texte *De Judaeis*. Pris connaissance des changements. Pour la plupart, d'ordre linguistique. (Mais je veux garder: «salutare Dei mysterium» et non: «Dei consilium»)[180]. L'ajout principal provient d'une autre rédaction et concerne l'espoir d'une conversion future des Juifs. Felici me confirme que l'ajout vient du pape[181]. Il n'y a que le card. Bea qui puisse encore en discuter avec le pape.

15.30 Téléphoné à Mgr Guerri. Il est d'accord avec notre choix pour le 2ème étage. Après mon retour [de France] il examinera les affaires avec moi et l'ingénieur. Resté au bureau.

16.30 Rédigé une note pour le card. Bea au sujet du *De Judaeis* et de ses thèmes à traiter pour l'audience (l'institut à Jérusalem[182] et le Secrétariat pour les non croyants).

Au Secrétariat, travaillé à la correspondance.

Note de Congar sur le *De Oecumenismo*.

Dimanche 31 mai 1964
Le matin, travaillé à la maison.

13.30 Téléphoné à Thijssen à Utrecht. Il est prêt à accepter la mission d'observateur à Francfort[183].

---

180. Willebrands a obtenu gain de cause. En effet, le texte définitif de *Nostra Aetate* 4 dit: «Ecclesia Christi libenter agnoscit fidei et electionis suae initia iam apud Patriarchas et Prophetas, iuxta salutare Dei mysterium inveniri».

181. Cf. Annotationes Summi Pontificis Pauli VI, où le pape désire qu'on parle de l'espoir de la conversion des Juifs dans l'avenir (*A.S.* V, II, p. 573).

182. Il s'agit de la fondation de l'institut œcuménique qui finalement sera réalisé à Tantur. Pour les idées du pape à ce sujet début mai, cf. Journal Congar II, p. 77-80.

183. Il s'agit du 19ème Conseil Général de l'Alliance presbytérienne, qui s'est tenu à Francfort en 1964 (cf. M. PRADERVAND, *Frankfurt 1964. Proceedings of the 19th General Council of the Alliance of Reformed Churches*, Genève, 1964).

16.30 Vers le Secrétariat. Correspondance. Discuté la question des Observers à Francfort avec le P. Schmidt. Laissé une note pour Long.
19.00 Avec Duprey chez l'évêque Bashir à l'hôtel Hilton.

[Du 1 au 7 juin Willebrands s'est rendu à Genève et en France (pour des contacts avec la Petite Église et pour une visite à Taizé). Pendant ces jours il n'a rien noté dans son Agenda mais il a consigné des annotations en français dans un bloc-notes, que nous reproduisons ici telles quelles: il faut tenir compte du style télégraphique et du fait que le français de Willebrands n'est pas toujours parfait.]

1 juin
8.30 Départ du Secrétariat
10.00 de Fiumicino
11.25 Arrivée à Genève
À l'aéroport Patrick Rodger[184] nous attend. Au Conseil Œcuménique avec Patrick Rodger. À table avec Lesslie Newbigin[185] et Patrick Rodger.
Après le repas, conversation avec eux, plus tard avec Lukas Vischer. Conversation avec Pradervand[186].
Visite à l'abbé Chavaz. Retourné au Conseil Œcuménique. Dîner à la gare avec Lukas Vischer. Laissé les textes sur les entretiens de Milan[187].
Départ de Genève à 19 h 54 pour Lyon. Arrivée à Lyon: 22 h 45. Monsieur Michalon.
Conversation avec Lesslie Newbigin et Rodger sur les travaux du concile (conférences épiscopales, Liberté religieuse).
Avec Pradervand sur la Conférence de l'Alliance presbytérienne à Francfort, les observateurs à Francfort. Sur la liberté religieuse, les mariages mixtes, le re-baptême.
Avec Lukas Vischer: sur la conférence de Nissiotis à Odessa[188]. Nissiotis nous a avertis. Que Nissiotis n'est pas considéré comme un «orthodoxe

---

184. Patrick Rodger (1920-2002), de l'Église épiscopale écossaise, secrétaire de la commission «Foi et Constitution» de 1961 à 1966, évêque de Manchester de 1970 à 1978 et d'Oxford de 1978 à 1986. Il s'est retiré à Edimbourg comme «Assistant Bishop of Edinburgh in the Scottish Episcopal Church».
185. Lesslie Newbigin (1909-1998), membre du «Church of Scotland», missionnaire en Inde en 1936, évêque de Madurai (Inde) en 1947, de 1959 à 1961 secrétaire général du «International Missionary Council» à Genève, (à New Delhi en 1961, ce Conseil fut intégré au COE et devint la section Mission et Évangélisation), évêque de Madras de 1965 à 1974.
186. Marcel Pradervand, secrétaire général de l'Alliance Presbytérienne Mondiale en 1954.
187. Voir supra au 15 avril 1964.
188. Nissiotis avait tenu une conférence lors de la réunion du Comité exécutif du COE à Odessa.

protestantisé». On a parlé des discours de Visser 't Hooft et de l'ecclésiologie orthodoxe et catholique.
Avant le départ, j'ai parlé à Lukas Vischer de l'histoire du crâne [sic] de Saint André.

2 juin
Chez Michalon. Téléphoné avec Mme Charles Rolland[189]. Les Rollands préfèrent venir nous voir et ne pas nous recevoir chez eux.
On fait une visite au prof. Latreille[190] à Lyon, qui connaît la Petite Église.

Déjeuné ensemble: Michalon, Arrighi, moi.
Visite au Centre œcuménique «Abbé Couturier[191]», Fourvière.
Téléphoné avec Daniel Rolland. Correspondance avec 2 familles à visiter.
Téléphoné à Taizé pour jeudi.
Le prof. Latreille nous a donné pour consulter un volume, conservé dans la Bibliothèque universitaire de Lyon (autrefois dans la Bibliothèque du Séminaire de St-Irénée à Lyon) contenant les «Réclamations» et d'autres documents. 2 volumes écrits par son père C. Latreille, *L'opposition religieuse au Concordat*, Paris, Hachette, 1910.
Et il nous a donné pour le Secrétariat le livre de son père C. Latreille[192], *La Petite Église de Lyon*, Lyon, Lardanchet, 1911.
Dîner chez S. Ém. le card. Gerlier[193], Mgr Villot[194], le vicaire général, Mr Michalon, Mgr Arrighi et moi.

189. Charles Rolland, était le chef de la Petite Église de Lyon. Il vient de décéder, ses deux sœurs lui succèdent. La Petite Église des Deux-Sèvres reconnaît aux Lyonnais une plus grande compétence et une certaine autorité.
190. André Latreille (1901-1984), historien français, nommé par de Gaulle en novembre 1944 directeur des Cultes au Ministère de l'Intérieur du gouvernement provisoire, professeur d'histoire moderne à la Faculté des lettres de l'Université de Lyon de 1945 à 1971.
191. P. Couturier (1881-1953), ordonné prêtre de la Société de Saint Irénée en 1906, professeur au collège des Chartreux à Lyon de 1909 à 1946, en 1935 il crée la Semaine de prière pour l'unité et en 1937 il est parmi les fondateurs du Groupe des Dombes.
192. C. Latreille (1870-1927), professeur à la Faculté des Lettres de l'Université de Lyon.
193. P. M. Gerlier (1880-1965), évêque de Tarbes et Lourdes en 1929, archevêque de Lyon de 1937 à sa mort, cardinal en 1937.
194. J. Villot (1905-1979), archevêque coadjuteur de Lyon en 1959, sous-secrétaire du concile, archevêque de Lyon et cardinal en 1965, préfet de la Congrégation du Concile en 1967, secrétaire d'État de 1969 à sa mort.

Mercredi 3 juin
À 10 h 30: les cousins Rolland Louis, Daniel et … [un blanc dans le texte] Conversation de 1 1/2 heure. Sur le concile: nature et structure de l'Église – l'Épiscopat – dignité de l'évêque – caractère sacramentel et collégial de l'Épiscopat – Église universelle et Église locale – organisation des évêques locaux: les conférences épiscopales. L'épiscopat français en schisme? L'Église universelle pour rétablir la hiérarchie et remplir les sièges vacants.
«Le charme de la conversation».
Ils sont restés jusqu'à 12 h 20. Partis en bonnes [sic] termes.
Déjeuner chez Mons. Michalon.
Départ pour Ars. Visite à l'église et au presbytère du curé d'Ars.
Deux frères de Taizé viennent nous chercher.
À Taizé. Office du soir.
Paroles après l'office à ceux qui sont dans l'église.
Dîner. Après le dîner, conversation sur le concile avec la communauté.

Jeudi 4 juin
Messe dans la crypte[195]. Sermon.
Conversation avec frère Roger et Max. Visite aux ateliers.
11 h: Départ pour Chazay d'Azergues[196].
12 h 30: Arrivée. Déjeuner chez Michalon.
16 h: Avec Mons. Michalon à Lyon. Tombe de l'abbé Couturier. La cathédrale. Aux Dominicains du couvent de Le Corbusier et de la Tourette (père Biot[197]) à l'Arbresle[198].
Retour à la maison de Michalon. Dîner – conversation.

Vendredi [5 juin]
Avec Monsieur Villez départ pour Charlieu[199].
Visite à Mons. et Mad. Matray.

---

195. La communauté protestante de Taizé avait prévu dans la crypte de son église une chapelle où les prêtres catholiques pouvaient célébrer la messe.
196. Commune dans le département du Rhône, Rhône-Alpes. Michalon résidait à Chazay d'Azergues et y était aumônier de religieuses.
197. François Biot (en religion Marie-Irénée) (1923-1995), dominicain français, conseiller du Centre Saint Dominique, il participe au concile comme expert de Mgr A. Jacq o.p. résidant au Vietnam.
198. Couvent des Pères Dominicains Ste Marie de la Tourette, 69210 L'Arbresle – Eveux, conçu par Le Corbusier.
199. 42190 Charlieu, petite ville à 100 km de Lyon dans le département Rhône-Alpes.

Samedi 6 juin
Angers. Téléphoné au P. Schmidt: demande au card. Bea pour la consécration. Télégramme au Saint-Père et à mon père[200].
9 h 30: Départ pour Bressuire.
11 h 15: Visite à Monsieur et Madame Hy. Ils ont convoqué pour l'après-midi quelques personnes. Nous sommes attendus à 14 h 45.
14 h 45: Chez Monsieur et Madame Hy.
Il y a 3 hommes et 6 femmes. J'ai expliqué le point de vue du concile. Ils sont très bien disposés. Ils proposent une double cérémonie fin de juillet: une à la chapelle des Martyrs, une autre à la Pitié[201]. Un intervalle de 2 ou trois jours. Je dis que je serai à leur disposition, aussi pour les confessions et après pour la communion.
Nous distribuons les rosaires.
18 h: Chez Mons. et Mme Jadot à la Plainelière. Très bien reçus, en présence aussi des enfants.
Ils considèrent la position de la dissidence comme surpassée [= dépassée] et intenable. Aussi ils sont convainqus [sic] que Mons. Texier[202], s'il avait encore vécu, aurait bien collaboré avec l'événement du concile.
Avec Mons. et surtout Mme Hussaud [sic][203], c'est très difficile: elle s'oppose à tout. D'ailleurs ils sont peu respectés[204].
À Bressuire c'est plus facile d'agir qu'à la Plainelière. Mgr de Roubineau [sic = Derouineau] a commencé un peu trop brusquement.
On distribue les rosaires.
Retour à Bressuire. Téléphoné à Madame Hussaud [sic].

Dimanche 7 juin
± 10 h 15: Visite à l'archiprêtre de Bressuire.
11 h: Visite à la basilique de la Pitié.
11 h 45: Visite au curé de Chapelle-Saint-Laurent, à qui appartient aussi la basilique de la Pitié.
Retour Bressuire.
14 h 30: Visite à [un blanc dans le texte], chez la famille [un blanc dans le texte]

---

200. Le 4 juin le pape a nommé Willebrands évêque titulaire de Mauriana. Il est consacré le 28 juin 1964 par le pape (co-consécrateurs Mgr D. Venini et Mgr E. Cunial).
201. Basilique Notre-Dame-de-Pitié. En fait, la cérémonie aura lieu le 2 août 1964.
202. Pierre Texier, responsable de La Chapelle de Courlay.
203. Il s'agit de M. et Mme Husseau, que Willebrands avait déjà rencontrés le 13 avril 1964.
204. Willebrands veut probablement dire qu'ils n'ont que peu d'influence.

Présence: une trentaine de personnes, hommes et femmes.
17 h 30: Visite à l'église de N.-D.-de-Beauchesne [sic][205].
18 h: Chez la famille Fazilleau à Beauchesne [sic].
Retour à Bressuires.
Monsieur le Chanoine [un blanc dans le texte][206] de Poitiers nous attend et nous conduit dans sa voiture à Poitiers.

[Fin du texte – en français – dans le bloc-notes. Nous reprenons l'Agenda.]

Lundi 8 juin 1964
Visité des églises à Poitiers: Marie Majeure, Ste-Radegonde, la cathédrale, St-Hilaire et une visite à l'abbaye de Ligugé.
13.00 Repas chez Mgr Vion[207], évêque de Poitiers.
15.30 Avec le train vers Paris.
18.30 Chez la famille Arrighi.
19.30 Téléphoné à M. Haymes qui m'a conduit en voiture à Istina.

Mardi 9 juin 1964
8.30 Conversation avec le Père Dumont o.p. au sujet de la situation d'Istina et de la question avec la Congrégation orientale[208].
11.00 Visite au secrétariat international du De Graal.
12.30 Chez la famille Arrighi.
15.30 Vers Orly.
18.00 Arrivée à Rome. Duprey, Salzmann, Corinna et Roos[209] sont venus nous chercher.

Mercredi 10 juin 1964
9.00 Visite du Père Lanne.
10.00 Visite de Mère Hildegard, Sœur Gabriele[210] et Sœur Ruth avec une chasuble blanche et une verte[211].

---

205. Notre-Dame-de-Beauchêne, très ancien lieu de pèlerinage, à côté de Cérizay, dans la région de Bressuire.
206. Il s'agit probablement du chanoine Peignault, cf. 31 janvier 1965.
207. H. Vion (1902-1977), évêque de Poitiers de 1956 à 1975.
208. Istina dépendait de la Congrégation orientale. Mais depuis 1945, son travail s'est élargi de la Russie à tout l'Orient, et plus tard à l'ensemble des chrétiens séparés. Peut-être Dumont souhaitait-il un rattachement plus logique au Secrétariat pour l'Unité, d'autant plus que le card. Tisserant, son «protecteur», n'était plus secrétaire de la Congrégation orientale.
209. Roos Schaepman (1940-), de nationalité néerlandaise, qui a travaillé au Secrétariat pour l'Unité de 1964 à 1968.
210. Sœur Gabriele (Lutterman) (1919-2004), religieuse de Ste-Lioba, qui avait tissé les chasubles.
211. Il s'agit probablement d'un cadeau pour son ordination épiscopale.

12.30 Chez le card. Cicognani. Il demande des idées pour le Secrétariat pour les non croyants. Il exprime sa joie sincère pour ma nomination épiscopale. Ensuite chez Mgr Dell'Acqua. Il me dit que je dois demander une audience chez le Saint-Père. Il discute de la question des reliques de Saint André. La raison pour le délai jusqu'en novembre. Ensuite, au sujet de la situation de l'Église aux Pays-Bas[212] et en Russie.

Jeudi 11 juin 1964
9.30 Visite Mgr Scapinelli.
10.30 Visite de Mgr Damen. Il espère que la consécration sera pour bientôt. Il met le collège [néerlandais] à ma disposition.
12.00 Visite de Mr Doty[213], journaliste du *New York Times*. Il vient pour faire connaissance et non pas pour publier des nouvelles. Ensuite, il a quand même écrit un article pour le *New York Times*, comme on a pu le constater le lendemain. Mais plusieurs choses ne correspondent nullement aux informations, que je lui avais données.
16.30 Visite au Secrétariat de G. Lindbeck. Son rapport au sujet de l'évolution ultérieure du dialogue. Conversation très intéressante.
Ensuite, étudié le texte d'une lettre que le card. Bea doit écrire au métropolite de Patras.
Autre correspondance.

Vendredi 12 juin 1964
Beaucoup de journalistes téléphonent au sujet de l'article du *New York Times* sur le *De Judaeis*. Je téléphone à Doty, le correspondant qui l'a écrit. Je lui ai dit que je suis déçu parce qu'il m'avait promis qu'il ne publierait rien à ce sujet et aussi parce qu'il a écrit d'autres choses que celles que je lui avais dites et même le contraire. Il répond que pour son article il a utilisé d'autres sources d'information et pas les miennes. Pour moi cela reste décevant.
11.00 Visite au Secrétariat du Canon Pawley. Différentes questions, notamment le rôle du COE dans les contacts œcuméniques avec Rome et au sujet des Observers.
12.30 Projet de la lettre du card. Bea au métropolite de Patras et porté une note pour le pape chez Mgr Dell'Acqua.
Rédigé un communiqué de presse sur le *De Judaeis*.
16.30 Visite au Secrétariat de Carl Erik Wenngren, pasteur luthérien de Stockholm.

---

212. Déjà à ce moment il y avait, à Rome, de l'inquiétude sur l'évolution de l'Église en Hollande.
213. Robert Doty, correspondant du *New York Times* à Rome. Dans un article, publié à la 1ère page du *New York Times* du 11 juin 1964, il avait écrit que la Déclaration sur les Juifs avait été fortement affaiblie, à cause d'une intervention de caractère politique des plus hautes instances de l'Église.

17.30 Le correspondant du NCWC[214] au sujet de l'article dans le *New York Times* sur le *De Judaeis*.
18.30 Chez Dell'Acqua avec un communiqué de presse. Il en parlera au pape. Il me demande à nouveau un rapport sur l'Église en Hollande; et cela avant mon audience chez le pape.

Samedi 13 juin 1964
8.30 Messe avec sermon pour les 25 ans de profession de Mère Margaretha[215], prieure.
9.00 Avec Arrighi et Salzmann à la Cancelleria Apostolica pour le serment[216] (card. Copello[217]) et au Saint-Office pour le serment (card. Ottaviani).
11.30 De retour au Secrétariat. Publié le communiqué de presse sur le *De Judaeis*, qui a été amendé et approuvé par le pape.
Envoyé des lettres à des cardinaux – réponses aux félicitations[218].
14.00 Participé au déjeuner des sœurs au Monte Mario.
19.30 Téléphoné avec papa à Hoorn. Le sacre se fera le 28 juin à Saint-Pierre par le pape.
Passé la soirée chez les sœurs.

Dimanche 14 juin 1964
Encore une fête pour les 25 ans de profession de Mère Prieure.
9.00 Grand-messe par le Père Vijverberg[219], avec assistance.
11.00 Via le Secrétariat vers Fiumicino avec le P. Vijverberg, pour chercher le card. Bea à son retour de Boston[220] (arrivée à 12 h 50).
Les sœurs de Ste-Lioba sont venues à 11 h 45, mais j'étais déjà parti pour Fiumicino.

---

214. National Catholic Welfare Council (la Conférence épiscopale des évêques des États-Unis, qui disposait d'un service de presse). Le correspondant à Rome était le Père James Tucci du Texas.
215. Mère Margaretha (Elisabeth Godebrooy) (1909-1995), Néerlandaise, prieure de la communauté des Dominicaines de Béthanie (à la Via Achille Mauri).
216. Prestation de serment d'un nouvel évêque.
217. S. L. Copello (1880-1967), argentin, archevêque de Buenos Aires de 1932 à 1959, cardinal en 1935, chancelier de la Cancelleria Apostolica de 1959 à sa mort.
218. Un dossier volumineux des lettres de félicitations (pour son élévation à l'épiscopat) et des réponses de Willebrands se trouve dans les Archives de Willebrands à Utrecht.
219. Chrysostomus Michael Petrus Vijverberg (1907-1981), dominicain néerlandais, professeur de droit canonique à l'Angelicum en 1943, socius (du Maître général) pour l'Allemagne de 1955 à 1974, résidant à la maison généralice à Ste-Sabine, Rome.
220. Le card. Bea avait reçu un doctorat honoris causa de l'Université de Harvard (cf. St. SCHMIDT, *Augustin Bea*, p. 553).

14.00 Déjeuner au Monte Mario en honneur de Mère Prieure avec le P. Vijverberg, Rutten[221], van der Weijden[222], Duncker[223], v. d. Meer [= Van der Meer[224]] et frère Gérard.

Lundi 15 juin 1964
11.30 Visite d'un père dominicain de Paris au sujet du transfert d'Istina. Je me suis tenu à l'écart de cette question.

Mardi 16 juin 1964
9.00 Mgr Guerri et Rebecchini au Secrétariat pour l'aménagement des locaux.
11.30 Visite de l'ambassadeur Fisher[225] au sujet du *De Judaeis*.
19.00 Brève visite à Mgr Dell'Acqua, pour savoir où en est exactement l'affaire de Patras. Le pape veut une réunion des cardinaux Cicognani, Bea, Marella, Testa aussi vite que possible.

Mercredi 17 juin 1964
12.00 Après la session du Saint-Office, rencontre de Bea et de Cicognani au sujet de la relique de Saint André et du *De Judaeis*. À ce dernier sujet, Cicognani dit qu'ils ont biffé le mot «deicidium», parce qu'ils étaient d'avis que cette expresssion serait désobligeante pour les Juifs. Quand Bea dit que cette suppression a suscité l'étonnement, Cicognani réplique que nous n'avons qu'à le réparer d'une manière ou d'une autre.
16.30 Avec Arrighi chez le cardinal Liénart (St-Sulpice[226]) au sujet du *De divina Revelatione*. Il est le «relator» dans la commission de coordination et nous

---

221. Pieter Rutten (1894-1984), Néerlandais, chanoine régulier de l'Ordo Sanctae Crucis, qui avait sa maison généralice à San Giorgio in Velabro, Rome, procurateur général de son ordre, consulteur de la Congrégation de Propaganda Fide.
222. Athanasius van der Weijden (1910-1994), augustin néerlandais, prêtre en 1936, provincial de la province néerlandaise puis procurateur général de son ordre jusqu'en 1977, résidant à Rome.
223. Gerard Duncker (1898-1990), dominicain néerlandais, bibliste, en 1934 professeur à l'Angelicum, qualificateur au Saint-Office, consulteur de la Pontificia Commissio Biblica.
224. Il s'agit peut-être de Wigbert van der Meer (1921-1999), franciscain néerlandais, que Willebrands avait rencontré à Paderborn le 3 mars 1959 (cf. Cahier I).
225. Maurice Fisher, né en Belgique, après la 2ème guerre mondiale immigré en Israël, au temps du concile, ambassadeur d'Israël en Italie. Paul VI avait eu des contacts avec lui pour préparer son pèlerinage en Terrre Sainte (cf. T. STRANSKY, *Paul VI's Religious Pilgrimage in the Holy Land*, p. 352, note 30). Fisher demandait des précisions après l'article de Doty.
226. La Procure des Prêtres de Saint Sulpice se trouvait à la Via Quattro Fontane 113, Roma.

lui enverrons les remarques de De Smedt et du bureau[227]. Également au sujet du *De Judaeis*. Il nous raconte comment les choses se sont passées à la commission de coordination[228]. Agagianian[229] était opposé au Décret et, à un certain moment, le texte risquait de disparaître complètement. Alors on a décidé de maintenir le texte mais de biffer «deicidium». Liénart, qui était déjà heureux d'avoir sauvé l'essentiel, a laissé faire. Mais il serait très heureux si nous pouvions réintroduire ce passage[230].

Jeudi 18 juin 1964
10.30 Demandé au Père Lanne que nous puissions regarder ensemble le texte *De Judaeis*.
12.00 Chez Cicognani pour le *De Judaeis*: je n'ai qu'à arranger la question avec Felici, parce que celui-ci a déjà envoyé le texte comme définitif à la commission de coordination à titre d'information. Au sujet de la relique de Saint André: il y aura une réunion demain soir.
17.30 Rédigé des propositions au sujet du «deicidium» que j'ai envoyées au P. Schmidt. Celui-ci a également cherché une solution, sans le mot «deicidium»[231].

Vendredi 19 juin 1964
Retraite au Monte Mario[232].
15.30 Vers le Secrétariat.

227. Pour ces remarques, cf. F. De Smedt 1126-1127.
228. La réunion du 16 avril 1964.
229. G. Agagianian (1895-1971), arménien, cardinal en 1946, préfet de la congrégation *De Propaganda Fide*, président de la commission *De Missionibus*, membre de la commission de coordination, modérateur du concile en septembre 1963.
230. Le *Processus verbalis* de la réunion de la commission de coordination du 16 avril 1964 est plutôt vague à ce sujet (cf. *A.S.* V, II, p. 292-293).
231. Ces propositions seront reprises dans une lettre de Bea à Felici (du 23 juin 1964) avec un nouvel amendement du texte (cf. *A.S.* V, II, p. 557-558). Toutefois Felici note, le 25 juin 1964, que le pape n'a pas approuvé cet ajout mais qu'on pouvait encore chercher une autre expression, qui ne rend pas les Juifs d'aujourd'hui responsables des actes de leurs ancêtres (cf. *A.S.* V, II, p. 578-579). Et le pape suggérera lui-même une formule à Cicognani lors de son audience du 3 juillet 1964: «Caveant praeterea ne Iudaeis nostrorum temporum quae in Passione Christi perpetrata sunt imputentur» (Cf. *A.S.* VI, II, p. 645). Le texte définitif dira: «… tamen ea quae in passione Eius perpetrata sunt nec omnibus indistincte Iudaeis tunc viventibus, nec Iudaeis hodiernis imputari possunt» (*Nostra Aetate*, 4).
232. Willebrands commence sa retraite en préparation à son ordination épiscopale. Retraite qui sera toutefois un peu mouvementée et interrompue à plusieurs reprises.

18.00 Réunion à la Secrétairerie d'État avec les card. Cicognani, Marella, Testa, Bea, Mgr Dell'Acqua et moi-même. Cf. le rapport (au sujet de la restitution de la relique de Saint André).
20.00 Téléphoné à Duprey avec le résultat favorable de la réunion.

Samedi 20 juin 1964
8.30 Le P. Duprey au Monte Mario. Discuté l'issue positive de la session à la Secrétairerie d'État.
Rédigé pour le card. Bea une lettre à Athénagoras et proposé une modification dans la lettre au métropolite de Patras.
Rédigé le rapport pour Cicognani. Confié copie des lettres et du rapport pour Mgr Dell'Acqua à Moretti[233].
17.30 Vers Bracciano pour ma retraite.

Dimanche 21 juin 1964
Retraite à Bracciano.

Lundi 22 juin 1964
Retraite à Bracciano.

Mardi 23 juin 1964
Retraite à Bracciano.
13.30 Écouté Radio Vatican. Dans l'allocution du pape il y a un passage sur la relique de Saint André[234].
20.00 Le Père Duprey me téléphone au sujet du discours du pape et du passage sur Saint André.

Mercredi 24 juin 1964
Vers le Secrétariat. Correspondance.
Tailleur.
13.30 Au collège grec pour le déjeuner.
15.00 Au Secrétariat. Correspondance. Rapport Petite Église.

---

233. G. Moretti (1923-), à ce moment auditeur de Nonciature, travaillant à la Secrétairerie d'État, archevêque titulaire de Vartana en 1971, nonce apostolique en Belgique de 1989 à 1999.
234. Cf. *L'Osservatore Romano*, 24 juin 1964, p. 1-2.

Jeudi 25 juin 1964

9.30 Visite de l'ambassadeur Fisher. Je lui ai dit qu'il valait mieux ne pas exercer une telle pression sur la préparation d'un texte conciliaire.

11.30 Chez Mgr Fagiolo. Au sujet des épreuves d'imprimerie de la Relatio et du texte *De Judaeis*, surtout l'ajout du card. Bea[235]. Mgr Felici s'est joint à nous.

13.00 Chez Giovannini au sujet des billets pour la solennité à Saint-Pierre[236].

19.30 Cherché Evert et Lies au train[237].

Vendredi 26 juin 1964

9.00 Avec Evert et Lies au Secrétariat. Ils sont alles én ville. Travaillé au Secrétariat. Corrigé la lettre pour la Petite Église.

12.00 Vers Fiumicino.

13.30 Arrivée de la famille et des amis à Fiumicino. Ils sont allés au Monte Mario en bus. Moi-même je suis allé en voiture au Monte Mario avec Herman et Mia.

17.00 Avec Jaap et Piet au Secrétariat. Ensuite au Colisée et à Maria Maggiore.

Samedi 27 juin 1964

8.30 Vers le Secrétariat.

12.00 Vers le collège néerlandais. Déjeuné avec Mgr Damen.

16.00 Vers le Secrétariat.

16.30 Vers l'église du Gesù.

18.00 Vers Saint-Pierre avec Salzmann pour la répétition [de la cérémonie du sacre épiscopal].

[Du 28 juin – jour de sa consécration épiscopale par le pape – jusqu'au 8 octobre, Willebrands n'a rien noté dans son Agenda. Entre temps la 3ème session du concile avait commencé le 14 septembre 1964. Vers la mi-octobre des incidents sérieux ont mis en danger les textes *De Judaeis* et *De Libertate religiosa*. À ce moment Willebrands a noté les événements pendant une huitaine de jours[238].]

---

235. Cf. *A.S.* V, II, p. 557-558.
236. Il s'agit de son sacre épiscopal.
237. Evert et Lies arrivent à la Stazione Termini à 21 h 17 (Agenda de poche).
238. Pour cet épisode, on peut se référer à l'étude excellente et minutieuse de S. SCATENA, *La fatica*, p. 226-248. On peut également consulter l'article de V. CARBONE, *Il ruolo di Paolo VI nell'evoluzione e nella redazione della Dichiarazione «Dignitatis Humanae»*, dans Istituto Paolo VI, *Paolo VI e il Rapporto Chiesa-Mondo al Concilio*, Brescia, 1991, 126-175, notamment p. 135-144.

Vendredi 9 octobre 1964

Ce matin le card. Bea reçoit deux lettres de Felici: une au sujet du *De Libertate religiosa*[239] et une autre concernant le *De Judaeis et aliis non christianis*[240].

Le Père Schmidt me téléphone à 14 h, tandis que je déjeune chez les Dames de Béthanie.

L'après-midi à 16 h 30, chez le card. Bea. Je vois les lettres et les noms impossibles donnés par Felici pour la commission *De Libertate religiosa* (Browne, Fernandez, Marcel Lefebvre[241] et Colombo)[242].

À la réunion du Secrétariat (17 h), le card. Bea lit les deux lettres. Cela produit l'effet d'une bombe. Violente indignation. Le cardinal demande de réfléchir. Que veut le pape? Que veut Cicognani? Que veut Felici?

Le soir Thijssen téléphone: Döpfner ne sait rien au sujet du *De Libertate religiosa*, mais trouve l'affaire scandaleuse. Dans la réunion des Modérateurs, du Praesidium et de la commission de coordination[243], on a parlé des Juifs.

J'ai téléphoné à Alfrink[244]. Celui-ci est au courant des Juifs [sic]. Toutefois on en a parlé de façon plus vague que ce que Felici avait écrit dans sa lettre. Mais on n'a jamais parlé de la Liberté religieuse.

---

239. Lettre du 9 octobre 1964, *A.S.* V, II, p. 773.
240. Lettre du 8 octobre 1964, *A.S.* V, II, p. 763-764.
241. Marcel Lefebvre (1905-1991), spiritain français, archevêque de Dakar de 1955 à 1962, supérieur général des Spiritains de 1962 à 1968; il était un des protagonistes du *Coetus Internationalis Patrum*. En 1976, Paul VI le frappe d'une *suspensio a divinis*. En 1988 il est excommunié par Jean Paul II. Une des principales raisons de sa dissidence était précisément la Déclaration de Vatican II sur la liberté religieuse.
242. Felici écrivait dans sa lettre que le texte *De Libertate religiosa* devait être refait par une commission spéciale, composée de quelques membres, à proposer par le Secrétariat et la commission doctrinale. Il disait aussi que Browne, Lefebvre, Colombo et Fernandez étaient déjà nommés membres de cette commission. En même temps la rédaction du texte était enlevée à la compétence du Secrétariat et confiée à cette nouvelle commission mixte. Il est évident que Colombo n'était pas parmi les noms «impossibles» dont parle Willebrands tandis que Browne, Fernandez et surtout Lefebvre Marcel étaient des opposants notoires au texte. V. Carbone dans son article *Il ruolo di Paolo VI* (p. 137) attribue le choix de Marcel Lefebvre à une confusion de noms, faite par Felici, avec le card. Lefebvre Joseph. Cette justification post factum semble fort douteuse. En effet dans sa lettre à Bea du 9 octobre 1964, Felici parle bien de Marcello Lefebvre et l'indique comme évêque (Ecc.mo) et non pas comme cardinal.
243. Réunion du 7 octobre 1964. À cette réunion on avait décidé, sur la proposition de Felici, que le texte *De Judaeis* devait être inséré dans le *De Ecclesia*, mais on n'avait pas parlé de la Liberté religieuse (cf. *Processus Verbalis*, *A.S.* V, II, p. 753-760).
244. Aussi bien Alfrink (membre de la présidence) que Döpfner (modérateur) avaient participé à la réunion du 7 octobre.

Le soir, j'ai téléphoné à Mgr De Smedt à Bruges[245].

Samedi 10 octobre 1964
Au bureau [du Secrétariat], au concile: il y a de l'indignation partout.
Le matin, réunion des commissions au sujet du *De Libertate religiosa*. J'explique la situation dans les commissions I et III[246].
Le matin, j'ai téléphoné à Mgr Colombo. Celui-ci sait uniquement ceci: Felici lui a dit qu'il y aura une commission et qu'il en fera partie. Il pense que les trois autres noms sont choisis de façon malencontreuse. Il est d'avis que le card. Bea doit se rendre chez le pape[247].
Je suis allé, le soir, chez Dell'Acqua pour lui expliquer la situation et pour demander des éclaircissements. Il avait été absent pendant trois jours et ne sait rien. Il demande qu'on lui cherche dans les archives la *positio* [les documents] du *De Libertate religiosa*. Le pape a seulement demandé qu'on fasse une révision du texte et qu'on consulte un sociologue[248]. Dell'Acqua dit: Prenez Pavan. Mais on l'a déjà pris dès le début. Maintenant Felici veut une commission, avec les 4 membres déjà nommés, dont 3 sont des opposants irréductibles. Dell'Acqua demande un «appuntino» [brève note] pour le pape. Je la lui promets pour demain. Je veux d'abord parler au card. Bea[249].
Le soir à la maison, j'ai déjà rédigé l'«appuntino».

Dimanche 11 octobre 1964
Le matin à 10 h, chez le card. Bea. Lu le projet de l'«appuntino». Approuvé par le cardinal.

---

245. À cause des élections du 11 octobre en Belgique, Mgr De Smedt et le card. Suenens étaient rentrés quelques jours en Belgique. Le 10 octobre, par un télégramme commençant par les mots: «Coup force [sic] inouï contre schème liberté [sic]» (cf. F. De Smedt 1257), le P. Hamer avait également averti De Smedt.

246. Après le débat *in aula* au sujet du schéma *De Libertate religiosa*, le Secrétariat avait créé plusieurs sous-commissions pour amender le texte.

247. Il est à noter que le 10 octobre déjà, Bea avait écrit une lettre au pape pour exposer ses objections au sujet de la lettre de Felici (*A.S.* V, II, p. 778-779). De même il avait répondu à Felici le même jour (*A.S.* V, II, p. 777).

248. Le 29 septembre Paul VI avait écrit dans une note manuscrite:
«Per lo Schema *De Libertate religiosa*:
– occorre rifarlo;
– associando alla Commissione qualche altra persona competente, specialmente in Teologia e Sociologia»
(*A.S.* VI, III, p. 418).

249. Dans une «Annotatio» du 11 octobre, Dell'Acqua rapporte l'entretien avec Willebrands du 10 octobre au soir. Il est probable que cette «Annotatio» a été jointe à la Note de Willebrands pour la présenter au pape (cf. *A.S.* VI, III, p. 441-442).

Vers le Secrétariat: l'«appuntino» est dactylographié par Corinna. Je l'ai apporté à Dell'Acqua. Celui-ci le donnera immédiatement au pape (Note sur la situation du schéma *De Libertate religiosa*[250]).

Entre temps plusieurs cardinaux, sous la direction de Frings, se sont mis en mouvement: une lettre au pape a été rédigée («Non sine magno dolore»[251]). Vers midi, Frings s'est rendu chez le card. Bea. Il a pris avec lui une copie de la «Note» [de Willebrands] et des lettres de Felici pour la réunion des cardinaux.

Lundi 12 octobre 1964

Le matin *in aula conciliari* beaucoup en parlent. Tout figure dans la presse (*Il Messaggero*). Martimort[252] attire mon attention sur la clause du Regolamento art. 6, §3[253]. Par cette voie il y aurait moyen d'obtenir une solution légale.

Une lettre d'Ottaviani à Bea est arrivée. Il communique les noms pour la commission *De Libertate* (outre les 4 déjà nommés, il y a Parente, Charue[254], Pelletier[255]) et pour les Juifs: Browne, Santos[256], Franić[257], Garrone[258], Padre Atanasio [sic = Anastasio] del Ss.mo Rosario[259].

À midi, chez le card. Bea.

---

250. Cf. Note sur la situation du schéma *De Libertate religiosa*, 11 octobre 1964. Cf *A.S.* VI, III, p. 442-443 où il est noté: «Huiusmodi textus exhibitus est Summo Pontifici Paulo VI et a card. Cicognani ad exc.mum Felici missus est».

251. Pour le texte de cette lettre, datée du 11 octobre et signée par Liénart, Feltin, Quintero, Frings, Léger, König, Meyer, Lefebvre Joseph, Alfrink, Ritter, Silva Henriquez, Döpfner et Landazuri Ricketts, voir *A.S.* VI, III, p. 440-441.

252. A.-G. Martimort (1911-2000), professeur de liturgie à l'Institut catholique de Toulouse de 1938 à 1981, consulteur de la commission préparatoire pour la liturgie, *peritus* conciliaire.

253. L'art. 6, §3 de l'*Ordo Concilii* stipule: «Singuli Patres nonnisi uni Commissioni, uti Membra, adscribi possunt; cuiusvis vero Commissionis Praeses, si opportunum censuerit, quoslibet Patres consulere potest».

254. A.-M. Charue (1898-1977), évêque de Namur de 1942 à 1974, membre de la commission doctrinale dont il est élu 2ème vice-président le 2 decembre 1963.

255. G. L. Pelletier (1904-1987), évêque de Trois-Rivières (Canada) de 1947 à 1975, membre de la commission doctrinale.

256. R. Santos (1908-1973), archevêque de Manille de 1953 à sa mort, cardinal en 1960, membre de la commission centrale préparatoire et de la commission doctrinale.

257. F. Franić (1912-2007), évêque de Split-Makarska de 1960 à 1988, membre de la commission théologique préparatoire et de la commission doctrinale.

258. G. M. Garrone (1901-1994), archevêque de Toulouse de 1956 à 1966, (Pro-) Préfet de la Congrégation pour les Séminaires et les Universités de 1966 à 1980, cardinal en 1967, membre de la commission préparatoire pour l'apostolat des laïcs, membre de la commission doctrinale.

259. Anastasio del Ss.mo Rosario (Alberto Ballestrero) (1913-1998), carme italien, membre de la commission doctrinale, archevêque de Turin de 1977 à 1989, cardinal en 1979.

Proposé provisoirement 5 noms de notre part. Nous attendons l'entrevue avec De Smedt.
{Le soir, conversation avec De Smedt. Téléphoné à Dell'Acqua. Celui-ci dit: «le nomine sono sospese»} [les nominations sont suspendues][260].

Mardi 13 octobre 1964
{Le matin à 9 h, convoqué chez Dell'Acqua. Il n'y aura pas de commission. Uniquement un «gruppo» [un groupe] pour une discussion. Mais la compétence [pour le *De Libertate*] reste exclusivement au Secrétariat. Il demande 10 noms}[261].
Je rédige une lettre avec un résumé de ma conversation avec Dell'Acqua et je la porte *in aula* chez le card. Bea. Conversation avec le card. Bea *in aula*. Entre temps celui-ci a appris la même chose de la part de Felici.
L'après-midi, session du Secrétariat. Le card. Bea communique que la compétence pour les deux textes [le *De Judaeis* et le *De Libertate religiosa*] reste exclusivement auprès du Secrétariat et qu'il n'y aura pas de commission [mixte]. Soulagement. On demande de la discrétion et le secret vis-à-vis de la presse.
Après la réunion, le cardinal et De Smedt restent pour donner 10 noms pour «un gruppo di consultazione».

Mercredi 14 octobre 1964
Rédigé une lettre pour Felici avec les 10 noms pour le «gruppo»[262].
In aula, Ottaviani a parlé à Bea. Ottaviani n'était pas encore au courant de la nouvelle situation.
19.00 Le P. Schmidt me téléphone: il insiste pour qu'on obtienne un document écrit de Dell'Acqua. Sans quoi on n'est jamais sûr.

Jeudi 15 octobre 1964
À 12 h 30, convoqué chez Dell'Acqua. Il a la liste avec les noms d'Ottaviani. (Liste avec les noms d'Ottaviani: Browne, Colombo, Fernandez, Santos, Parente, Pelletier, Granados Garcia[263], Franić, Spanedda[264], Atanasio [sic = Anastasio] del Ss.mo Rosario)[265].

---

260. Cette phrase entre { } était notée par Willebrands sur la feuille du 11 octobre, mais, par après, il a indiqué qu'elle devait être reportée au 12 octobre.
261. Cette phrase entre { } a été notée par Willebrands sur la feuille du 12 octobre mais il a noté qu'elle devait être reportée au 13 octobre.
262. Pour cette lettre de Willebrands à Felici, datée du 13 octobre, cf. *A.S.* V, II, p. 791-792.
263. A. Granados Garcia (1909-1978), évêque auxiliaire de Tolède en 1969, évêque de Palencia de 1970 à sa mort, membre de la commission doctrinale.
264. F. Spanedda (1910-2001), évêque de Bose en 1956 et d'Alghero en 1972, archevêque d'Oristano de 1979 à sa mort, membre de la commission doctrinale.
265. Pour cette liste, voir la lettre d'Ottaviani à Felici, du 13 octobre 1964, cf. *A.S.* V, II, p. 792-793.

Tous des intégristes à l'exception de Colombo. Une honte. Ils ne sont pas représentatifs de la commission théologique. Selon le vœu du pape, Dell'Acqua demande quels noms doivent être choisis (5 des 10), et il demande mon avis pour la lettre qui doit être adressée à Felici.

Rédigé la «Nota confidenziale» pour Mgr Dell'Acqua, avec Arrighi. Elle contient tous les points (pas de nouvelle commission; la compétence du Secrétariat; l'Art. 6, §3 du Regolamento; président: le card. Bea; presso il Segretariato[266]; les noms d'Ottaviani ne sont pas représentatifs de la commission théologique mais uniquement de l'opposition; pour un dialogue avec la commission théologique il faut d'autres noms; pour un dialogue avec l'opposition, seulement selon l'Art. 6, §3[267]).

Session des Observers. Je ne me suis pas rendu à la réception de l'Ambassade des Pays-Bas.

Le soir, à 19 h 15, chez le card. Bea. Discuté et approuvé la «Nota confidenziale»[268].

Vendredi 16 octobre 1964

9.00 Porté la «Nota confidenziale» à Dell'Acqua. Ensemble, nous avons rédigé un projet de lettre. Tous les points essentiels s'y trouvent (pas de commission; la compétence du Secrétariat; art. 6, §3 du Regolamento; président: Bea; presso il Segretariato; testo del Segretariato).

11.00 Coup de téléphone: convoqué chez Dell'Acqua. Le pape approuve le projet [de la lettre]. Il veut ajouter quelque chose au sujet de la commission doctrinale. Dell'Acqua propose: demander un «Nulla Osta». Je veux une formule plus vague, qui n'est pas contraignante. Je prends le projet avec moi.

Au Secrétariat, je parle avec Mgr De Smedt. Il attire l'attention sur la réaction des évêques et de l'opinion publique. Il y a un danger pour l'autorité du pape.

Je téléphone à Dell'Acqua. Maintenant la formule sera que le texte sera envoyé à tous les évêques du Secrétariat et de la commission doctrinale, sans aucune obligation ultérieure[269].

Dans l'après-midi, communiqué tout cela au P. Schmidt. Il trouve que la formule est vague. On ne sait pas ce qui en découlera.

---

266. Les réunions devraient se tenir au siège du Secrétariat.
267. Comme déjà dit, cet article précise qu'il revient au président de la commission (in casu, Bea) de choisir les noms des évêques à consulter.
268. Pour cette note, cf. S. SCATENA, *La fatica*, p. 243, note 110.
269. Pour cette lettre du 16 octobre de Cicognani à Felici, voir *A.S.* V, II, p. 798-799, où on peut lire: «In seguito il testo verrà opportunamente trasmesso alle due Commissioni: quella dell'anzidetto Segretariato e quella 'de doctrina fidei et morum'».

On ne pouvait pas obtenir davantage. Dans ma note, j'ai attiré l'attention sur les dangers et sur la composition impossible de la liste d'Ottaviani.

De même Arrighi me dit: on verra plus tard et, si nécessaire, on va de nouveau se battre.

Cet après-midi, à la session, j'ai tout communiqué au cardinal [Bea].

16.30 Session du Secrétariat à St-Louis-des-Français. Au sujet de l'introduction du texte *De Libertate*. Vote. L'introduction est acceptée à l'unanimité[270]. J'ai également lu le texte sur les Juifs et la Relatio de Gr. Baum.

Samedi 17 octobre 1964

9.30 Visite à l'évêque Leslie Brown[271] de l'Uganda à l'hôtel Raffael. Il va en ville avec le Père Werner Becker.

Travaillé au bureau au *De Libertate religiosa* avec De Smedt, Murray, Pavan.

Téléphoné à Monduzzi[272] pour l'audience de Leslie Brown chez le pape. Monduzzi me dit que mon audience aura lieu lundi à 18 h 30. Ensuite je présenterai au pape les épouses des Observers.

16.30 Travaillé au bureau avec De Smedt, Murray, Pavan au texte *De Libertate religiosa.*

17.30 Coup de téléphone de Monduzzi: l'audience pour Leslie Brown est arrangée.

Téléphoné au P. Schmidt: l'audience chez le card. Bea pour L. Brown est réglée.

Note de l'éditeur

Il est peut-être encore intéressant de noter que le 27 octobre, le texte *De Libertate* a été examiné au Secrétariat en présence de 5 membres de la commission théologique et que Bea a ensuite transmis le texte à Ottaviani. Celui-ci a fait examiner le texte – et cela malgré l'opposition de Bea, qui faisait appel à la lettre du 16 octobre de Cicognani à Felici –, après un ordre explicite du pape[273] – par la commission doctrinale lors de sa réunion

---

270. Pour ce texte «Status Quaestionis», cf. F. De Smedt 1218-1219.

271. Leslie Brown, évêque anglican en Uganda. Le pape lui a donné une place d'honneur à St-Pierre lors de la cérémonie de la béatification des martyrs d'Uganda, le 18 octobre 1964, parce que des anglicans avaient été martyrisés ensemble avec les catholiques.

272. D. Monduzzi (1922-2006), prêtre du diocèse de Faenza, adjoint du Maître de Chambre de Sa Sainteté au temps du concile, en 1986 évêque titulaire de Capri, préfet de la Maison pontificale de 1986 à 1998, cardinal en 1998.

273. Cf. *A.S.* VI, III, p. 501-502.

du 9 novembre. Ce projet a reçu, après pas mal de difficultés, l'aval de la commission doctrinale avec les 2/3 de *placet*[274].

On peut conclure que dans cet épisode, Felici a nettement outrepassé ses compétences et a, une fois de plus, manœuvré pour soustraire le schéma *De Libertate religiosa* à la compétence exclusive du Secrétariat. Savoir dans quelle mesure le secrétaire général avait été sollicité, approuvé et/ou couvert par le Secrétaire d'État, Cicognani, reste difficile.

Le 15 octobre 1964, à la réunion de la commission de coordination, Cicognani a demandé à Felici de fournir quelques explications sur les incidents de ces derniers jours. Celui-ci l'a fait en attaquant surtout la presse et le Secrétariat. On ne peut qu'être étonné de la conclusion tout à fait invraisemblable de cette réunion quand on lit dans le rapport: «Tutti convengono che il segretariato [le Secrétariat pour l'Unité] non si è comportato rettamente e male ha fatto a far conoscere le lettere e a non eseguire gli ordini»[275]. C'est le moment de se rappeler que ces rapports étaient rédigés par Carbone et Fagiolo, les adjoints de Felici, et qu'ils n'étaient jamais approuvés par la commission de coordination au début d'une réunion suivante, comme il est d'usage dans d'autres assemblées[276].

[Ici se terminent les annotations de Willebrands dans son Agenda pour l'année 1964. Il faut toutefois remarquer qu'il a rédigé – en français – un journal des journées du 14 au 20 novembre 1964 (journées difficiles par l'introduction d'amendements par Paul VI juste avant l'approbation définitive du *De Oecumenismo*), journal dont il a donné copie au Père Tucci s.j.[277].]

---

274. Cf. S. Scatena, *La fatica*, p. 264-285.
275. Voir *A.S.* V, III, p. 34.
276. Ce n'est peut-être pas sans raison que, pendant le concile, certains de ses adversaires qualifiaient le dynamique secrétaire général Pericle Felici de «furbissimo» et l'appelaient parfois «Periculum Felici».
277. Comme on l'a déjà indiqué dans l'Introduction de ce volume, ce journal a été publié et commenté par M. Velati, *L'ecumenismo al concilio: Paolo VI et l'approvazione di «Unitatis Redintegratio»*, dans *Cristianesimo nella storia* 26 (2005) 427-475.

1965

Samedi 2 janvier 1965
17.00 Amsterdam (Schiphol) – Rome.

Lundi 4 janvier 1965
9.00 Congresso au Secrétariat sur le planning du Secrétariat.

Mardi 5 janvier 1965
10.30 Chez le card. Bea.

Mercredi 6 janvier 1965
9.00 Congresso du Secrétariat sur le planning.

Jeudi 7 janvier 1965
11.30 Visite au Secrétariat du pasteur Jaller [lecture probable] au sujet de son œuvre pour les migrants.
13.00 Déjeuner chez les Dames de Béthanie.

Vendredi 8 janvier 1965
14.30 Borovoj à Fiumicino (avec Duprey vers Fiumicino).
20.00 Mgr Nikodim et Mgr Alexis à Fiumicino (je suis allé les chercher avec Duprey).

Samedi 9 janvier 1965
Father Long accompagne Mgr Nikodim et Mgr Alexis dans Rome.
9.00 Entretien au Secrétariat avec Hamer et Duprey. Au sujet de Enugu[1].
11.00 Audience chez le card. Bea avec Mgr Nikodim et Mgr Alexis (Duprey et Long).
12.30 Déjeuner avec Mgr Nikodim et Alexis chez Arrighi (Duprey – Long – Koulik).
14.00 Conduit les deux évêques à Fiumicino.

---

1. Le Comité central du COE s'est réuni à Enugu (Nigeria) du 12 au 21 janvier 1965. Duprey et Hamer y ont participé en tant que représentants du Secrétariat. À cette réunion le Comité central avait décidé de créer un Joint Working Group avec l'Église catholique, si au moins elle marquait son accord. Cf. G. CAPRILE, *Da Enugu a Ginevra. Recenti sviluppi nei contatti ecumenici con Roma*, dans *La Civiltà Cattolica* 116/2 (1965) 75-81.

Dimanche 10 janvier 1965
13.00 Déjeuner avec le card. Giobbe[2], Mgr Smit, Mgr Damen et les étudiants du collège néerlandais au Monte Mario.

Mercredi 13 janvier 1965
11.00 Chez le card. Bea.
13.00 Déjeuner chez Höfer, avec Mgr van Lierde[3], Mgr Smit, Mgr Damen à l'occasion du départ de l'ambassadeur van Scherpenberg[4].
Départ en train: Rome – Turin – Lyon (22 h 15).

Jeudi 14 janvier 1965
Arrivée à Lyon 12 h 51.
Avec Michalon au Séminaire universitaire. Travaillé à ma conférence.
20.30 Conférence à la Salle Rameau[5].

[Du 15 au 19 janvier, Willebrands a fait ses annotations en français. Nous les reprenons telles quelles.]

Vendredi 15 janvier 1965
10.00 Réunion de prêtres et de pasteurs de Lyon, Rue Sala 12.
11.00 Visite aux «Sources chrétiennes»[6].
12.00 Repas à la résidence des jésuites, Rue Sala 20.
14.00 Départ pour Saint-Étienne.
17.00 À la Visitation, réunion pour les religieuses.
19.30 Repas avec l'évêque, Mgr Maziers[7], et les pasteurs.
20.45 Conférence publique.

Samedi 16 janvier 1965
9.30 Réunion du clergé, à la cure de St-Charles.
12.30 Repas à la cure de St-Charles.

2. P. Giobbe (1880-1972), archevêque titulaire de Ptolemais en Thebaide en 1925, internonce aux Pays-Bas de 1935 à 1958, cardinal en 1958, cardinal protecteur des Dominicaines de Béthanie.
3. P. C. van Lierde (1907-1995), augustin belge, évêque titulaire de Porphyreon en 1951, vicaire général de Sa Sainteté pour la Cité du Vatican de 1951 à 1991.
4. H. van Scherpenberg (1899-1969), ambassadeur de la République Fédérale Allemande auprès du Saint-Siège de 1961 à 1964.
5. 29 Rue de la Martinière, 69001 Lyon.
6. Collections des «Sources chrétiennes» (édition scientifique des Pères de l'Église), fondée en 1942 par les Pères J. Daniélou s.j. et H. de Lubac s.j.
7. M. Maziers (1915-2008), évêque auxiliaire de Lyon (résidant à Saint-Étienne) de 1959 à 1966, coadjuteur puis archevêque de Bordeaux de 1966 à 1989.

13.30 Départ pour Clermont.
16.30 Arrivée à Clermont.
17.30 Réunion au Grand Séminaire avec l'équipe œcuménique.
20.00 Conférence publique.

Dimanche 17 janvier 1965
8.30 Visite à la cathédrale et à une église romane.
9.30 Réunion des séminaristes et des religieux au Grand Séminaire.
11.30 Repas au Grand Séminaire.
12.30 Départ pour Lyon.
16.00 Arrivée à Lyon.
17.00 Visite de condoléances à l'archevêché (pour la mort du card. Gerlier[8]).
18.00 Visite au Centre St-Irénée[9] et repas.

Lundi 18 janvier 1965
7.00 Départ pour Milan – Varese.
Repas avec les prêtres de Varese.
Conférence publique à Varese.
Départ pour Venegono.

Mardi 19 janvier 1965
6.30 Messe avec homélie au Grand Séminaire de Venegono.
9.00 Départ pour Rome (avion).

Jeudi 21 janvier 1965
14.30 Le card. Bea est de retour d'Allemagne[10].
18.00 Enregistrement de la RAI[11] pour la Semaine de prière.

Vendredi 22 janvier 1965
11.00 Au bureau, visite de Canon Findlow[12].

---

8. Le card. P. M. Gerlier est décédé à Lyon le 17 janvier 1965.
9. Le Centre Saint-Irénée (2 Place Gailleton, 69002 Lyon), fondé par le Père R. Beaupère en 1953, œuvre pour la réconciliation des chrétiens.
10. Le card. Bea avait donné des conférences à Munich et à l'Université de Wurzbourg (cf. St. SCHMIDT, *Augustin Bea*, p. 561).
11. Radiotelevisione italiana.
12. John Findlow (1915-1970), observateur anglican au concile, représentant de l'archevêque de Cantorbéry, de 1949 à 1956, chapelain de l'église anglicane «All Saints Church» à Rome, de 1966 à sa mort directeur du Centre anglican à Rome (Piazza Collegio Romano, 2/7), érigé après la visite de l'archevêque Ramsey à Paul VI en 1966.

Samedi 23 janvier 1965

17.00 Conférence chez De Graal (Dé Groothuizen[13]) au sujet de la situation œcuménique actuelle; prière pour l'unité.

Dimanche 24 janvier 1965

17.00 Réception au collège néerlandais offerte par les ecclésiastiques néerlandais à Rome et remise d'un cadeau.
Auprès des étudiants jusqu'à 24 h.
(Sœur Agnes rentre aux Pays-Bas).

Lundi 25 janvier 1965

9.00 Accompagné l'évêque John (Shakovskoy[14]) de San Francisco pour une visite en ville (S. Maria Maggiore, S. Clemente, S. Pietro, Collège américain).
11.00 Audience de l'évêque John chez le card. Bea.
13.00 Déjeuner de l'évêque John au Columbus (Arrighi, Salzmann, le Père Lanne).
18.30 Conférence au collège Lombardo – Pio Latino[15].

Mardi 26 janvier 1965

9.00 Mgr Rodhain[16] au Secrétariat (au sujet de la collaboration avec le COE dans le domaine de la «caritas»).
11.00 Visite de [un blanc] au sujet de S. Stefano Rotondo[17].
12.30 Chez Mgr Dell'Acqua (documents concernant Enugu; lettres de Cullmann, Boegner). Au sujet de la Liberté religieuse et du *De non-christianis*.

Mercredi 27 janvier 1965

9.00 Entretien avec L. Vischer à Fiumicino.

---

13. Dammaris (Dé) Groothuizen (1907-1992), Néerlandaise, membre du De Graal et présidente de la section néerlandaise de 1953 à 1961; de 1961 à 1964, «liaison officer for the sisters missionaries» chez Mgr Ligutti, observateur du Saint-Siège auprès du FAO (Food and Agriculture Organization) des Nations Unies, qui a son siège à Rome.

14. J. Shakovskoy Dies (1902-1989), archevêque russe orthodoxe de San Francisco, représentant de son Église dans le COE.

15. Le collège Pio Latino se trouvait à la Via Aurelia 511, Roma et le Collège Lombardo se trouvait (provisoirement, pendant les travaux de restauration à leur siège de la Piazza S. Maria Maggiore, 5) à la Via Aurelia 172.

16. J. Rodhain (1900-1977), prêtre français, fondateur en 1946 du «Secours catholique», premier président de *Caritas Internationalis*, *peritus* conciliaire.

17. S. Stefano Rotondo, basilique romaine du Vème siècle sur le Coelius. Willebrands avait des projets pour ériger dans cette église un centre œcuménique, où il aurait pu habiter lui-même.

10.30 Le Père Hamer o.p. au Secrétariat.
12.00 Visite à Mgr Slipyj concernant sa nomination de cardinal[18].

Jeudi 28 janvier 1965
10.30 Chez le card. Bea.
15.30 Le Père Caprile[19] s.j. est venu au bureau pour parler des derniers jours de la 3ème session du concile et de son article dans *La Civiltà Cattolica*[20].

Vendredi 29 janvier 1965
8.30 Vers Fiumicino. Rome – Paris.
12.30 Déjeuner chez Mme Arrighi. Rencontre avec Mgr de la Rue [sic = Delarue[21]], vicaire général, responsable de l'œuvre œcuménique dans le diocèse de Paris.
14.30 Chez le P. Dumont o.p.: sur la situation de son travail à Rome; sur la situation d'Istina.
19.00 En train vers Angers.
Logé chez Mgr Mazerat[22].

Samedi 30 janvier 1965
8.30 D'Angers vers Bressuire (avec Mgr Derouineau). Visite à M. Hy.
12.00 Déjeuné à «Les Trois Marchands»[23].
14.00 Vers Noirlieu[24]. Visite chez M. Condrin, où sont rassemblées 38 personnes, hommes et femmes, de la Petite Église. Arrangements pour le 28 mars[25]. Atmosphère excellente.
17.30 Visite au curé de [Chapelle] Saint-Laurent et au chapelain de la Basilique de Pitié [sic: Notre-Dame-de-Pitié], pour la liturgie du 28 mars.
19.30 Vers Poitiers. Dîner à l'évêché, entretien avec Mgr Vion.

18. Slipyj sera créé cardinal au consistoire du 22 février 1965.
19. G. Caprile (1917-1993), né à Portici, jésuite italien, rédacteur à *La Civiltà Cattolica* de 1953 à sa mort. Il était l'auteur des «Cronache sul Concilio Vaticano II».
20. Il s'agit de l'article de G. CAPRILE, *Aspetti positivi della terza sessione del concilio*, dans *La Civiltà Cattolica* 2752 (1965) 317-341. Pour l'origine de cet article, basé notamment sur la documentation personnelle du pape, cf. G. CAPRILE, *Contributo alla Storia della «Nota Explicativa Praevia»*, dans Istituto Paolo VI, *Paolo VI e i problemi ecclesiologici al concilio*, Brescia, 1989, 589-697, notamment les p. 589-591.
21. Jacques Delarue (1914-1982), à l'époque vicaire général de Paris; évêque de Nanterre de 1966 à sa mort.
22. H. Mazerat (1903-1986), évêque d'Angers de 1961 à 1974.
23. Hôtel Restaurant «Les Trois Marchands», Les Sicaudières, 79300 Bressuire.
24. Noirlieu, localité dans Les Deux Sèvres, près de Bressuire.
25. Voir le 28 mars 1965.

Dimanche 31 janvier 1965
Poitiers.
9.00 Petite excursion à Chauvigny[26] et St-Savin[27] avec Mgr Arrighi et le chan. Peignault[28].
12.00 De retour à Poitiers.
Mgr Derouineau et Mgr Vion.
14.00 En train vers Paris.
20.00 Chez le Père Dumont o.p., Istina.

Lundi 1 février 1965
Paris. Istina.
9.00 Entretien avec le Père André Scrima.
9.30 Entretien avec le Père Le Guillou.
12.30 Paris-Rome avec Alitalia.
15.30 Au bureau. Terminé la correspondance.

Mardi 2 février 1965
10.30 Visite de Mgr Bayer[29] (Caritas Internationalis). Il est allé à Genève et y a parlé avec Visser 't Hooft au sujet de la collaboration.
11.30 Visite de Ilse Friedeberg[30].
12.00 Visite du Dott. Fil. Cabassi, Pro Civitate Christiana.
13.30 Lunch chez Peter Scarlett[31].
16.00 Au bureau.

Mercredi 3 février 1965
17.30 Chez le card. Bea.

---

26. Chauvigny, commune dans le département de la Vienne qui possède de très belles églises romanes.

27. St-Savin-sur-Gartempe, célèbre abbatiale avec le plus grand ensemble de peintures murales romanes de France.

28. Paul Peignault (1913-1999), il était secrétaire général de l'évêché de Poitiers et doyen du chapitre.

29. K. Bayer, prêtre du diocèse de Breslau, secrétaire général de Caritas Internationalis.

30. Ilse Friedeberg (1914-1998), émigrée à Londres durant la période nazie, avait travaillé à Bossey, fondatrice en 1966 de «Philoxenia, Freundeskreis orthodoxer, katholischer und evangelischer Christen».

31. P. Scarlett (1905-1983), ambassadeur du Royaume-Uni auprès du Saint-Siège de 1960 à 1965.

Jeudi 4 février 1965
(malade)

Vendredi 5 février 1965
(malade)
11.30 Canon Findlow avec Mgr Arrighi chez le card. Bea.

Samedi 6 février 1965
(malade)
12.00 Visite du Père Duprey.
(Duprey et Ch. Moeller à Jérusalem jusqu'à jeudi prochain, pour l'institut[32]).

Dimanche 7 février 1965
(Le card. Bea à Cologne jusqu'à mardi[33]).

Jeudi 11 février 1965
15.30 Visite du Père Duprey.

Vendredi 12 février 1965
11.00 Le Père Duprey est venu me chercher. Au bureau.
12.30 Audience chez le pape Paul VI.

Samedi 13 février 1965
9.30 Au bureau.
10.00 Entretien avec Arrighi au sujet de l'audience, avec Duprey et Long concernant Maximos IV[34] et son refus du cardinalat[35].
13.00 Chez Mgr Dell'Acqua: au sujet de l'audience et de l'affaire Maximos. Il demande un rapport pour le pape au sujet des réactions des observateurs. Une proposition pour l'affaire de Maximos.

---

32. Il s'agit de l'institut œcuménique qui va être réalisé à Tantur.
33. Bea a donné une conférence aux étudiants de l'université de Cologne au sujet du concile et de l'unité des chrétiens (cf. St. SCHMIDT, *Augustin Bea*, p. 561).
34. Maximos IV Saigh (1878-1967), en 1919 archevêque melchite de Tyr, patriarche melchite d'Antioche (Syrie) de 1947 à sa mort, cardinal en 1965.
35. Paul VI voulait nommer Maximos IV cardinal. Celui-ci, étant d'avis que le cardinalat était une institution propre à l'Église latine, estimait qu'il devait, en tant que patriarche de l'Église orientale, refuser cette «promotion». Finalement Maximos, après avoir reçu quelques assurances du pape, fut quand-même créé cardinal au consistoire du 22 février 1965. Cf. G. ALBERIGO (éd.), *Storia del Concilio Vaticano II*, IV, p. 524-526 et Journal Congar, II, p. 332-333, 335.

17.00 À la maison, un entretien avec le P. Alonso au sujet du *De Libertate religiosa*.
18.00 Avec Duprey, concernant l'affaire Maximos.

Dimanche 14 février 1965
9.30 Envoyé, avec une brève lettre d'accompagnement pour Mgr Dell'Acqua, une note au sujet du patriarcat et du cardinalat.
11.00 Travaillé au texte de la conférence, que j'avais donnée à Lyon. Toilette du texte.
12.00 Avec Duprey et Long vers Fiumicino.
14.30 Arrivée des métropolites Meliton[36] de Heliopolis et de Chrysostomos[37] de Myra. On est allé les chercher à l'avion, puis on les a conduits à l'hôtel Columbus[38].
20.00 Dîner à l'hôtel Columbus avec les métropolites, Duprey, Arrighi, Long et Willebrands.

Lundi 15 février 1965
9.30 Entretien avec Mgr Casaroli[39] à la Secrétairerie d'État concernant le voyage en Roumanie puis la Russie (Vilna[40]).
10.30 Chez le Saint-Père avec les métropolites.
12.30 Chez le card. Bea.
13.30 Déjeuner au Columbus avec le card. Tisserant.
16.00 Avec les métropolites à Saint-Pierre et au tombeau de Jean XXIII. Visite aux «scavi[41]».
17.30 Au bureau.

---

36. Meliton de Heliopolis et Theira (1913-1989). Il était membre du Comité central du COE (de 1961 à 1968) et vice-président de 1969 à 1975
37. Chrysostomos de Myra (1921-2006), métropolite de Myra en 1961.
38. Les métropolites Meliton et Chrysostomos étaient en visite officielle et étaient chargés par Athénagoras de communiquer à Paul VI les décisions de la Conférence Panorthodoxe de Rhodes. Ils étaient porteurs d'une lettre (datée du 25 janvier 1965) d'Athénagoras à Paul VI. Le card. Bea portera à Athénagoras la réponse de Paul VI, (datée du 31 mars 1965). Cf. St. SCHMIDT, *Augustin Bea*, p. 562. Pour cette visite, voir aussi *Tomos Agapis*, n. 86-91.
39. A. Casaroli (1914-1998), à l'époque sous-secrétaire pour les Affaires extraordinaires à la Secrétairerie d'État, cardinal et secrétaire d'État en 1979.
40. Du 30 mai au 16 juin 1965, Willebrands entreprendra un long voyage en URSS et en Finlande.
41. Les fouilles de Saint-Pierre.

Mardi 16 février 1965

9.00 Bureau.

Nasalli Rocca[42] à l'hôtel Columbus pour une décoration [des métropolites].

10.00 Vers l'ambassade turque.

11.30 Chez le card. Tisserant.

12.30 Vers l'ambassade grecque pour le déjeuner.

15.30 Entretien avec Ch. Moeller[43], Duprey et des métropolites au sujet de l'institut de Jérusalem.

16.30 Visite du card. Bea à l'hôtel Columbus pour un échange de visites après l'audience chez le pape.

18.00 Visite de l'ambassadeur turc[44] à l'hôtel Columbus.

19.00 Visite à l'Institut Oriental (décoration du Père Gill[45]).

19.30 Souper avec les métropolites à l'hôtel Columbus (Stransky – Salzmann). Film du voyage du Saint-Père à Jérusalem. L'ambassadeur grec donne des albums avec des photos sur le voyage à Jérusalem.

Mercredi 17 février 1965

9.00 Visite au Secrétariat des métropolites Meliton et Chrysostomos.

13.00 À l'hôtel Columbus; avec les métropolites vers Fiumicino.

14.30 Adieu et départ des métropolites.

15.00 Départ avec le card. Bea vers Genève[46].

16.30 Arrivée à Genève. Visser 't Hooft et quelques représentants du COE se trouvent à l'aéroport.

19.00 Le soir, dîner et entretien avec le Père Bréchet.

(À Rome, arrivée des *periti* du *De Libertate religiosa*)[47].

---

42. M. Nasalli Rocca di Corneliano (1903-1988), maître de chambre, cardinal en 1969.

43. Le 16 février 1965, Moeller a noté: «Willebrands me demande si on ne devait pas faire sauter *deicidium* du texte sur les Juifs. Ceci confirme que, depuis la lettre de Gori, Bea est prêt à le faire sauter. Je réponds à Willebrands qu'il n'en est pas question». Cf. F. Moeller, Carnet 26, p. 6-7.

44. M. Ihsan Kiziloğlu, ambassadeur de la Turquie auprès du Saint-Siège.

45. Joseph Gill (1901-1989), jésuite anglais, recteur de l'Institut pontifical oriental de 1962 à 1967, spécialiste du concile de Florence.

46. Le card. Bea, accompagné de Willebrands, a fait une visite officielle au COE; il y a annoncé l'accord de l'Église catholique pour commencer un groupe de travail mixte de théologiens avec le COE, et a eu un «colloque» public avec Marc Boegner dans la «Salle de la Réformation», cf. St. Schmidt, *Augustin Bea*, p. 561-562.

47. Une sous-commission pour retravailler le texte *De Libertate religiosa* s'est réunie à Rome du 18 au 26 février 1965. Mgr De Smedt, *relator* du texte, se joindra aux *periti* le dimanche 21 février. Cf. Journal Congar, II, p. 329-338. Pour cette réunion, voir également S. Scatena, *La fatica*, p. 368-396.

Jeudi 18 février 1965
9.30 Rendu visite à l'évêque Emilianos[48] à la Clinique Beaulieu.
10.00 Vers le COE. Entretien avec Lukas Vischer:
a) les mariages mixtes.
b) S. Stefano Rotondo.
c) WSCF[49]: contacts avec les catholiques au sujet d'une université d'inspiration chrétienne.
12.00 Chez Visser 't Hooft. Session du COE avec le card. Bea et Boegner. Déjeuner au COE.
14.30 Entretien avec Visser 't Hooft, Lukas Vischer, P. Verghese, V. Borovoj, N. Nissiotis (5 des 8 pour un groupe mixte; les autres sont O. Tomkins[50], E. Schlink, d'Espy[51] [sic]).
Qui aura-t-on de notre côté?
Quand aura-t-on la première réunion?
Sur quels sujets? Les principes et les méthodes. L'institution de sous-commissions.
Conversation avec Borovoj au sujet de la visite des métropolites à Rome et du voyage à Moscou.
18.30 Vers le train Genève-Milan-Rome.
(À Rome: session *periti De Libertate religosa*. Pavan, Thijssen, Feiner, Hamer, Congar, Murray, Willebrands, Stransky. Consulteurs pour l'exégèse: McCool[52] et Lyonnet[53]).

Vendredi 19 février 1965
8.00 Arrivée à Rome. Salzmann se trouve à la gare.
9.00 Messe au Monte Mario.

---

48. Emilianos Timiadis (1916-2008), né en Turquie, en 1961 métropolite orthodoxe titulaire de Lungro (Calabre), puis en 1977 de Silyvria, représentant à Genève du patriarcat œcuménique auprès du COE de 1958 à 1983, observateur au concile.
49. World Student Christian Federation, mouvement œcuménique d'étudiants chrétiens, fondé en 1895, dont le centre se trouve à Genève (Route des Morillons 5).
50. Oliver Tomkins (1908-1992), anglican, secrétaire de «Foi et Constitution» de 1948 à 1953, évêque de Bristol de 1953 à 1975.
51. Edwin Espy (1908-1993), secrétaire général du Conseil national des Églises aux États-Unis, membre pour le COE du Joint Working Group de 1965 à 1975.
52. Fr. McCool (1913-1996), jésuite américain, professeur à l'Institut biblique pontifical de 1955 à 1985.
53. St. Lyonnet (1902-1986), jésuite français, exégète et professeur à l'Institut biblique pontifical. De 1961 à 1964, le Saint-Office lui a défendu d'enseigner.

10.00 Réunion, session des *periti* sur le *De Libertate religiosa*.
Considérations sur «in genere»[54].
1) Nouveau paragraphe sur l'aspect «historia salutis»: la dignité de l'homme par la création et la rédemption. Application sur la situation actuelle: droit à la liberté religieuse dans le sens de *immunitas*[55].
2) Abréger l'argument *ex ratione*.
Ad 1) Congar rédige un projet et consulte McCool s.j. et Lyonnet s.j.
Ad 2) Murray.

Samedi 20 février 1965
Session *De Libertate religiosa*.

Dimanche 21 février 1965
Session *De Libertate religiosa*.

Lundi 22 février 1965
«Biglietti» des cardinaux au collège américain[56]. Passé un instant au bureau.
9.00 Conduit le Père Congar[57] et le Père Hamer à la Propaganda Fide.
10.00 Vers la Congregatio orientalis avec le P. Congar.
Session *De Libertate religiosa*.

Mardi 23 février 1965
10.30 Conduit Mgr De Smedt au Vatican.
Visites aux cardinaux à la Domus Mariae et à la Propaganda Fide.
14.00 Session *De Libertate religiosa*.
17.30 Arrivée de la sous-commission *De Libertate religiosa*[58]: Mgr Cantero[59], Mgr Primeau, le Père Degrijse[60].

---

54. Les remarques des interventions des Pères avaient été classées par le Secrétariat «in genere» et par chapitre. Pour les 101 pages de remarques «in genere», cf. F. De Smedt 1374.
55. Il s'agit de l'absence de toute contrainte par l'État dans le domaine de la religion.
56. Pour la création d'un nouveau cardinal, un émissaire de la Secrétairerie d'État porte un «billet» au nouveau cardinal qui lui «annonce» sa nomination. Ensuite le nouveau cardinal reçoit les félicitations des personnalités officielles et de ses amis («visite di calore»). Le 22 février 1965, les nouveaux cardinaux étaient rassemblés à plusieurs endroits: le collège américain, le Palazzo de la Propaganda Fide, la Domus Mariae, la Congrégation orientale.
57. Congar raconte ses visites dans son journal (Journal Congar II, p. 334-336).
58. Il s'agit des membres et non plus des *periti*.
59. P. Cantero Cuadrado (1902-1978), archevêque de Saragosse de 1964 à 1977, membre du Secrétariat pour l'Unité.
60. O. Degrijse (1913-2002), scheutiste belge, à l'époque supérieur général de la Congrégation du Cœur Immaculé de Marie (Scheut), membre du Secrétariat pour l'Unité.

19.30 Arrivée des *periti* pour le *De non-christianis*: l'Abbé von Rudloff, Gr. Baum, Mgr Oesterreicher, Charles Moeller, Neuner[61].
Avec Fr. Thijssen chez le card. Alfrink au collège néerlandais.

Mercredi 24 février 1965
Session *De Libertate religiosa*.
Session *De non-christianis*.
(Sr Agnes est rentrée).

Jeudi 25 février 1965
Session *De Libertate religiosa*.
Session *De non-christianis*. Pour le *De non-christianis*, sont présents également les Pères Cuoq et Caspar[62].
10.30 Entretien avec Duprey.
17.00 Visite du prieur de Chevetogne [Th. Becquet].
19.30 Avec Fr. Thijssen chez le card. Šeper.

Vendredi 26 février 1965
Session *De Libertate religiosa*.
Session *De non-christianis*.

Samedi 27 février 1965
8.00 Messe de mariage de B. Frysman [lecture probable] et Lucie Verschure [lecture probable] à Saint-Pierre.
9.00 Petit déjeuner au Columbus.
À la sacristie de Saint-Pierre, entretien avec Mgr Angelo Felici[63]; ensuite entretien téléphonique au sujet de sa venue à Ariccia[64].
10.30 Visite chez Son Exc. P. Felici. Je préfère de ne pas lui donner un texte maintenant. Faire tout paisiblement et calmement. La prochaine réunion est en mai. Avant cette réunion il y a tout le temps pour regarder les textes

---

61. J. Neuner (né en 1908), jésuite allemand, missionnaire en Inde, spécialiste de l'hindouisme, *peritus* conciliaire et consulteur des évêques indiens. Il a eu une influence sur la transformation de la Déclaration sur les Juifs en une Déclaration sur les religions non chrétiennes.
62. Robert Caspar (1923-2007), père blanc français, professeur à l'Institut d'Études arabes de la Manouba (Tunisie), consulteur du Secrétariat pour les non chrétiens.
63. A. Felici (1919-2007), prêtre du diocèse de Segni, à l'époque sous-secrétaire pour les Affaires extraordinaires, de 1967 à 1976 pro-nonce aux Pays-Bas, cardinal en 1988, de 1988 à 1995 préfet de la Congrégation pour les causes des saints.
64. Il s'agit de la réunion plénière du Secrétariat à Ariccia du 1er au 5 mars 1965.

et recevoir des remarques. Ce n'est qu'en mai qu'il y aura la rédaction définitive. Pas de risques. Felici n'envoie pas de textes avant la mi-mai. Après la Dominica in Albis, il y aura session de la commission de coordination[65]. Au sujet de la venue d'Angelo Felici à Ariccia. Il y a le risque que la presse écrive: la Secrétairerie d'État est intervenue.

13.30 Déjeuner à l'ambassade de la RAU en honneur du card. Sidarouss; l'ambassadeur espagnol était présent.

17.00 Continué à travailler chez moi au *De non-christianis*.

Dimanche 28 février 1965

8.30 Grand-messe au Monte Mario.
9.30 Téléphoné à Thils: est-ce qu'il peut venir à Ariccia?
10.30 Avec Corinna au bureau. Chez Jan R. et P. Sch[66].
11.30 Vers Bracciano.
En passant par la maison, au Monte Mario, vers Ariccia avec le P. Congar.
20.00 Arrivée à Ariccia. Session d'ouverture: expliqué le travail fait [par les sous-commissions] au Monte Mario et le programme de travail pour Ariccia. Annoncé la session du 2 au 8 mai.

Lundi 1 mars 1965[67]

9.00 Session plénière.
Prolusio du card. Bea.
Explicatio Patris Hamer, sur les Observationes in genere.
Explication du Père Congar sur le Prooemium[68].
11.00 Réunion des sous-commissions.
Rapporteurs:
Sous-commission 1: Murray.
Sous-commission 2: Hamer.
Sous-commission 3: Thijssen.
Présidents:
Sous-commission 1: Jaeger.
Sous-commission 2: Martin (Hermaniuk).

---

65. La commission de coordination ne se réunira pas après le 1er Dimanche après Pâques (le 25 avril) mais seulement le 11 mai 1965. Il semble bien que la conversation avec Felici se réfère au texte *De non-christianis*, qui était confronté à de nouvelles réactions aussi bien de la part du monde politique arabe que de la part d'évêques du Proche-Orient.

66. Il s'agit de Jan Remmer et de Piet Schoonebeek.

67. Du 1er au 4 mars Willebrands a écrit ses notes en français, nous les reprenons telles quelles. Du 1er au 3 mars, le Secrétariat a travaillé sur le texte *De Libertate religiosa*.

68. Pour ce texte, cf. F. De Smedt 1426.

Sous-commission 3: Shehan (De Smedt).
15.30 Réunion des 3 sous-commissions.
18.00 Session plénière. Discussion Prooemium.
20.00 Réunion des 3 rapporteurs des sous-commissions avec le secrétaire.

Mardi 2 mars 1965
9.00 Session plénière sur les n° 2-3 (en présence du card. Shehan).
10.00 Session des sous-commissions sur les n° 10-11-12-13-14.
15.30 Sessio plenaria de numeris 10-11-12-13-14.
18.00 Sessio subcommissionis de numeris 4-5-6-7-8-9.

Mercredi 3 mars 1965
8.00 Départ des Pères Congar et Hamer.
Session plénière sur les numéros 4-5-6.
14.00 Départ de S. Exc. Mgr De Smedt. Arrivée de S. Exc. Mgr Charrière.
16.00 Session plénière sur les numéros 7-8-9.
16.30 Arrivée de S. Ém. le card. Martin.
17.00 Session plénière sur le *De non-christianis*[69].
Introduction générale et discussion in specie des *modi* sur les numéros 1-2.
Textes du Père Neuner, lus par le Père Long.
(Toutes) les conclusions de la sous-commission acceptées à l'unanimité.
Visite du Père Duprey: sur la question des lettres à envoyer au patriarche œcuménique et aux autres patriarches, comme réponse à la communication des conclusions de la 3ème Conférence Panorthodoxe de Rhodes, et comme lettres pascales.

Jeudi 4 mars 1965
Session plénière sur le *De non-christianis*, n° 3: de Muslimis. Présent le Père Cuoq P. B. et sur n° 4 (De Iudaeis). Relator: Mgr Mansourati, Rabban[70], card. Bea, von Rudloff, Hermaniuk.
13.30 Déjeuner en l'honneur des nouveaux cardinaux[71].

---

69. Cf. Rapport de Willebrands sur les discussions concernant le schéma du décret *De Ecclesiae habitudine ad religiones non christianas* (session plénière du Secrétariat à Ariccia, 3-4 mars 1965), 18 mars 1965, 4 p., ASV Conc. Vat. 1458. C'est lors de cette session qu'on a laissé tomber le mot «deicidium».
70. R. Rabban (1910-1967), archevêque de Kerkuk (des Chaldéens) de 1957 à sa mort, membre du Secrétariat pour l'Unité.
71. Quatre membres du Secrétariat pour l'Unité furent créés cardinaux lors du consistoire du 22 février 1965: Jaeger, Martin, Heenan et Shehan.

16.00 Session plénière sur le n° 4.
Card. Shehan, Primeau, Helmsing[72], Rabban, Mansourati, Charrière et autres.
Vote sur le transfert du texte sur l'antisémitisme du n° 4 au n° 5.
Vote sur le mot déicide et sur les autres modifications.
Ensuite, discussion du n° 5.
20.00 Après le dîner, sous-commission sur le *Directorium* [oecumenicum] (Shehan, Hermaniuk, Holland[73], van Velsen, Mgr Baum[74], Stakemeier[75], Gr. Baum, Long, Stransky, Willebrands).
De retour dans ma chambre, j'ai trouvé une lettre de la Secrétairerie d'État au sujet du *De Judaeis*[76].

Vendredi 5 mars 1965
9.00 Sessio plenaria de praeparatione Directorii oecumenici.
16.00 Sessio plenaria «Petite Église».
17.30 Fin de la session du Secrétariat.
18.00 Départ. Retourné à Rome.
20.00 Thijssen au Monte Mario.

Samedi 6 mars 1965
9.00 Au Secrétariat. Vu les nouveaux locaux.
(Audience du card. Bea chez S. S. le Pape).
11.00 Conduit Fr. Thijssen à Fiumicino.

Dimanche 7 mars 1965
Visite de B. Frysman et son épouse.
13.00 Déjeuner à l'ambassade de Grèce en l'honneur du card. Bea et du card. Martin.

72. Ch. H. Helmsing (1908-1993), évêque de Kansas-City de 1962 à 1977, membre du Secrétariat pour l'Unité.

73. Th. Holland (1908-1999), évêque coadjuteur de Portsmouth de 1960 à 1964, évêque de Salford de 1964 à 1983, membre du Secrétariat pour l'Unité.

74. W. W. Baum (1926-), prêtre de Kansas City, Missouri, *peritus* conciliaire, archevêque de Washington de 1973 à 1980, de 1980 à 1990 préfet de la Congrégation pour l'éducation catholique, de 1990 à 2001 pénitencier majeur. À l'époque il était le premier directeur de l'U. S. Bishop's Commission for Ecumenical Affairs.

75. E. Stakemeier (1904-1970), prêtre du diocèse de Paderborn en 1929, docteur en théologie, premier directeur du Johann-Adam-Möhler-Institut de Paderborn, consulteur du Secrétariat pour l'Unité, *peritus* conciliaire.

76. Lettre de Cicognani à Bea, du 3 mars 1965, avec un dossier sur les réactions dans les pays arabes concernant le *De Judaeis*. Cf. ASV Conc. Vat. II, 1458.

Lundi 8 mars 1965
Stransky et Long déménagent au 2ème étage.
11.00 Au bureau, visite de l'évêque [le nom manque].
13.30 Dîner chez l'ambassadeur d'Allemagne (J. Jansen)[77] en l'honneur du card. Bea et du Präses Scharf[78].
17.00 Entretien au bureau avec Mary Kalapesi[79].

Mardi 9 mars 1965
10.30 Visite chez le card. Bea.
12.30 De retour au Secrétariat. Programme des voyages en avril-mai-juin.

Mercredi 10 mars 1965
9.30 Congresso: rédigé le plan de travail. Les voyages: Moyen-Orient, Constantinople, (Bruges), Égypte, Russie.
11.30 Visite de la Mère supérieure des Sœurs de Sion[80].
12.00 Father Seb. Moore o.s.b.[81] (Downside) au sujet du Birth Control – Schéma 13.
15.00 Au Secrétariat.

Jeudi 11 mars 1965
10.30 Chez S. Exc. Mgr Parente au sujet de la Petite Église.
11.00 Le Ceremoniarius du Collège germanique[82].
11.30 Canon Findlow.
12.00 À la Secrétairerie d'État: concernant un télégramme de Moscou au sujet d'un journaliste en prison à Léopoldville[83]. Chez Mgr Dell'Acqua.

---

77. J. Jansen, ambassadeur de la République Fédérale d'Allemagne auprès du Saint-Siège en 1965.
78. K. Scharf (1902-1990), président de l'Evangelische Kirche Deutschlands de 1961 à 1967, évêque de l'Église évangélique de Berlin-Brandenbourg de 1966 à 1976.
79. M. Kalapesi voulait organiser avec P. Verghese une conférence sur la théologie œcuménique. Willebrands ne peut y participer et trouve l'initiative peu opportune (cf. correspondance Kalapesi – Willebrands, 14, 17, 18 et 18 mars 1965, ASV Conc. Vat. II, 1458).
80. Sœurs de Notre Dame de Sion.
81. Sebastian Moore (1907-), bénédictin anglais de l'abbaye de Downside (Bath). S. Moore avait des contacts avec le card. Suenens et l'a aidé pour son intervention au sujet de la famille lors de la 4ème session (cf. FConc. Suenens 2674).
82. Le 13 mars 1965, Willebrands conférera la tonsure et ordonnera des sous-diacres au Collège germanique.
83. Actuellement Kinshasa.

13.30 Déjeuné à De Graal.
15.00 Au Secrétariat.

Vendredi 12 mars 1965
9.00 Discuté les lettres de Stransky. Discuté la correspondance d'Arrighi.
11.30 Envoyé la lettre à Mgr De Smedt au sujet de la Liberté religieuse[84].
12.00 Visite du Père Abbé de Nashdom Abbey[85]. Mlle Galema[86] V. v. B.[87] va guider le Père Abbé dans les catacombes de Priscille.
13.00 Mgr Pavan au Secrétariat: le texte de la Liberté religieuse.
Père Bazille o.p. au Secrétariat: les dates de la prochaine session du Secrétariat et le «Groupe de Travail» du COE.
15.30 Au Secrétariat.
16.30 Rédigé le projet d'une lettre du card. Bea au Saint-Père concernant le «Groupe de Travail» du COE.
18.00 Le Père Ferrari o.s.b.[88] va guider le Père Abbé de Nashdom dans les fouilles de Saint-Pierre.
19.30 Téléphoné à l'ambassadeur de Russie.
20.00 Rédigé mon sermon pour les ordinations de demain.

Samedi 13 mars 1965
8.00 Prima Tonsura et ordination de sous-diacres au Collège germanique.
10.00 Travaillé à la Grégorienne, avec le P. Springhetti, au texte du *De Libertate religosa*.
13.00 Déjeuner au Collège germanique.

Lundi 15 mars 1965
8.30 Au Secrétariat. Congressetto[89] sur le programme de la semaine.
10.00 À l'ambassade russe: au sujet du journaliste Khoklov[90] et d'un voyage éventuel en URSS.
11.30 De retour au bureau.
13.00 Chez Mgr Slipyj: au sujet de son passeport.

---

84. Pour le texte de cette lettre de trois pages, voir F. De Smedt 1430 et ASV Conc. Vat. II, 1447.

85. Il s'agit de Augustine Morris (†1997), père abbé de Nashdom Abbey (Buckinghamshire, Angleterre). Cette abbaye anglicane, qui a existé de 1926 à 1988, était engagée dans l'œcuménisme.

86. A. H. (Leideke) Galema (1919-), Dame de Béthanie, appartenant au Foyer Unitas à Rome de 1961 à 1992. Le Secrétariat faisait souvent appel au Foyer Unitas pour des réceptions des observateurs et de leurs épouses.

87. V. v. B. = Vrouw van Bethanië (Dame de Béthanie).

88. Il s'agit du Père Guy Ferrari o.s.b., conservateur du «Museo Sacro e Profano» à la Bibliothèque Apostolique du Vatican.

89. Une brève réunion, d'habitude le matin de 8 h 30 à 9 h, de Willebrands avec le staff du Secrétariat.

90. Nicolas Khoklov, correspondant du journal gouvernemental *Izvestia*.

15.30 Chez le P. Springhettti à la Grégorienne. Correction du latin du *De Libertate religiosa*[91].

Mardi 16 mars 1965
8.30 Au Secrétariat.
10.00 Chez Mgr Pericle Felici: au sujet du *De Libertate religiosa* et du *De Judaeis*.
11.00 Chez Mgr Angelo Felici (Secrétairerie d'État).
13.00 Avec le P. Duprey chez le card. Bea: au sujet de la lettre de Mgr Lardone[92] au card. Cicognani (des objections de Lardone contre le voyage à Constantinople). Déjeuné avec le P. Duprey.
15.00 Au Secrétariat.
17.00 Visite au Secrétariat du Prof. Evdokimov[93] et sa femme.
18.30 Avec le Père Abbé de Nashdom chez le card. Bea.

Mercredi 17 mars 1965
9.00 Au Secrétariat.
11.00 Vers l'ambassade de Turquie pour le visa du card. Bea pour Istanbul.
14.00 Déjeuné avec le Prof. Evdokimov et sa femme.
16.00 Corrigé avec le P. Springhetti le texte latin du *De Libertate religiosa* et les *modi* du *De non-christianis*.
19.00 Au Secrétariat.

Jeudi 18 mars 1965
9.00 Au Secrétariat.
15.00 Salzmann me conduit à Fiumicino.
16.30 Rome – Beyrouth avec Alitalia[94].
19.30 Le nonce Alibrandi[95] et son secrétaire sont venus me chercher.

Vendredi 19 mars 1965
10.00 Visite au card. Tappouni[95a].
16.00 Visite au card. Meouchi[95b].

91. Pour les corrections apportées par Springhetti, voir ASV Conc. Vat. II, 1447.
92. Fr. Lardone (1887-1980), archevêque titulaire de Rhizaeum en 1949, internonce en Turquie de 1953 à 1966.
93. P. Evdokimov (1901-1970), né à Saint-Pétersbourg, émigré à Paris en 1923, professeur à l'Institut de théologie orthodoxe Saint-Serge à Paris, hôte du Secrétariat.
94. Du 18 au 23 mars Willebrands, qui a été rejoint par Duprey le 20 mars, fait un voyage au Liban et en Syrie pour prendre contact avec les patriarches orientaux afin de connaître leurs réactions sur le texte *De non-christianis*. Pour son rapport, cf. ASV Conc. Vat. II, 1458
95. G. Alibrandi (1914-2003), archevêque titulaire de Binda en 1961, nonce apostolique au Liban de 1963 à 1969.
95a. Voir p. 208, n. 311.
95b Voir p. 162, n. 101.

Samedi 20 mars 1965
10.00 Visite au patriarche Batanian.
12.00 Visite à Mgr Nabaa[96].
13.30 Déjeuné avec le nonce chez les pères Basiliens.
16.00 Visite au Katholikos Khoren[97] et Mgr Sarkissian[98].
19.30 Je suis allé chercher Duprey à l'aéroport.

Dimanche 21 mars 1965
8.30 Visite du Père Corbon[99] à la nonciature.
10.00 Avec le Père Corbon et le Père Duprey, chez l'évêque Sarkissian (Antelias[100]).
11.30 Vers le patriarche Meouchi[101] à Bkerké[102].
12.00 Déjeuner chez le patriarche Meouchi.
14.00 On retourne à la nonciature pour chercher nos bagages, et, avec le P. Duprey, on part en taxi pour Damas.
18.00 Au patriarcat des grecs-catholiques. Entretien avec le patriarche Maximos. Plus tard Medawar[103], Edelby et Tawil[104] sont également présents.

Lundi 22 mars 1965
9.00 Entretien avec le patriarche Maximos.
10.00 Visite au patriarche Ignatius Jacoub[105] (syrien-orthodoxe).
10.30 Visite au patriarche Theodosios (grec-orthodoxe).
11.00 Visite à l'internonce Mgr Punzolo[106].

---

96. Ph. Nabaa (1907-1967), archevêque melchite de Beyrouth et de Jbeil de 1948 à sa mort, sous-secrétaire du concile.

97. Khoren I, Katholikos de l'Église arménienne orthodoxe; il a rendu visite à Paul VI en 1967.

98. Karekin Sarkissian (1932-1999), de l'Église arménienne orthodoxe, consacré évêque pour Téhéran en 1964, en 1995 élu Katholikos de l'Église arménienne orthodoxe, observateur au concile.

99. Jean Corbon (1924-2001), dominicain français, prêtre de l'éparchie grec-catholique à Beyrouth, œcuméniste, membre de la Commission théologique internationale.

100. Ville du Liban à 5 km au nord de Beyrouth.

101. P. P. Meouchi (1894-1975), patriarche maronite d'Antioche de 1955 à sa mort, cardinal en 1965.

102. Bkerké, siège du patriarcat catholique maronite dans la baie de Jounieh au Liban.

103. P. K. Medawar (1887-1985), évêque auxiliaire melchite d'Antioche de 1943 à 1969.

104. J. E. Tawil (1913-1999), évêque titulaire melchite de Myra en 1959, archevêque melchite de Newton (États-Unis) de 1976 à 1989.

105. Ignace Jacoub III (1912-1980), en 1957 patriarche de l'Église d'Antioche des Syries et de toute l'orthodoxie. Le 27 octobre 1971, il a souscrit avec Paul VI une Déclaration commune.

106. L. Punzolo (1905-1989), archevêque titulaire de Sebastea en 1954, internonce apostolique en Syrie de 1962 à 1967. Le 11 avril 1964, Cicognani enverra encore à Bea un rapport de Punzolo, où il dit notamment: «in questa atmosfera suriscaldata ben poco potrà aggiungere l'annunziata visita del Ecc.mo Segretario della Commissione conciliare per i non cristiani [sic]». Cf ASV Conc. Vat. II, 1458.

12.00 Déjeuné chez le patriarche Maximos. Pris congé de Mgr Tawil etc.
13.00 Départ avec le Père Corbon, frère Michel (des Petits-Frères), Père Duprey.
16.00 Visite à Rayak[107], chez les Pères Blancs, Petit Séminaire Ste Anne.
17.30 Visite au monastère Deir el Harf[108] (groupe œcuménique de jeunes).
19.00 Logé chez le Père Corbon.

Mardi 23 mars 1965
8.30 Messe chez les Dominicaines (en français).
9.00 Départ vers l'aéroport, conduit par le Père Corbon.
10.00 Beyrouth – Rome par Alitalia.
13.00 À Rome. Avec Duprey au Secrétariat.
14.00 À la maison.

Mercredi 24 mars 1965
Travaillé chez moi (rapport du voyage au Proche-Orient).
10.00 Au Secrétariat.
16.00 Au Secrétariat.
17.00 Chez le card. Bea.
18.30 Au Secrétariat.
19.30 Réception à l'ambassade grecque.

Jeudi 25 mars 1965
9.30 Visite de Don De Simone[109].
10.30 Chez Mgr Casaroli, à la Secrétairerie d'État.
13.00 Vers une réunion pour l'institut de Jérusalem chez les Pères de la Ste Croix, Via Aurelia Antica[110].
18.00 Réception chez Findlow.
19.30 Au Secrétariat.

---

107. Rayak, ville du Liban dans la vallée de la Bekaa.
108. Deir el Harf, monastère orthodoxe St Georges au Liban.
109. R. De Simone, professeur au séminaire de Molfetta (Le 24 mai 1960, Willebrands avait donné une conférence au séminaire de Molfetta – cf. Cahier II – et le 31 octobre 1962, il avait demandé à Felici que De Simone puisse assister aux congrégations générales du concile, cf. *A.S.* VI, I, p. 251-253).
110. La maison généralice se trouvait à la Via Aurelia Antica 391 à Rome. Le Père Th. Hesburgh (1917-), Américain, prêtre de la Congrégation de la Ste Croix, recteur (de 1952 à 1987) de l'Université catholique Notre Dame aux États-Unis, et à l'époque président de la Fédération internationale des Universités catholiques, participait à ce projet.

Vendredi 26 mars 1965
- 8.00 Au bureau.
- 8.30 Parti de Rome avec Arrighi.
- 12.00 Arrivé à Paris. Mme Arrighi est venue nous chercher. Fr. Thijssen se trouve chez la famille Arrighi.
- 16.00 Brève visite à De Graal[111].
- 17.30 Vers Angers.

Samedi 27 mars 1965
- 8.00 Avec Fr. Thijssen et Arrighi, d'Angers à Noirlieu.
- 9.30 Entendu des confessions à Noirlieu.
- 12.30 Déjeuné à Bressuire.
- 13.30 Visite à Monsieur Hy (sa femme est décédée il y a quelques jours[112]).
- 14.00 Entendu des confessions à Noirlieu.
- 18.00 Visite chez Condrin.
- 19.00 Visite chez le curé de Champoulet [sic][113].
- 20.00 Dîné chez le chanoine Constantin Humbert [sic = Imbert][114] à Chapelle-Saint-Laurent. Logé à Notre-Dame-de-Pitié.

Dimanche 28 mars 1965
- 8.30 Confessé de 8 h 30 à 10 h 15 dans la basilique de Notre-Dame-de-Pitié.
- 10.00 Messe, homélie, confirmation, communion. Pour 100 à 120 personnes.
- 13.00 Déjeuner au presbytère de Notre-Dame-de-Pitié.
- 17.00 À Bressuire, conférence pour les prêtres du Vendée[115].
- 19.00 Visite chez M. Hy.
- 19.30 Avec le chanoine Peignault à Poitiers.
- 20.00 Logé à l'évêché de Poitiers.

---

111. Le secrétariat international du De Graal se trouvait à Paris, 22 rue du Dr Germain Sée.

112. Mme Hy, décédée le 25 mars, a été enterrée le 26 mars à Bressuire. Certains membres de la Petite Église, opposés à une réconciliation, en profitèrent pour faire croire aux autres que c'était la main de Dieu qui manifestait ainsi sa réprobation au mouvement de ralliement lancé par Monsieur Hy.

113. Il est probable qu'il s'agit de la commune de Chambroutet (près de Bressuire) et non pas de Champoulet qui se trouve dans le département de Loiret (région Centre). D'ailleurs M. le Curé de Chambroutet était présent à la cérémonie du 28 mars 1965.

114. Constantin Imbert (1888-1973), chanoine et curé de la paroisse de Chapelle-Saint-Laurent, commune sur le territoire de laquelle se trouve le sanctuaire de Notre-Dame-de-Pitié.

115. En présence de l'évêque de Poitiers, Mgr Vion, Mgr Willebrands a tenu une conférence pour 42 curés.

Lundi 29 mars 1965
Le matin, à l'évêché de Poitiers, écrit mon rapport des événements.
- 11.30 {Vers l'abbaye de la Sainte Croix[116] pour la vénération de la relique de la Ste Croix. Les moniales ont chanté le «Vexilla Regis»[117]. J'ai dit quelques mots.}[118]
- 14.00 Départ en train de Poitiers à Paris.
- 18.00 À Paris, Mme Arrighi nous attend et nous conduit vers Le Bourget[119].
- 20.30 Avec Fr. Thijssen vers Amsterdam. Logé chez Evert et Lies.

Mardi 30 mars 1965
Dans la matinée, j'ai fait des courses à Amsterdam.
- 15.30 Dans l'après-midi vers Hoorn.
- 20.00 Logé au presbytère (il y a un nouveau doyen: K. Groot[120]).

Mercredi 31 mars 1965
Anniversaire de papa (81 ans).

Jeudi 1 avril 1965
- 8.00 Départ de Hoorn.
- 10.00 Avec Finnair[121], d'Amsterdam à Paris. Avec Alitalia, de Paris à Rome.
- 14.00 Salzmann est venu me chercher à Rome. Travaillé au Secrétariat.
- 19.00 Réception d'adieu de Cambiotis[122].
- 19.30 Dîner au Michelangelo avec le métropolite Basilios[123] et l'archimandrite Germanos[124] de Jérusalem.

---

116. Abbaye de la Sainte-Croix à Poitiers, fondée par Ste Radegonde au VIème siècle.

117. L'hymne «Vexilla Regis» a été composé par Venantius Fortunatus, évêque de Poitiers. Il a été chanté pour la première fois le 19 novembre 569, au cours d'une procession solennelle à l'occasion du transfert d'une relique de la Sainte Croix, qui avait été donnée à Ste Radegonde, à l'Abbaye de la Sainte-Croix à Poitiers.

118. Le texte entre { } est en français dans l'Agenda.

119. Un des aéroports de Paris.

120. C. J. Groot (1917-1980), prêtre en 1943, professeur de liturgie à Warmond en 1946, doyen de Hoorn de 1965 à 1970.

121. Compagnie aérienne nationale de Finlande.

122. Jean C. Cambiotis, conseiller de l'ambassade de Grèce.

123. Basilios, archevêque grec-orthodoxe à Jérusalem.

124. Germanos, archimandrite grec-orthodoxe, supérieur de l'église du Saint Sépulcre à Jérusalem.

Vendredi 2 avril 1965

- 9.00 Au Secrétariat. Le rapport au sujet de la Petite Église a été dactylographié par Corinna.
- 10.00 Messe de Requiem pour la mère de Mgr Dell'Acqua.
- 15.00 Avec la KLM vers Constantinople[125] (card. Bea, Mgr Willebrands, Père Duprey, P. Schmidt, Docteur Amadei[126]).
- 18.00 Arrivée à Constantinople. Nous avons été salués par les métropolites Meliton de Heliopolis et Chrysostomos de Myra, Mgr Evangelos et l'archimandrite Gabriel.
- 20.00 Dîner à l'hôtel Hilton.

Samedi 3 avril 1965

- 8.00 Concélébration dans la cathédrale d'Istanbul (card. Bea, Mgr Willebrands, P. Duprey, P. Schmidt).
- 10.00 Visite à S. S. le Patriarche Athénagoras, au Saint Synode et aux prélats du Phanar[127]. Allocution du card. Bea, allocution du patriarche, lecture de la lettre de S. S. le Pape. Cadeaux.
- 12.00 Visite au gouverneur d'Istanbul.
- 12.30 Visite au patriarche arménien.
- 13.00 Dîner au Phanar.
- 17.30 À la nonciature, réception des prêtres catholiques. Au presbytère de la cathédrale, visite d'un représentant de la communauté juive.
- 18.30 Visite au métropolite Maximos Stavropoulos, qui – malade – se trouve chez lui.
- 19.30 De retour à l'Hilton.

Dimanche 4 avril 1965

- 7.30 Messe à la cathédrale (allocution).
- 10.30 Liturgie à la cathédrale du patriarcat.
- 13.00 Dîner au restaurant du Hilton avec Chrysostomos Constantinidis.
- 15.00 Vers Chalki[128], pour une visite à l'école théologique.

---

125. Visite officielle du card. Bea au patriarcat œcuménique de Constantinople, cf. St. SCHMIDT, *Augustin Bea*, p. 562 et *Tomos Agapis*, n. 92-97.

126. A. Amadei, le médecin personnel du card. Bea.

127. Un quartier d'Istanbul où réside le patriarche œcuménique.

128. Chalki (ou Halki): une île, proche de Constantinople dans la mer de Marmara, où se trouve le monastère de la Trinité avec la célèbre école de théologie orthodoxe du patriarcat, qui a été fermée par les autorités turques en 1971.

17.00 Retour à Istanbul, à l'hôtel Hilton.
18.00 Échange de visite du patriarche arménien avec Vardapet[129] et deux autres. Échange de visite du métropolite Chrysostomos de Neo Cesarea, de Meliton de Heliopolis, de Chrysostomos de Myra et de l'archimandrite Gabriel.
20.00 Dîner à l'Hilton, en présence des métropolites et du card. Bea.

Lundi 5 avril 1965
7.30 Messe à la cathédrale.
9.00 Visite à la Hagia Sophia (avec Chrysostomos de Myra, Gabriel, Evangelos et quelques laïcs).
11.00 Avec BEA[130] vers Athènes.
12.00 À Athènes, Braisios[131] [lecture probable] et Constantinopoulos nous souhaitent la bienvenue.
13.00 Vers Rome (avec BEA).
14.00 Arrivée à Rome. Mgr Arrighi, le P. Long et Salzmann sont venus nous chercher.
15.00 Travaillé au Secrétariat.

Mardi 6 avril 1965
9.00 Au Secrétariat.
10.00 Chez Mgr P. Felici, au sujet du:
– *De Libertate religiosa* (est envoyé à la commission théologique).
– *De non-christianis* (*de Judaeis*) (ma visite au Proche-Orient).
– *De Matrimoniis mixtis*: Le texte a été envoyé d'après les indications de la Secrétairerie d'État. Felici est prêt à l'envoyer également au card. Bea[132].

---

129. Vardapet est un titre, dans l'Église arménienne-apostolique, pour un moine-prêtre qui a fait des études. C'est aussi un titre honorifique.
130. British European Airways.
131. Cf. 18 mai 1964.
132. Le 4 mars 1965, Felici a noté que le groupe spécial d'études pour un projet de *Motu Proprio* sur les mariages mixtes avait terminé, le 26 janvier 1965, un projet de texte qui a été soumis au pape. Au mois de février le Secrétaire d'État a envoyé ce projet à plusieurs cardinaux (notamment Spellman, Frings, Döpfner, Alfrink, Ritter, Heenan) ainsi qu'au Saint-Office, et aux Congrégations orientale, des Sacrements et du De Propaganda Fide pour demander leur avis. Cf. *A.S.* VI, IV, p. 132-133. On ne peut que s'étonner que ce projet, intéressant en premier lieu le Secrétariat pour ses répercussion œcuméniques, n'ait pas encore, à cette date, été envoyé au card. Bea. Et le 25 juin 1965, Bea écrivit à Felici, parce qu'il n'avait pas encore reçu le texte de ce projet. Le 2 juillet 1965, Felici lui répondra en disant que le texte est encore à l'étude et qu'il attend les ordres du pape. (Cf. *A.S.* VI, IV, p. 332 et 342).

12.30   Visite aux nouveaux locaux (sopraluogo).
13.00   Au bureau, visite du Père Dumont o.p. (Dumont me dit que la question d'Istina est réglée, mais pas comme il l'avait désiré. Il racontera plus tard à Duprey qu'Istina va venir à Rome. C'est peut-être la fin d'Istina).
13.30   Visite de Mgr McGrath[133]; j'ai déjeuné avec lui.
15.00   Au Secrétariat.
18.00   À la Stazione Termini pour chercher le métropolite Basilios, l'archimandrite Germanos de Jérusalem, et le métropolite Ireneus de Crète. Je les ai conduits à l'hôtel Michelangelo.

Mercredi 7 avril 1965
 8.30   Au Secrétariat (une notice pour le card. Bea concernant des débats dans le genre d'une Discussio publica mixta – à l'occasion de la discussion Boegner-Daniélou[134] à Bruxelles[135]).
12.30   En audience chez le pape avec le métropolite Ireneus de Késamos (Crète), qui est allé à Venise pour le transfert des reliques de Saint Tite.
14.00   Déjeuné à l'hôtel Michelangelo avec le métropolite.
15.00   Au Secrétariat.
19.00   Chez Mgr Dell'Acqua pour remettre le rapport sur le voyage à Constantinople.

Vendredi 9 avril 1965
16.00   Départ vers Bruges[136].
17.00   Avec Alitalia via Milan à Bruxelles. J'ai voyagé avec Mgr Charue[137] et l'abbé Medina[138].

---

133. M. McGrath (1924-2000), prêtre de la Congrégation de la Sainte Croix, évêque auxiliaire de Panama en 1962, membre de la commission doctrinale, archevêque de Panama de 1969 à 1994. McGrath, fils d'un père américain et d'une mère panaméenne, connaissait parfaitement l'anglais et l'espagnol et était un homme de liaison entre le Secrétariat et les épiscopats de l'Amérique centrale et de l'Amérique du Nord.

134. J. Daniélou (1905-1974), jésuite français, *peritus* conciliaire, cardinal en 1969.

135. Le 10 mars 1965, au Palais des Beaux Arts à Bruxelles, dans le cadre des Grandes Conférences catholiques, M. Boegner, de l'Académie française, et J. Daniélou, professeur à l'Institut catholique de Paris, avaient abordé le thème «Catholiques et protestants… où en sommes-nous?».

136. Du 9 au 12 avril 1965, Willebrands se rend, sur invitation de Mgr De Smedt, à Bruges, où – le dimanche 11 avril – il était l'orateur principal du 4ème Congrès diocésain de «Wereldkerk – Missie – Vervolgde Kerk – Hereniging» [Église universelle – Missions – Église persécutée – Unification des Églises].

137. Mgr Charue note dans son Journal, p. 262: «Je repars par l'avion de 17 h 40 pour être à Bruxelles vers 21 h».

138. J. Medina Estevez (1926-), prêtre du diocèse de Santiago de Chili, *peritus* conciliaire, cardinal et préfet de la Congrégation pour le culte divin et la discipline des sacrements de 1998 à 2002.

On est venu me chercher à Bruxelles et nous allons à Bruges en voiture.
Le soir, avec Mgr De Smedt.

Samedi 10 avril 1965
Bruges.
À l'évêché, j'ai travaillé à ma conférence.
12.30 Déjeuner chez Mgr De Keyzer[139], évêque auxiliaire.
16.30 Visite à Mr et Mme Mertens[140].
18.30 Au Grand Séminaire de Bruges, dîner et conversation avec les professeurs.
Le soir, avec Mgr De Smedt.

Dimanche 11 avril 1965
Bruges.
À l'évêché, j'ai travaillé à ma conférence.
11.00 Conférence[141]. L'évêque, Mgr De Smedt, est entièrement satisfait.
Visite de Mr Grootaers[142].
Visite à Mariakerke[143].
17.30 À la cathédrale, où ont lieu la bénédiction des Rameaux et la messe solennelle.
19.30 Dîner organisé par le Chan. Lowie[144].
Le soir, avec Mgr De Smedt.

---

139. M. De Keyzer (1906-1994), évêque auxiliaire de Bruges de 1962 à 1987.

140. A. Mertens (1915-1996), Néerlandais, publiciste; il avait connu Willebrands à Amsterdam dans le cadre de la «Sint Adelbertvereniging»; ensuite il est venu habiter Bruges où il travaillait pour la maison d'édition Desclée de Brouwer. Il collaborait également au journal flamand *De Standaard*.

141. Le titre de la conférence était: «Missie en Oecumenische Beweging» [La Mission et le mouvement œcuménique].

142. J. Grootaers (1921-), à l'époque bibliothécaire du Parlement belge mais également rédacteur en chef de la revue *De Maand*, où il publiait des articles sur le concile. Ensuite, Grootaers a été nommé professeur à l'Université de Louvain. Il est l'auteur de plusieurs volumes sur l'histoire du concile Vatican II. Grootaers a fait un rapport (de 6 pages, non publié) de cet entretien (Diarium Cahier 32 – Archives Grootaers). L'entretien a porté surtout sur les *modi* pontificaux sur le *De Oecumenismo* fin novembre 1964 et le fait qu'il n'y ait pas eu de vote sur le *De Libertate religiosa* à la fin de la 3ème session. Willebrands lui a également expliqué les difficultés au sujet du terme «déicide» dans le *De non-christianis*.

143. Une agglomération de la ville d'Ostende (Belgique).

144. J. Lowie (1898-1979), prêtre du diocèse de Bruges, directeur diocésain des Œuvres Pontificales Missionnaires et responsable des relations œcuméniques.

Lundi 12 avril 1965
Départ de Bruges (7 h 30) pour Bruxelles en voiture. Aéroport. Départ de Bruxelles (9 h 30); avec Alitalia à Rome via Milan.
12.30 Salzmann est venu me chercher à Rome. Vers le Secrétariat.
18.00 Vers le Monte Mario.
19.30 Célébré la messe du soir au Monte Mario.

Mardi 13 avril 1965
9.00 Messe aux «Grottes» de Saint-Pierre pour des scouts néerlandais.
10.00 Au Secrétariat.
Visite de Mgr Giaquinta[145] (Vicariat).
Visite de l'abbé [un blanc].
12.00 Départ de Corinna pour les vacances de Pâques.
14.00 Au Monte Mario.
17.30 Visite du Père Gerritse o.s.b.[146].

Mercredi 14 avril 1965
Chez moi, j'ai étudié le projet de réponse du P. Schmidt à la «Documentazione» de Mgr Angelo Felici[147].
9.30 Au Secrétariat, visite du père Bonduel [sic = Bonduelle] o.p.[148] de Paris au sujet de la question d'Istina.
10.30 Visite du Père Miano[149], salésien, secrétaire du Secrétariat pour les non croyants.
11.30 Visite de l'étudiant Weber de Munich qui me transmet les salutations du prof. Goethe[150].
12.00 Visite à Mgr Dell'Acqua à la Secrétairerie d'État concernant:

---

145. G. Giaquinta (1914-1994), à l'époque secrétaire au Vicariat de Rome, administrateur apostolique puis évêque de Tivoli de 1968 à 1987.

146. F. B. Gerritse, bénédictin néerlandais, ordonné prêtre en 1940.

147. Il s'agit de la documentation au sujet du *De Judaeis*, envoyée le 3 mars par la Secrétairerie d'État, cf. supra 4 mars 1965. Pour le projet de réponse (18 p.) rédigé par St. Schmidt et la réponse définitive (11 p.) de Bea envoyée à Cicognani le 24 avril 1965, cf. ASV Conc. Vat. II, 1458.

148. Jourdain (Félix-Charles) Bonduelle (1906-2003), dominicain français, de 1963 à 1967 socius du Père Provincial à Paris.

149. Vincenzo Miano (1910-1980), salésien italien, de 1965 à 1980, secrétaire du Secrétariat pour les non croyants.

150. Rudolf Goethe (né en 1880), pasteur luthérien, converti au catholicisme en 1950, ordonné prêtre en 1951 en présence de Willebrands et Thijssen (cf. Cahier I, 16 octobre 1958).

- le Groupe de travail avec le COE;
- la question d'Istina;
- la réponse à la documentation de Mgr Angelo Felici;
- les cadeaux (des médailles) pour les patriarches à Jérusalem, au Caire, à Addis-Abeba et pour l'empereur d'Éthiopie[151].

16.00 Visite au Secrétariat d'un groupe de professeurs et d'étudiants de théologie luthériens et catholiques conduit par le Père Reinhald (Palottin).

17.30 Avec Stransky et Long, regardé le texte et la réponse à la «Documentazione» de Mgr Angelo Felici au sujet du *De Judaeis*.

Jeudi 15 avril 1965

9.30 Au Secrétariat.

10.00 Chez le card. Bea avec le P. Long. Après notre arrivée, le cardinal nous fait lire les deux rapports des nonces à Beyrouth et à Damas au sujet de mon voyage du 18 au 23 mars. Ces rapports sont rédigés à la demande de la Secrétairerie d'État. La réaction du cardinal est vive. C'est nettement une méfiance envers moi. On me fait suivre et on fait rédiger des rapports à mon sujet. Puis-je, dans ces conditions, encore entreprendre un voyage à Jérusalem et au Caire? Ensuite, discussion au sujet de la «Documentazione» rassemblée par Mgr Angelo Felici; la réponse à donner (completare); card. Bea, P. Schmidt, P. Long et moi-même.

Le card. Bea demandera au pape si les nominations dans le Groupe de Travail [avec le COE] peuvent être maintenant communiquées aux catholiques. Nous avons reçu le «Nulla Osta» du Saint-Office. Toutefois le cardinal ne veut pas qu'après j'informe le Saint-Office au sujet du déroulement et des résultats de ce travail, comme le demande Mariani[152].

16.30 Chez moi, l'office solennel du Jeudi Saint avec le Père Lemeer o.p.[153] et le frère Tarcisius[154], montfortain.

Vendredi 16 avril 1965

Le matin, chez moi au Monte Mario.

15.00 Chez moi, célébration du Vendredi Saint avec le Père Lemeer o.p. et deux frères montfortains.

---

151. En vue du voyage de Willebrands au Proche-Orient du 22 au 30 avril 1965.

152. Bonaventura Mariani (1902-1987), franciscain italien, qui était expert au Saint-Office.

153. J. W. J. B. Lemeer (1908-1997), dominicain néerlandais, de 1946 à 1983 professeur à l'Angelicum à Rome, recteur de la maison internationale St-Thomas-d'Aquin à Rome.

154. Tarcisius, frère montfortain (la maison généralice des montfortains, située à la Viale dei Monfortani 65, 00135 Roma, était assez proche de la Via Achille Mauri et, à l'époque, le supérieur général Cornelius Heiligers était néerlandais).

19.00 Au collège néerlandais.
20.00 Logé au collège néerlandais avec Mgr Damen et le P. Schillebeeckx.

Samedi 17 avril 1965
Au collège néerlandais.
16.00 De retour au Monte Mario.
Célébration nocturne de la veillée pascale (de 10 h 45 à 1 h). Concélébration avec un abbé allemand et trois prêtres du collège néerlandais. Assistance de deux frères montfortains.
Dans la nuit, retourné au collège néerlandais.

Dimanche 18 avril 1965
Pâques.
Au collège néerlandais.
19.00 Le soir, entretien avec Mgr Damen.
Retourné au Monte Mario.

Lundi 19 avril 1965
Au Monte Mario.
12.30 Déjeuner au Collegio Bellarmino, en honneur de Martensen s.j.[155], évêque de Copenhague.

Mardi 20 avril 1965
9.00 Au Secrétariat.
Stransky est parti aux États-Unis[156].
11.00 Visite du P. Lanne o.s.b.
11.30 Visite de l'évêque Tomkins[157] de Bristol.
14.00 Déjeuné avec M. et Mme Schaepman et avec Roos.
15.00 Au Secrétariat. Discussion avec Long au sujet des points de l'audience du card. Bea chez le Saint-Père.

---

155. H. L. Martensen (1927-), jésuite danois, évêque de Copenhague de 1965 à 1995. Il avait été nommé évêque le 22 mars 1965 quand il était encore occupé à préparer son doctorat sur Martin Luther à l'Université grégorienne. Martensen a été membre de la Conférence catholique pour les questions œcuméniques.
156. Stransky est parti aux États-Unis jusqu'au 2 mai (cf. Agenda de poche).
157. Oliver Tomkins (1908-1992), évêque anglican de Bristol de 1959 à 1975, œcuméniste.

17.00 Visite de Rosemary Goldie. Au sujet des contacts avec le COE; l'ajournement du Congrès mondial pour l'apostolat des laïcs, qui était prévu pour 1965[158], la préparation d'un secrétariat pour l'apostolat des laïcs[159]?

Mercredi 21 avril 1965
8.30 Au Secrétariat.
11.30 Visite de Son Exc. Jansen, ambassadeur d'Allemagne auprès du Saint-Siège.
13.00 Déjeuner à l'hôtel Michelangelo avec les évêques de Bristol et d'Oxford, leurs épouses, Höfer, Boyer, et du personnel du Secrétariat.
18.00 Chez le card. Bea au sujet de sa prochaine audience.

Jeudi 22 avril 1965
8.30 Au Secrétariat.
15.30 Départ par Alitalia pour Beyrouth etc. (avec le P. Duprey)[160].
20.00 Logé à Beyrouth.

Vendredi 23 avril 1965
À 7 h 30 par MEA[161] départ de Beyrouth vers Jérusalem.
9.00 À Jérusalem le Père Blondeel[162] est venu nous chercher. En taxi vers Ste-Anne[163]. Célébré la messe.
À 9 h 45, chez le patriarche Gori[164]. Entretien de 10 h 15 à 11 h 30.
De 11 h 45 à 12 h 30, chez le Père Cappiello o.f.m.[165].
12.30 Déjeuné à Ste-Anne.
15.00 Visite au Saint Sépulcre.
17.00 Visite au métropolite Basilios (rencontre avec le consul grec).

---

158. Le 3ème Congrès mondial pour l'apostolat des laïcs se tiendra à Rome du 11 au 18 octobre 1967.
159. Le 6 janvier 1967, Paul VI érigera un Conseil des Laïcs, dont R. Goldie sera consulteur.
160. Du 21 au 30 avril 1965, Willebrands et Duprey font un second voyage au Proche-Orient. Pour le rapport détaillé de Willebrands sur ce voyage, voir *A.S.* V, III, p. 314-320.
161. Middle East Airlines.
162. Maurice Blondeel, père blanc français, supérieur du séminaire grec-catholique de Ste Anne à Jérusalem, consulteur de la commission préparatoire pour les Églises orientales.
163. Le Séminaire Ste-Anne fut fondé en 1882 par le card. Lavigerie pour la formation du clergé grec-catholique. Il a été fermé en 1967 (et transféré à Raboueh au Liban) à cause de l'occupation israélienne de Jérusalem.
164. A. Gori (1889-1970), franciscain italien, patriarche latin de Jérusalem de 1949 à sa mort.
165. Lino (Vincenzo) Cappiello (1919-1971), franciscain italien, custode de la Terre Sainte de 1952 à 1968.

17.30 Visite au patriarche arménien orthodoxe[166].
19.00 Visite à l'archimandrite Germanos.
        Procession des grecs-orthodoxes avec l'epitaphion[167].
20.00 Dîné à Ste-Anne. Promenade avec le Père Blondeel et le P. Duprey aux «remparts». Rencontré le Père Amatus van Straaten o.s.a.

Samedi 24 avril 1965
 8.00 Messe, à la crypte de Ste-Anne.
 9.00 Visite au Délégué apostolique Mgr Zanini[168]. Présents: le secrétaire Mgr Balducci[169] et le Père Duprey.
11.00 Visite au patriarche grec-orthodoxe Benediktos[170]. Présents: le métropolite Basilios et le Père Duprey.
12.00 Visite à l'archevêque anglican McInnes[171], en présence du Père Duprey.
13.00 Déjeuner à Ste-Anne.
16.00 Vers l'hôtel Holy Land[172] pour rencontrer Mgr Alexis de Talinn avec le pèlerinage russe.
17.00 Chez Mgr Rodhain, Secours catholique.

Dimanche 25 avril 1965
 8.00 Messe, à la crypte de Ste-Anne.
 9.00 Départ de Jérusalem par Royal Jordanian Airways vers Le Caire.
13.00 Arrivée au Caire. Mgr Tabet[173], de la nonciature, est venu nous chercher.
16.00 À la nonciature. S. Exc. Mgr Brini[174].

---

166. Yeguishe Derderian (1910-1990), né à Van (Turquie), patriarche arménien de Jérusalem de 1960 à 1990.

167. Epitaphion: icône ou tissu brodé, représentant le Christ gisant, qui est vénéré par les fidèles le Vendredi Saint. En 1965, l'Église orthodoxe célébrait la semaine sainte du 18 au 25 avril.

168. L. Zanini (1909-1997), archevêque titulaire de Hadrianopolis en 1959, délégué apostolique à Jérusalem et en Palestine de 1962 à 1966.

169. Corrado Balducci (1923-), auditeur à la Délégation apostolique, ensuite minutante à la Congrégation pour l'évangélisation des peuples; il s'est également intéressé aux phénomènes extra-terrestres (ovni).

170. Sa Béatitude Benediktos, patriarche grec-orthodoxe de Jérusalem de 1957 à 1980.

171. McInnes, archevêque anglican à Jérusalem.

172. Holy Land Hotel, 6 Rashid Street, East Jerusalem.

173. P. Tabet (1929-), Libanais, à l'époque secrétaire de la nonciature au Caire, archevêque titulaire de Sinna en 1980, nonce apostolique en Grèce de 1996 à 2005.

174. M. Brini (1908-1995), archevêque titulaire d'Algiza en 1961, internonce apostolique en la République Arabe Unie de 1961 à 1965, secrétaire de la Congrégation orientale de 1965 à 1982.

18.30 Sur proposition de Mgr Brini, nous allons ensemble à la messe des Arméniens, en commémoration du 50ème anniversaire des martyrs arméniens. Après le dîner, entretien avec Mgr Brini.

Lundi 26 avril 1965
8.00 Messe à la nonciature.
9.00 Départ en voiture vers Aboumina (ruines des basiliques de St Menas). Au couvent, visite à S.S. le Patriarche Kyrillos[175] et Amba Samuil[176].
17.00 De retour au Caire.
20.00 Après le dîner, chez Simone[177].

Mardi 27 avril 1965
8.00 Messe à la nonciature.
9.00 À la nonciature, visite de Monsieur Tadros.
10.00 Visite à l'ambassadeur du Liban[178] (sur le conseil de l'internonce).
13.00 Déjeuner chez le cardinal patriarche Sidarouss. Après le repas, entretien avec le card. Sidarouss et l'évêque[179].
17.00 Acheté un coffre.
19.00 Après le dîner, visite à la nonciature du Père Masson s.j.[180] (au Père Duprey).
Le soir, à 22 h 30, conduit à l'aéroport par Mgr Brini.

Mercredi 28 avril 1965
À 3 h du matin, parti avec Ethiopian Airlines vers Addis-Abeba.
Mgr Pinto[181] (l'internonce Mojoli[182] est en Italie) est venu nous chercher à Addis-Abeba.

---

175. Kyrillos VI (1902-1971), patriarche copte orthodoxe de 1959 à sa mort.
176. Samuil, évêque copte orthodoxe, observateur au concile.
177. Simone Tagher, égyptienne, membre du De Graal. Elle avait déjà travaillé pour Willebrands au Tiltenberg.
178. L'ambassadeur du Liban auprès de la R.A.U. était un chrétien melchite.
179. Il s'agit de son évêque auxiliaire Youhanna Kabes (1919-1985), né à Cheik Zein el Eddin, Égypte, évêque copte catholique auxiliaire d'Alexandrie de 1958 à sa mort.
180. J. Masson (1908-1998), jésuite belge, missiologue et professeur à l'Université grégorienne.
181. P. Pinto, secrétaire de la nonciature à Addis-Abeba.
182. G. Mojoli (1905-1980), internonce en Éthiopie de 1960 à 1969 et en Malte de 1969 à 1971.

10.00 Réglé les rendez-vous avec l'empereur Hailé Sélassié[183] et Abouna [= Père] Theophilos[184].
13.00 Déjeuner à la nonciature.
16.00 Visite à «The Voice of the Gospel»[185], radio de la Fédération Luthérienne Mondiale.

Jeudi 29 avril 1965
9.30 Visite à l'empereur Hailé Sélassié.
10.00 Visite à Abouna Theophilos.
11.00 Visite au moine Hadje Mariam [lecture probable]. Visite de la cathédrale, de la bibliothèque.
13.00 Déjeuné à la nonciature.
16.00 Visite de l'archevêque catholique d'Addis-Abeba[186].
17.00 Visite à l'archevêque grec-orthodoxe, Son Exc. Mgr Nikolaos.

Vendredi 30 avril 1965
Départ d'Addis-Abeba à 6 h 50 par Ethiopian Airways.
14.00 Arrivée à Rome. En taxi au Secrétariat. Les nouveaux locaux sont déjà occupés.

Samedi 1 mai 1965
Le matin au Monte Mario, travaillé à mon rapport du voyage[187].
15.30 Au bureau et, de là, à Bracciano.

Dimanche 2 mai 1965
8.30 Messe à Bracciano.
F. Thijssen est arrivé à Bracciano.

Lundi 3 mai 1965
8.00 De Bracciano au bureau.
9.00 Réunion avec les *periti* dans la nouvelle salle[188].

---

183. Hailé Sélassié (= Taffari Makonnen) (1892-1975), empereur d'Éthiopie de 1930 à 1936 et de 1941 à 1974.
184. Theophilos (Mekiktu Jenbere) (1909-1977), évêque copte de Harar en 1947, patriarche de l'Église orthodoxe copte en 1971.
185. Cette station de radio fut nationalisée en 1977.
186. Asrate Mariam Yemmeru (1904-1990), Éthiopien, évêque titulaire d'Urima en 1958, archevêque d'Addis-Abeba de 1961 à 1977.
187. Pour le texte de ce rapport voir *A.S.* V, III, p. 314-320.
188. Du 9 au 15 mai, il y avait une réunion plénière du Secrétariat. Elle était précédée d'une réunion avec les *periti*. Voir aussi Journal Congar, II, p. 363-379.

Exposé sur l'état des questions:
– *De Libertate.*
– *De Habitudine ad non-christianas religiones.*
– *De Directorio.*
L'après-midi, chez moi: rapport du voyage.

Mardi 4 mai 1965
Réunion de la commission des *periti* du *De Directorio* (répartition en groupes de deux pour chaque point du Questionnaire).
Commission *periti* du *De Libertate religiosa* (Murray, Pavan, Feiner).
16.00 L'après-midi au bureau: correspondance.

Mercredi 5 mai 1965
8.30 Réunion de la commission des *periti* du *De Directorio.*
Commission *De Libertate religiosa.*
12.00 Congresso Secrétariat.
13.00 Déjeuner, à l'occasion du 5 mai[189], avec le staff du Secrétariat dans un ristorante.
15.00 Au Secrétariat.
16.00 Commission *De Libertate religiosa.*
17.00 Entretien avec Mgr Oesterreicher.
17.30 Arrivée du Dr Werner Becker.

Jeudi 6 mai 1965
8.30 Au Secrétariat: subcommissio *De Libertate religiosa* (Murray, Pavan, Feiner, Congar).
Subcommissio *De Directorio* (Stransky, chairman) au sujet de la Communicatio in sacris – le P. Dumont o.p. est le rapporteur.
10.00 Visite à Mgr P. Felici: au sujet du *De Libertate religiosa* et du *De Judaeis.*
11.30 Visite d'un père franciscain d'Assise.
16.00 Travaillé chez moi; le rapport et les conclusions des voyages au Proche-Orient.

Vendredi 7 mai 1965
8.30 Au bureau, entretien avec Murray au sujet de son entrevue avec Mgr Colombo concernant le *De Libertate religiosa.*
9.30 Réunion de la Subcommissio pour le *Directorium* sous la présidence de Stransky.

189. Le 5 mai on célébrait aux Pays-Bas la fin de la 2ème guerre mondiale.

10.00 Avec Duprey vers le consulat russe pour obtenir un visa pour le voyage en Russie.
11.30 Entretien avec Congar.
12.00 Entretien avec J. Witte s.j. au sujet des contacts avec les luthériens.
13.00 Déjeuné avec Stransky, Long, Salzmann.
15.30 Au bureau, session de la Subcommissio *De Libertate religosa* (Murray, Pavan).
16.00 Congresso du staff du bureau concernant les futurs plans du bureau [sic].
18.30 Entretien avec Murray et Pavan concernant les modifications du texte *De Libertate religiosa*.

Samedi 8 mai 1965
8.30 Au bureau, réunion de la subcommissio *De Directorio*.
9.00 Discussion avec:
– Congar (sur le *De Judaeis*).
– Feiner (sur la Relatio du *De Libertate*).
– Murray (sur le texte *De Libertate*).
12.30 Porté le texte amendé du *De Libertate religiosa* à Mgr Dell'Acqua.
16.00 Au bureau.
18.00 Chez le card. Bea. Différentes questions:
– la préparation de la session des évêques;
– le rapport de mon dernier voyage. Le cardinal veut que la 2ème solution, concernant le *De Judaeis* (transfert aux deux secrétariats) soit proposée comme mon opinion personnelle[190].

Dimanche 9 mai 1965
10.30 Chez Mgr Dell'Acqua:
– Au sujet du *De Libertate religiosa*[191]: Le cardinal [Bea] fera encore la proposition de laisser tomber, complètement ou presque entièrement, le *Prooemium*.

---

190. À la fin du rapport de son voyage, Willebrands avait proposé deux solutions qui pourraient apaiser les objections soulevées par les patriarches orientaux:
– soit apporter encore quelques modifications au texte;
– soit proposer au concile que la déclaration ne soit pas promulguée en tant que telle, mais que les pères conciliaires votent un texte dans lequel ils recommandent au Secrétariat pour l'Unité et au Secrétariat pour les religions non chrétiennes de promouvoir les études des religions non chrétiennes et des rapports de l'Église catholique avec ces religions, dans le sens et l'esprit des principes énoncés dans la déclaration *De Ecclesiae habitudine ad religiones non-christianas*, qui a déjà été votée et approuvée en principe par la majorité des Pères conciliaires.
Obtempérant à la suggestion de Bea, Willebrands avait écrit avant cette dernière suggestion: «Je me permets d'ajouter, de ma propre responsabilité …» (cf. *A.S.* V, III, p. 320).

191. Par une lettre du 8 mai 1965, Willebrands transmet à Dell'Acqua le nouveau texte du *De Libertate*, comme il avait été remanié après la réunion des periti du Secrétariat, cf. ASV Conc. Vat. II, 1447.

– Au sujet de mon voyage au Proche-Orient: le rapport est prêt. Le paragraphe avec la solution au sujet des Juifs est mon opinion personnelle[192].
13.00 Au collège néerlandais pour le déjeuner. Mgr Nierman[193] y est présent.
18.00 Session d'ouverture avec les évêques du Secrétariat. J'ai donné un bref exposé au sujet du programme.

Lundi 10 mai 1965
Session du Secrétariat.
Prolusio Em.mi Praesidis.
Discussion au sujet du *De Libertate religiosa*.
Réunion de la Sous-commission *De Directorio*.
12.30 Visite au Secrétariat de Mère Margaretha et de Sr Agnes.
15.30 Au Secrétariat.
16.00 Entretien avec Ch. Moeller au sujet du *De Judaeis*.
16.30 Subcommissio *De Libertate religiosa*, avec assistance du Père Lyonnet. Nouveau texte: argumenta ex ratione, où est intégré le Prooemium. Rédaction de Congar-Lyonnet[194].
18.30 Entretien avec Greg. Baum.
19.00 Visite de Cody[195], évêque de New Orleans.

Mardi 11 mai 1965
8.00 Messe avec le renouvellement des vœux de Sr Raffael[196].
Session du Secrétariat.
Au sujet du *De Libertate religiosa*: terminé le texte, qui fut approuvé *unanimiter*[197].
En même temps, réunion de la subcommissio *De Directorio*.
Après l'approbation du texte *De Libertate*, discussion de la Relatio du P. Murray.
Télégramme: maladie du card. Shehan.

---

192. Cf. *A.S.* V, III, p. 313-320 et ASV Conc. Vat. II, 1458.
193. P. A. Nierman (1901-1976), prêtre du diocèse d'Utrecht, évêque de Groningen de 1956 à 1970, membre du Secrétariat pour l'Unité.
194. Voir Journal Congar, II, p. 377-378.
195. J. P. Cody (1907-1982), prêtre du diocèse de Saint-Louis, évêque titulaire d'Apollonia en 1947, coadjuteur et archevêque de New Orleans de 1961 à 1965, archevêque de Chicago de 1965 à sa mort, cardinal en 1967.
196. Sœur Raffael (Lamberta Boerrigter) (1942-), Néerlandaise, dominicaine de Béthanie.
197. Le même jour, Willebrands a encore envoyé ce texte à P. Felici, cf. *A.S.* V, III, p. 288-296 et ASV Conc. Vat. II, 1447.

13.30 Déjeuné chez moi.
15.30 Entretien au Secrétariat avec Mgr De Smedt.
16.00 Session du Secrétariat.
De Directorio[198]. Introduction générale.
Communication de la Subcommissio Stakemeier; et de la Subcommissio Mgr Davis[199].
19.00 Vers l'Ambassade du Liban à l'occasion de la visite du Président Hélou[200].
20.00 Je rentre chez moi au Monte Mario.

Mercredi 12 mai 1965
Session du Secrétariat concernant le paragraphe *De Judaeis*[201].
Une notification sur mes voyages et les conclusions de ceux-ci.
Une notification du card. Bea.
Premières réactions (card. Heenan et Mgr De Smedt)[202].
16.30 Session du Secrétariat concernant le paragraphe *De Judaeis*[203].
D'autres intervenants.
Un texte alternatif de Bea[204].

---

198. Pour ce texte, cf. F. De Smedt 1478.
199. Mgr H. F. Davis, consulteur du Secrétariat pour l'Unité.
200. Charles Hélou (1913-2001), ambassadeur du Liban près le Saint-Siège de 1947 à 1960, président du Liban de 1964 à 1970. Selon le document F. De Smedt 1477 le président a eu un entretien avec le card. Bea et lui a exprimé ses inquiétudes au sujet de la Déclaration *De Judaeis*.
201. Le P. Long a fait un rapport détaillé (23 p.) en français, daté du 31 mai 1965, concernant les réunions du Secrétariat les 12, 13 et 14 mai 1965 au sujet du *De Judaeis*. Cf. ASV Conc. Vat. II, 1458.
202. Mgr De Smedt a pris quelques notes de cette réunion (F. De Smedt 1477). Il résume l'intervention de Bea et en indique les conclusions:
    1° Correctio [du texte]
    2° Remissio ad Secretariatum
    3° Res remittatur ad Summum Pontificem
    4° Concilium facere declarationem in qua principia statuuntur quae observari debent in relationibus cum non-christianis.
De Smedt y résume aussi sa propre intervention (il est probable qu'il ait préparé son intervention au cours de son entretien avec Willebrands le 11 mai) et ses conclusions, notamment:
    1° promulguer [le texte]
    2° aider [les] frères orientaux [expliquer le texte; une action par les ambassades, par les nonciatures et par le COE...]
    3° changer: «déicide» (avec note explicative)
«quaestionibus politicis non sese immiscens».
203. Le 12 mai 1965, Moeller a noté: «Cardinal [Bea] contre la non publication. De Smedt aussi. Mais [ils] disent [de] supprimer déicide» Cf. F. Moeller, Carnet 27, p. 32-33.
204. Pour ce texte alternatif (3 p.) de Bea, cf. ASV Conc. Vat. II, 1458, et F. De Smedt 1470.

20.00 Dîner, pour les évêques du Secrétariat, chez le prince et la princesse Odescalchi[205].

Jeudi 13 mai 1965
Session du Secrétariat concernant le paragraphe *De Judaeis*[206].
Session des *periti* et des membres du Secrétariat qui habitent à Rome, concernant le *Directorium*.
Distribué le texte alternatif [au sujet du *De Judaeis*] du card. Bea et une autre proposition de Mgr De Smedt[207].
13.00 Déjeuner au collège anglais. Entretien avec le card. Heenan au sujet de sa lettre au card. Bea.
16.30 Session du Secrétariat concernant le paragraphe *De Judaeis*[208].
Session des *periti* et des membres qui habitent Rome au sujet du *Directorium*.
Discussion du communiqué de presse.

205. Odescalchi, ancienne famille patricienne de Rome, dont, à l'époque, plusieurs membres appartenaient au «Corpo delle Guardie Nobili Pontificie» du pape.
206. Hermaniuk écrit dans son Journal (13 mai 1965): «Today the discussion about the final text of the declaration On the Jews was going on ... Chaos and misunderstanding were dominating there ... the Holy Father, as Bishop of Rome, has brought in his *modi* regarding this text ... Unfortunately, while voting on those propositions, one could not get 2/3 of the voices concerning the most significant points in order to change the old text (it was also the case with the expression «deicidium» as well as what concerned the omitting of a separate condemnation for the persecution against the Jews ...). The atmosphere of the meeting became very hard and unpleasant. The members of the Commission split up». Pour les projets de textes, cf. F. De Smedt 1467 et 1469.
207. Pour ce texte, signé par De Smedt et daté du 13 mai 1965, cf. F. De Smedt 1468. En bas de la page De Smedt a écrit en manuscrit et en néerlandais: «Communiqué au Secrétariat. Sans suite». Pour la version manuscrite de cette Propositio, cf. ASV Conc. Vat. II, 1458. Ce texte a été proposé uniquement pour le cas où la promulgation du *De Habitudine* ne pourrait avoir lieu. Il fut discuté le 14 mai 1965 mais le Secrétariat n'est pas arrivé à une conclusion (cf. ASV Conc. Vat II, 1458).
La proposition de De Smedt demandait de soumettre deux questions aux Pères du concile:
1a quaestio: An textus declarationis a Concilio praeparatus post definitivam votationem mittendus est ad Secretariatum pro religionibus non-christianis et ad Secretariatum ad christianorum unitatem fovendam eo fine ut:
a) sit pro utroque Secretariatu norma qua duci debent in opere sibi commisso
b) eius contentum prudenti et opportuno modo evulgetur
2a quaestio: An interea praeparanda est formula qua principia supradictae declarationis a Concilio proclamentur?
(Il est à noter que la 1a quaestio rejoint la deuxième solution qui avait été proposée, en son nom personnel, par Willebrands dans son Rapport de voyage du 23 au 28 avril 1965, cf. A.S. V, III, p. 320).
208. Pour le texte amendé, voir F. Moeller 2535. C'est à cette réunion que le Secrétariat a discuté des *modi* envoyés par le pape (cf. A.S. V, III, p. 212-213) et qu'il a à nouveau accepté d'omettre «deicidium» par 17 voix contre 6 (cf. ASV Conc. Vat. II, 1458).

Vendredi 14 mai 1965

Réunion au Secrétariat.

Au sujet de la Relatio *De Libertate religiosa* de Murray. Cette Relatio est approuvée *unanimiter*.

Au sujet du *De Judaeis*, le projet alternatif de Mgr De Smedt. On a décidé de ne pas continuer la discussion de ces propositions alternatives[209].

Le communiqué de presse a été arrêté.

12.00 Bref entretien avec Ch. Moeller.
16.00 Entretien avec Oesterreicher.
16.30 Réunion au Secrétariat sur le *Directorium*[210], concernant la communicatio in sacris.
20.00 Téléphoné au card. Bea: demain on discutera encore du *Directorium* mais on ne traitera plus le *De Judaeis*.

Samedi 15 mai 1965

Réunion au Secrétariat.

Au sujet du *Directorium*: oratio communis, et dialogue.

11.00 Fin de la session du Secrétariat.
16.00 F. Thijssen au Monte Mario.
17.00 Au Secrétariat pour chercher la lettre de Mgr Bekkers.

Murray et Feiner au Secrétariat pour les dernières retouches à la Relatio *De Libertate religiosa*.

Dimanche 16 mai 1965

8.00 Concélébration avec F. Thijssen et un abbé allemand.
9.30 À mon bureau pour chercher la lettre de Mgr Bekkers concernant H. van der Linde[211]. Je l'ai trouvée.
12.00 Au Monte Mario, travaillé avec F. Thijssen à la supplique de Mgr Bekkers pour H. van der Linde.
16.30 Au Monte Mario, terminé la supplique pour H. van der Linde.

---

209. Hermaniuk écrit sur cette réunion (Journal Hermaniuk, 14 mai 1965): «After that, debate again started on the text of the declaration *On the Jews*. Here once again yesterday's unpleasant event was repeated – the Secretariat split up into two camps. The adherents of the text adopted at the 3rd Session did not even want to introduce into the discussion another proposition – the declaration of general principles [pour ce document voir F. De Smedt 1470-1471], which probably comes from the Holy Father himself. The atmosphere was unpleasant».

210. Pour ce texte, cf. F. De Smedt 1479.

211. Il s'agit probablement des démarches en vue de l'ordination sacerdotale de van der Linde (pasteur protestant marié converti), ordination qui aura lieu en 1967.

Lundi 17 mai 1965
8.00 Départ de F. Thijssen aux Pays-Bas.
8.30 Au Secrétariat.
Entretien avec Arrighi, Stransky, Long au sujet du «a quibusvis» dans le *De Judaeis*[212].
Correspondance.
12.00 Visite de quelques aumôniers principaux protestants des flottes de France et des Pays-Bas.
16.30 Entretien avec Sr A. [Agnes?]
18.00 Visite chez le card. Bea.

Mardi 18 mai 1965
9.00 Conférence au Secrétariat avec le Dr Schmidt-Clausen et le Dr Mau[213], en présence de Stransky, le prof. Witte et moi-même.
13.00 Déjeuné avec ce groupe.
15.00 Continuation de la conférence.
20.00 Chez moi, écrit la lettre pour Mgr Bekkers, qui doit être jointe aux documents concernant le Dr van der Linde.

Mercredi 19 mai 1965
8.30 Au Secrétariat.
Apporté la Relatio sur le *De Libertate religiosa* à Salzmann pour Fagiolo.
9.30 Au consulat de l'URSS. Pas encore de visa.
11.00 Continué la discussion avec le Dr Schmidt-Clausen et le Dr Mau (avec Stransky) concernant le programme de Strasbourg[214].
12.30 Déjeuné à l'Hôtel Columbus avec le Dr Schmidt-Clausen, le Dr Mau, leurs épouses, Stransky et Witte.
15.00 Continué la discussion au Secrétariat avec le Dr Schmidt-Clausen, le Dr Mau, Stransky, Witte. Terminé la discussion.
18.00 Visite de [un blanc dans le texte], secrétaire de la British Bible Society.
19.00 Retourné chez moi, au Monte Mario.

212. Il s'agit du fait que la mort du Christ ne puisse pas être attribuée indistinctement au peuple juif tout entier mais seulement à certains (quibusvis) d'entre eux (cf. *Nostra Aetate* 4 où on lit: «tamen ea quae in passione Eius [Christi] perpetrata sunt nec omnibus indistincte Iudaeis tunc viventibus, nec Iudaeis hodiernis imputari possunt»).
213. Carl Mau (1922-1995), Américain, secrétaire général de la Fédération Luthérienne Mondiale de 1974 à 1985.
214. On envisageait l'érection d'un Joint Working Group de l'Église catholique et de la Fédération Luthérienne Mondiale. Du 25 au 27 août 1965 une première réunion avec des catholiques et des luthériens aura lieu à Strasbourg.

Jeudi 20 mai 1965
8.30 Au Secrétariat.
11.00 Visite de Mlle Maria Grazia, au sujet de ses études théologiques.
12.00 Visite de Mgr Kominek[215], évêque de Breslau, avec Mr G. Braun [lecture probable].
13.00 Avec le père et la mère du Père Stransky et avec Stransky lui-même au Monte Mario pour le déjeuner.
16.00 Au Secrétariat. Rédigé une lettre et une note qui doivent être envoyées par le card. Bea au Saint-Père concernant les contacts avec la Fédération Luthérienne Mondiale.
Fait un projet de lettre pour Mgr Volk en rapport avec la réunion de Strasbourg.
19.30 Chez moi au Monte Mario, visite de Mère Imelda, Sr Magdalena et Sr Margaretha.

Vendredi 21 mai 1965
2ème messe anniversaire de la mort de maman.
9.00 Au Secrétariat, réécrit, avec Long et Stransky, le texte *De Habitudine Ecclesiae ad religiones non-christianas*, selon les changements apportés à la session de mai.
Lettres à Volk et à Martensen au sujet de la réunion à Strasbourg avec les luthériens (25-27 août 1965).
11.00 Vers Fiumicino avec C. Bayer et J. Hamer o.p.
13.00 À Genève[216].
Entretien avec le P. Cottier[217] et le Père Kelly o.p. au sujet d'une fondation des Dames de Sion à Genève.
14.30 Entretien avec Lukas Vischer.
15.30 Entretien avec W. Visser 't Hooft, Lukas Vischer, Père Hamer et Willebrands
16.30 Vers Bossey.
17.30 Entretien Bishop Holland, Mgr Baum, Mgr Bayer, Hamer, Duprey et Willebrands au sujet du programme de demain.
20.00 Pris le café chez Nikos Nissiotis.

---

215. B. Kominek (1903-1974), en 1927 ordonné prêtre du diocèse de Katowice, en 1951 évêque auxiliaire de Wrocław (Breslau), puis archevêque de Wrocław de 1972 à sa mort, cardinal en 1973, membre de la commission pour l'Apostolat des laïcs.

216. Willebrands se rend à Genève pour la 1ère réunion du «Joint Working Group» entre l'Église catholique et le COE.

217. G. M. M. Cottier (1922-), dominicain suisse, *peritus* conciliaire, secrétaire général de la Commission Théologique Internationale de 1989 à 2003, théologien de la Maison pontificale de 1989 à 2003, archevêque titulaire de Tullia et cardinal en 2003.

Samedi 22 mai 1965
Working Group R.C. Church – WCC at Bossey.
8.30 Concélébration à Bossey.
9.30-12.00 Meeting.
15.00-18.00 Meeting.
18.00 Entretien avec Lukas Vischer au sujet du Calendrier[218]. Le Comité exécutif traitera la question (35 Églises, dont les orthodoxes, ont donné une réponse positive à la question de savoir si ce sujet devait être traité).
20.00-21.30 Meeting.

Dimanche 23 mai 1965
Bossey.
8.30 Concélébration à Bossey.
Le matin: repos.
14.00-18.00 Meeting.
20.00-21.30 Meeting.
21.45-23.15 Un verre de vin chez le Dr Wolf[219] avec Lukas Vischer.

Lundi 24 mai 1965
Bossey.
8.30 Entretien avec le Dr Visser 't Hooft au sujet du *De Judaeis*.
9.00-12.00 Meeting. Discussion des points du rapport et du communiqué de presse.
12.00 Fin du Meeting Working Group.
13.30 On prend congé. Father Paul Verghese nous conduit à l'aéroport.
15.00 Avec le Père Duprey au cinéma (Zorba[220]).
17.30 Entretien avec l'abbé Chavaz concernant les Dames de Sion et leur fondation à Genève.
19.30 En avion pour Rome, avec du retard.

Mardi 25 mai 1965
8.30 Au Secrétariat.
11.00 Avec Duprey à l'agence de voyage Mondial Tour concernant un visa pour le voyage en URSS.

---

218. Le COE avait lancé une consultation pour trouver une date fixe commune entre les chrétiens pour les grandes fêtes: Pâques, Noël, Épiphanie.
219. H. H. Wolf, Allemand, directeur de l'Institut œcuménique de Bossey de 1955 à 1966.
220. Zorba le Grec, film américano-grec réalisé par M. Cacoyannis en 1964, d'après le roman de N. Kazantzákis, *Alexis Zorbás* (1946).

13.00 Déjeuné chez Dé Groothuizen. Rencontre avec Miss Hubble du WCC aux États-Unis, pour la formation des missionnaires.
16.00 Au Secrétariat.

Mercredi 26 mai 1965
31 ans de sacerdoce.
8.30 Au Secrétariat.
Congresso concernant la structure du Secrétariat.
12.30 Chez Mgr Casaroli.
Chez Mgr Dell'Acqua: dossier *De Judaeis*[221].
dossier Nobel.
14.00 Déjeuné chez les Dames de Béthanie.
16.00 Au Secrétariat.
17.00 Réunion du Comité *de Calendario*.
20.00 Télégramme de Bucarest: Le patriarche ne peut pas nous recevoir. Son programme est trop chargé.

Jeudi 27 mai 1965
Ascension.
8.30 Chez moi, parcouru la correspondance du Secrétariat.
15.30 Chez moi, contrôlé les minutes de la dernière session du Secrétariat au sujet du *De Judaeis*.

Vendredi 28 mai 1965
Anniversaire du card. Bea (84).
8.30 Au Secrétariat.
10.00 Annonce du décès de la grand-mère de Roos.
13.30 Déjeuné avec Stransky à l'hôtel Columbus.
18.00 Visite au card. Bea. Pris congé avant mon voyage. Parlé du *De Judaeis*, des documents pour Felici, du Calendarium, du rapport de la réunion, de l'entretien à Genève.

Samedi 29 mai 1965
8.30 Au Secrétariat.
Congresso de 9 à 10 h 30 au sujet des Observateurs.
12.30 Visite de Chili[222].

---

221. Cf. le projet de la lettre de Bea à Paul VI pour l'envoi du rapport sur la réunion du Secrétariat au sujet du *De Judaeis* (ASV Conc. Vat. II, 1458).
222. Selon l'Agenda de poche, il s'agit de Mgr Pacheco. Toutefois Mgr Altivo Pacheco Ribeiro est évêque de Barra do Pirai-Volta Rendoda au Brésil.

13.30 Déjeuné chez les Pères de la Ste-Croix avec le comité pour l'institut de Jérusalem.
14.30 Entretien avec Don C. Colombo au sujet de l'ordination «sub conditione» de prêtres anglicans et du *De Libertate religiosa*.
15.00 Au Secrétariat. Correspondance.
19.00 À la Secrétairerie d'État. Lu la lettre à Skydsgaard, qui fut approuvée par Dell'Acqua. Emporté un Codex pour le patriarche Alexis[223]. Discuté des cadeaux avec Duprey.
Chez moi, dîner avec le chapelain [lecture probable] Dr Bruning et sa famille.

Dimanche 30 mai 1965
Départ de Rome.
SR[224] vers Zürich.
SAS[225] vers Copenhague.
SAS Copenhague – Stockholm – Moscou.
20.00 Arrivée à Moscou. Accueilli par l'évêque Pitirim[226], l'archimandrite Juvenalij[227], le prêtre de Saint-Louis[228], les messieurs Kasem-Beg[229], Koetjepof [sic = Kutepov][230].
Vers l'hôtel Sovietskaje[231] [lecture probable].

Dimanche 31 mai 1965
8.00 Messe à Saint-Louis.

223. Il s'agit d'un cadeau (une copie du Codex sinaiticus?) pour le patriarche Alexis I (1877-1970, métropolite de Léningrad puis patriarche de Moscou de 1945 à sa mort 1970), que Willebrands lui remettra lors de son prochain voyage en URSS.
224. Swiss Air.
225. Scandinavian Air System.
226. Pitirim (Konstantin Nechayev) (1926-2003), évêque de Volokolamsk de 1963 à 1971, métropolite de Volokolamsk et Yuriev de 1971 à 2003. Il était très favorable au régime soviétique.
227. Juvenalij (Poiarkov), archimandrite, vice-président du département pour les relations inter-ecclésiales du patriarcat de Moscou, observateur au concile, évêque en 1965, puis métropolite de Moscou.
228. Saint-Louis-des-Français, église catholique française de Moscou.
229. Alexandre Kasem-Beg (1902-1977), du «Department of Interchurch Relations», du patriarcat de Moscou. cf. Mireille MASSIP, *La vérité est fille du temps: Alexandre Kasem-Beg et l'émigration russe en Occident. 1902-1977*, Genève, 1999.
230. P. A. Kutepov (1925-1983), né à Paris; il rentre en Union Soviétiquee en 1944, en 1960 il devient officiellement interprète du Département des relations extérieures du patriarcat de Moscou. Pour sa nécrologie, cf. *The Journal of the Moscow Patriarcate* 1984, No. 3, p. 30.
231. Peut-être s'agit-il de l'Hôtel Sovietsky, Leningradsky Prosp 32/2 125040, Moscou.

Accueilli de façon liturgique par le prêtre Michel[232].
9.00 Visite à la cathédrale orthodoxe.
Petit déjeuner.
10.30 Visite au Département pour les relations inter-ecclésiales. Entretien avec le métropolite Nikodim.
12.00 Visite au Kremlin.
14.00 Visite à l'église de la Ste-Trinité-aux-Monts.
14.30 Déjeuner.
17.00 Visite à l'église avec le tombeau du patriarche Tichon[233].
17.30 Visite à l'église où l'on garde la Sainte Tunique.
19.00 Dîner chez le métropolite Nikodim.

Mardi 1 juin 1965
8.00 Messe à Saint-Louis.
9.00 Préparation de ma conférence sur le concile.
11.00 Visite du Musée Tetriakov[234].
13.00 Visite à Sa Sainteté le patriarche Alexis.
13.30 Conférence sur le concile au Département des relations inter-ecclésiales.
15.00 Brève conversation avec le métropolite Nikodim.
16.00 Dîner avec le métropolite Nikodim au restaurant Praga[235].
18.00 Vêpres à l'église de Pimen le Grand.
19.00 Matines à la cathédrale de l'Épiphanie. Le patriarche est présent. Reçu une croix pectorale en souvenir. Métropolite Pimen[236], Nikodim, l'archevêque de Gorki, Minsk, l'évêque Pitirim.

Mercredi 2 juin 1965
Messe à Saint-Louis.
8.30 Liturgie à la cathédrale. Notre-Dame-des-Affligés. Avec l'évêque Cyprianus[237] de Berlin. Procession: clôture du temps pascal.

---

232. Michel Tarvydis, prêtre lituanien, assomptionniste, curé de l'église catholique de Saint-Louis des Français à Moscou de 1963 à 1967.

233. Tichon (Vasili Ivanovitsj Bjelawin) (1865-1925), patriarche de Moscou en 1917, arrêté par le régime communiste en 1925, canonisé en 1991.

234. Galerie Tetriakov, musée d'État à Moscou avec des collections d'icônes russes.

235. Restaurant Praga, 2/1 Arbat, Moscou.

236. Pimen I (Sergei Michailowitsch Iswekow) (1910-1990), évêque en 1957, élu patriarche de Moscou en 1971.

237. Kiprian (Zernov) (1911-1987), évêque auxiliaire de Moscou en 1961, exarque de l'Europe centrale (à Berlin) de 1964 à 1966.

12.00 Petit déjeuner à l'hôtel.
13.00 Repos.
15.30 Promenade avec le P. Duprey.
17.00 Thé à l'hôtel.
Visite de plusieurs églises (5)
(Je suis reçu partout comme évêque. J'ai reçu des fleurs dans deux églises; dans une église: une icône – icône du Christ – pour moi et une icône (Nicolas) pour Duprey; donné la bénédiction au peuple dans 3 églises; parlé au peuple – quelques paroles – dans 3 églises; allocution du curé au peuple dans 3 églises – à la dernière église une allocution de 9 minutes).
20.00 Dîné à l'hôtel.

Jeudi 3 juin 1965
Messe à Saint-Louis.
8.30 Visite de l'église de la Résurrection.
Liturgie de l'évêque Pitirim à l'église de l'Assomption (Novodevichy[238]) (la bénédiction aux fidèles après le Sanctus).
12.00 Visite au ministre Kurojedov [sic][239].
13.00 Lunch à l'hôtel.
14.30 Au Métro.
15.30 Visite au Père Michel.
17.00 Thé à l'hôtel avec le Père Michel et les autres.
18.00 Au théâtre Bolchoï.

Vendredi 4 juin 1965
8.00 Messe à Saint-Louis. Brève homélie après l'évangile. Des enfants avec des fleurs.
9.30 Petit déjeuner à l'hôtel.
10.30 Vers Zagorsk[240]. Laure de la Sainte-Trinité.
20.00 De retour à Moscou.

---

238. Couvent célèbre de religieuses (et cimetière) à Moscou, fondé en 1524 par Vasily III.
239. Vladimir Kuroedov (1906-1994), président du Conseil des Affaires religieuses auprès des Ministres de l'URSS de 1960 à 1984. Ce Conseil servait à contrôler (empêcher ou approuver) toutes les activités de l'Église.
240. Zagorsk (ou: Sergiev Posad), ville à 70 km au nord-est de Moscou. Le monastère y porte le titre de «Laure de la Ste Trinité» et est la résidence d'été du patriarche de Moscou.

Samedi 5 juin 1965

- 8.00 Messe à Saint-Louis. Mot d'adieu du curé Michel.
- 9.30 Petit déjeuner à l'hôtel avec l'évêque Pitirim, le curé Michel, avec les autres, et avec l'évêque arménien à Moscou.
- 12.00 Vers l'aéroport, accompagné de tous.
- 12.30 Avec Juvenalij, Kutepov et Duprey vers Etchmiadzin[241].
- 15.00 Vue splendide de la grande chaîne des montagnes du Caucase.
- 18.00 Arrivée à l'aéroport d'Erevan. L'évêque de Baku, l'évêque d'Erevan et deux archimandrites sont venus nous chercher.
  Erevan ± 700.000 habitants. 3 églises.
- 19.00 Reçu par le Katholikos. Entretien. Remise des médailles du pape. Promenade dans le jardin. Visite à la cathédrale et au musée. On a dîné ensemble.
  Logé à Erevan.

Dimanche 6 juin 1965

- 8.30 Petit déjeuner.
  Visite de deux églises à Erevan.
- 11.00 Vers Etchmiadzin, de 11 à 12, entretien avec le Katholikos.
- 12.00 Liturgie de la Pentecôte à la cathédrale.
- 13.30 Déjeuner avec le Katholikos. Tous les évêques présents sont présents [sic]. Des toasts.
- 15.30 Pris congé du Katholikos. Des cadeaux pour le pape et quelques autres. Retourné à Erevan. Bref repos.
- 17.00 Vers la ruine du temple gréco-romain à Gardi [sic]. Vers le monastère de la Sainte-Lance[242] (Gigardi[243]) construit dans le rocher.
- 20.00 Retour à Erevan.

Lundi 7 juin 1965

Départ d'Erevan.
- 5.15 Départ de l'hôtel
- ±6.30 Départ de l'aéroport. L'évêque d'Erevan et deux archimandrites sont venus pour nous saluer.
  Reçu à Tbilissi[244] – Tbilissi compte presque 1.000.000 d'habitants et 11 églises – par le métropolite et l'archiprêtre. Vers l'hôtel et chez le Katholikos pour le petit déjeuner (8 h 30).

---

241. Ville d'Arménie, située à 20 km d'Erevan. Siège de l'Église apostolique arménienne.
242. Une relique de la Sainte Lance est actuellement conservée au Musée Manougian à Etchmiadzin.
243. Monastère arménien, classé au patrimoine mondial de l'Unesco.
244. Capitale de la Géorgie, aussi appelée Tiflis.

Plusieurs discours pendant le petit déjeuner. Remis le cadeau du Saint-Père.
Visite de l'ancienne cathédrale et aux ruines du monastère avec le métropolite et l'archiprêtre.
Plusieurs églises orthodoxes.
Visite de l'église catholique latine et rencontre avec son prêtre.
Vers la cathédrale orthodoxe Ste-Nina[245].
14.30 Déjeuner chez le Katholikos-Patriarche. Beaucoup de toasts.
16.00 Visite du prêtre catholique Emmanuel.
17.30 Repos à l'hôtel.
19.00 Petite excursion avec le patriarche pour voir le panorama.
Dîner chez le patriarche. Un cadeau pour le pape et pour nous.

Mardi 8 juin 1965
Tiflis.
7.00 Messe à l'église catholique. Rencontré le deuxième prêtre catholique (Constantin).
Vers l'hôtel pour le petit déjeuner avec le patriarche.
9.30 Vers l'aéroport, raccompagné par le métropolite et l'archiprêtre.
10.00 En avion vers Kiev.
12.30 Kiev – ± 1.300.000 habitants, une cathédrale et 14 églises –
L'archiprêtre de la cathédrale est venu nous chercher.
13.30 Hôtel Dnipro[246].
14.30 Brève promenade en voiture dans Kiev.
15.00 Reçu par le métropolite. Offert une médaille (médaille d'or du pape Jean XXIII).
17.00 Excursion en voiture dans Kiev, retourné en métro.
20.00 Dîné à l'hôtel.

Mercredi 9 juin 1965
Kiev.
Petit déjeuner à l'hôtel.
Vers le monastère des femmes (260 religieuses dont 140 avec profession solennelle).
Reçu par l'abbesse à l'entrée de l'église.
Assisté à la Liturgie.
Visité les églises du monastère.
Thé au monastère.

---

245. Sainte Nina, apôtre de la Géorgie, morte en 335.
246. Hôtel Dnipro, rue Khreschatyk, Kiev.

11.00 Vers la cathédrale Ste-Sophie. Très bonne visite conduite par un guide spécial.
13.00 Déjeuner à l'hôtel.
16.30 Visite de la cathédrale de St-Vladimir, et de plusieurs églises paroissiales. Dans une de ces églises, on écoute l'akathistos[247] de St Nicolas.
20.00 À l'opéra-ballet.

Jeudi 10 juin 1965
9.00 Chez le métropolite Joseph. Entretien très cordial. Grand désir d'unité. Beaucoup d'intérêt pour le concile. Des vœux pour le pape.
11.00 Vers la Laura[248]. Conduit par un guide spécial.
12.00 De retour à l'hôtel.
13.30 En avion vers Leningrad – Leningrad 3.500.000 habitants, 15 églises, 1 église catholique.
17.00 À Leningrad, on a été accueilli par l'archiprêtre Ilich[249] (observateur à la 3ème session du concile), l'archiprêtre et le curé de la cathédrale et le prêtre catholique.
Vers l'hôtel Europe (ЕВРОПЕЙСКАЯ).
Dîner à l'hôtel.
Petite excursion en voiture vers l'église du village et vers la Nuit blanche[250] de Leningrad.
Thé à l'hôtel.
À 11 h 45 [= 23 h 45], départ de l'hôtel vers la gare. Train de nuit vers Pskov[251].

Vendredi 11 juin 1965
Pskov. 150.000 habitants. 5 églises (3 églises paroissiales et 2 chapelles de cimetière).
Accueilli à la gare de Pskov à 4 h 39 par l'archevêque, l'archiprêtre et le diacre.
Vers l'hôtel Oktyabrskaja [lecture incertaine]. Repos jusqu'à 9 h.
9.30 Chez l'archevêque Johan [sic = Ioann Razumov][252] pour le petit déjeuner. Remis la médaille du concile.

247. Hymne à la Vierge Marie.
248. Un ensemble de monastères renommés à Kiev.
249. Jakov Ilich, archiprêtre, clerc de la cathédrale de la Transfiguration à Leningrad. Il était observateur à la 2ème session du concile et non pas à la 3ème session, comme l'écrit Willebrands par erreur.
250. Une nuit où le soleil brille comme en plein jour.
251. Pskov, ville dans l'Ouest de la Russie, près de la frontière avec l'Estonie.
252. Ioann Razumov (1898-1990), évêque de Kostroma et Galitch en 1953, archevêque de Pskov en 1962.

Après le petit déjeuner vers la cathédrale de Pskov. Magnifique iconostase très haute (51m.).
En voiture vers le monastère. Reçu par l'archimandrite et deux moines. Déjeuner avec les moines.
Discours de l'archevêque (Événement historique. Un évêque de l'Église catholique romaine vient en visite à l'abbaye. Les relations. Le concile. Le pape Jean et son successeur. La paix entre les peuples).
Ma réponse (Les moines ont tout quitté pour tout gagner. Le Christ. Ils se réunissent autour du Christ dans la liturgie. Leur prière monte vers le Christ. Le Christ dans les lectures des Pères et dans l'histoire de l'Église; le Christ œuvrant dans son Eglise dans l'histoire et dans ses saints. Le Christ est la Paix. On Le transmet aux fidèles. Pax vobis. La paix entre les Églises. Le pape Jean. Donné une médaille à l'archimandrite). Visite de l'abbaye et des grottes.
Thé. Conversation au sujet du concile, des tâches du Secrétariat et de l'avenir du Secrétariat. Les deux autres Secrétariats [pour les non chrétiens et les non croyants]. Le dialogue avec les non croyants. La Déclaration sur les Juifs.

16.00 Pris congé.
Retourné à Pskov en voiture.
Arrivée à l'hôtel à 20 h 10.
À 22 h dîner chez l'archevêque Johan [sic = Ioann Razumov]. Ensuite [parlé] encore dans le train jusqu'à 1 h.
Le train [part] à 1 h 50.

Samedi 12 juin 1965
Retourné à Leningrad par le train de nuit.
Deux prêtres catholiques et le prêtre orthodoxe, curé de la cathédrale, sont venus nous chercher.
À l'hôtel jusqu'à 10 h.

10.00 Messe à l'église catholique (Notre-Dame de Lourdes).
11.00 Chez Son Éminence Mgr Nikodim. Accueil cordial. Discuté du programme. Remis un livre sur Jean XXIII (Mgr Nikodim me communique que l'archevêque d'Athènes a écrit au patriarche de Moscou qu'il a reçu une invitation du card. Bea pour envoyer des observateurs. Il demande ce qu'il doit faire. Le patriarcat de Moscou a répondu que jusqu'ici il n'a pas encore reçu d'invitation, mais qu'une invitation éventuelle serait envisagée favorablement).
Une petite excursion en bus à travers Leningrad en compagnie de Mgr Nikodim. On a terminé cette excursion par une visite à l'Ermitage (Rembrandt et le Trésor).

17.00 À l'hôtel, pour le déjeuner.

18.00 Visite à la cathédrale de la Transfiguration (discours du curé, derrière l'iconostase. Très ému. Au sujet de l'unité. Des fleurs).
Visite de la cathédrale de St Nicolas (avec la chambre du métropolite Alexis durant le siège de Leningrad [pendant la 2ème guerre mondiale]). Vénération de l'icône de la Sainte Face appartenant au Tsar Pierre le Grand (discours de Mgr Alexandre dans la chambre du métropolite Alexis. Des fleurs. Salutation derrière l'iconostase. Vénération de Notre-Dame de Kazan).
Visite de la cathédrale de St Vladimir.
20.00 Dîner (thé) à l'hôtel.

Dimanche 13 juin 1965
8.00 Messe
Petit déjeuner à l'hôtel.
10.00 Vers la cathédrale Troitza.
Liturgie.
Après la Liturgie, j'ai été présenté au peuple par le métropolite Nikodim. J'ai pris la parole et j'ai donné la bénédiction.
15.00 Déjeuner chez Mgr Nikodim.
18.00 Vers l'église de St-Nicolas et au curé Jakob Ilich.
Dîner (21 h) au presbytère, avec le métropolite Nikodim.
De 23 h à 1 h: À l'«Akademie[253]», entretien avec Mgr Nikodim et l'archimandrite Juvenalij.

Lundi 14 juin 1965
8.00 Messe. Étaient présents: le métropolite, l'archimandrite Juvenalij, le prêtre Jacob Ilich, les prêtres accompagnateurs du métropolite. J'ai prêché et j'ai distribué la communion jusqu'au moment où il n'y avait plus d'hosties dans le ciboire.
9.30 Petit déjeuner à l'hôtel.
10.00 Vers l'«Akademie». Liturgie. À la demande du métropolite, j'ai donné la bénédiction après la Liturgie.
13.00 Session à l'«Akademie». J'ai fait connaissance avec une délégation des Églises hongroises. Déjeuner à l'«Akademie».
17.00 Très brève visite chez les prêtres catholiques.
17.30 Promenade en bateau vers Petershof[254].

---

253. Il s'agit de l'académie théologique, qui avait pu être rouverte en 1948 (après avoir été fermée en 1917).
254. Résidence d'été des tsars.

Dîner à l'«Akademie». Cadeaux du métropolite Nikodim (pour le Saint-Père, pour le card. Bea, pour le card. Tisserant, pour moi).
Pris congé du métropolite Nikodim, des professeurs de l'«Akademie», de la délégation hongroise.

Mardi 15 juin 1965
8.00 Départ pour Helsinki.
Mgr Verschuren[255] est venu me chercher.
Reçu chez Mgr Cobben[256].
J'ai dit la messe chez Mgr Cobben dans sa chapelle privée.
12.00 Déjeuner chez Mgr Cobben.
15.00 Au Centre œcuménique. Sauna. Conversation.
18.00 Retourné à Helsinki.
Dîner.
Entretien avec les prêtres d'Helsinki.

Mercredi 16 juin 1965
8.00 Messe à Helsinki.
Départ d'Helsinki – Mgr Verschuren m'a conduit.
Avec Finnair vers Copenhague.
Avec SAS vers Rome.
13.00 Arrivée à Rome. Vers le Monte Mario.
(on m'a téléphoné du bureau: des lettres sont arrivées de Sofia et de Belgrade: je serai le bienvenu dans ces deux villes).

Jeudi 17 juin 1965
Chez moi, au Monte Mario.
Travaillé à ma conférence pour Vienne.
16.00 Raconté aux sœurs mon voyage en Russie.
19.30 Avec le curé Eyckelhof[257] et avec Dewit[258] [sic].

---

255. P. Verschuren (1925-2000), Néerlandais, prêtre du Sacré-Cœur, coadjuteur (en 1964) et évêque de Helsinki de 1967 jusqu'en 1998.
256. W. P. Cobben (1897-1985), Néerlandais, prêtre du Sacré-Cœur, vicaire apostolique (en 1933) et évêque de Helsinki de 1955 à 1967.
257. A. Eyckelhof (1911-1980), ordonné prêtre avec Willebrands en 1934, en 1959 curé à Amsterdam de Notre-Dame-de-la-Paix.
258. Il s'agit probablement de Dirk de Wit (1902-1981), ordonné prêtre en même temps que Willebrands en 1934, en 1958 curé à Nieuw Vennep.

Vendredi 18 juin 1965
Chez moi, travaillé à la conférence pour Vienne.
10.30 Salzmann est venu me chercher et m'a conduit chez le card. Bea. Entretien avec le card. Bea:
– au sujet de la lettre de Cicognani à Bea concernant le *De Judaeis.*
– au sujet des centres œcuméniques à Helsinki, à Constantinople (Caloyéras).
– au sujet de l'activité d'Edelby à Canterbury: don d'un anti-mension[259] à Ramsey.
12.30 Visite du P. Miano.
13.00 Visite du Père Hamer. Déjeuné avec le P. Hamer.
15.00 Travaillé encore avec Corinna et Salzmann à mon discours pour Vienne.
17.30 Départ pour Vienne avec Alitalia (voyagé jusqu'à Venise avec Mgr Capovilla[260]).
Logé à Vienne chez le card. König[261].

Samedi 19 juin 1965
Messe chez le card. König.
Continué à travailler à ma conférence.
11.00 Conférence dans la Festhalle de l'Université, pour le «Pro Oriente»[262].
13.00 Déjeuner chez le card. König.
15.00 Un bref enregistrement pour la radio.
16.30 Un entretien avec le métropolite Meliton. Il veut venir à Rome pour remettre au pape une lettre du patriarche et pour le remercier de la visite du card. Bea.
18.30 Dîner chez le card. König.
19.30 Visite au curé Mgr Schaschinger [lecture probable].

---

259. Anti-mension: tissu sur lequel, en Orient, on célèbre la divine liturgie.
260. L. Capovilla (1915-), ordonné prêtre du diocèse de Venise en 1940, secrétaire privé de Jean XXIII, évêque de Chieti de 1967 à 1971, prélat de Loreto de 1971 à 1988.
261. Fr. König (1905-2004), évêque coadjuteur de Sankt Pölten en 1952, archevêque de Vienne de 1956 à 1985, président du Secrétariat pour les non croyants de 1965 à 1980, membre de la commission doctrinale.
262. Le titre de la conférence était «Die Wiederbegegnung von Ostkirche und Westkirche». «Pro Oriente» est une fondation, érigée par le card. König en 1964, pour promouvoir les relations entre l'Église catholique et les Églises (orthodoxes) orientales. Elle promeut des recherches et des publications scientifiques et organise des colloques et des conférences. «Pro Oriente» a des sections à Vienne, à Graz, à Salzbourg et à Linz.

Dimanche 20 juin 1965
Messe et petit déjeuner à Vienne.
9.00 Départ vers l'aéroport.
Avec Alitalia à Rome via Milan.

Lundi 21 juin 1965
8.00 Messe au Monte Mario.
8.30 Au Secrétariat. J'ai parcouru la correspondance avec Arrighi.
12.00 Chez Mgr Casaroli. Fait un rapport sur mon voyage en Russie. Parlé de mon prochain voyage à Sofia et Belgrade. Il n'a pas de nouvelles.
17.00 Au Secrétariat, réunion de la commission pour le Calendarium.

Mardi 22 juin 1965
8.00 Messe au Monte Mario.
10.00 Audience chez le Saint-Père. Au sujet de mon voyage en Russie et des deux *Declarationes*[263]. Après mon retour, le pape souhaite avoir avec moi une (ou plusieurs) audiences plus tranquilles et plus longues pour discuter de toutes ces affaires.
12.00 Au bureau. De 12 à 13 h, Congresso.
17.00 Au Secrétariat, entretien avec J. Witte.

Mercredi 23 juin 1965
8.00 Messe au Monte Mario.
Fait mes valises.
9.00 Au bureau. Traité la correspondance avec Arrighi.
Entretien avec Mgr Spina[264].
Lettres à Lukas Vischer (concernant le «Report»[265], 24 points; la visite du P. Miano; une réunion pendant le concile).
11.30 Congresso.
14.30 Avec Yu[266] vers Belgrade. Avec SO[267] vers Sofia.
19.00 À Sofia, j'ai été accueilli par l'évêque Stefan, l'archiprêtre Seraphim et un laïc. Vers l'hôtel Rila[268].
Téléphoné à l'église catholique pour la messe.

---

263. Sur la Liberté religieuse et sur les religions non chrétiennes.
264. Il s'agit de Mgr Antonio Spina, minutante à la Congrégation orientale.
265. Il s'agit du Rapport du Joint Working Group.
266. Yugoslav Airlines.
267. Sofia Airlines.
268. Hôtel Rila, Rue Kaloyan 6, Sofia.

Jeudi 24 juin 1965
8.00 Messe à l'église St-Joseph.
Après la messe, brève conversation avec le prêtre.
À l'hôtel pour le petit déjeuner.
9.30 Visites:
– de deux petites églises orthodoxes.
– d'une église ancienne de Bojana[269], actuellement musée.
– de l'église catholique avec les sœurs Eucaristine et Carmelite [lecture difficile].
12.00 Visite à S. S. le Patriarche Cyrillus[270] et au Synode. Remis le cadeau du Saint-Père. D'abord réception par le Synode (5 métropolites), ensuite déjeuner avec les 10 métropolites.
Après le repas, retourné à l'hôtel. Repos.
17.00 L'archimandrite Seraphim vient à l'hôtel. Conversation. Ensuite vers l'église catholique, où il y a un salut, de rite mixte, et une procession, présidée par l'évêque Kurteff[271].
Ensuite chez les sœurs et chez l'évêque, où nous avons dîné.
20.00 Retourné à l'hôtel.

Vendredi 25 juin 1965
8.00 Messe à l'église St-Joseph.
{femme illuminée: apparition!}[272].
Petit déjeuner chez les prêtres et les 2 sœurs Gabriele et Cecilia.
Le journaliste Georges Antonov.
9.30 Vers l'Akademie. Reçu par le recteur, l'évêque Nikolai et quelques professeurs. Le recteur parle de l'unité future et de la communio in sacris. Remis des médailles de Jean XXIII. Visité la bibliothèque et le musée d'antiquités chrétiennes. Ils ont montré les livres qu'ils avaient reçus.
12.00 Petite excursion avec l'archimandrite le Prof. Seraphim vers la montagne de Witosha[273].
Conversation au sujet d'un dialogue possible. Au sujet du dialogue avec les Anglicans (leurs ordinations), du dialogue avec les luthériens.
Déjeuné à l'hôtel. Ensuite, repos.

---

269. Église de Boyana (ou Bojana), située dans les environs de Sofia, construite au XIIIème siècle, avec des fresques célèbres (actuellement musée).
270. Cyrillus (†1971), métropolite orthodoxe de Plovdiv, en 1953 patriarche de Sofia.
271. Kyril Stefan Kurteff (1891-1971), exarque de Sofia de 1926 à 1942 et de 1951 à sa mort.
272. En français dans le texte.
273. Witosha (ou: Vitosha), montagne dans les environs de Sofia (2290 m.).

15.30 Acheté des souvenirs, avec l'archimandrite Seraphim.
17.00 Visite de l'église russe de Sofia.
17.30 Excursion vers le couvent des religieuses, à proximité de Sofia.
18.30 L'évêque Stefan nous offre des cadeaux (des icônes) au nom du patriarche.
Dîné à l'hôtel avec l'évêque Stefan, l'archimandrite Seraphim, l'interprète Petrov [lecture difficile].

Samedi 26 juin 1965
8.00 À Sofia, l'évêque Stefan, l'archimandrite Seraphim et l'interprète Petrov nous ont accompagnés.
Départ pour Belgrade avec Austrian Airlines.
À Belgrade, le métropolite André de Bagna Luca [=Banja Luka], le secrétaire du Synode et un interprète sont venus nous chercher.
11.30 Reçu en audience par le patriarche et le Synode. Échanges de salutations, remise des cadeaux du pape.
12.30 Déjeuner avec les membres du Synode.
13.30 Téléphoné à Mgr Bukatko.
16.30 Visite à Mgr Bukatko. Conversation, au sujet de la situation. L'Église en Macédoine. Paroisses (7) et des sœurs à Belgrade. Catholiques (25 à 30.000). Sofia.
18.30 Visite au curé de l'église St-Pierre (s.j.). Joie du curé parce qu'un évêque loge chez le patriarche.
19.30 Dans notre chambre, visite de l'évêque André.

Dimanche 27 juin 1965
8.00 Messe à l'église St-Pierre (jésuites).
Petit déjeuner chez les pères jésuites.
10.00 Visite au couvent de religieuses de la Présentation de Marie.
Visite de l'église du Saint Rosaire (Rusitsa?), où, après la messe, j'ai distribué les antidora[274].
Visite à l'église avec l'eau miraculeuse et avec Ste Veneranda.
17.00 Concert spirituel dans l'église d'Alexandre Nevsky (évêque Emilianos, André, Saba). Conversation avec le P. Duprey au sujet de la spiritualité.
19.30 L'évêque André vient pour causer un peu.
20.00 Dîner.
Promenade.

---

274. Antidoron: un morceau de pain d'hostie (non consacrée) qu'on distribue, dans la liturgie orthodoxe, à des fidèles qui n'ont pas reçu la sainte communion.

Lundi 28 juin 1965
Messe à l'église St-Pierre.
9.00 Liturgie solennelle dans la cathédrale St-Michel par le patriarche Germanos[275] et 2 évêques Johan et Johan, et 10 prêtres. Étaient également présents les évêques André et Emilianos.
Après la messe, une cérémonie de Requiem en commémoraison de la bataille de Kosovo (1389)[276] et de tous les Serbes tombés.
Après la Liturgie, retourné au patriarcat.
17.00 Visite de Mgr Bukatko chez moi au patriarcat. En présence des évêques Emilianos et André. {« Votre visite est un honneur pour catholiques et orthodoxes à Belgrade »}[277].
18.00 Visite au séminaire, accompagné des évêques Emilianos et André et du secrétaire du synode. Très bon accueil par le recteur et quelques professeurs. Le recteur parle de ma visite antérieure et de l'unité. L'évêque Emilianos parle de l'unité.
20.00 Après le repas, sur la terrasse du toit entretien avec les évêques Johan, Emilianos, André au sujet de quelques problèmes pastoraux (la formation du clergé, la foi en Europe occidentale, les jeunes et l'Église, etc.).

Mardi 29 juin 1965
St Pierre et St Paul.
8.00 Messe à l'église de St-Pierre.
10.30 Session du Saint-Synode. Nous sommes introduits à 10 h 40. Conversation, exposé, discussion jusqu'à 12 h 30.
16.30 Arrangé nos billets d'avion.
17.00 Petite excursion avec Mgr Emilianos au monument de Meštrović[278]. Conversation avec Mgr Emilianos.
19.30 Après le dîner, Mgr Emilianos et Mgr André nous ont offert des cadeaux de la part du Saint-Synode.

Mercredi 30 juin 1965
Pris congé du patriarche et du Saint-Synode. Départ. Raccompagné par Mgr Emilianos et André et le secrétaire du Saint Synode.
En avion vers Zagreb.

---

275. Patriarche Germanos (Hranislav Djorič) (1899-1991), patriarche de l'Église serbe-orthodoxe de 1958 à 1990.
276. Le 28 juin 1389, les troupes serbes ont été vaincues par l'armée ottomane à Kosovo Polje (Champ des merles).
277. En français dans le texte.
278. Ivan Meštrović (1883-1962), sculpteur et architecte yougoslave.

10.00 À Zagreb, Mgr Pichler[279], évêque de Bagna Luca [sic] et le secrétaire du card. Šeper nous attendaient.
11.00 Vers la résidence du card. Šeper. Entretien avec le card. Šeper.
16.30 Petite excursion dans Zagreb avec le secrétaire du cardinal.
18.30 Interview pour Glas Konzil [sic][280].

Jeudi 1 juillet 1965
8.00 Départ de Zagreb. Vers Rome via Milan.
14.30 Arrivée à Rome.
Au Secrétariat. Parcouru la correspondance.
19.00 Chez Mgr Casaroli.

Vendredi 2 juillet 1965
8.30 Au Secrétariat. Vu la correspondance.
10.30 Chez le card. Bea, concernant:
– son audience chez le pape.
– surtout le *De Judaeis*: encore un voyage au Proche-Orient[281].
– le dialogue avec les luthériens.
– la préface du livre de Brunello[282].
12.30 Au Governatorato. Information au sujet de l'achat d'une nouvelle voiture.
15.00 Au Secrétariat. Pris connaissance de la correspondance.
17.00 Visite du curé de St-Saba. D'une «sosta» [halte] possible à Rome des reliques de St Saba pendant leur transfert de Venise à Jérusalem.
18.00 Téléphoné au Père Verardo[283] du Saint-Office: s'il a des nouvelles au sujet des participants au dialogue Église catholique romaine et le L.W.B.[284]. (Congar-Boyer). (Dans son audience, le card. Bea en a parlé hier au pape. Ce matin le card. Ottaviani a eu une audience. Quel en est le résultat? Congar ou Boyer?).
Le P. Long part en vacances.

279. A. Pichler (1913-1992), évêque de Banja Luka, Bosnie et Herzégovine de 1959 à 1989.
280. *Glas Koncila* (= Voix du Concile), hebdomadaire catholique de Zagreb, fondé en 1962.
281. Nouveau voyage que Willebrands entreprendra, accompagné de De Smedt et de Duprey, du 16 au 24 juillet 1965.
282. Aristide Brunello, spécialiste de l'Orient chrétien qui a publié en 1966 *Le Chiese orientali e l'unione: prospetto – storico – statistico*, Milano, 1966. Toutefois la préface n'a pas été écrite par Willebrands mais par Mgr Giuseppe Perniciaro.
283. Angelo Raimondo Verardo (1913-1999), dominicain italien, à l'époque consulteur du Saint-Office, évêque de Vintimille de 1967 à 1988, *peritus* conciliaire.
284. L.W.B.: Lutherischer Weltbund (Fédération Luthérienne Mondiale).

Samedi 3 juillet 1965

11.30 Téléphoné à nouveau au P. Verardo: il est au courant mais ne veut rien dire. Il me conseille de téléphoner à Parente. Parente dit que notre proposition est acceptée. Ils avaient des objections contre Congar. Il est fort respectable mais il a son caractère (!). Ils voulaient ajouter quelqu'un d'autre, mais le nombre est fixé et limité. Cela peut donc passer et peut être publié[285].

J'ai téléphoné au P. Schmidt pour qu'il communique ce résultat au cardinal.

15.30 Travaillé au Secrétariat.

18.00 Chez moi. Préparé mon homélie pour demain.

Dimanche 4 juillet 1965

9.30 Grand-messe à Saint-Ivo[286] pour les «laureati cattolici» avec sermon (J'ai remplacé le card. Bea qui est malade depuis hier).

11.00 Retourné chez moi.

14.00 Avec le P. Duprey vers Fiumicino pour chercher le métropolite Meliton de Constantinople.

16.00 Avec le métropolite vers l'hôtel Victoria[287].

17.00 Reconduit le P. Duprey chez lui. Revu le texte du rapport du voyage Sofia-Belgrade.

18.30 Retourné au Monte Mario.

Visite du De Graal (Dé [Groothuizen], Corinna, Nicoletta [Crosti[288]]) et entretien.

Lundi 5 juillet 1965

8.30 Au Secrétariat. Correspondance.

10.30 Conduit le métropolite Meliton chez le pape. Audience. Don de l'icône Petrus Andreas.

12.00 Chez Mgr Dell'Acqua:
– une délégation chez les patriarches[289].

---

285. Du 25 au 27 août 1965, Congar participera à cette rencontre avec les luthériens à Strasbourg (cf. Journal Congar, II, p. 385).

286. San Ivo della Sapienza, église construite par Borromini en 1642, appartenant à l'Université romaine «La Sapienza», fondée en 1303 par Boniface VIII.

287. Hôtel Victoria, Via Campania 41, 00187 Roma.

288. Nicoletta Crosti (1933-), à cette époque membre du De Graal, elle a fait des études à l'Institut Regina Mundi à Rome et habite maintenant à Vernate (Suisse).

289. Il s'agit du voyage de Willebrands chez les patriarches orientaux du 16 au 24 juillet en rapport avec le texte *De Judaeis*. Déjà le 5 juin 1965, Cicognani avait écrit à Bea pour suggérer l'envoi de Willebrands (con qualche altro prelato) aux patriarches catholiques afin de leur expliquer

– une lettre pour le card. Bea concernant la Nouvelle Vulgate.
– le Calendarium.
13.30 Déjeuné avec le métropolite Meliton à l'hôtel Victoria.
15.30 Travaillé au bureau. Correspondance. Terminé le texte du rapport.

Mardi 6 juillet 1965
8.30 Au Secrétariat. Revu le rapport de Duprey. Correspondance.
11.30 Visite et entretien avec le métropolite Meliton.
Conduit le métropolite à l'aéroport.
14.00 Visite du curé Ch. Wennekker[290] et de W. de Lange[291]. Déjeuné avec eux en ville.
16.30 Au bureau.
17.00 Visite du doyen Hosman[292].
Correspondance.

Mercredi 7 juillet 1965
9.00 Visite de M. Larcher, qui a écrit au card. Bea concernant la question des Juifs.
10.30 Visite du card. Shehan.
13.00 Déjeuné avec Leo Alting von Geusau.
15.00 Au bureau.
Les textes concernant les voyages en Russie et dans les Balkans sont prêts et, accompagnés d'une lettre, portés par le P. Duprey à Mgr Dell'Acqua.
Le billet pour l'audience de demain est arrivé.
19.00 Départ en vacances de Corinna chez elle (et aux Pays-Bas pour le colloque du De Graal[293]).

le texte *De Habitudine* (ASV Conc. Vat. II, 1447). Le 4 juillet 1965, Cicognani écrit à Bea que le pape est d'accord pour l'envoi d'une délégation vers les patriarches catholiques afin de connaître leurs réactions au sujet du nouveau texte (ASV Conc. Vat. II, 1457 et 1459).

290. Ch. Wennekker (1911-1986), prêtre du diocèse de Haarlem, ordonné en même temps que Willebrands le 26 mai 1934, de 1962 à 1981 curé de la paroisse de Saint-Vincent à Amsterdam.

291. W. de Lange (1912-1974), ordonné prêtre en 1936, curé de Notre-Dame-Étoile-de-la-Mer à Volendam.

292. B. Hosman (1892-1968), ordonné prêtre en 1916, en 1947 doyen à Beverwijk.

293. Pendant l'été de 1965, il y a eu une réunion générale internationale du De Graal à Tiltenberg.

Jeudi 8 juillet 1965
8.30 Au Secrétariat.
Étude du texte sur les Juifs.
11.30 Audience chez le Saint-Père.
Cadeau (du Saint-Père) de l'icône Petrus et Andreas pour le Secrétariat.
13.00 Déjeuné avec Duprey.
14.30 Au Secrétariat.
16.30 Envoyé le projet des lettres pour les patriarches à Dell'Acqua (pour présenter notre mission: De Smedt, Duprey, moi-même)[294].

Vendredi 9 juillet 1965
8.30 Au Secrétariat.
Envoyé à De Smedt les pièces et le programme du voyage au Proche Orient[295].
Transmis à Dell'Acqua une proposition d'information sur le concile destinée aux mahométans.
Transmis à Dell'Acqua une proposition d'un voyage du Père Dumont o.p. en Roumanie.
14.30 L'après-midi, resté chez moi (Monte Mario).

Samedi 10 juillet 1965
8.30 Au Secrétariat.
10.00 Visite du journaliste Hofwijk[296].
10.30 Chez le card. Bea.
11.30 Envoyé les lettres aux membres du groupe de travail avec le L.W.B. [Lutherischer Weltbund].
13.00 Déjeuné chez les Dames de Béthanie.
17.00 Au Secrétariat.

---

294. Le projet original prévoyait une lettre de Paul VI aux patriarches. Finalement c'est Cicognani, qui dans des lettres datées du 10 juillet 1965, a annoncé la visite de la délégation (Willebrands, De Smedt, Duprey) aux patriarches Maximos, Meouchi, Sidarouss, Tappouni, Batanian et Gori. Cf. ASV Conc. Vat. II, 1459.

295. Pour cette lettre du 9 juillet 1965 et ce programme, cf. F. De Smedt 1473 et 1474 et ASV Conc. Vat. II, 1459. Si pour ce voyage délicat et difficile Willebrands se fait accompagner par De Smedt, ce n'était pas parce que celui-ci était spécialement compétent en la matière du *De Judaeis*. Mais De Smedt, qui était un orateur brillant, était l'un des évêques renommés du concile et très connu comme «relator» du *De Libertate religiosa*. En plus, De Smedt était un des deux vice-présidents du Secrétariat.

296. J. W. Hofwijk (né en 1920), pseudonyme de W. J. V. Kint, journaliste pour *De Maasbode* et *De Katholieke Illustratie*.

Dimanche 11 juillet 1965
- 9.30 Chez les Franciscaines[297] (Mère Ignace)[298], Via Cassia.
- 11.00 Chez moi, lu l'article de Volk au sujet du « Kath. Oekumenismus »[299].
- 15.00 Chez moi, lecture.

Lundi 12 juillet 1965
- 9.30 Visite du Père Parmananda Divarkar s.j.[300].
- 11.00 Coup de téléphone de Grootaers de Bruxelles: pour une conférence en janvier; accepté.
- 12.00 Visite de J. Vodopivec.
- 15.00 Chez moi. Lu le « Lutherische Rundschau »[301].
- 19.30 Passé la soirée chez J. Höfer.

Mardi 13 juillet 1965
- 8.30 Au Secrétariat.
- 12.00 Avec le P. Duprey vers la Villa Lante à Bagnaia[302].
- 19.00 De retour à Rome.

Mercredi 14 juillet 1965
- 8.30 Au Secrétariat.
- 11.30 Visite au card. Cicognani, pour parler du prochain voyage au Moyen-Orient. Je vais chez lui pour lui montrer le texte, pour l'expliquer et pour le défendre.
  Le cardinal vient avec l'ancien texte imprimé du concile. Il ne se rappelle que vaguement la situation. Il parle de sa lettre au card. Bea, rédigée après un entretien avec le pape. Cela confirme mon opinion qu'il faut répondre à cette lettre [de Cicognani].
- 15.30 Au Secrétariat.

---

297. Il s'agit des Sœurs Franciscaines de Heythuizen (Zusters van de Boetvaardigheid en van de Christelijke Liefde van de Derde orde van de H. Franciscus, une congrégation néerlandaise), Via Cassia 645, Roma.

298. Sœur Ignace (Aldegonda) Holtus (1896-1988), Néerlandaise, supérieure générale de 1947 à 1960.

299. H. VOLK, *Katholischer Oekumenismus*, in E. SCHLINK – A. PETERS (Hrsg), *Zur Auferbauung des Leibes Christi, Festgabe für Peter Brunner*, Kassel, 1965, p. 134-149.

300. Parmananda Divarkar, jésuite indien, assistant du père général P. Arrupe.

301. Revue du « Lutherischer Weltbund ».

302. Villa Lante, villa avec un jardin célèbre du 16ème siècle à Bagnaia (près de Viterbe). Probablement que Willebrands et Duprey s'y rendaient à une réunion.

17.00 Visite de l'avocat Veronese[303] : au sujet de notre visite à la Villa Lante et de ses préoccupations et espoirs concernant la réforme de la curie.
20.00 Chez Mgr Vodopivec.

Jeudi 15 juillet 1965
8.30 Au Secrétariat.
Rédigé un projet de la lettre du card. Bea au card. Cicognani.
Écrit un bref rapport sur la Villa Lante.
11.00 Visite d'une sœur de «Ut unum sint», qui propage une campagne de prières pour la Semaine de Prières [pour l'unité des chrétiens].
15.00 Chez moi, au Monte Mario.
18.00 Visite au card. Bea. Sa santé se rétablit. Je lui lis la réponse à la lettre de Cicognani. Le cardinal me réaffirme que le pape n'était pas au courant des remarques de Cicognani (lettre du 5.6.65) au sujet du *De Judaeis*. Pris congé.
20.00 Mgr De Smedt me téléphone concernant quelques dernières informations pratiques pour le voyage.

Vendredi 16 juillet 1965
8.30 Au bureau.
Mgr Arrighi est de retour de vacances.
Le P. Long vient quelques instants au bureau, il a interrompu ses vacances.
J'ai téléphoné à Mgr Mauro pour voir si une audience est possible après mon retour du voyage avec Mgr De Smedt.
Réglé quelques lettres avec Mgr Arrighi.
13.30 Déjeuné chez les Pères Blancs[304].
Avec la KLM vers Istanbul.
17.30 Mgr Chrysostomos de Myra et le Père Caloyéras sont venus nous chercher à Istanbul.
19.30 Dîné avec Mgr Chrysostomos de Myra. Entretien au sujet de :
1) la visite éventuelle du patriarche à Rome.
2) l'excommunication de 1054.
3) Caloyéras et son action contre les orthodoxes.

---

303. V. Veronese (1910-1986), avocat italien, qui avait été directeur général de l'Unesco de 1958 à 1961, auditeur au concile.

304. À la maison généralice (Via Aurelia 269, Rome) où habitait le P. Duprey, qui accompagnera Willebrands pendant son voyage.

Samedi 17 juillet 1965
Istanbul.
- 8.30 Messe à la cathédrale. Entretien avec le curé: ils désirent avoir un évêque latin, pour coordonner quelque peu les multiples communautés nationales des paroisses à Istanbul.
- 10.30 Chez le patriarche Athénagoras. Audience de ± 11 h à 12 h 30 et ensuite avec le métropolite jusqu'à 13 h.
Remis la lettre de S. S. le pape et aussi des documents du concile et la traduction grecque du journal spirituel du pape Jean[305].
- 13.00 Déjeuner au patriarcat, avec le patriarche et les métropolites.
Après le déjeuner, pris le café chez S. S. le patriarche. Il nous offre son portrait.
- 16.30 Visite chez les Dominicains (St-Pierre).
- 18.00 Visite chez le Père Caloyéras o.p.
- 19.00 Dîné à l'hôtel avec Mgr Amaryllios et Mgr Gabriel.

Dimanche 18 juillet 1965
- 8.00 Messe à la cathédrale du Saint-Esprit avec homélie.
À l'hôtel, rédigé un rapport de la visite au patriarche.
- 11.00 Les métropolites de Myron et de Laodicea sont venus nous chercher. Déjeuné hors de la ville.
- 14.00 Chez le patriarche pour prendre congé. Très cordial, très ému, remerciements pour la visite, des vœux pour le Saint-Père.
Le métropolite de Myron et Mgr Gabriel nous conduisent à l'avion.
- 16.00 Avec PAA[306] vers Beyrouth.
- 18.00 Arrivée à Beyrouth. Mgr [un blanc dans le texte] de la nonciature est venu nous chercher.
- 19.00 Arrivée de Mgr De Smedt[307]. Salutations.
Vers Harissa.

---

305. Il s'agit sans doute du livre de Jean XXIII, *Il Giornale dell'Anima e altri scritti di pietà*, Rome, 1964.

306. Panamerican Airways.

307. Vu le caractère délicat et confidentiel de ce voyage, Mgr De Smedt avait fait, le 16 juillet 1965, un communiqué de presse, dans lequel il annonçait qu'il était parti le 18 juillet en avion de Bruxelles à Rome, afin d'y participer à des travaux préparatoires pour la 4ème session du concile et qu'il restera une dizaine de jours à Rome (cf. Nouvelles de l'Agence catholique de presse CIP (Centre pour Information à la Presse) du 16 juillet 1965; la même agence a annoncé son retour de Rome, le 27 juillet).

20.00 Le soir après le repas, discussion avec Mgr De Smedt et le P. Duprey sur notre mission et sur la manière de l'accomplir.

Lundi 19 juillet 1965
8.00 Messe à la chapelle de la maison de campagne de la nonciature à Harissa.
10.00 Visite chez le patriarche, le card. Meouchi.
12.00 Visite chez le patriarche, le card. Maximos IV. Entretien en présence des évêques Medawar et Edelby.
13.30 Déjeuner chez le patriarche.
15.30 Poursuite de l'entretien avec le patriarche Maximos et les deux évêques[308].
17.00 Visite chez le patriarche Batanian.
18.00 Vers la nonciature à Beyrouth.
19.00 Chez l'archevêque Ziadé[309], pour le repas. Après le repas, rencontre avec Mgr Diab [sic = Dib[310]]. Bref entretien avec un évêque chaldéen au sujet de la situation au Kurdistan (Irak).
Retourné à la nonciature à Harissa.

Mardi 20 juillet 1965
8.00 À Harissa, messe à la nonciature (concélébration).
9.30 Visite au card. Tappouni[311].
12.00 Visite au card. Meouchi et déjeuner chez le card. Meouchi.
Le cardinal nous lit ses remarques au sujet du nouveau texte. Elles sont très favorables. Nous n'emportons pas le texte.
14.30 Retour à la nonciature, Harissa.
15.30 Excursion à Baalbek.
19.30 Dîner chez Mgr Nabaa, à sa résidence d'été.

---

308. Le 26 juillet 1965, Maximos IV dans une lettre à Bea proposera encore, à la suite de cet entretien, quatre amendements au texte *De Judaeis*, cf. ASV Conc. Vat. II, 1459 et F. De Smedt 1475. Le 23 août Duprey répondra à Maximos, au nom de Bea et de Willebrands, absents de Rome, que ses suggestions seront soumises au Secrétariat (ASV Conc. Vat. II, 1447).

309. I. Ziadé (1906-1994), archevêque maronite de Beyrouth de 1952 à 1986.

310. Il s'agit probablement de P. Dib (1881-1965), Libanais, évêque maronite du Caire de 1946 à sa mort.

311. I. G. Tappouni (1879-1968), né à Mossoul, archevêque d'Alep en 1921, patriarche d'Antioche (des Syriens) de 1929 à sa mort, cardinal en 1935, membre du conseil de présidence du concile.

Mercredi 21 juillet 1965
 7.30 Départ de Beyrouth avec MEA vers Le Caire.
  Arrivée à Jérusalem. Le P. Blondeel est venu nous chercher.
  Messe à Ste-Anne, concélébration.
 9.30 Visite au patriarche Gori[312], en présence de son secrétaire Médebielle[313].
11.30 Visite à l'église du Saint-Sépulcre.
12.30 Déjeuner chez les Pères Blancs, Ste-Anne.
14.30 Visite de l'archevêque McInnes à Ste-Anne pour me saluer et pour me demander d'être présent à son comité, le soir.
15.30 À Ste-Anne, visite de Mgr Naameh [sic = Neemeh Simaan][314], vicaire général du patriarche latin à Amman.
16.30 Visite au Délégué apostolique Mgr Zanini.
  (Mgr De Smedt se rend au Mont des Oliviers avec le P. Blondeel).
18.30 Visite de courtoisie au patriarche grec-orthodoxe Benediktos.
19.30 Visite au Père Cappiello, custode (Mgr De Smedt, Mgr Willebrands, P. Duprey).
20.00 Dîner à Ste-Anne.
  Visite au «Committee WCC» chez Mgr McInnes.

Jeudi 22 juillet 1965
 8.00 Messe à l'église Ste-Anne.
10.00 Départ de Jérusalem avec Royal Jordanian Airways.
15.00 Arrivée au Caire. Mgr Tabet de la nonciature est venu nous chercher.
  À la nonciature, salutation de Mgr Brini, qui est handicapé à la jambe.
  Repas.
18.00 Salutation de Son Ém. le card. patriarche Sidarouss, qui vient à la nonciature pour d'autres raisons. Rendez-vous demain après-midi à 16 h 30.
  Avant le dîner, entretien avec Mgr Brini (Mgr De Smedt, Père Duprey et moi-même) au sujet du *De Judaeis*.
20.00 Dîner à la nonciature.

---

312. Dans une lettre du 10 août 1965 à Cicognani, Gori fait mention de la visite de De Smedt et de Willebrands, mais il maintient son opposition à une Déclaration du concile sur le *De Judaeis* (cf. *A.S.* VI, IV p. 405-407).

313. Pierre Médebielle S.C.J. (Prêtres du Sacré Cœur), auteur du livre *Le diocèse patriarcal latin de Jérusalem*, Jérusalem, 1963. Lors de cet entretien Médebielle a lu un «Pro Memoria à propos de la Déclaration conciliaire (*De Habitudine*)», 2 p. (ASV Conc. Vat. II, 1447).

314. Il s'agit sans doute de Mgr Neemeh Simaan (1908-1981), né à Rameh (Galilée, Israël), vicaire patriarcal latin pour la Transjordanie, évêque auxiliaire de Jérusalem (rite latin) de 1965 à sa mort.

Vendredi 23 juillet 1965
- 8.00 Messe à la chapelle de la nonciature.
- 10.00 Visite de Mgr Samuil à la nonciature.
- 10.30 Brève excursion vers les pyramides, le musée copte et deux anciennes églises coptes.
- 13.30 Déjeuner à la nonciature.
- 16.30 Visite au card. patriarche Sidarouss[315], en présence de l'évêque Hanna Kabes[316].
- 18.30 Brève excursion à la mosquée de Saladin et à la citadelle.
- 20.00 Dîner à la nonciature.
  Entretien avec Mgr Brini.

Samedi 24 juillet 1965
- 8.00 Avec TWA[317] vers Rome.
  À Rome, au Secrétariat.
  Le pape se trouve à Castelgandolfo et toutes les audiences sont suspendues. C'est pourquoi Mgr De Smedt prend la décision de ne pas attendre. Ce soir, il part pour la Belgique avec la SABENA[318].
- 12.00 Au Monte Mario.
- 18.00 Messe au Monte Mario.

Dimanche 25 juillet 1965
- 8.00 Messe au Monte Mario.
  Chez moi, rédigé le rapport du voyage[319].
- 19.30 Visite de Mère Hildegard, de sœur Ruth et de sœur Simone[320].

Lundi 26 juillet 1965
Chez moi (souffrant).
Le rapport du voyage est porté au bureau par sœur Petra.
- 11.00 Visite de Mgr Arrighi, avec la correspondance du bureau.

---

315. Après cette visite, Sidarouss écrira, le 26 juillet 1965, à Cicognani qu'il continue à craindre les réactions mais qu'il se soumettra à la doctrine de l'Église (ASV Conc. Vat. II, 1447).
316. Youhanna Kabes (1919-1985), évêque auxiliaire d'Alexandrie de 1958 à sa mort.
317. Trans World Airlines.
318. Société Anonyme Belge d'Exploitation de la Navigation Aérienne.
319. Ce rapport manuscrit (11 p.) date du 26 juillet 1967. Par après, une version dactylographiée, signée par Willebrands et De Smedt, est envoyée à Mgr Antonio Mauro, chef du Protocole de la Secrétairerie d'État, pour être présentée au pape. Cf. ASV Conc. Vat. II, 1459.
320. Sœur Simone (Heeren) (1937-), religieuse de Ste-Lioba.

16.00 Visite de Mère Margaretha, au sujet d'une nouvelle chambre, qui serait éventuellement à construire comme annexe à mon appartement.
17.00 Visite de Mgr Arrighi: signé et envoyé à Bruges le rapport du voyage.
18.00 Visite de Mère Hildegarde: au sujet d'une branche masculine [du monastère] de Ste-Lioba.

Mardi 27 juillet 1965
Chez moi.
(rédigé un projet de réponse du card. Bea au patriarche Gori[321]).
16.30 Rangement avec Sr Agnes.
19.00 Visite du représentant pour une nouvelle Volvo, avec des propositions.
20.00 Téléphoné au P. Schmidt à Zürich. La santé du cardinal [Bea] va mieux[322].

Mercredi 28 juillet 1965
8.00 Au Secrétariat.
12.30 Signé le contrat pour l'achat d'une nouvelle Volvo (1.407.400 Lire).
17.30 Chez moi, mis de l'ordre avec Sr Agnes.

Jeudi 29 juillet 1965
8.30 Au Secrétariat.
9.00 Vers les «Pie Opere di Religione»[323]. Transféré 1.000.000 de Lires au Banco Nazionale del Lavoro, pour M. Pietrangeli Armando, Conto 150 pour la Volvo. Retiré 500.000 Lires en espèces, dont 450.000 mises en dépôt chez Sr Agnes.
10.30 Visite de Mgr Carl Bayer au sujet d'un «meeting» avec Leslie Cooke[324], organisé pour le Working Group.
11.00 Visite du commendatore Rocchi pour la «carta verde» [document pour l'assurance de la voiture].
11.30 Visite du Prof. Grotoff au sujet de la visite du métropolite Filaret à Rome, le 15 septembre.

---

321. Le 20 juillet 1965, Gori avait écrit une lettre à Bea dans laquelle il exprimait son désaccord avec le nouveau texte *De Habitudine* et qu'il le dira à Willebrands lors de sa prochaine visite. La réponse de Bea à Gori est datée du 31 juillet 1965 (ASV Conc. Vat. II, 1447).

322. À cause de multiples problèmes de santé, le card. Bea avait été transféré à l'hôpital «Theodosianum» à Zürich, le 19 juillet 1965 (cf. St. SCHMIDT, *Augustin Bea*, p. 563).

323. Actuellement: «Istituto per le Opere di Religione», la banque du Vatican.

324. Leslie E. Cooke (1908-1967), secrétaire général de la «Congregational Union of England and Wales», en 1954 secrétaire général adjoint du COE et directeur de la «Division of Inter-Church Aid and Service to Refugees».

12.00 Visite de Mgr Rochcau[325].

La lettre du patriarche Meouchi est arrivée à la Secrétairerie d'État, au sujet du *De Judaeis*, très positif.

16.00 Téléphoné au garage Volvo. Ils sont d'accord pour que les 400.000 Lires qui restent à payer soient acquittées lors de la livraison.

17.30 Fait des bagages avec Sr François[326].

Vendredi 30 juillet 1965

Le matin, j'ai pris congé des sœurs.

9.00 Au Secrétariat.

Lettre à Schmidt-Clausen.

10.30 Départ en voiture vers Milan.

17.00 Arrivé à Milan. Hôtel Mediterraneo[327].

Le soir, j'ai mangé et je me suis promené en ville.

Samedi 31 juillet 1965

Le matin, à Milan. Promené vers la gare Porta Vittoria.

12.30 Cherché ma voiture.

Mangé dans une trattoria.

16.00 Conduit ma voiture au train.

17.00 Vers la Piazza del Duomo. Au dôme.

18.30 Vers la gare.

19.00 Départ du train pour Amsterdam.

Dimanche 1 août 1965

13.30 Arrivée à Amsterdam. Amstel.

14.30 Vers Hoorn.

18.00 Messe à la maison St-Joseph.

Lundi 2 août 1965

Hoorn.

Mardi 3 août 1965

Hoorn.

---

325. Georges Rochcau, russe orthodoxe, se convertit au catholicisme et a été directeur du service pour l'immigration du «Secours catholique» à Paris.

326. Sœur François Christine (Cornelia Josten) (1933-), Néerlandaise, dominicaine de Béthanie.

327. Hôtel Mediterraneo, Via L. Muratori 14, 20135 Milano.

Mercredi 4 août 1965
Hoorn.
- 12.00 Visite de Fr. Thijssen. Fait des projets pour mes vacances.
- 16.30 Vers mon oncle Klaas [De Wit] et tante Geertje [Kok] (avec papa).

Jeudi 5 août 1965
Hoorn.
- 11.00 Vers le Tiltenberg (avec papa).
- 14.00 Entretien avec Magdalena Oberhoffer[328] et Maria de Lourdes Pintasilgo[329].
- 16.00 Entretien avec le «Board» du De Graal.
- 18.00 Avec papa, chez Mgr Huibers.
- 19.00 Retourné vers Hoorn.

Vendredi 6 août 1965
Hoorn.
- 9.30 Messe à la maison St-Joseph.
- 15.00 Chez le doyen Stammeyer[330] à Wognum[331].
Et (avec papa) vers Evert et Aatje Tros[332].

Samedi 7 août 1965
Hoorn.
- 9.30 Messe à la maison St-Joseph.
- 10.30 Visite de Clemens Meuleman concernant la vente de ma Volvo.
- 14.00 Visite à Koopman.
- 14.30 Vers l'abbaye d'Egmond (avec papa).
- 17.30 Préparé la liturgie et mon homélie pour demain.

Dimanche 8 août 1965
Messe pontificale et ordination de diacre à l'abbaye d'Egmond.

---

328. M. Oberhoffer (1923-), de nationalité allemande, à l'époque présidente internationale du De Graal.
329. Maria de Lourdes Pintasilgo (1930-2004), portugaise, présidente de la jeunesse universitaire catholique féminine de 1952 à 1956, vice-présidente du De Graal, présidente de Pax Romana de 1956 à 1959, premier ministre du Portugal de 1979 à 1980.
330. P. C. Stammeyer (1905-1992), professeur au grand séminaire de Warmond de 1930 à 1953, en 1955 curé à Wognum et doyen de Werversoof.
331. Village de la commune de Medemblik (West-Friesland).
332. Storman Aatje, épouse de Tros, habitant à Bovenkarspel.

16.30 Départ de l'abbaye. Chez Monsieur Tinga[333] à Alkmaar et chez Walter à Bergen.
19.00 Vers le Philosophicum à Warmond.

Lundi 9 août 1965
Au Philosophicum a Warmond.
Travaillé à ma conférence pour Strasbourg[334] (j'y ai travaillé pendant toute la semaine[335]).

Mardi 10 août 1965
Au Philosophicum à Warmond.
Travaillé à la conférence pour Strasbourg.

Mercredi 11 août 1965
Au Philosophicum à Warmond.

Jeudi 12 août 1965
Warmond.
10.00 Vendu ma voiture à van Dijk à Warmond.
17.00 Chez le Dr Tolenaar pour un examen.

Vendredi 13 août 1965
Warmond.
Le matin, pour examen à la clinique St-Elisabeth[336].
19.30 Chez P. Schoonebeek. Passé la soirée avec Piet, Jan [Remmer] et deux aumôniers.

Samedi 14 août 1965
Warmond.
Pendant la matinée, Fr. Thijssen est arrivé. Avec lui j'ai parcouru ma conférence pour Strasbourg.
L'après-midi, une brève visite chez les sœurs et chez le Président [du séminaire].

333. Tinga (probablement le père de Sr Agnes Tinga).
334. Le titre de la conférence donnée le 25 août à Strasbourg était: *Inhalt, Ziel und Aufgabenbereich möglicher Kontakte. Rückblick und Hoffnung*, publié dans *Mandatum Unitatis. Beiträge zur Ökumene Johannes Kardinal Willebrands*, Paderborn, 1989, 15-28.
335. Cette phrase entre parenthèses a été ajoutée par après.
336. Il s'agit de la clinique de St-Elisabeth à Leiderdorp (près de Leiden, et assez proche de Warmond), où le docteur Tolenaar pratiquait.

18.00 Avec Reinier Muller vers Noordwijk. Dîné chez lui.
Le soir, vers 11 h, Reinier m'a conduit à Amsterdam. J'ai logé chez Evert et Lies.

Dimanche 15 août 1965
Amsterdam.
Le curé M. Nolet est prêtre depuis 50 ans. J'ai assisté à la grand-messe à Amsterdam. Papa également.
16.00 Vers Hoorn.
17.00 Avec Willy et Ans et papa vers Musselkanaal.

Lundi 16 août 1965
Musselkanaal. Messe.
Chez Willy et Ans.
Pendant la matinée, avec le doyen Hegge[337] vers Groningue. Visite à Mgr Nierman.
13.00 De retour à Musselkanaal.
Promenade avec papa.

Mardi 17 août 1965
Musselkanaal. Messe.
13.00 Avec Willy, Ans et papa vers Assen.
14.00 En train d'Assen à Amsterdam.
Chez N. Witteman[338] pour chercher le calice.
19.00 Vers le Tiltenberg. Corinna est arrivée aux Pays-Bas.

Mercredi 18 août 1965
Tiltenberg. Messe.
9.00 Travaillé avec Corinna: la conférence pour Strasbourg et de la correspondance.

Jeudi 19 août 1965
Tiltenberg. Messe.
9.30 Fr. Thijssen vient me chercher. Avec lui je vais vers Warmond. Consacré le calice.
11.00 Vers Utrecht. Déjeuné au presbytère à Utrecht.
16.00 Chez le card. Alfrink. J'ai parlé de:

---

337. R. H. Hegge (1912-1976), ordonné prêtre en 1936, en 1955 curé puis doyen de Musselkanaal.
338. N. Witteman (né en 1900), orfèvre à Amsterdam.

– la Liberté religieuse (j'ai demandé une intervention pour appuyer le texte[339]).
– l'article dans *De Nieuwe Linie* au sujet du *De Judaeis* et la lettre de Visser 't Hooft[340].
– Fiolet[341] et la SWV [«Sint Willibrordvereniging»].
– Pax Christi[342] et la Peace Conference[343].
– le Saint-Office et le P. Tromp.
19.00 D'Utrecht vers Roosendaal.

Vendredi 20 août 1965
De Roosendaal vers Amsterdam.
13.00 Déjeuné en face de la gare.
Au cinéma.
17.00 Chez N. Witteman.
18.30 Vers Hoorn.

Samedi 21 août 1965
Hoorn.
14.30 Vers Amsterdam.
15.00 Chez Evert et Lies. Visite de Herman et Mia.
Chez le curé Peereboom[344] (vers 9 h). Logé chez lui.

Dimanche 22 août 1965
D'Amsterdam (de la gare d'Amstel) vers Utrecht.
Messe au «Beiaard»[345] en concélébration avec Fr. Thijssen.
Après le petit-déjeuner, avec Frans et Corinna chez Herman Sondaal à Esch.

339. En effet, le 15 septembre 1965, Alfrink fera une intervention au concile pour soutenir le texte du *De Libertate religiosa*.
340. L'hebdomadaire néerlandais *De Nieuwe Linie* avait publié le 26 juin 1965 un article «Kerk en Joden» (L'Église et les Juifs) au sujet des difficultés concernant le texte *De Judaeis*.
341. Herman (Amandus) Fiolet (1920-), franciscain néerlandais, professeur de théologie dogmatique au scolasticat des franciscains à Alverna (commune de Wijchen); de 1970 à 1985, secrétaire du «Raad van Kerken» (Conseil des Églises aux Pays-Bas).
342. En 1965, le card. Alfrink succède au card. Feltin comme président international du mouvement Pax Christi.
343. Il s'agit probablement de la Conférence chrétienne pour la paix à Prague.
344. S. N. Peereboom (1909-1970), ordonné prêtre en même temps que Willebrands en 1934, en 1963 curé à Amsterdam («H. Willibrord buiten de veste»).
345. De Beiaard [le beffroi], centre de spiritualité et de formation des Dames de Béthanie, Stadhouderslaan 37, Utrecht.

13.00 Déjeuné chez Herman Sondaal.
16.00 Vers Chevetogne (Frans Thijssen, Corinna et moi-même).
20.00 Arrivée à Chevetogne.

Lundi 23 août 1965
Chevetogne.
Concélébré la messe avec Frans.
Des entretiens avec le Père Prieur, le Père Belpaire[346], le Père Olivier[347], le Père Théodore[348], le Père Irénée[349].
17.00 Conférence pour la communauté.

Mardi 24 août 1965
Chevetogne.
Messe à Chevetogne. Concélébration avec Fr. Thijssen.
Départ. Frans conduit Corinna et moi-même au train à Jemelle.
Vers Strasbourg.
13.00 À Strasbourg. Déjeuné à la gare.
15.00 Vers l'Institut de Recherches œcuméniques[350].
Vers l'évêché. Corinna se rend au Foyer Ste-Odile.
Retourné à l'Institut. Entretien avec Schmidt-Clausen au sujet du programme.
18.00 À l'évêché.

Mercredi 25 août 1965
Strasbourg.
Messe à l'évêché. Concélébration (Weber[351], Volk, Martensen, Willebrands).
9.00 Ouverture de la conférence, catholiques et luthériens.

---

346. Th. Belpaire (1882-1968), bénédictin belge du monastère de Chevetogne, spécialiste de la spiritualité russe.
347. Olivier Rousseau (1898-1984), bénédictin belge du monastère de Chevetogne, à l'époque directeur de la revue *Irénikon*.
348. Théodore Strotmann (1911-1987), néerlandais, moine de Chevetogne.
349. Irénée Doens (1907-1979), moine de Chevetogne.
350. Il s'agit du Centre d'études œcuméniques (8, Rue Gustave Klotz, 67000 Strasbourg), fondé en 1965 par la Fédération Luthérienne Mondiale pour une recherche œcuménique au niveau universitaire.
351. J. J. Weber (1888-1981), sulpicien français, exégète, évêque de Strasbourg de 1945 à 1966.

Jeudi 26 août 1965
Strasbourg. Messe à l'évêché. Concélébration.
Conférence.
19.30 À la cathédrale, concert pour chœur et solistes sous la direction de Mgr Hoch[352] (Mozart – Bach).
Bref entretien avec le Prof. Robert.

Vendredi 27 août 1965
Strasbourg. Messe à l'évêché. Concélébration.
Session de la Conférence.
17.30 Conclusion de la Conférence. Communiqué de presse.
18.30 De retour à l'évêché.

Samedi 28 août 1965
Messe à Strasbourg (7 h 15). Chapelle de l'évêché.
9.00 Vers la gare et en train vers Brig.
À Bâle, téléphoné au card. Bea à Rorschach[353]. Son Éminence fait une excursion en voiture en Allemagne avec le P. Schmidt (c'est la fête de Saint Augustin). Est-ce que c'est une preuve que Son Éminence a recouvré la santé? Écrit un mot au card. Bea et je lui ai envoyé le communiqué de presse au sujet de Strasbourg.
Continué en train vers Brig.
16.00 À Brig.
À la gare, rencontré Fittkau. Il est pessimiste pour la prochaine session du concile. Pessimisme basé plutôt sur ses sentiments.
17 h 30: Passé la soirée chez la famille de Corinna[354].

Dimanche 29 août 1965
Messe à Brig.
Petit déjeuner chez la mère de Corinna.
En train de Brig à Rome via Milan.
20.00 Arrivée à Roma-Termini. En taxi au Monte Mario.

---

352. Alphonse Hoch (1900-1967), prêtre du diocèse de Strasbourg en 1923, directeur de la chorale de la cathédrale de Strasbourg en 1925, prélat domestique le 31 mai 1950.
353. Le 17 août 1965, Bea avait quitté la clinique de Zürich et s'était rendu à la maison «Stella Maris» à Rorschach (près de Saint-Gall), où il passait souvent ses vacances (cf. St. SCHMIDT, *Augustin Bea*, p. 564).
354. C. De Martini était originaire de Naters, près de Brig, ville où ses parents italiens étaient émigrés et où elle était née en 1921.

Lundi 30 août 1965
Erik Salzmann est venu me chercher pour aller au bureau. Stransky, Long, Corinna, Roos étaient présents. Correspondance.
L'après-midi, chez moi. Lu ma correspondance.
17.30 Entretien avec Sr Agnes.
20.00 Entretien avec Mère Margaretha.

Mardi 31 août 1965
8.30 Erik Salzmann est venu me chercher. Au bureau.
11.30 Chez Mgr Felici:
– au sujet du *De Habitudine (De Judaeis)*.
– au sujet du *De Libertate religiosa*.
17.00 Avec Salzmann vers Volvo dans la Via Conca d'Oro. Retourné chez moi avec la nouvelle voiture.

Mercredi 1 septembre 1965
9.00 Au Governatorato pour la nouvelle Volvo.
9.30 Au Secrétariat. Entretien avec le P. Hamer (au sujet de l'oratio oralis[355] de Mgr De Smedt et de l'autorisation pour un étudiant o.p. de fréquenter l'Union Theological Seminary[356]).
11.00 Chez Mgr Dell'Acqua, concernant:
– le schéma *De Habitudine*.
– la structure du Secrétariat.
– la réforme de la Curie[357] (Saint-Office).
12.30 Vers l'Ufficio Merci pour la Volvo.
13.00 De retour au bureau avec le P. Duprey, qui revient de Tokyo.
Déjeuné avec le P. Long.
15.00 Rédigé les lettres pour Mgr De Smedt (au sujet de l'oratio oralis)[358] et pour Thijssen et pour Oosterom [sic = van Oosterom[359]].
18.30 Par une pluie battante, retourné au Monte Mario.

---

355. En fait, il s'agit de la «relatio oralis» par laquelle De Smedt présentera dans l'aula conciliaire le nouveau texte du *De Libertate religiosa*.

356. Union Theological Seminar (situé à Manhattan, New York City), faculté de théologie fondée en 1836 par l'Église presbytérienne, affiliée à la Columbia University.

357. À cette époque, Paul VI avait chargé le cardinal Roberti et Mgr G. Pinna d'étudier la réforme de la curie. Mi-septembre Roberti et Pinna remettront leur rapport au pape (cf. Journal Prignon, p. 71-72).

358. Le 1er septembre Willebrands envoie à De Smedt les corrections de Murray au sujet du projet de la «relatio», ainsi qu'une copie d'une lettre de Hamer à Willebrands concernant le même sujet (cf. F. De Smedt 1457 et 1458). Le 5 septembre 1965, De Smedt répond à Willebrands qu'il tiendra compte des remarques communiquées (ASV Conc. Vat. II, 1449).

359. A. J. van Oosterom (1918-2006), en 1958 il succède à Willebrands comme directeur du Philosophicum à Warmond, en 1970 il est nommé doyen de Rotterdam.

Jeudi 2 septembre 1965
- 8.30 Au Secrétariat.
Demande d'audience.
Note sur la situation du texte *De Habitudine* à Felici[360] et une copie pour Dell'Acqua.
- 10.00 Visite de Mgr Pavan: ses remarques sur l'oratio oralis de Mgr De Smedt.
- 13.30 Déjeuné avec Duprey et Long.
- 15.00 Au bureau. Correspondance.

Vendredi 3 septembre 1965
- 8.30 Au Secrétariat.
- 10.00 Téléphoné à Bruges. Communiqué à Mgr Depoorter[361] les changements de Mgr Pavan dans l'oratio oralis de Mgr De Smedt[362].
L'après-midi, chez moi.

Samedi 4 septembre 1965
Félicitations chez moi et au bureau[363].
- 10.30 Au Secrétariat, visite de Caloyéras. Long entretien.
L'après-midi, chez moi.

Dimanche 5 septembre 1965
- 11.00 Concélébration avec Arrighi, Duprey, Long.
- 13.30 Déjeuner avec les membres du staff du Secrétariat.
- 16.30 Lu l'article de Schlink au sujet du Décret sur l'Œcuménisme[364].

Lundi 6 septembre 1965
- 8.30 Au bureau.
- 13.30 Déjeuné chez les Dames de Béthanie.
- 17.00 Avec Leideke Galema et Fiet Huf[365], fait une prospection pour des meubles.
- 19.30 De retour au bureau. Visite de Mgr Prinetto[366].

---

360. Pour cette lettre de Willebrands et sa note (Nota sullo stato del testo dello schema della Dichiarazione *De Ecclesiae habitudine ad religiones non-christianas*), cf. *A.S.* V, III, p. 338-339.

361. A. Depoorter (1916-2008), prêtre du diocèse de Bruges, vicaire général de 1959 à 1987.

362. Pour ces remarques de Pavan, communiquées par Willebrands et notées par Depoorter (2 pages), cf. F. De Smedt 1459.

363. C'était le jour de l'anniversaire de Willebrands, né le 4 septembre 1909.

364. Cf. E. SCHLINK, *Das Dekret über den Ökumenismus*, dans *Dialog unterwegs. Eine evangelische Bestandsaufnahme zum Konzil*, éd. par G. A. LINDBECK, Göttingen, 1965, p. 197-235.

365. Fiet (Sofie) Huf (1904-1988), Néerlandaise, Dame de Béthanie en 1922, à Rome au Foyer Unitas de 1959 à 1965.

366. A. Prinetto (1906-1993), en 1929 ordonné prêtre du diocèse de Susa, vicaire apostolique de Loreto de 1961 à 1965, membre du Secrétariat pour l'Unité.

Mardi 7 septembre 1965
9.30 Au bureau, discussion au sujet du Joint Working Group avec Hamer, Duprey, Stransky.
11.00 Mgr van Velsen vient au bureau.
12.00 Le texte définitif de l'*oratio oralis* de Mgr De Smedt est arrivé[367].
13.30 Vers Fiumicino avec Duprey et Long. Déjeuné à Fiumicino.
15.00 Arrivée du card. Bea et du P. Schmidt.
16.00 Au bureau.
18.30 Avec Corinna, acheté des meubles pour le parloir au bureau.
20.00 Chez moi, coup de téléphone de Mgr De Smedt, Bruges.

Mercredi 8 septembre 1965
10.00 Au bureau, visite de Madre Fausta[368].
12.30 Au bureau, visite de Michel van der Plas[369].
17.00 Congresso.

Jeudi 9 septembre 1965
9.00 Chez Son Exc. Mgr Parente au Saint-Office (Au sujet du *De Libertate religiosa*, du Joint Working Group Église catholique romaine et le COE, du dialogue avec le Lutheran World Federation, des *Matrimonia mixta*). Parente: «la forma Olanda[370]».
10.30 Visite du card. Bea au Secrétariat.
12.30 Gregory Baum.
17.00 Congresso.

Vendredi 10 septembre 1965
Gregory Baum et le Père Lanne travaillent au Secrétariat à l'Expensio modorum pour le *De non-christianis*.

---

367. Le 8 septembre 1965, Willebrands enverra cette «relatio» à Felici pour impression (cf. *A.S.* VI, IV, p. 465).
368. Madre Fausta, Delfina Marchese (1909-1986), Italienne, sœur bénédictine d'Ermeton-sur-Biert (Belgique), qui travaillait au Secrétariat pour le «Comité catholique pour la collaboration culturelle», érigé par le P. Duprey. Elle a vécu a San Giovanni in Argentella (Palombara) de 1970 à 1985.
369. M. van der Plas, pseudonyme de B. Brinkel (1927-), écrivain, poète et journaliste (notamment pour *Elseviers Weekblad*) néerlandais, docteur honoris causa de l'Université catholique de Nimègue en 1998.
370. Il s'agit peut-être d'une allusion à la collaboration œcuménique en Hollande, où l'Église catholique deviendra membre effectif du «Raad van Kerken» (Conseil des Églises).

9.30 Visite au Secrétariat de Son Exc. Mgr M. Perrin[371], nonce en Iraq.
11.00 Visite de Jefferson Eastman.
13.00 Déjeuné avec Duprey, Long, Stransky.
15.30 Avec Duprey et Madre Fausta vers S. Giovanni in Argentella (Palombara)[372].

Samedi 11 septembre 1965
8.30 Au Secrétariat.
16.00 Lu l'encyclique[373].

Dimanche 12 septembre 1965
10.30 Chez le card. Bea.
13.00 Fr. Thijssen au Monte Mario.
16.00 Au Secrétariat.
19.00 Au collège néerlandais. Le card. Alfrink, Mgr van Dodewaard, le P. Schillebeeckx (Le cardinal est fort préoccupé par les réactions dans la presse italienne concernant l'encyclique: un schisme en Hollande!!).

Lundi 13 septembre 1965
8.30 Au Secrétariat.
10.30 Audience chez Sa Sainteté le pape.
12.00 Audience du métropolite Chrysostomos de Myra chez le pape.
13.30 Déjeuner à l'Hilton avec Duprey, Long, Chrysostomos de Myra.
15.30 Visite, à la Pensione Castello, chez les observateurs russes du patriarcat de Moscou.
17.00 Entretien au Secrétariat avec le prof. Schlink (au sujet de l'encyclique et de son article dans *Konzil unterwegs*[374]).
18.30 Entretien avec Lanne et Gr. Baum concernant l'Expensio modorum du *De non-christianis*.

---

371. P. M. Perrin (1904-1994), prêtre du diocèse de Grenoble, évêque auxiliaire de Carthage en 1947, archevêque de Carthage de 1953 à 1964, délégué apostolique en Iraq en 1965, pro-nonce en Éthiopie de 1970 à 1972.

372. Abbaye cistercienne du 8ème siècle à 2 km de Palombara Sabina (commune de la province de Rome). Madre Fausta a promu la restauration de cette abbaye et est, ensuite, venue habiter à San Giovanni in Argentella.

373. L'encyclique *Mysterium Fidei* du 3 septembre 1965, au sujet de l'eucharistie. On disait que l'encyclique visait surtout des erreurs dogmatiques qui se répandaient en Hollande. Prignon affirme (cf. Journal Prignon, p. 268) que c'est Willebrands qui a demandé l'insertion dans *L'Osservatore Romano* d'un mot démentant que l'encyclique visait des pays en particulier (cf. *L'Osservatore Romano* du 13-14 septembre 1965, p. 2).

374. Willebrands se trompe probablement et confond avec le livre *Dialog unterwegs*.

Mardi 14 septembre 1965
8.30 Au Secrétariat.
Ouverture de la 4ème session du concile.
12.00 Au Secrétariat.
14.00 Déjeuné au Caffè San Pietro[375] (rencontre et entretien avec le curé Burcksen[376]).
16.00 Chez le card. Bea. Au sujet de la réunion de demain.
17.00 Au Secrétariat avec Mgr De Smedt, au sujet de sa Relatio[377] de demain et de l'encyclique.
20.00 Au collège belge, entretien avec le card. Suenens. Au sujet du vote: que le texte *De Libertate religiosa* puisse être accepté comme base. Il n'est pas au courant d'une éventuelle intervention de Lercaro.

Mercredi 15 septembre 1965
8.30 Au Secrétariat.
In aula concilii, entretien avec 3 modérateurs (Lercaro, Suenens, Döpfner[378]) au sujet du vote sur la Liberté religieuse à la fin du débat. Tous les trois y sont favorables, mais demandent une lettre.
Pendant la réunion, conversation avec l'archevêque Khoury[379] au sujet du service d'information arabe sur le concile[380].

---

375. Caffè San Pietro, Via della Conciliazione 40-42, 00193 Roma, un café connu dans les environs du Vatican et très fréquenté par des ecclésiastiques.

376. A. G. F. Burcksen (1910-1986), prêtre du diocèse de Haarlem, ordonné en même temps que Willebrands le 26 mai 1934, curé de la paroisse Pie X (La Haye) en 1957.

377. À la fin de la 3ème session le texte sur la liberté religieuse n'avait pas été voté, suite à une décision de la présidence et après une plainte auprès du Tribunal administratif. Comme le pape l'avait promis, la Liberté religieuse fut le premier texte mis à l'ordre du jour de la 4ème session. Après la discussion *in aula*, le débat pouvait se conclure par un vote général d'approbation du schéma comme texte de discussion. C'étaient les modérateurs qui devraient décider de ce vote. D'où la visite de Willebrands à Suenens, un des quatre modérateurs. Pour l'histoire très compliquée de ce vote, voir S. SCATENA, *La fatica*, p. 445-499, où toutefois quelques détails pourront maintenant être précisés grâce à l'Agenda de Willebrands. Prignon indique que De Smedt, lors de sa visite au Secrétariat, ajoutera à son texte de la «relatio» la demande explicite que la prise en considération soit acceptée (cf. Journal Prignon, p. 268). Pour le texte de la «relatio», cf. *A.S.* IV, I, p. 196-199.

378. Ces trois modérateurs (aussi appelés les 3 synoptiques) étaient connus comme appartenant à la «majorité» du concile, tandis que le quatrième, Agagianian, se situait plutôt parmi la «minorité».

379. J. Khoury (1919-1992), archevêque maronite de Tyr de 1959 à sa mort.

380. Après son voyage chez les patriarches orientaux en juillet 1965, Willebrands était convaincu de la nécessité d'un service d'information sur le concile pour les Arabes. Dans une lettre du 28 juillet 1965, il demandait à Felici que, pour ce service, le P. Habib Bacha, pauliste, soit nommé (cf. *A.S.* VI, IV, p. 383-384 et pour la réponse de Felici, cf. *ibid.*, p. 399).

13.00 Déjeuné avec Hans Küng[381].
17.00 Session du Secrétariat. Les *modi* du patriarche Maximos au sujet du *De Judaeis*[382]. Arrêté le texte définitif[383].
19.30 Le card. Bea signe les lettres aux modérateurs au sujet du vote sur la Liberté religieuse[384].

Jeudi 16 septembre 1965
À Saint-Pierre, entretien avec l'archevêque O'Connor[385] et avec Vallainc[386], au sujet du service d'information de Habib[387]. Entretien avec l'archevêque Khoury sur le même sujet: insatisfait[388].
12.00 Au Secrétariat, entretien avec des délégués de la Ligue arabe (l'avocat Antoine Canaan[389] et 3 autres).
Déjeuné avec le P. Long.

---

381. H. Küng (1928-), ordonné prêtre du diocèse de Bâle en 1954, professeur de théologie à l'Université de Tübingen en 1960, *peritus* conciliaire.

382. Plusieurs membres et théologiens (par ex. Ch. Moeller) du Secrétariat n'étaient pas enthousiastes de ces nouveaux *modi*, ajoutés à la dernière minute, notamment parce qu'ils avaient été tenus dans l'ignorance du voyage de Willebrands, De Smedt et Duprey de juillet 1965 (cf. Journal Prignon, p. 33-34).

383. Pour le texte *De Judaeis* amendé «définitivement», cf. *A.S.* IV, IV, p. 707-708 (à moins que Willebrands fasse ici allusion au texte de la lettre de Bea aux modérateurs, cf. S. SCATENA, *La fatica*, p. 460, note 60).

384. Pour le texte de cette lettre, qui contient également une proposition pour la formulation du vote, cf. *A.S.* V, III, p. 355 et FConc. Suenens 2556.

385. M. O'Connor (1900-1986), en 1942 évêque auxiliaire de Scranton (Pennsylvania), recteur du Pontifical North American College à Rome de 1946 à 1964, président de la Commission pontificale pour les communications sociales en 1948, nonce apostolique à Malte de 1965 à 1969; pendant le concile, membre de la commission pour l'apostolat des laïcs et président du Comité pour la presse.

386. Angelo Fausto Vallainc (1916-1986), prêtre italien né à Champorcher, en 1970 évêque auxiliaire de Sienne, évêque d'Alba (Pompea) de 1975 à sa mort; pendant le concile, secrétaire du Comité pour la presse et directeur de la salle de presse.

387. Habib Bacha (1931-1999), pauliste, né à Tyr, prêtre en 1956, archevêque de Beyrouth de 1975 à sa mort.

388. Au sujet de la nomination de Habib Bacha pour l'information aux Arabes, O'Connor faisait remarquer qu'il y avait déjà un responsable libanais (Munged El-Hachem) pour la section arabe. Pour Willebrands (et Khoury) cela était insuffisant (cf. *A.S.* VI, IV, p. 399).

389. Antoine Canaan. Il s'agit probablement d'Antoine Kenaan qui était président d'une délégation arabe pour faire connaître au concile le point de vue arabe sur la question palestine. Cf. Journal Edelby, p. 299, 316, 317. La Ligue arabe est une organisation régionale à statut d'observateur auprès de l'ONU et fut fondée en 1945 pour affirmer l'union de la nation arabe et l'indépendance de chacun de ses membres.

15.30 Entretien avec Duprey au sujet du service d'information de Habib Bacha (Marella n'accorde pas beaucoup de droit d'initiative à Cuoq).
16.00 Visite de Fr. Thijssen et de l'évêque Martensen (Copenhague).
17.00 Session du Secrétariat au sujet de l'Expensio modorum du *De Habitudine*, surtout sur le *deicidium*.
19.30 Entretien avec J. Feiner concernant son voyage en Hongrie.

Vendredi 17 septembre 1965
8.30 Au Secrétariat, travaillé avec Ch. Moeller, Gr. Baum et Lanne à l'Expensio modorum, concernant l'omission de *deicidium*.
13.00 Déjeuné avec l'évêque Corson[390] à l'Excelsior[391]. Cannon[392] et Stransky étaient présents. Entretien concernant le futur dialogue Méthodistes – Église catholique romaine.
15.00 Mgr De Smedt m'a téléphoné. Il n'y aurait pas de vote sur le *De Libertate religiosa*. On craint trop de votes négatifs. Que faire? Bea, que sait-il? J'ai téléphoné à Bea: Döpfner lui a dit que ce vote serait le premier dans son genre (!). Cela n'a pas été fait pour les autres textes (!)[393]. On soumettrait la question à la «Presidenza»[394]. Le cardinal [Bea] s'y oppose, parce que la «Presidenza» est très divisée.
16.00 Première réunion avec les observateurs. Au sujet du *De Libertate religiosa*. Murray fait l'introduction.
18.00 Entretien avec Mgr De Smedt concernant la procédure à suivre pour le *De Libertate religiosa*. Le vote serait rejeté[395]. Se réunir demain avec la commission[396].
19.00 Entretien avec Lukas Vischer au sujet de la prochaine réunion du Working Group WCC Comment la préparer: la conception de l'œcuménisme (Vischer – Hamer), le dialogue (Schlink, Nissiotis, Congar), la Communicatio

---

390. Fred Corson (1896-1985), Américain, évêque méthodiste en 1944, président du Conseil mondial des Méthodistes, Philadelphia, observateur au concile.
391. Hotel Excelsior, via V. Veneto 125, 00187 Roma.
392. William Cannon (1916-1997), doyen de la Chandler School of Theology à l'Université d'Emory, Atlanta, évêque méthodiste en 1968, observateur méthodiste au concile.
393. Willebrands met un point d'exclamation, parce Döpfner se trompe. En effet il y a eu plusieurs votes similaires pour d'autres documents conciliaires (pour un aperçu, voir l'Annexe de la lettre de Bea au pape, *A.S.* V, III, p. 358).
394. Le conseil des présidents, dont Tisserant était le doyen.
395. Sur les hésitations – le 17 septembre – de Mgr De Smedt au sujet du vote, cf. Journal Prignon, p. 39.
396. En fait, la sous-commission du Secrétariat qui a travaillé au texte du *De Libertate religiosa*.

in sacris, les parallèles entre l'action de Caritas internationalis et l'Inter Church Aid, les 24 points[397].

Samedi 18 septembre 1965

9.30 Au bureau, session avec la commission *De Libertate religiosa*: De Smedt, Cantero, Murrray, Pavan, Hamer, Willebrands.
1) Nous voulons un vote. Nous croyons que les adversaires ne dépasseront pas les 30%. Même s'il y avait davantage de votes négatifs, nous désirerions quand même le vote. Pour avoir une situation nette.
2) En tant que «relator» Mgr De Smedt prendra la parole à la fin du débat. Nous avons également dit à Cantero que son intervention a donné l'impression que non seulement lui-même, mais aussi <u>tous</u> les évêques espagnols, sont opposés au schéma. Cela est mauvais. Cependant Cantero dit qu'il est pour, tout comme un autre groupe. Nous disons qu'il faudra éclaircir ce point.

12.15 Reçu Monsieur Bronk, autrefois clerc anglican aux États-Unis, maintenant catholique et étudiant à Tübingen. Il espère pouvoir devenir prêtre.
À 12 h 45: Chez Dell'Acqua: nous voulons un vote sur le *De Libertate religiosa*: nous n'avons pas peur du résultat. Le pire serait de ne pas avoir de vote: dans l'opinion publique et cela avant le voyage du pape[398]. Il [Dell'Acqua] dit que Bea doit écrire au pape et le dire clairement.
Au sujet de Brearly[399]: il demande une copie du rapport que nous avons envoyé à Ottaviani. Et puis concernant la visite de représentants du Palestina Committee[400].

14.00 Déjeuner à l'Excelsior avec le Palestina Committee. Ils avaient une audience chez Cicognani et espèrent surtout d'obtenir une audience chez le pape.

---

397. Cf. 23 juin 1965.
398. Il s'agit de la visite du pape à l'ONU, le 4 octobre 1965. Pour ce vote, le pape (et aussi les présidents et les modérateurs) se trouvaient devant un dilemme:
– ou bien il n'y avait pas de vote, mais alors le pape perdrait de sa crédibilité devant l'assemblée générale de l'ONU, qui avait inscrit la liberté religieuse dans la charte des droits de l'homme;
– ou bien il y avait un vote mais alors on courait le risque (surtout après la campagne intense de la «minorité» contre le texte) qu'un nombre considérable de pères conciliaires votent contre le texte. Avec la même conséquence désastreuse pour la réputation du pape devant l'ONU.
On verra que, dans les jours suivants, le pape va finalement imposer le vote, mais sur une formule vague et assez ambiguë, afin d'obtenir un maximum de votes positifs.
399. Charles Brearly, évêque vieux-catholique de Yorkshire.
400. Comité pour la défense des Palestiniens, qui venait à Rome pour exprimer son inquiétude au sujet de *Nostra Aetate*.

17.00 Réception donnée par le card. Bea aux observateurs dans le Foyer Unitas. Je parle avec le card. Bea au sujet de la lettre au pape, selon le conseil de Dell'Acqua.

Après la réception, j'ai rédigé avec Arrighi la lettre et j'ai ajouté une liste avec les votes d'autres constitutions et décrets.

J'ai porté la lettre chez Bea. Il est tout à fait d'accord et a signé la lettre[401].

Dimanche 19 septembre 1965

Téléphoné à Mgr De Smedt. Je lui ai communiqué que nous avons écrit la lettre au pape. Il donne le conseil de contacter les orateurs *in aula* de demain et de téléphoner à Döpfner. Selon Suenens, qui, lui, ne fera rien, tout dépendrait de Tisserant.

Téléphoné à Döpfner. Je l'ai informé de notre prise de position et de la lettre au pape. Il conseille de rester directement en contact avec le pape.

Téléphoné à Shehan. Je l'ai mis au courant. Il parlera demain et dans son intervention[402] il demandera le vote. Il n'est pas au courant d'une réunion de la «Presidenza» pour demain.

Téléphoné au P. Schmidt: est-ce que Bea ne pourrait pas téléphoner à Tisserant? Je lui ai donné des informations.

Arrighi me téléphone: il informera Liénart et va insister auprès de Lefebvre[403], pour qu'il donne nettement son *placet* au texte. Martimort lui [à Arrighi] a passé l'information que demain il y aura une réunion de la «Presidenza»[404] concernant la question: faut-il, oui ou non, un vote sur le *De Libertate religiosa*?

Alfrink n'est pas chez lui.

12.30 Visite de Groot, Schillebeeckx, de Jong[405] au Monte Mario.

15.30 Visite chez le card. Agagianian. Au sujet de ma visite en Arménie, ensuite sur le *De Libertate religiosa*:

---

401. Pour le texte de la lettre au pape, cf. *A.S.* V, III, p. 357-358 et ASV Conc. Vat. II, 1449.

402. Pour le texte de l'intervention de Shehan, cf. *A.S.* IV, I, p. 396-399.

403. Le cardinal Joseph Lefebvre interviendra le 20 septembre. Pour son texte, cf. *A.S.* IV, I, p. 384-386. C'était Martimort qui avait demandé au card. Lefebvre d'intervenir en faveur de la Liberté religieuse (cf. Journal Prignon, p. 38).

404. En fait, il s'agira d'une réunion conjointe de la présidence, des modérateurs et de la commission de coordination, appelée par Martimort «le grand khalifat».

405. J. P. de Jong (1903-1992), ordonné prêtre avec Willebrands en 1934, professeur de liturgie au grand séminaire de Warmond.

1) Nous voulons un vote. Le card. Bea a écrit au pape dans ce sens. Ce vote a eu lieu pour tous les schémas. Le cardinal est opposé au vote: la répercussion sur le voyage du pape à l'ONU (s'il y avait beaucoup de votes négatifs!). Le vote est superflu: il n'y aura pas de nouveau débat et le Secrétariat pourra préparer le texte pour le vote définitif. Il est sûr que le schéma sera approuvé.

2) En tant que «relator» Mgr De Smedt va prendre la parole lors de la conclusion du débat. Il est d'accord.

De 17 h à 19 h, réunion au Secrétariat au sujet du projet de texte [de son «oratio finalis»] de Mgr De Smedt: Murray, Pavan, Hamer, Willebrands. Hamer prendra encore contact avec Journet[406] pour qu'il prenne la parole.

Conduit Corinna chez elle. Et retourné au Monte Mario.

Arrighi me téléphone: il a parlé avec Liénart et Lefebvre. Liénart parlera à Tisserant. Lefebvre appuiera fortement le schéma. Ancel[407] également.

La réunion de secrétaires de conférences épiscopales[408] du vendredi 17 était unanimement favorable au vote.

Lundi 20 septembre 1965
Fait un projet de lettre pour les observateurs au Congrès international des Vieux-Catholiques à Vienne[409].
Au concile.

---

406. Ch. Journet (1891-1975), professeur de théologie à Fribourg (Suisse), ami de Jacques Maritain, cardinal en 1965. Pour le discours *in aula* de Journet, cf. *A.S.* IV, I, p. 424-425. Voir aussi Cl. Troisfontaines – L. Declerck, *Paul VI et la Liberté religieuse*, au Colloquio Internazionale di Studio, *La Trasmissione della fede. L'impegno di Paolo VI*, à l'Istituto Paolo VI, Brescia, du 29 au 30 septembre 2007 (à paraître).

407. A. Ancel (1898-1984), supérieur général des prêtres du Prado, évêque auxiliaire de Lyon de 1947 à 1973, membre de la commission doctrinale. Pour son intervention, cf. *A.S.* IV, II, p. 59-61.

408. Déjà à partir de la 1ère session, plusieurs (une bonne vingtaine) délégués de conférences épiscopales se réunissaient – sous l'instigation d'Etchegaray et de Helder Camara – chaque semaine à la Domus Mariae à Rome. Cette réunion était souvent appelée «Conférence des vingt-deux» (d'après le nombre de conférences épiscopales). Selon Helder Camara (Dom Helder Camara, *Lettres conciliaires (1962-1965)*, Paris, 2006, II, p. 805), le card. Suenens aurait demandé à cette conférence si le débat sur la Liberté religieuse pouvait, sans risque, être suivi d'un vote global.

409. Le congrès international des Vieux-Catholiques (normalement tous les quatre ans) se tenait à Vienne en 1965.

Don Macchi[410] m'a téléphoné: le pape ne veut pas qu'on mentionne ses *modi* dans l'Expensio Modorum du *De non-christianis*[411].

Döpfner me dit: pourquoi avez-vous tellement insisté pour avoir un vote? Lors de la clôture du débat, les modérateurs auraient pu faire une bonne déclaration. J'ai répondu que nous, nous préférons toujours un vote.

Suenens me dit: ce soir il y aura une réunion de la commission de coordination, de la présidence et des modérateurs pour décider s'il doit y avoir un vote.

Un peu plus tard. Murray me montre un texte venant du pape, qui lui a été donné par Colombo, et qui doit servir pour le vote[412]. Le pape est pour un vote.

Mgr Dell'Acqua me téléphone et dit que le pape lui-même est intervenu en faveur d'un vote.

13.00 Au bureau, reçu le Dr Viering[413] de Berlin.

Avec Mgr van Velsen et Arrighi chez Findlow pour le lunch (Findlow, Moorman, Fairweather[414], Root[415], Mary Kalapesi).

15.00 De retour au bureau. Visite de Jan Groot.

---

410. Pasquale Macchi (1923-2006), secrétaire privé de Paul VI, archevêque et délégué pontifical pour le sanctuaire de Loreto de 1988 à 1996.

411. À plusieurs reprises le pape est intervenu au dernier moment pour introduire des changements dans les textes conciliaires. Personne ne lui contestait ce droit, mais ce qui était fort ennuyeux pour les responsables du texte, c'était qu'on ne pouvait pas mentionner d'où venaient ces amendements de dernière minute.

412. Selon Mgr Heuschen, membre de la commission doctrinale, ce texte était rédigé par Colombo lui-même et approuvé par le pape. Heuschen est d'ailleurs fort critique quant à cette formulation du vote et il écrit, le 21 septembre 1965: «On a voté mais sur une formule bâclée en toute vitesse et qui ne donnait satisfaction à personne: ni aux protagonistes du schéma, parce que la formule disait que le texte devait être amendé selon la doctrine catholique sur la vraie foi (ce qui peut donner l'impression que le texte actuel ne donne pas toutes les garanties nécessaires), ni aux adversaires, parce qu'on leur promet que le texte sera amendé en tenant compte des interventions *in aula*, tandis que le règlement dit que si le texte obtient une majorité des 2/3, on ne doit pas tenir compte des interventions qui vont à l'encontre du texte. Le vote a donné 90% de 'oui', mais il n'y avait pas d'enthousiasme parce que tout le monde se sentait un peu dupé. Une fois de plus, il a été prouvé que Mgr Colombo, pourtant un bien brave homme, n'est pas très habile dans la rédaction de textes pontificaux» (F. Heuschen 468).

413. Il s'agit probablement de Fritz Viering (1910-1984), théologien allemand luthérien.

414. E. R. Fairweather (1920-2002), professeur de théologie au Trinity College de l'Université de Toronto (Canada), observateur anglican au concile.

415. Howard Root (1926-2007), épiscopalien américain, doyen du Emmanuel College à Cambridge, et professeur de théologie à l'Université de Cambridge, observateur anglican au concile, directeur du Centre anglican à Rome et représentant de l'archevêque de Canterbury auprès du Saint-Siège.

17.00 Réunion du Secrétariat.
Le card. Bea soumet le texte qui lui a été apporté par Carlo Colombo de la part du pape comme texte du vote pour le *De Libertate religiosa*.
Pendant la réunion Carlo Colombo vient et parle avec le card. Bea. Lettre du card. Bea au pape[416], à Agagianian[417], copie à Felici[418]; pour communiquer encore une fois la demande d'un vote. La formule du pape est acceptée[419]. Je porte la copie à l'appartement de Macchi. Thijssen porte une copie chez Agagianian.
Ensuite, réunion au sujet de l'Expensio Modorum *De non-christianis*. Accepté.
Chez moi, à 21 h, téléphoné à Mgr De Smedt: La réunion de la commission de coordination, de la présidence et des modérateurs a rejeté le vote par 16 contre 12[420]. Les modérateurs vont faire une déclaration, selon un texte que De Smedt a rédigé pour Suenens[421]: la réunion était d'accord à l'unanimité.
21.30 Coup de téléphone de Dell'Acqua. Pour demain à 8 h il doit disposer d'une Note concernant l'«iter» de notre texte, notamment pour savoir si la commission doctrinale avait été consultée. À 9 h, le pape recevra deux personnes et alors il devra pouvoir disposer de cette note.
J'ai téléphoné à Arrighi à 21 h 45 pour lui demander d'être au bureau demain à 7 h 30, afin que l'on rédige ensemble la Note sur l'«iter»[422].
À 22 h, j'ai encore téléphoné à De Smedt pour lui communiquer ces faits.

Mardi 21 septembre 1965
À 7 h, au bureau. Cherché dans les archives des données au sujet de l'«iter» du *De Libertate religiosa*. Arrighi vient à 7 h 30. Ensemble nous avons

---

416. Cf. *A.S.* V, III, p. 365 et ASV Conc. Vat. II, 1449.
417. Cf. *A.S.* V, III, p. 363-364 et ASV Conc. Vat. II, 1449.
418. Cf. *A.S.* V, III, p. 364.
419. Pour ce texte, avec une note manuscrite du pape, voir F. Prignon 1335.
420. Selon le *Procesus verbalis* de la réunion, il y avait 15 voix contre et 9 voix favorables, cf. *A.S.* V, III, p. 369. Voir aussi le rapport personnel de Felici, transmis au pape le même soir, *A.S.* VI, IV, p. 496-497.
421. De Smedt avait accepté un texte préparé par Prignon, Etchegaray, Martimort et Medina le soir du 19 septembre et amendé par De Smedt, le matin du 20 décembre. Cf. Journal Prignon, p. 50-52 et pour ce texte, voir F. Prignon 1331-1332.
422. C'est probablement parce que le card. Ruffini, qui avait été reçu par Dell'Acqua après la réunion du «grand khalifat», avait prétendu que la commission doctrinale avait été exclue de la rédaction du texte sur la liberté religieuse, que Dell'Acqua a encore demandé cette note à Willebrands, cf. *A.S.* VI, IV, p. 498.

rédigé le texte (il avait déjà rédigé un projet chez lui). Corinna l'a dactylographié[423]. À 8 h 30, chez Dell'Acqua. Sur place j'ai encore ajouté à la main une note sur la différence avec l'«iter» du *De Revelatione*[424].

Quand je pars, le card. Agagianian arrive au Cortile de San Damaso[425].

Au concile, entretien avec le card. Shehan et Murray. Tous deux déçus.

Après la messe du concile, je suis appelé par Carlo Colombo. Il me dit que le pape a décidé qu'il y aurait un vote et il me donne la formule. Je suis très heureux de ce vote.

Ensuite je parle à Mgr De Smedt et lui communique qu'il y aura un vote. Grande joie. Alors nous discutons encore de sa réplique [l'oratio finalis] avec le dernier ajout[426].

Peu après, le modérateur (Agagianian) demande si on peut clore la discussion. De Smedt tient sa réplique[427].

Ensuite on annonce le vote. Soulagement général. Résultat: 1997 [Placet] – 224 [Non placet] – 1 [Nul]. Beaucoup viennent me féliciter. Joie générale. La décision du pape est formidable[428].

13.00 Retourné au bureau[429].

Chez moi.

16.00 Réunion des observateurs. Introduction du schéma XIII par l'abbé Haubtmann[430].

---

423. Pour le texte de l'Iter (2 p.), voir ASV Conc. Vat. II, 1449.

424. En fait le *De Revelatione* avait été confié de façon officielle à une Commissio mixta par Jean XXIII. La Liberté religieuse n'avait pas été confiée à une commission mixte (Secrétariat – commission doctrinale), mais la commission doctrinale avait examiné le texte pendant la 2ème et pendant la 3ème session (cf. F. Philips, 1103-1104 et 2042-2044).

425. Le pape avait convoqué Tisserant, Cicognani, Agagianian [modérateur du jour], Felici et Dell'Acqua à 9 h. Dans cette réunion il a donné ordre que, contrairement à la décision du «grand khalifat» de la veille, un vote sur la Liberté religieuse soit fait et cela pratiquement selon la formule qu'il avait proposée. Cf. *A.S.* VI, IV, p. 501; Journal Prignon p. 58-61 et P. PAVAN, *Testimonianza*, dans Istituto Paolo VI, *Paolo VI e il Rapporto Chiesa-Mondo al Concilio*, Brescia, 1991, 187-188.

426. Pour le texte manuscrit de la réplique de De Smedt, voir ASV Conc. Vat. II, 1449.

427. Pour ce texte, cf. *A.S.* IV, I, p. 432-433.

428. Le même jour, Bea a encore écrit une lettre à Paul VI pour le remercier du vote (ASV Conc. Vat. II, 1449).

429. À cet endroit, Willebrands avait encore noté: «Déjeuner à l'Excelsior avec l'évêque Corson, Canon, Stransky. Concernant la décision du World Methodist Council d'arriver à un dialogue avec Rome». Mais après, Willebrands a ajouté: ceci s'est passé vendredi dernier et il a barré ces lignes (cf. Agenda 17 septembre 1965).

430. P. Haubtmann (1912-1971), prêtre du diocèse de Grenoble, *peritus* conciliaire, directeur national du secrétariat (de l'épiscopat français) pour l'opinion publique, chargé de la rédaction finale et de la coordination du schéma XIII à la fin de la 3ème session, recteur de l'Institut catholique de Paris de 1966 à sa mort.

18.30 Téléphone de Dell'Acqua: félicitations (également du père Marco[431] [Malagola]).

Mercredi 22 septembre 1965
9.30 Travaillé au bureau.
L'après-midi, resté chez moi.
(Au bureau, il y a une réunion du *De Directorio*).
Téléphoné avec Arrighi, Long, De Smedt, le card. Bea.

Jeudi 23 septembre 1965
8.30 Au bureau. Correspondance.
Mis en ordre les pièces du cas Afanassieff[432].
Entretien dans la Sala Capitolare de Saint-Pierre avec le card. Ottaviani au sujet du mariage d'Afanassieff. Il me promet de proposer la dispensatio formae samedi dans la «particolare»[433] du Saint-Office.
Ensuite, pris le café avec Ottaviani, Marella, Suenens.
Entretiens avec De Smedt et d'autres concernant le programme des activités prochaines.
Reçu l'évêque vieux-catholique Brearly, qui est envoyé par Mariani[434]. Je lui ai dit qu'on devait d'abord élaborer un projet concret avec la hiérarchie locale (Westminster). Ensuite ce projet peut être discuté à Rome. Long était également présent à l'entretien.
16.30 Réunion du Secrétariat. Programme des activités.
De Libertate religiosa: méthode pour amender le texte.
De Directorio: méthode de travail.
18.00 Accompagné l'évêque Corson chez le Saint-Père. Bonne audience. Corson remercie le pape pour son «leadership» surtout dans la question de la paix. Il parle également au nom des autres chrétiens.

---

431. Marco Malagola (1926-), franciscain italien, en 1959 secrétaire du substitut Mgr Dell'Acqua, en 1971 missionnaire en Papoue Nouvelle Guinée, puis de nouveau au service du Saint-Siège et par après résidant à Jérusalem à la Custodie des Franciscains en Terre Sainte, actuellement à Rome.

432. Nikolas Afanassieff (1893-1966), professeur de droit canonique et d'histoire de l'Église ancienne à l'Institut de théologie orthodoxe St Serge (Paris), hôte du Secrétariat.

433. Particolare: la réunion des chefs des bureaux du Saint-Office qui devaient soumettre à un premier examen les questions qui étaient communiquées au Saint-Office et indiquer la procédure à suivre.

434. Giovanni Mariani (1919-1991), à l'époque conseiller de nonciature à la Secrétairerie d'État, archevêque titulaire de Missua en 1967, pro-nonce en Grèce de 1980 à 1990.

Vendredi 24 septembre 1965

8.30 Au Secrétariat.

10.00 Au concile.

Entretien avec l'évêque Corson: concernant son projet de lettre au sujet des conversations Méthodistes – Église catholique romaine.

(Mgr Dell'Acqua me dit qu'il a été très dur d'obtenir le vote sur le *De Libertate*. Un cardinal est venu chez lui pour lui faire des reproches[435]. Nous avons parlé également de la Hollande et de la fausse information dans la presse italienne).

12.30 De retour au Secrétariat.

14.30 Au Monte Mario.

17.00 Vers Bracciano.

(Hamer parle à la TV au sujet du *De Libertate religiosa*).

Retour au Monte Mario.

Samedi 25 septembre 1965

Excursion avec les Observers vers Monte Oliveto Maggiore et Pienza.

Au Secrétariat, réunion de la sous-commission *De Libertate religiosa*.

Dimanche 26 septembre 1965

10.00 Téléphoné à Mgr Dell'Acqua (à sa demande). «La persona»[436] suggère d'accepter encore dans la sous-commission qui doit retravailler le *De Libertate religiosa* selon les interventions faites: Pavan, Ancel, C. Colombo. Je réponds que Pavan est membre depuis plusieurs années, et que nous n'avons aucune objection contre les autres, bien au contraire. Ancel a aussi été suggéré chez nous. Mais on aimerait bien élaborer d'abord un projet (pour cela inviter éventuellement Ancel et Colombo) et ensuite consulter plusieurs pères; cela pour ne pas avoir une discussion en l'air mais sur un texte concret. Je lui communiquerai d'ailleurs par écrit notre plan de travail.

19.00 Téléphoné à Mgr De Smedt au sujet de la réunion de samedi matin concernant le *De Libertate religiosa*.

---

435. Il s'agit probablement de Ruffini, cf. *A.S.* VI, IV, p. 497-498.

436. Il s'agit probablement du pape. Il ne faut pas oublier que le 22 septembre 1965, Felici avait encore rédigé une note pour le pape, où il demandait une fois de plus que la révision du texte du *De Libertate religiosa* soit confiée à une commission mixte (Secrétariat et commission doctrinale). Cf. *A.S.* V, III, p. 373. Lors d'une audience d'Ottaviani du 25 septembre, le pape lui avait également demandé de donner des noms de membres de la Commission doctrinale qui pourraient être associés au travail de la révision du *De Libertate*. Ottaviani avait répondu au pape le 27 septembre, mais le Saint-Père ne semble pas avoir tenu compte de ces noms (cf. *A.S.* V, III, p. 380).

Lundi 27 septembre 1965

À Saint-Pierre, entretien avec C. Colombo: le pape a été très content de la réplique de Mgr De Smedt[437]: tant l'atmosphère que le contenu étaient très bons. Colombo collaborera volontiers et cela suivant la modalité que nous lui demanderons. Le Saint-Père lui-même nous fera encore parvenir quelques suggestions concrètes: que nous ne prônions pas l'agnosticisme de l'État et qu'il y ait et continuité et évolution dans cette doctrine.

Vu Molari pour le cas d'Afanassieff: cela a été soumis avec un avis positif à la «plenaria». Plus tard Molari dit à Arrighi: comme pour le moment on ne prévoit pas une nouvelle réunion de la «plenaria», cela sera soumis directement au pape.

Au concile, entretien avec le card. König concernant les activités de «Pro Oriente». Nous avons quelques soucis.

16.30 Avec le P. Duprey nous avons porté le texte du *De non-christianis* à l'ambassade de la R.A.U. et à l'ambassade du Liban.

18.30 De retour au bureau. Signé une lettre pour Dell'Acqua, confiée à Duprey, concernant notre méthode de travail pour le *De Libertate religiosa*[438].

19.30 Au Monte Mario.

Mardi 28 septembre 1965

10.00 Visites aux ambassades de Jordanie, d'Irak et de Syrie pour porter la déclaration conciliaire *De non-christianis*.

13.30 Déjeuné avec Duprey.

16.30 Session avec les observateurs. La 2ème partie du Schéma XIII. Introduction par Tucci.

18.30 Après la réunion, Luk. Vischer me donne un projet de texte: une note des observateurs pour le pape au sujet du *De matrimoniis mixtis*.

19.00 Au bureau entretien avec l'ambassadeur[439] et le secrétaire [de l'ambassade] de la R.A.U. au sujet du document conciliaire *De non-christianis*. Ce sont eux qui m'ont demandé un entretien.

Mercredi 29 septembre 1965

9.00 Réunion de la Subcommissio *De Libertate religiosa*. Discussion des 5 premiers numéros[440]. Deux questions:

---

437. Le 21 septembre 1965, De Smedt avait envoyé le texte de sa relation finale à Dell'Acqua, avec prière de le faire parvenir au pape, s'il le jugeait opportun. Cf. *A.S.* V, III, p. 371.

438. Pour le texte de cette lettre avec le plan de travail de la révision du *De Libertate religiosa*, cf. *A.S.* V, III, p. 381-382 et ASV Conc. Vat. II, 1449.

439. Mohamed El Tabéi Mohamed, ambassadeur de la R.A.U. auprès du Saint-Siège.

440. Pour le nouveau texte du n° 1, cf. F. De Smedt 1579.

1) Est-ce qu'on doit tout dire dans la *Declaratio*?
2) Faut-il maintenir les arguments: mieux le faire *indicativo modo*. Surtout pas un nouveau texte. Remanier à partir de l'ancien.
Colombo et Ancel seront présents à la prochaine réunion.
Discuté le projet de *Prooemium* avec De Smedt, Murray et Cantero.

13.30 Mangé un sandwich au Caffè San Pietro. Bref entretien avec le Père Alfred de Weyer [sic = van de Weyer], o.f.m.cap.[441]. Visite de l'exposition des livres à Ancora[442]. Entretien avec Hébert Roux au Caffè San Pietro et à mon bureau. La Fédération des Églises réformées de France est très heureuse de l'invitation d'envoyer un «hôte» au concile. Roux est très satisfait des contacts à Rome et en France.

16.00 Entretien au bureau avec Vit. Borovoj. Demain, il part jusqu'au 20 octobre. Il demande le programme du concile jusqu'au 20 octobre.

17.00 Réunion avec Habib Bacha, Corbon, Deague [lecture difficile = Dagher[443]?], Duprey au sujet de la propagande dans la presse concernant le *De non-christianis*.

18.00 Chez le card. Bea.

19.00 Au collège néerlandais. Dîner avec les évêques néerlandais et les observateurs néerlandais. Entretien avec le card. Alfrink.

Jeudi 30 septembre 1965

9.30 Entretien avec Lukas Vischer au sujet de la Note de quelques observateurs concernant les *Matrimonia mixta*.
Rédigé une lettre pour Mgr Dell'Acqua au sujet des *Matrimonia mixta*.

12.00 Coup de téléphone de Mgr Molari: la question du mariage d'Afanassieff est réglée: réponse positive.
Entretien avec Father Juvenalij.

13.00 Déjeuner au Columbus, en l'honneur d'un visiteur d'Antelias (avec Mgr Ziadé et Mgr Sarkissian, Corbon, Duprey, Long).

15.00 Son Exc. Mgr Chrysostomos de Myra est arrivé à Rome pour une brève visite.

---

441. Alfred van de Weyer (1922-1984), capucin néerlandais, a fait un doctorat à Louvain en 1955, provincial en 1969, doyen de Beverwijk.

442. Ancora, librairie à la Via della Conciliazione 63, Rome.

443. Il s'agit peut-être du Père Abdallah Dagher (1914-1994), jésuite libanais, consulteur du Secrétariat pour les non chrétiens, à l'époque recteur de l'Université de Saint-Joseph de Beyrouth.

16.30 Réunion du Secrétariat. Discussion de la Relatio du card. Bea qui doit introduire le vote sur les *modi* du *De Habitudine Ecclesiae ad religiones non-christianas*.

Les lettres à Mgr Colombo et à Mgr Ancel pour leur demander de collaborer au texte *De Libertate* ont été signées par le card. Bea.

(Audience de Mgr De Smedt chez le pape[444]).

18.30 Réception chez Findlow.

Le soir vers ± 21 h, coup de téléphone de Mgr De Smedt: excellente audience chez le Saint-Père. Le travail du Secrétariat pour le *De Libertate religiosa* a été fort apprécié. Le texte [du *De Libertate religiosa*] également. La pétition de l'opposition pour avoir un autre texte [du *De Libertate religiosa*] est devenue inutile: elle venait heureusement après le vote. De Smedt peut emporter leur pétition comme document d'archives[445]. Le soir avant le vote, Ruffini est venu chez le pape pour demander de retirer ce texte du programme [du concile][446]! Le pape trouve que le texte est très bon. Il est convaincu de l'importance décisive de ce texte pour l'histoire de l'Église dans les siècles à venir.

Vendredi 1 octobre 1965

8.30 Réunion au Secrétariat avec les Observers des pays arabes au sujet du nouveau texte *De non-christianis*[447].

10.00 Lukas Vischer au bureau. Il apporte la Note d'un groupe d'Observers au sujet des *Matrimonia mixta*. J'ai fait des photocopies. J'ai porté les documents (avec une Note de la commission spéciale du Secrétariat pour les mariages mixtes avec les orthodoxes) chez Mgr Dell'Acqua, qui les transmettra au pape.

13.00 Déjeuné au Monte Mario avec Fr. Thijssen.

15.00 Au bureau.

---

444. C'est pendant cette audience que le pape a donné à De Smedt quelques indications pour la révision du *De Libertate religiosa*. Pour le texte du pape, cf. F. De Smedt 1575 et ASV Conc. Vat. II, 1449.

445. Il s'agit peut-être de la «Postulatio ad Em.mos et Rev.mos Moderatores», signée par environ 300 évêques de la «minorité» (cf. *A.S.* V, III, p. 360-362), qu'on retrouve dans les archives De Smedt (F. De Smedt 1570).

446. Pour les interventions de Ruffini, voir également sa lettre au pape du 16 septembre 1965 (cf. *A.S.* V, III, p. 356) et sa visite à Dell'Acqua le soir du 20 septembre 1965 (cf. *A.S.* VI, IV, p. 497-498).

447. Willebrands leur a expliqué le texte et remis la traduction arabe et un commentaire (cf. *A.S.* V, III, p. 442).

Avec Fr. Thijssen et un groupe d'observateurs (l'évêque Moorman, Root, l'archimandrite Joan[448], l'archimandrite Juvenalij, Anfinoguenov, l'évêque Sarkissian) vers Assise pour la bénédiction d'un centre œcuménique à San Damiano (gardien: Padre Giulio[449]).
(Dans l'après-midi, réunion au Secrétariat de la Subcommissio *De Libertate religiosa*, avec Mgr Ancel[450]).

20.00 Arrivée à Assise, San Damiano.

Samedi 2 octobre 1965
8.30 Assise. Messe solennelle à San Damiano et bénédiction du Centre œcuménique.
10.00 Visite à la basilique de San Francesco.
(Au Secrétariat: réunion de la commission de rédaction du *De Libertate religiosa* avec De Smedt, Murray, Pavan, Hamer[451]).
12.30 Déjeuner à San Damiano.
14.30 Visite à la Cittadella chez Don Giovanni [Rossi].
Retour à Rome.
19.00 Arrivée à Rome. Un bref passage au bureau. Emporté la correspondance. Coup de téléphone de Mgr De Smedt concernant la situation du *De Libertate religiosa*.

Dimanche 3 octobre 1965
9.00 Correspondance au bureau.
11.00 Appelé chez Mgr Dell'Acqua. Il croyait que le card. Bea aurait dû accueillir le pape à son retour mardi prochain[452]. Entre temps c'est le card. Liénart qui a été désigné. Je lui ai parlé:
– d'un contact éventuel du pape avec d'autres chrétiens au sujet de son voyage à l'ONU[453] et cela avant son départ.

---

448. Joan (Petrov Nikolov) (né en 1925), archimandrite, protosincelle du siège métropolitain de Sofia, observateur de l'Église bulgare orthodoxe.

449. Giulio Mancini (1921-), franciscain italien. Il faut noter que l'évêque anglican Mgr Moorman, avait publié sur St François d'Assise, ce qui lui avait donné beaucoup de crédit auprès des Pères Franciscains.

450. Pour ce texte, que De Smedt communique avec une lettre du 1 octobre 1965 à Willebrands, cf. ASV Conc. Vat. 1449.

451. Pour le texte discuté, cf. F. De Smedt 1581. Pour les remarques de Hamer sur ce nouveau projet, cf ASV Conc. Vat. II, 1449.

452. Il s'agit du retour du pape après son voyage à l'ONU.

453. Lukas Vischer aurait été froissé du discours du pape à l'ONU parce que, dans un passage, le pape a donné l'impression qu'il parlait au nom de tous les chrétiens (c'est uniquement le patriarche

- de l'attitude des Melchites au sujet du *De non-christianis*.
- des *modi* du pape au sujet du *De pastorali munere*[454], introduits après les votes.
- de son entretien avec les légats de Turquie concernant les difficultés à Istanbul et la mention de Chrysostomos de Myra[455].
- des mariages mixtes.

16.30 Chez Mgr De Smedt au collège belge. Au sujet du *De Libertate religiosa*. Examiné le texte du P. Murray et élaboré un programme pour les activités prochaines. Conversation au sujet de ma conférence éventuelle à Bruxelles lors de la prochaine Semaine de prière et mes objections concernant le programme, élaboré par Grootaers.

19.00 Dîné au collège belge.

Après le dîner, entretien avec le card. Suenens au sujet de ma conférence éventuelle à Bruxelles[456].

Chez moi, terminé ma correspondance du bureau.

Lundi 4 octobre 1965

9.00 Réunion au Secrétariat de la commission de rédaction du *De Libertate religiosa*: Mgr De Smedt, Pavan, Hamer, Willebrands. Le Père Murray est malade, et a été hospitalisé à «Salvator Mundi»[457].

12.30 Visite de Monsieur Antoine Canaan, Comm. [= commission] de Palestine.

14.00 Mangé un toast au Caffè San Pietro.

15.00 Étudié les textes du *Directorium*, préparation de la session plénière du Secrétariat. Terminé le texte de la Relatio du card. Bea au sujet du *De non-christianis*.

16.30 Session du Secrétariat au sujet du *Directorium* (en même temps: session de la commission de rédaction *De Libertate religiosa*: De Smedt, Pavan, Hamer).

19.00 Discussion avec la commission de rédaction *De Libertate religiosa*.

Athénagoras qui avait permis au P. Scrima de dire au pape qu'il pouvait également parler en son nom. Cf. Journal Prignon, p. 130).

454. Il s'agit du texte *De Episcopis* (qui deviendra le Décret *Christus Dominus*). Pour ces *modi*, introduits par le pape et la réponse de la commission *De Episcopis*, cf. *A.S.* V, III, p. 386-392. Voir également Journal Prignon, p. 96, 102-105, 125.

455. À cette époque le gouvernement turc limitait, de plusieurs façons, les activités du patriarcat de Constantinople. Cf. V. Martano, *Athenagoras, il patriarca (1886-1972). Un cristiano fra crisi della coabitazione e utopia ecumenica*, Bologna, 1996.

456. Le 21 janvier 1966, Willebrands parlera au Palais des Congrès à Bruxelles avec W. Visser 't Hooft, J. Grootaers et A. Bronkhorst.

457. Clinique Salvator Mundi, Via delle Mura Gianicolensi 67, 00152 Roma.

Mardi 5 octobre 1965

9.00 Entretien avec le P. Long concernant le travail de la commission pour le *Directorium*: au sujet de la communicatio in sacris.

11.00 À Saint-Pierre. Session du concile. Retour du pape.

13.00 Pris le café au bar San Pietro avec Isaac Wüst.

16.30 Réunion des Observers. Au sujet des derniers chapitres du Schéma XIII, présenté par Houtart[458] et du Schéma *De missionali activitate Ecclesiae*, présenté par Congar[459].

17.00 Au Secrétariat, commission *De Libertate religiosa* pour contrôler les fiches[460]: vérifier si dans le nouveau texte toutes les interventions ont été traitées (Pavan, Feiner, Medina).

19.00 Au Secrétariat: la commission qui a travaillé au *De Libertate religiosa*[461].

Mercredi 6 octobre 1965

8.30 Au Secrétariat. Visite du Rév. Wyrwoll[462].
Entretien avec le P. Lanne au sujet d'une réunion de prière avec les Observers.

12.30 Visite du Landeskirchenrat A. Nieland[463].

16.30 Réunion de la commission *De Libertate religiosa* au sujet du nouveau texte (De Smedt, Cantero, Ancel, Hermaniuk[464], Primeau, Degrijse, Willebrands, Pavan, Hamer, Becker, Feiner, Medina, Heylen[465]).

18.00 Réunion de la commission pour le *Directorium*.

---

458. Fr. Houtart (1925-), prêtre du diocèse de Malines en 1949, directeur du Centre de recherches socio-religieuses de Bruxelles qu'il a fondé en 1956, de 1973 à 1990 professeur à l'Université catholique de Louvain (Louvain-la-Neuve).

459. Cf. Journal Congar II, p. 422-423.

460. C'est Mgr Philips, secrétaire-adjoint de la commission doctrinale, qui – pour le travail de la commission doctrinale – avait introduit le système des «fiches» pour avoir des garanties objectives de ce qu'on tienne compte des souhaits des Pères. Chaque intervention d'un Père sur un schéma était examinée par un expert et donnait lieu à une ou plusieurs fiches, par sujet et par numéros traités. Toutes ces fiches étaient ensuite classées et à partir de ces fiches le texte était remanié en commission. (Pour le *De Ecclesia* on avait confectionné environ 3.000 fiches, cf. F. Philips, Dossier 6).

461. Pour le nouveau texte du 5 octobre 1965, cf. F. De Smedt 1584.

462. Nikolaus Wyrwoll (1938-), prêtre du diocèse de Hildesheim en 1962, doctorat en théologie à l'Université Grégorienne en 1965, «addetto» au Secrétariat pour l'Unité de 1976 à 1982, en 1990 président de l'«Ostkirchliches Institut», Ostengasse 29-31, 93047 Regensburg.

463. A. Nieland, Landeskirchenrat der Evangelischen Kirche im Rheinland, Düsseldorf, œcuméniste.

464. Dans son Journal (6 octobre 1965), Hermaniuk remarque: «Meeting of the subcommission of the Secretariat for Promoting Christian Unity ... It is a very hard and slow work».

465. V. Heylen (1906-1981), prêtre du diocèse de Malines-Bruxelles, professeur de morale à l'Université catholique de Louvain. Sans être *peritus* conciliaire, il a joué un grand rôle dans la

Jeudi 7 octobre 1965

9.00 Session de la sous-commission *De Libertate religiosa*.
13.00 Déjeuné avec le métropolite Emilianos, Via Calabrese au Monte Mario.
15.30 Sessio plenaria Secretariatus *De Directorio*.
cap. IV: Preces pro unitate.
cap. V: Preces in communi et communicatio in sacris.

Vendredi 8 octobre 1965

9.00 Au Secrétariat. Session de la Subcommissio *De Libertate religiosa*. Discussion: de iure communitatum, de iure familiae, et de limitibus libertatis religiosae.
14.00 Déjeuné chez moi (Monte Mario).
16.00 Au Secrétariat. Correspondance.
16.30 Session subcommissio *De Libertate religiosa*. Pars II: sub luce revelationis (nn. 8-9-10).

Samedi 9 octobre 1965

9.00 Visite à Father Murray s.j. à la clinique Salvator Mundi. Discuté avec lui notre travail pour le *De Libertate religiosa*.
11.00 Accompagné le métropolite Emilianos à l'audience chez le pape.
Avant l'audience, le pape me fait appeler et me dit qu'il veut me parler prochainement au sujet du *De Matrimoniis mixtis* et du *De Libertate religiosa*.
Pendant l'audience, le pape parle de deux choses:
1) la question de Papas Eftym et la fermeture de l'école de Halki pour des étudiants étrangers;
2) la question de l'excommunication de 1054. Pour ce dernier point, il propose une solution par [la création d'] une commission mixte (Rome – Constantinople) qui pourrait faire une étude et proposer une formule qui pourrait mettre fin à cette question.
Ensuite, visite chez Mgr Pericle Felici concernant le déroulement ultérieur et le programme du concile: notre schéma *De Libertate religiosa* et le projet de *Directorium*.
16.30 Au Secrétariat, session de la sous-commission *De Libertate religiosa* (nn. 9-10-10a).
19.00 Conduit le métropolite Emilianos à Fiumicino.

---

rédaction du chapitre *De matrimonio* du schéma XIII. Pour le rôle de Heylen dans le texte *De Libertate religiosa*, cf. Journal Prignon, p. 85, 94, 98, 135 et F. De Smedt 1610-1611, 1656-1657.

Dimanche 10 octobre 1965
Travaillé chez moi au *De Libertate religiosa*.
11.00 Téléphoné à Mgr Primeau au sujet de l'état de santé du P. Murray s.j. Il faut un spécialiste[466]. Téléphoné au P. Schmidt pour lui communiquer ce que le pape m'avait dit hier.
Entretien avec le Rév. Mertens de Reykjavik au sujet de la venue éventuelle de l'évêque luthérien d'Islande au concile.
15.30 Travaillé chez moi au *De Libertate religiosa*.
Téléphoné à Mgr Pavan.
Téléphoné à Mgr De Smedt (au sujet d'un passage qui a été omis et qui, à mon avis, doit rester; au sujet du numéro *De Libertate Ecclesiae*).

Lundi 11 octobre 1965
9.00 Session de la sous-commission *De Libertate religiosa* (quelques points de la première partie, nn. 2 et 3, et le dernier numéro de la deuxième partie).
12.30 Entretien avec Lukas Vischer au sujet de nouvelles dans la presse provenant de Mgr Emilianos concernant son audience. Ces nouvelles sont inexactes.
16.00 Visite d'Evdokimov, pour prendre congé.
16.30 Session plénière du Secrétariat au sujet de la 1ère partie du *De Libertate religiosa*.
19.00 Entretien:
– avec Pavan, qui propose une solution pour la «Conclusio».
– avec Lanne concernant le service de prière avec les Observers.
– avec De Smedt: à qui doit-on encore envoyer pour consultation le texte *De Libertate religiosa*?

Mardi 12 octobre 1965
8.30 Au Secrétariat.
Entretien avec le journaliste, le Dr Schillink, de l'epd[467], au sujet de son interview avec le métropolite Emilianos et une déclaration de ma part.
Entretien avec le P. Lanne au sujet du service de prière avec les Observers.
Entretien avec Pavan au sujet du *De Libertate religiosa* et de la Relatio.
Téléphoné à Mgr Dell'Acqua: où en est-on avec la commission éventuelle sur 1054? Dell'Acqua me dit que Maccarrone[468] s'en occupe. Mais le pape

---

466. Murray souffrait de crises cardiaques.
467. Evangelische Pressedienst.
468. M. Maccarrone (1910-1993), prêtre italien du diocèse de Forli, professeur d'histoire ecclésiastique à l'Université du Latran, *peritus* conciliaire, membre du Secrétariat pour l'Unité.

m'avait dit que le Secrétariat devrait préparer cela. Dell'Acqua téléphonera à Maccarrone, pour qu'il prenne contact avec moi.

Transmis le texte du *De Libertate religiosa* aux cardinaux Journet, Urbani[469], Browne[470].

16.30 Session des observateurs. Congar est présent[471]. Concernant le *De activitate missionali Ecclesiae*.

19.00 Conversation téléphonique avec Maccarrone. Demain il viendra au Secrétariat.

Mercredi 13 octobre 1965
8.30 Au Secrétariat.

Jeudi 14 octobre 1965
8.30 Au concile.
Premiers votes sur le *De non-christianis*[472].
Au concile, corrigé avec Vodopivec la IIe partie du texte *De Libertate religiosa*.

15.30 Au Secrétariat, contrôlé avec Salzmann le texte *De Libertate religiosa*; indiqué les endroits parallèles avec le texte «reemendatus»[473].

17.00 Réception pour les Observers, donnée par le P. Boyer au Foyer Unitas.

18.30 Chez Mgr Dell'Acqua: projet des lettres pour le Comité 1054 avec le patriarche Athénagoras.
Appelé chez Cicognani: au sujet des lettres de Shehan et de Journet au sujet du *De non-christianis* (l'omission de «damnat»)[474] et des *Matrimonia mixta* (la question de la dispensatio formae). Concernant la Note des Observers: «sono osservatori»[475].

---

469. G. Urbani (1900-1969), patriarche de Venise et cardinal en 1958, membre de la commission de coordination.

470. Pour le nouveau texte du 11 octobre 1965 du *De Libertate religiosa* et les lettres de Willebrands à Journet, Browne et Urbani et leurs réponses respectives (avec leurs remarques), cf. *A.S.* V, III, p. 411-424.

471. Cf. Journal Congar, II, p. 431.

472. Les amendements introduits dans le texte au sujet des Juifs ont eu comme effet que les évêques arabes ont pour la plupart approuvé le nouveau texte. Cf. Journal Edelby, p. 314-315.

473. Quand une nouvelle version d'un texte était présentée aux Pères, on imprimait, en deux colonnes parallèles, l'ancien et le nouveau texte, en indiquant les passages amendés.

474. Le 14 octobre 1965, Cicognani avait envoyé à Bea une copie des lettres de Shehan et de Journet (qui transmettait une critique de Maritain) au pape. Ils déploraient l'omission dans le nouveau texte de «damnat» (pour stigmatiser les persécutions des Juifs et l'antisémitisme). Le 22 octobre 1965, Bea a répondu à Cicognani que les suggestions sont arrivées trop tard parce que les votes ont eu lieu 14 et 15 octobre. Cf. *A.S.* V, III, p. 424-427 et 470.

475. Cicognani voulait probablement dire que les observateurs n'avaient pas à se mêler des réglementations de l'Église catholique.

Chez le card. Bea: il ne veut plus entendre parler de modifications dans le *De non-christianis*. Nous nous trouvons dans la phase finale. L'autorité du pape en souffrirait à nouveau.

Dit la messe du soir chez moi.

Vendredi 15 octobre 1965

9.00 Au concile. Derniers votes du *De non-christianis*.

Pendant le concile [sic], entretien avec Ch. Moeller au sujet du *De divina Revelatione*. Moeller me demande de dire au pape qu'il ne doit plus rien changer [dans le texte][476].

11.00 Avec le cardinal Bea au Secrétariat. Entretien au sujet des *Matrimonia mixta* pour préparer mon audience. Ensuite concernant les lettres de Journet, Urbani et Browne au sujet du *De Libertate religiosa*. J'ai envoyé des copies au pape[477].

14.00 Déjeuné avec Stransky près de Pierleoni[478] [lecture probable].

16.00 Lu les documents des *Matrimonia mixta*.

Revu encore une fois le texte *De Libertate religiosa*, pour qu'il puisse partir à l'imprimerie.

Discuté avec Duprey la question du Comité 1054 pour Istanbul.

Téléphoné avec Maccarrone au sujet du Comité 1054.

18.00 Réception au Secrétariat des observateurs de l'Église serbe.

19.00 Audience chez le Saint-Père.

Samedi 16 octobre 1965

Petite excursion avec les observateurs vers la province de Rieti: Fonte Colombo, Greccio, La Foresta, Cattedrale e Palazzo Visconti de Rieti[479].

20.00 De retour à Rome.

Téléphone de Duprey: la délégation du patriarcat de Jérusalem pour Venise (relique de St Saba)[480] arrive demain à Rome. Cela n'était pas convenu: ils doivent maintenant rester 4 jours à Rome!

---

476. Au sujet de l'intervention du pape (cf. *A.S.* V, III, p. 459-462) dans le *De Revelatione* et de la session dramatique de la commission doctrinale du 19 octobre, cf. notamment le Journal Prignon, p. 159-160, 165, 169-170, 174, 176-180.

477. Lettre du 15 octobre de Willebrands à Dell'Acqua, qui lui a répondu le 18 octobre 1965, cf. *A.S.* V, III, p. 427-428, 445.

478. Pierleoni, probablement un restaurant situé sur le Lungotevere Pierleoni à Rome.

479. Cf. V. Crialesi, *Gli Osservatori al Concilio Ecumenico in visita alla Valle Santa reatina*, dans *L'Osservatore Romano*, 18-19 octobre 1965, p. 6.

480. Le 4 novembre 1965, lors d'une cérémonie solennelle à Venise, les reliques de Saint Saba furent restituées au patriarcat grec-orthodoxe de Jérusalem.

Dimanche 17 octobre 1965

10.30 Coup de téléphone de Gregory Baum: trois nouveaux *modi* du pape pour le *De divina Revelatione*: au sujet des deux sources, au sujet de l'historicité et au sujet de [un blanc[481]].

Téléphoné avec Pavan et avec Feiner au sujet de la Relatio oralis et scripta pour le *De Libertate religiosa*.

Téléphoné avec Mgr Charue concernant mon audience de vendredi passé, où j'ai parlé au pape du *De divina Revelatione*. Mardi passé Mgr Charue a parlé au pape dans le même sens. En ce qui concerne la légitimité de la procédure: le card. Ottaviani n'a pas transmis la lettre du pape[482] à la commission [doctrinale]; le card. Bea n'a pas insisté pour convoquer la commission mixte [commission doctrinale et Secrétariat] et il n'a pas réuni le Secrétariat à part parce que le texte était resté dans la ligne (en substance [lecture probable]) du texte tel qu'il avait été arrêté par la Commissio mixta. Charue n'est pas au courant d'une réunion de la commission doctrinale mardi prochain. Téléphoné à Bea pour avoir un entretien ce soir[483].

À 13 h, avec Duprey vers l'aéroport pour accueillir la délégation de Jérusalem, qui se rend à Venise pour la relique de St Saba.

16.30 Chez moi: mis de l'ordre dans mon bureau avec Sr Agnes.

18.00 Chez le card. Bea. Le cardinal a écrit au pape pour que le texte *De non-christianis* soit proclamé. Il lui a également transmis les télégrammes de Visser 't Hooft et du Jewish Committee (copie)[484]. Au sujet du *De divina*

---

481. Le deuxième *modus* voulait remplacer l'expression *veritas salutaris*; le troisième voulait introduire *historica fides*.

482. Il ne s'agit pas d'une lettre du pape mais d'une indication du pape au sujet du *De divina Revelatione* transmise à Ottaviani par Felici le 24 septembre 1965 (cf. *A.S.* V, III, p. 377).

483. Dans ses notes Mgr Charue, 2ème vice-président de la commission doctrinale, relate cette conversation et c'est Charue qui a demandé à Willebrands de parler à Bea (cf. Journal Charue, p. 270). Jean XXIII avait confié le *De divina Revelatione* à une commission mixte. Toutefois quand, en avril 1964, le texte avait été refait par la commission doctrinale, il avait été envoyé pour approbation au Secrétariat. Le card. Bea avait alors demandé l'avis de quelques membres du Secrétariat (notamment de De Smedt, cf. F. De Smedt 1121-1127) mais il n'avait plus exigé une réunion formelle de la commission mixte. C'est en tant que co-président de la commission mixte que Bea assistera à la réunion de la commission doctrinale du 19 octobre, où sa présence semble être suggérée par le pape.

484. Pour cette lettre du 16 octobre 1965 de Bea au pape et le texte des télégrammes, cf. *A.S.* V, III, p. 438-440. Le 17 octobre, Dell'Acqua a envoyé ces lettres à Felici en lui communiquant que le pape accédait volontiers au souhait de Bea de promulguer le Décret *De non-christianis* lors de la prochaine congrégation publique (cf. *ibid.*, p. 437-438).

Revelatione: Colombo a parlé à Bea. Selon Bea, il s'agit surtout de l'historicité, non pas des deux sources. Le cardinal me raconte également que l'affaire du patriarcat pour Slipyj est à nouveau brûlante[485]. Il trouve que cela est maladif. Le pape, que fera-t-il?

Lundi 18 octobre 1965

8.30 Au Secrétariat. Discussion avec Mgr De Smedt, Pavan, Hamer sur la Relatio de Pavan et la Relatio de De Smedt[486].

9.30 Coup de téléphone de Fagiolo au sujet d'une Relatio de la minorité sur le *De Libertate religiosa*. Quand je lui demande de quel droit cela devrait se faire tout à coup, il me renvoie au Règlement 65, §5. Mais cet article se rapporte à la minorité dans la commission et avant la clôture de la discussion et avant le vote. Fagiolo demande également le texte *De non-christianis* pour la prochaine sessio publica!

Coup de téléphone de Mgr Molari (secrétaire d'Ottaviani) au sujet de la réunion de demain après-midi de la commission théologique sur le *De divina Revelatione*. Le card. Bea est invité et je peux venir également.

Parlé avec Arrighi au sujet de ma réponse à Fagiolo.

Pris congé de Vajta[487], qui part à Strasbourg.

Je suis allé chercher ma voiture (Volvo) avec E. Salzmann.

15.30 Au Secrétariat.

Téléphoné au P. Schmidt et au card. Bea au sujet de l'invitation à la commission théologique de demain après-midi. Molari doit téléphoner personnellement au card. Bea.

Sans un avis plus officiel de Fagiolo ou de Felici, un écrit sur une Relatio de la minorité [sic]. Un coup de téléphone de Fagiolo ne veut rien dire[488].

---

485. Le Journal Hermaniuk (16, 18, 19, 20 octobre 1965) témoigne des efforts faits pour attribuer à Slipyj la plus haute juridiction sur tous les métropolites et exarques de l'Église ukrainienne. Le 19 octobre 1965, Hermaniuk note: «Our Beatitude Archbishop Cardinal [Slipyj] further contends that he already properly has the rights of a Major Archbishop over the whole Ukrainian Catholic Church … It is a pity that our Cardinal does not want to see the reality, but lives under the view of his desires».

486. Pour le projet de cette Relatio, cf. ASV Conc. Vat. II, 1449.

487. V. Vajta (1918-1998), théologien luthérien hongrois (exilé sous le régime communiste), professeur de recherches au Centre d'études œcuméniques de Strasbourg, observateur de la Fédération Luthérienne Mondiale.

488. Sic. La phrase semble embrouillée et incomplète, mais signifie qu'il ne faut pas réagir à un simple coup de téléphone de Fagiolo ou de Felici. Avant de réagir, il faudrait au moins avoir une lettre de Felici.

Discuté avec Arrighi la lettre du card. Bea à Felici: concernant le «svolgimento dei lavori»[489]. Et une réponse éventuelle à Fagiolo.
Terminé ma correspondance avec Corinna .

Mardi 19 octobre 1965
8.30 Conduit ma voiture au Governatorato et chez l'ingegnere De Gaspari pour l'Ispettorato au sujet de la targa EE[490].
12.00 Au Governatorato pour chercher ma voiture. Essayé de parler à Dell'Acqua. Il est trop occupé. Je communique mon problème au P. Marco [Malagola]: Slipyj – patriarche?
13.00 Avec les observateurs l'archimandrite Juvenalij et Anfinoguenov, l'archimandrite Joan, l'archimandrite de Belgrade, Duprey et Long au Monte Mario pour le déjeuner.
Rencontre avec Döpfner au Cortile San Damaso: au sujet de la prochaine réunion de la commission théologique sur le *De Revelatione*. Il espère que *veritas salutaris* pourra être maintenue[491]. Concernant les *Matrimonia mixta*: il a demandé plusieurs fois au pape de montrer le texte à Bea. Le pape ne le fait pas parce que ce n'est plus une matière du concile!
16.30 Au bureau, rédigé avec Stransky un projet pour les votes sur le *De Libertate religiosa* (le 20 octobre ce projet a été changé avec Mgr De Smedt). Commission *De divina Revelatione*: déconcertant[492].

Mercredi 20 octobre 1965
8.30 Au Secrétariat. Revu avec Mgr De Smedt la version corrigée de la Relatio. Concentré toutes nos forces et nos efforts pour que la Relatio soit prête. Coup de téléphone de Fagiolo. Il dit à Arrighi que Carli menace de déposer

---

489. Il s'agit du travail concernant le *De Libertate*. Pour le texte de cette lettre de Bea à Felici, cf. *A.S.* V, III, p. 462-464.

490. L'État italien donne la possibilité aux étrangers, résidants en Italie, d'obtenir pour leur voiture une plaque d'immatriculation EE (Escursionisti Esteri), ce qui donne quelques avantages fiscaux.

491. Le 14 octobre 1965, Döpfner a écrit au pape au sujet du *De divina Revelatione*. Il y plaidait notamment pour le maintien de la formule *veritas salutaris*. Cf. *A.S.* V, III, p. 455-457.

492. À cette réunion, Bea était intervenu de façon assez autoritaire pour faire éliminer la formule *veritas salutaris*. Philips qui a encore trouvé une formule de rechange (Deus, causâ nostrae salutis…) en était indigné (cf. K. SCHELKENS, *Carnets conciliaires de Mgr Gérard Philips, secrétaire adjoint de la Commission doctrinale*, Leuven, 2006, p. 153-154 et Journal Prignon, p. 180). Willebrands lui aussi était déconcerté de l'attitude de Bea et il souhaitait qu'on ne la raconte pas aux membres du Secrétariat. Il a dit la même chose à Mgr De Smedt et il a donné l'impression qu'il n'était vraiment pas très fier (cf. Journal Prignon, p. 181-182).

une plainte au Tribunal administratif, s'il n'a pas le texte en main vendredi matin, et cela avant le vote de mardi prochain.

Réexaminé et terminé avec Mgr De Smedt le projet des votes sur le *De Libertate religiosa*[493].

Le P. Grillmeier[494] vient me parler: peut-on encore sauver la situation du *De divina Revelatione*?

13.30 Déjeuné avec la délégation de Jérusalem (pour la relique de St Saba) et beaucoup d'hôtes dans l'hôtel Royal-Sabina, près de la gare.

15.00 Au bureau. Les Relationes sont prêtes. Tout est porté à l'imprimerie. Début du contrôle des épreuves (Salzmann, Fortino[495], Feiner, Becker, moi-même).

Corinna, Roos et Emmy [Walser][496] continuent à dactylographier.

17.00 Téléphoné à Mgr Colombo: veillez à ce que la formule de Philips pour [remplacer] *veritas salutaris* (*Deus, salutis causa*[497]) soit acceptée et ceci pour les exégètes catholiques et la «pax interna». Il parlera en ce sens.

18.30 Convoqué par Mgr Dell'Acqua:
1) Concernant le P. Scrima: Quand est-il à Rome? Au sujet du *De divina Revelatione*, le pape l'a cherché;
2) Au sujet de la lettre au patriarche concernant les difficultés à Constantinople: au Vatican il trouvera une maison et un cœur. La lettre doit être portée par la commission pour la question de 1054.
3) Moi-même j'ai demandé où en était la question du patriarcat pour le card. Slipyj. Cela ne se fera pas; «sarebbe un disastro». Le vrai problème c'est que les évêques ukrainiens cherchent un point central de référence pour leur église. Cela dépend d'eux-mêmes. Veulent-ils reconnaître Slipyj en tant que tel?

Chez moi, contrôlé les épreuves de la Relatio De Smedt[498].

---

493. Le 20 octobre Willebrands envoie à Felici la procédure de vote pour le *De Libertate religiosa* cf. *A.S.* V, III, p. 469 et ASV Conc. Vat. II, 1449.

494. A. Grillmeier (1910-1998), jésuite allemand, *peritus* conciliaire, cardinal en 1994.

495. Eleuterio Francesco Fortino (1938-), prêtre italien, à l'époque scrittore au Secrétariat pour l'Unité, depuis 1987 sous-secrétaire du Conseil pontifical pour la Promotion de l'Unité des Chrétiens.

496. Emmy Walser (1921-2001), née à Brig (Suisse), aide temporaire au Secrétariat.

497. À traduire: «Dieu, à cause de notre salut». Pour la controverse au sujet de cette traduction de S. Garofalo qui avait écrit: «Dio, causa della nostra salvezza», cf. Journal Charue, p. 277 et *A.S.* VI, IV, p. 648-649.

498. Pour ce texte, cf. F. De Smedt 1598.

Jeudi 21 octobre 1965
À 7 h, au bureau pour les dernières épreuves d'imprimerie.
Ensuite, Erik [Salzmann] porte le tout à la typographie: demain tout le texte doit être prêt et distribué.

13.00 Chez moi, sur la terrasse du Monte Mario, enregistrement pour la Radio Télévision Française au sujet du *De non-christianis*.

Vendredi 22 octobre 1965
8.30 Secrétariat.
Correspondance. Mis de l'ordre (au moins pour une partie!) dans mon bureau.
10.30 Visite de Mr Frank Willis[499], autrefois président (?) du YMCA[500]. Maintenant à Rome pour le YMCA afin de suivre le concile.
Visite de Miss Court[501], du cercle de Michael Bruce[502].
Visite de Mgr Mancini[503], auxiliaire de Tissserant, de Padre Alonso (!) au sujet du nouveau Centre de recherches œcuméniques fondé par Tisserant.
12.30 Visite de Piet Schoonebeek et de Jan Remmer. Déjeuné avec eux.
17.00 Visite du père abbé de Nieuwburgh, d'un curé de Stockholm et de Monsieur Saers, au sujet des possibilités en Suède.

Samedi 23 octobre 1965
8.30 Au Secrétariat.
9.30 Petite excursion avec Piet [Schoonebeek] et Jan [Remmer] et Mgr van Heygen[504], vers Cerveteri et Tarquinia.
19.00 De retour au Secrétariat. Sur mon bureau, je trouve le nouveau texte *De Libertate religiosa*.
Café au Caffè San Pietro avec Mgr van Velsen, Piet et Jan.

---

499. Frank Willis (1890-1974), secrétaire général du YMCA d'Angleterre, d'Irlande et du Pays de Galles.

500. Young Men's Christian Association, fondée en Angletere par Sir George Williams en 1844, d'origine protestante mais bientôt ouverte à d'autres Églises.

501. Miss Court, de l'ILAFO (International League for Apostolic Faith and Order).

502. Michael Bruce (décédé en 1968), anglican, secrétaire de l'ILAFO. Il avait déjà eu des contacts avec Willebrands avant le concile. Cf. M. VELATI, *Una difficile transizione*, p. 129.

503. T. Mancini (1901-1969), prêtre du diocèse de Porto et di Santa Rufina, évêque auxiliaire d'Ostia de 1960 à 1966.

504. L. J. van Heygen (1920-2007), spiritain néerlandais, évêque de Doumé-Abong'Mbang (Cameroun) de 1962 à 1983, évêque de Bertoua (Cameroun) de 1983 à 1999.

Dimanche 24 octobre 1965
8.30 Profession de Sr Paula[505] au Monte Mario.
9.30 Mgr Silvestrini[506] me téléphone: si je peux venir chez Cicognani.
11.00 Chez le card. Cicognani: il me donne le texte sur les *Matrimonia mixta*, en me priant de le montrer au card. Bea. Celui-ci peut donner ses observations, mais il faut savoir qu'on a déjà beaucoup travaillé à ce texte!

Puis une conversation au sujet des textes qui seront promulgués bientôt et de ce qui est déjà promulgué (Et le cardinal demande si le texte sur les Églises orientales est déjà promulgué?!!)[507].

Ensuite, il fait une remarque générale sur le concile: le concile n'est pas libre: «noi siamo nelle mani di coloro che non comandano: le donne, gli osservatori, la stampa!»
13.00 Dîner-causerie chez les Pères de la Ste Croix, Via Aurelia Antica, au sujet de la conférence de théologiens à Notre Dame en mars 1966[508].
18.00 Mgr Thijssen me téléphone: il est de retour des Pays-Bas. Sa santé n'est pas menacée.

Lundi 25 octobre 1965
Session du concile. Introduction de De Smedt au sujet du Textus recognitus du *De Libertate religiosa*.

Le «Coetus Internationalis» fait des manœuvres contre le texte.
12.00 Audience chez le pape de l'archevêque arménien-orthodoxe de Beyrouth, Dadjad Ourfalian et Mgr Sarkissian. Audience magnifique. Les Arméniens sont très enthousiastes.

Ensuite, déjeuner au Columbus avec les Armeniens, avec l'archimandrite grec qui travaille au COE pour le Department of Interchurch Aid, et avec Father Long.

---

505. Sœur Paula (Johanna Consemulder) (1939-), Néerlandaise, dominicaine de Béthanie.

506. A. Silvestrini (1923-), prêtre du diocèse de Faenza en 1946, à l'époque secrétaire du card. Cicognani, archevêque titulaire de Novaliciana en 1979, cardinal en 1988, préfet de la Congrégaton orientale de 1991 à 2000.

507. C'est à bon droit que Willebrands met deux points d'exclamation. En effet, le texte avait déjà été promulgué le 21 novembre 1964. De plus Cicognani était le président de la commission orientale. D'autres sources (par ex. Suenens, cf. FConc. Suenens 1705 et F. Prignon 825-826) mentionnent également les distractions de Cicognani, probablement dues à son grand âge (il était né en 1883).

508. À cause de la visite du Dr Ramsey, archevêque de Canterbury, à Rome du 22 au 24 mars 1966, Willebrands n'assistera pas à cette conférence de théologiens à Notre Dame (cf. Agenda 1966, 8 février 1966). Pour cette conférence à Notre Dame du 20 au 26 mars 1966, cf. John H. MILLER (éd.), *Vatican II. An Interfaith Appraisal*, Notre Dame, IN, 1966.

16.30 Session du Secrétariat (sessio plenaria) au sujet de la communicatio in sacris (Praenotanda et Communicatio cum Orthodoxis).

Mardi 26 octobre 1965
9.00 Session du concile. Les 6 premiers votes sur le *De Libertate religiosa*.
16.30 Session des observateurs. Au sujet du *De ministerio et vita sacerdotum*. Introduction par Congar[509].
18.00 Vers l'audience du Saint-Père pour les observateurs du patriarcat grec-orthodoxe d'Alexandrie. Belle audience. Les observateurs, surtout l'archimandrite, sont fortement impressionnés.
Ensuite, dîner au Columbus avec les observateurs. Le père Long est également présent.

Mercredi 27 octobre 1965
9.00 Session du concile. Deuxième série de votes sur le *De Libertate religiosa*.
Après la session du concile, long entretien au Secrétariat avec Scrima, qui est de retour d'Istanbul.
16.00 Visite au Secrétariat des dames[510] qui ont eu une réunion à Bracciano au sujet de la mission de la femme et de la collaboration œcuménique.
16.30 Session du Secrétariat (sessio plenaria) au sujet du *Directorium*: communicatio in sacris cum Protestantibus, surtout le n. 21.
18.00 Après la session, Felici téléphone au sujet de la lettre du patriarche latin Gori concernant la *Declaratio De Habitudine...*, dans laquelle Gori soulève des difficultés contre la citation de la lettre aux Romains. Quelle est la réponse du card. Bea? Après avoir téléphoné à Bea: absolument pas de modification du texte ni aucun ajout. Le texte est en ordre. Je m'énerve quelque peu de ces manœuvres, qui n'ont aucun sens[511].
20.00 En ville, dîné avec Piet [Schoonebeek] et Jan [Remmer] et ensuite au concert. Missa solemnis de Beethoven.

---

509. Cf. Journal Congar, II, p. 452-453.
510. Cette «Women's Ecumenical Meeting» s'était tenue à Bracciano du 22 au 24 octobre, puis à Rome du 25 au 29 octobre 1965. Elle avait été organisée par Madeleine Barot (pour le COE) et Rosemary Goldie (pour l'Église catholique). Cf. Susanah HERZEL, *A Voice for Women*, Genève, 1981, p. 54-60.
511. Le 20 octobre 1965, Gori avait écrit au pape pour soulever des objections contre la citation libre de Rom. 11, 28 dans le texte *De Habitudine ad religiones non-christianas*. Le pape avait transmis sa lettre à Bea, qui répond à Gori le 30 octobre (en arguant notamment que le texte était déjà définitivement approuvé par les Pères); réponse qui n'a pas donné satisfaction à Gori comme il appert de sa lettre à Bea du 8 novembre 1965 (cf. *A.S.* V, III, p. 473-474 et 512-514).

Jeudi 28 octobre 1965
Au concile.
Sessio publica. Promulgatio Declarationis *De Habitudine ad religiones non-christianas*.
13.30 Déjeuné avec Piet et Jan (cet après-midi, ils retournent aux Pays-Bas).
16.30 Réunion du Secrétariat, sessio plenaria au sujet du *Directorium* (communicatio in sacris cum Protestantibus). Au nom de tous le card. Heenan félicite le card. Bea pour la promulgation du schéma [*De non-christianis*]. Après la réunion, le card. Bea me redemande la lettre de Gori: il veut répondre au pape lui-même et lui dire comme il est parfois mal avisé. Entre temps, un premier paquet de *modi* au sujet du *De Libertate religiosa* est arrivé.

Vendredi 29 octobre 1965
9.00 Session du concile. Vote sur le *De divina Revelatione*.
12.00 Après la session du concile, visite du journaliste Jongedijk.
12.30 Entretien et déjeuner avec Paul Verghese.
15.00 De retour au Secrétariat.
16.00 Un groupe d'étudiants néerlandais (surtout de Nimègue[512]).
18.00 Entretien avec le prof. J. Feiner au sujet des *Matrimonia mixta*.
20.00 Chez moi, après le repas, Sœur Agnes me communique sa décision.

Samedi 30 octobre 1965
8.30 Au Secrétariat.
Entretien avec l'évêque Sarkissian, qui retourne pour un certain temps à Antelias. Il m'offre des cadeaux.
Entretien avec l'archimandrite Juvenalij (interprète: archiprêtre Koulik): au sujet de la possibilité de contacts après le concile; au sujet d'une action négative contre le communisme (condamnation, etc.)[513]; concernant sa présence comme observateur et sa fonction permanente à Moscou (Borovoj est la plupart du temps à Genève).
Entretien avec Jan Sanders, qui est en route pour Mossoul, Iraq.
11.30 Audience chez le pape avec Juvenalij et Koulik.
13.00 Déjeuné avec Frans Thijssen.

---

512. À Nimègue il y avait une université catholique.
513. Le 29 septembre 1965, 450 Pères avaient demandé dans une lettre à Felici une condamnation explicite du communisme dans le texte du schéma XIII (cf. *A.S.* V, III, p. 557-563). Il est évident que les observateurs de l'Église orthodoxe de Moscou, qui avaient obtenu un visa du gouvernement de l'URSS, devaient s'insurger contre une telle condamnation.

15.30 Chez le Père Congar au Séminaire français au sujet de son introduction à la prochaine réunion du groupe mixte COE – Église catholique, sur le dialogue[514].

16.30 Au bureau, entretien avec Sjamoen [sic = Shamoon[515]], archimandrite, observateur de l'Église Syrienne Orthodoxe, qui n'a pas assisté ce matin à l'audience. Au sujet de la *Declaratio de non-christianis*; concernant nos intentions et la réaction du patriarche syrien orthodoxe à Damas; au sujet de la relation entre les deux Églises.

18.00 Acheté un cadeau pour Juvenalij (icône de Saint François).

Parlé à Duprey. Il est juste de retour de la translation de la relique de St Saba de Venise à Jérusalem.

Apporté le cadeau à la Pensione Castello pour Juvenalij.

20.00 Rentré chez moi, au Monte Mario.

Téléphone de Mgr De Smedt: il sera de retour au bureau, mercredi le 3 novembre à 4 h de l'après-midi[516].

Dimanche 31 octobre 1965
Christ-Roi.
Travaillé chez moi à la préparation du «meeting Mixed Group RCC – WCC»

Lundi 1 novembre 1965
Toussaint.
Travaillé chez moi à la préparation Mixed Group RCC – WCC.

10.30 Entretien avec Sr Agnes.

11.30 Conduit l'archimandrite Juvenalij à Fiumicino (avec Duprey et Anfinoguenov).

13.30 Déjeuné à «Castello».

16.30 Travaillé chez moi pour le Mixed Group RCC – WCC meeting.

20.00 Entretien avec Mère Imelda.

Entretien avec Sr Agnes.

Mardi 2 novembre 1965
8.30 Au Secrétariat.
Modi: Stransky, Bévenot, Thijssen, Corinna, Josette, Roos, Emmy.
Correspondance etc.

---

514. Cf. Journal Congar, II, p. 458-459.

515. Saliba Shamoon, premier secrétaire de Sa Sainteté le patriarche syrien-orthodoxe de Damas, observateur au concile, puis patriarche de Mosul en Iraq.

516. Comme la plupart des évêques belges, Mgr De Smedt retourne en Belgique pendant les jours fériés de la Toussaint.

13.00 Déjeuné avec Thijssen au Monte Mario.
14.00 Retour au bureau.
16.30 Réunion des Observers au sujet du *Directorium*. Au sujet des «oecumenical commissions and on Baptism».
18.00 Chez le card. Bea. Mixed marriages, Mixed Working Group (report de la session précédente), *De Judaeis*: vers une nouvelle section avec un undersecretary?[517] Les Maronites.

Mercredi 3 novembre 1965
8.30 Secrétariat.
9.00 Visite à Mgr Dell'Acqua concernant la publication du *De non-christianis* avec en note le texte complet de Rom. 11, 28-29. J'y suis opposé. Je dois faire un «appuntino». Réponse, demain. Rédigé l'appuntino[518]. La publication dans *L'Osservatore* doit attendre.
16.00 Discussion au Secrétariat concernant les *modi De div. Rev.* [sic][519] (De Smedt, Pavan, Hamer, Medina, Becker, Willebrands).
Composé 3 petites sous-commissions:
1) nn. 1-5: De Smedt, Pavan, Medina.
2) nn. 6-8: Willebrands, Hamer, Becker.
3) nn. 9-15: Congar, Feiner, Michalon.
Tout de suite après, première session des sous-commissions 1 et 2.

Jeudi 4 novembre 1965
8.30 Au Secrétariat.
Copie de la lettre de Cicognani à Maccarrone concernant la commission mixte avec Constantinople. De sa propre initiative Maccarrone a proposé des candidats, qui ont été approuvés. Il est difficile de continuer de cette manière. Duprey est allé chez Dell'Acqua pour parler de cette question. Une solution a été proposée. Une lettre de moi à Dell'Acqua.
Le matin, une petite sous-commission pour les *modi* du *De Libertate religiosa*.

---

517. Le Secrétariat comportait déjà une section occidentale (sous-secrétaire: Arrighi) et une section orientale (sous-secrétaire: Duprey) où à partir de 1966 C. Rijk était responsable pour les relations avec les Juifs. Le 22 octobre 1974, Paul VI a érigé une «Commissione per i Rapporti religiosi con l'Ebraismo», organisme distinct mais rattaché au Secrétariat.
518. Pour la note de Willebrands à Dell'Acqua, cf. *A.S.* V, III, p. 479-480.
519. Willebrands a été distrait: il s'agit évidemment du texte *De Libertate religiosa*. Les *modi* étaient d'abord traités par de petits groupes de travail (selon les sections du texte) [appelés par Willebrands «petite sous-commission»] puis soumis à la sous-commission du Secrétariat qui était responsable du texte *De Libertate religiosa*, et enfin approuvés par la réunion plénière du Secrétariat. Le texte amendé doit alors encore recevoir l'approbation de l'assemblée plénière du concile.

Réponse (par téléphone) de Dell'Acqua concernant la publication du *De non-christianis*. La décision si oui ou non on imprime le texte complet de Rom. 11, 28-29 est laissée au Secrétariat. Nous y sommes opposés. Felici veut une note écrite.

J'ai écrit une lettre à Felici à 13 h, après avoir reçu une lettre de Dell'Acqua[520]. L'affaire est enfin réglée.

15.30 Session de la petite sous-commission pour les *modi* du *De Libertate religiosa*.

16.00-17.00 Discussion avec Lukas Vischer, Hamer, Stransky au sujet du «report» du Working Group Bossey et préparation de la session suivante à Ariccia.

Vendredi 5 novembre 1965

8.30 Au Secrétariat.

Petite sous-commission pour les *modi* du *De Libertate religiosa*. La première phase (les réponses à donner à tous les *modi*) est prête. Commence la deuxième phase: résumé des *modi* et la relatio (expensio). Les membres de la sous-commission sont convoqués pour demain après-midi à 16 h 30.

Tous les membres du Secrétariat sont avertis pour la session de lundi à 16 h 30.

Les invitations pour le Working Group WCC – RCC à Ariccia du 17 au 20 novembre sont expédiées.

13.00 Visite inattendue de l'archevêque syrien orthodoxe Timotheus de l'Irak du Nord. Il a été deux ans aux États-Unis, après avoir fui à cause de la guerre des Kurdes. Il est en route pour Damas, en espérant pouvoir retourner à son poste.

15.00 Coup de téléphone de Maccarrone: il veut me parler de la question de Constantinople.

Samedi 6 novembre 1965

Secrétariat.

9.00 Entretien avec le Dr Steere au sujet du Congrès international des Quakers en 1967, du «conscientious objection[521]», de la situation Inde – Pakistan. Entretien avec le Prof. Stakemeier concernant la situation œcuménique et le document sur les mariages mixtes.

---

520. Pour les lettres de Dell'Acqua, de Willebrands et de Felici, cf. *A.S.* V, III, p. 482-485.

521. D. Steere avait présenté quelques propositions à insérer dans le texte de *Gaudium et Spes* concernant la reconnaissance de l'objection de conscience contre le service militaire. Cf. *Gaudium et Spes*, 79, §3.

Entretien avec Mgr Maccarrone et avec Duprey concernant la commission mixte Constantinople 1054.
Session des trois petites sous-commissions pour les *modi* du *De Libertate religiosa*.
13.00 Déjeuner à l'ambassade du Liban en l'honneur du card. Tappouni.
16.30 Session de la sous-commission *De Libertate religiosa* (sont présents: les Pères De Smedt, Colombo, Ancel, Primeau, Degrijse, Willebrands). Le P. Murray est également présent, la première fois après sa maladie. De Smedt donne rapport de l'expensio [modorum] des numéros 1-5[522].

Dimanche 7 novembre 1965
10.00 Secrétariat.
Travaillé à l'expensio modorum (Medina, Becker, De Smedt, Willebrands) et à la rédaction du nouveau texte. Feiner et Michalon font chez eux l'expensio de la 2ème partie.
Corinna – Roos.
13.00 Déjeuné au collège néerlandais (fête de Saint Willibrord[523]).
15.00 Au Secrétariat. Expensio modorum et nouveau texte.
16.00 Réunion de la sous-commission *De Libertate religiosa* (Pères présents: De Smedt, Primeau, Degrijse, Willebrands). Hamer fait le rapport de l'expensio 6-9[524]. Congar sur l'expensio 9-15[525].

Lundi 8 novembre 1965
9.00 Le texte *De Libertate religiosa* est porté chez Mgr Dell'Acqua pour le Saint-Père[526]. La proclamation serait encore possible pour le 18 novembre[527].
16.30 Session plénière du Secrétariat au sujet des *modi* du *De Libertate religiosa*: discussion. Demain, vote. Explications de De Smedt (nn. 1-5), de Hamer (6-8), de Michalon (9-12), de Feiner (13-15).

---

522. Cf. F. De Smedt 1626 et Journal Congar, II, p. 463-464.
523. Saint Willibrord (658-739), apôtre des Pays-Bas, est le saint patron des Pays-Bas et des diocèses d'Utrecht et de Haarlem.
524. Willebrands se trompe, il s'agit des nn. 6-8; cf. F. De Smedt 1658-1659.
525. Cf. F. De Smedt 1627.
526. Pour la lettre d'accompagnement de Willebrands et le nouveau texte *De Libertate religiosa*, cf. *A. S.* V, III, p. 516-524.
527. Le 18 novembre 1965, plusieurs textes conciliaires seront promulgués (notamment le *De Revelatione* et le *De Apostolatu laicorum*) mais le *De Libertate religiosa* devra attendre jusqu'au 7 décembre 1965.

Mardi 9 novembre 1965

9.00 Au concile, entretien avec Felici et Fagiolo au sujet du *De Libertate religiosa*. Si le pape est d'accord pour une proclamation le 18 novembre, cela peut encore être arrangé.

13.30 Déjeuné chez Arrighi avec Satterthwaite, Fairweather, Findlow.

15.30 Au Secrétariat, entretien avec Mgr De Smedt, Pavan, Hamer, Willebrands au sujet de la relatio de Mgr De Smedt lors de la présentation des *modi*.

16.30 Session plénière du Secrétariat. Vote sur les *modi De Libertate religiosa*. Vote sur l'expensio modorum. Vote sur la Relatio De Smedt[528].

Mercredi 10 novembre 1965

Au concile, Mgr Pericle Felici annonce que le vote sur le *De Libertate religiosa* aura lieu le vendredi 19 novembre (Cela signifie qu'il n'y aura pas de promulgation le 18 novembre. Le Saint-Père le préfère. Si le vote se fait effectivement le 19 novembre, ce n'est pas grave).

18.00 Au Secrétariat, entretien avec Satterthwaite, Findlow.

Jeudi 11 novembre 1965

12.30 Déjeuner à la Grégorienne pour le groupe des Observers.

15.00 Le texte *De Libertate religiosa*, l'expensio modorum, la relatio De Smedt sont envoyés au Secrétariat général[529].

17.00 Réunion au Secrétariat au sujet de la réunion prochaine du Mixed Working Group à Ariccia: Mgr Rodhain, Mgr Bayer, Père de Riedmatten, M. Habicht [= de Habicht][530], Miss Rosemary Goldie, Mgr Arrighi, Mgr Willebrands, M. Lukas Vischer.

20.00 Dîner chez Mgr Arrighi avec le pasteur Andersen de Copenhague.

Vendredi 12 novembre 1965

8.30 Au Secrétariat.
Entretien avec le Père [un blanc] o.p. de Copenhague au sujet de ma visite en janvier[531].
Entretien avec Jan Groot.

---

528. Pour le texte de cette relatio, cf. F. De Smedt 1669.
529. Pour la lettre de Willebrands à Felici, cf. *A.S.* V, III, p. 538-539.
530. M. de Habicht, polonais, secrétaire permanent des Organisations Internationales Catholiques, auditeur au concile.
531. Du 22 au 27 janvier 1966, Willebrands se rendra à Copenhague et à Oslo (il y rendra visite au couvent des Dominicains).

10.00 Au concile, convoqué par Mgr De Smedt: le card. Wyszynski dispose d'une photocopie du *De Libertate religiosa* et est fort mécontent (Mgr Felici lui a envoyé la copie à la demande du pape[532]). Mgr De Smedt lui avait aussi envoyé une copie avec une lettre[533].

13.00 Déjeuné chez les Dames de Béthanie.

16.00 Discussion au Secrétariat avec l'archevêque Wojtyła[534] de Cracovie, avec un théologien et Mgr De Smedt, Hamer et Mgr Willebrands au sujet des difficultés des Polonais à l'égard du texte du *De Libertate religiosa*. Nous pouvons accepter quelques unes de leurs objections (legitimus → iustus[535]), mais pas toutes. Nous avons l'impression qu'ils sont satisfaits. Wyszynski voudrait que, dans l'introduction, nous introduisions son exposé sur Diamat[536]. Ce qui est impossible. D'ailleurs Pavan dit que l'exposé de Wyszynski est vieilli[537].

Entre temps réunion de Maccarrone, Spichler [sic = Stickler][538], Dumont, Raes, Duprey au sujet du prochain voyage à Istanbul pour la commission mixte sur 1054. Discussion sur une proposition de Dumont. Tout s'est bien passé.

Samedi 13 novembre 1965

9.30 Avec les observateurs anglicans en audience chez le pape (l'évêque Moorman, Satterthwaite, Fairweather, Findlow, Lawrence[539]).

11.00 Au concile.

Est-ce que le *De Libertate religiosa* pourra être imprimé, distribué et voté à temps? Selon Felici, il n'y a aucun élément nouveau dans ce processus.

---

532. Cf. la lettre de Felici à Macchi, *A.S.* V, III, p. 551.

533. En réponse à une lettre du 4 novembre de Wyszynski (au nom de l'épiscopat polonais) au pape avec des demandes de modifications, De Smedt avait déjà répondu le 5 novembre à Wyszynski en envoyant un passage modifié du texte. Cf. *A.S.* V, III, p. 488, 492-494 et F. De Smedt 1651-1654.

534. K. Wojtyła (1920-2005), archevêque de Cracovie en 1963, membre de la commission mixte pour le schéma XIII, cardinal en 1967, souverain pontife en 1978.

535. Les évêques polonais craignaient que le régime communiste puisse mettre des limites à la liberté religieuse en arguant qu'il est un régime «légitime».

536. Matérialisme dialectique. Cf. l'intervention de Wyszynski *in aula* du 20 septembre 1965, *A.S.* IV, I, p. 387-390.

537. Pour l'impression – pas tellement positive – de De Smedt de cette réunion, cf. Journal Prignon, p. 195-196.

538. Il s'agit de A. Stickler (1910-2007), salésien autrichien, à l'époque recteur de l'Ateneo Salesiano, archevêque titulaire de Volsinium en 1983, préfet de l'Archivio Segreto Vaticano et bibliothécaire de la Biblioteca Apostolica Vaticana en 1983, cardinal en 1985.

539. J. W. Lawrence (1904-2000), rédacteur de «Frontier», Londres, observateur de la Communion anglicane. Il a noué des contacts avec les Églises chrétiennes de l'Europe de l'Est.

13.00 Déjeuné chez De Graal. Pris congé de Josette.
15.30 Visite chez Mme Engelberg-Beam[540]. Elle parle de son action «Together».
16.30 Réunion au Secrétariat des participants catholiques du Joint Working Group: (l'évêque Holland, Willebrands, Hamer, Mgr Baum, Duprey, avec Stransky et Long).

Dimanche 14 novembre 1965
Le matin, travaillé au *Matrimonia mixta*.
16.30 Mgr De Smedt m'a téléphoné: Mgr Colombo lui a demandé de venir tout de suite.
17.00 Au Secrétariat: réunion du groupe pour le dialogue avec Constantinople au sujet de 1054 (Maccarrone, Raes, Stickler, Dumont o.p., Duprey, Willebrands).
Travaillé avec Mgr De Smedt et avec Mgr Colombo au *De Libertate religiosa*: ajouté au texte «traditionalem» et «recentiorum» (fin n. 1)[541] et un nouveau paragraphe dans la Relatio au sujet du lien historique avec les papes antérieurs.
Le soir à 9 h 30, coup de téléphone de Fagiolo «anche a nome di Sua Eccellenza [= Felici]»: le vote [sur le *De Libertate religiosa*] est reporté après le 19 novembre. Je ne suis pas d'accord. Attendons d'abord la décision du pape. J'ai téléphoné à Mgr Colombo: danger d'un ajournement du vote. Il insistera auprès du pape pour maintenir le 19 novembre et pour le faire savoir à Felici.
Téléphoné au P. Schmidt pour le mettre au courant, ainsi que le card. Bea.
Demain matin à 9 h, Mgr Colombo verra le pape et nous communiquera le résultat à 10 h.

Lundi 15 novembre 1965
8.30 Au Secrétariat. Discuté avec Salzmann les nouvelles modifications dans le texte; ceci pour les épreuves.
Visite de N. van den Akker.

---

540. Selon l'Agenda de poche l'entretien a eu lieu à la Piazza Adriana 15, Rome.
541. Dans le n. 1 on peut lire maintenant: «integram relinquit traditionalem doctrinam catholicam» et «Sacra Synodus recentiorum Summorum Pontificum doctrinam...». Cf. *A.S.* VI, IV, p. 617, note 1.

À Saint-Pierre. Après la messe, entretien avec Mgr Colombo et avec Mgr De Smedt: il y a de nouvelles objections (de Ciappi[542], de Boyer[543] et de la Secrétairerie d'État[544]).

Rédigé une réponse avec De Smedt dans la chapelle des chanoines [à Saint-Pierre]. Ensuite, avec Arrighi au Secrétariat. Rédigé une lettre à Dell'Acqua: réponse aux nouvelles objections (consulté pour cela: De Smedt – Colombo à Saint-Pierre, Hamer au Secrétariat).

13.00 Avec la lettre pour Dell'Acqua chez le card. Bea, qui signe la lettre[545].

Porté la lettre à l'appartement de Mgr Dell'Acqua (14 h).

Déjeuné avec le Prof. Rijk: entretien au sujet du schéma sur les Juifs et de l'activité future du Secrétariat pour les Juifs.

16.00 Session (plénière) du Secrétariat. Donné rapport des dernières péripéties concernant le *De Libertate*. Les Pères présents ont marqué leur accord avec ce que De Smedt et moi-même avons fait et donnent leur approbation formelle[546]. Ensuite, le *Directorium*: communicatio in sacris.

18.00 Téléphoné à Dell'Acqua: il n'y a pas de nouvelles. Il fait tout son possible. La lettre, signée par Bea, a été portée au pape à 14 h 30.

20.00 Mgr De Smedt téléphone: est-ce qu'il y a des nouvelles? Il n'y a pas de nouvelles. Pazienza[547].

Mardi 16 novembre 1965

Convoqué chez Mgr Dell'Acqua (8 h 15). «Tutto a posto» [Tout est en ordre]. Le pape aurait préféré que nous ayons accepté également le dernier

---

542. Pour les difficultés du P. Ciappi, cf. *A.S.* V, III, p. 566-567.

543. Le P. Boyer – pourtant membre du Secrétariat – avait cru bon d'envoyer, le 1er novembre, ses objections au card. Traglia, qui les avait transmises au pape. Cf. *A.S.* V, III, p. 485-487 et F. De Smedt 1664-1666. Le 22 novembre 1965, le pape note qu'aussi bien Ciappi que Boyer ont été déçus parce que leurs observations n'ont pas été retenues (cf. *A.S.* VI, IV, p. 618). Le 26 novembre, le card. Browne enverra encore plusieurs pages de remarques de Boyer à Cicognani (cf. *A.S.* V, III, p. 648-652).

544. Il s'agit d'une lettre de plusieurs Pères au pape, transmise par Dell'Acqua à Felici le 13 novembre et par Felici à Willebrands le 15 novembre 1965 (cf. *A.S.* V, III, p. 551-554; et aussi Journal Prignon, p. 208).

545. Pour cette lettre, cf. *A.S.* V, III, p. 564-565.

546. Comme toujours, Willebrands est fort soucieux de respecter scrupuleusement l'Ordo Concilii.

547. Toutefois le pape avait décidé le 15 novembre (probablement le soir) que le texte, avec quelques modifications «tranquillizanti», devait être imprimé le soir même, distribué le mercredi 17 novembre et voté le 19 novembre (*A.S.* VI, IV, p. 617 et *A.S.* V, III, p. 567).

modus[548], mais il n'insiste pas. Le texte peut être imprimé. Dell'Acqua a convoqué Felici pour lui communiquer les décisions. Je mets encore en garde contre une objection possible: que le temps est trop court [pour étudier le texte]: d'autres schémas, notamment le XIII, n'ont pas disposé de plus de temps[549].

Pour rencontrer le vœu du pape, Mgr De Smedt pourrait encore ajouter une phrase dans sa relatio[550].

Salzmann contrôle si on imprime effectivement le texte et vient me dire au concile: «Si stampa» [on imprime].

16.00 Session avec les observateurs: au sujet des indulgences[551]. Introduction par Gr. Baum.

Entretien avec Lukas Vischer concernant la réception d'adieu et la prière commune.

18.00 Entretien avec les Dames de Béthanie également sur les dernières réceptions, etc.

20.00 Ce soir, le Dr Visser 't Hooft arrive à Rome.

Mercredi 17 novembre 1965

8.00 Au Secrétariat, discussion avec Duprey au sujet du voyage à Constantinople.

9.00 Visite du Dr Visser 't Hooft et de Lukas Vischer. Entretien au sujet de la prochaine réunion [à Ariccia] et de son programme. Avec Visser 't Hooft à la session du concile.

11.30 Chez Mgr Dell'Acqua: concernant les points de Satterthwaite[552].

12.00 Chez moi, rédigé avec Arrighi un mémorandum pour le Saint-Père avec une lettre à Dell'Acqua.

15.00 Au Bureau, parlé avec Arrighi:
– comment envoyer le *Directorium*?
– comment et quand l'audience avec les observateurs doit-elle être organisée?

---

548. Cf. le «rescriptum» de Cicognani du 15 novembre (*A.S.* V, III, p. 567-568) qui mentionne par erreur un *modus* pour la p. 11, alinéa 3 (au lieu de p. 11, alinéa 5, cf. le modus de Ciappi, *A.S.* V, III, p. 567).

549. En effet, c'est une objection que Fagiolo avait faite (cf. Journal Prignon, p. 208).

550. Ce qui sera fait, cf. lettre de Willebrands (du 19 novembre 1965) à Dell'Acqua (*A.S.* V, III, p. 575-576) et la réponse de Dell'Acqua du 23 novembre (*ibid.*, p. 600-601).

551. Le pape avait consulté les présidents de conférences épiscopales au sujet des indulgences, sujet sensible pour les luthériens.

552. Il s'agit de la visite de l'archevêque de Canterbury le Dr Ramsey à Paul VI en 1966 (voir aussi le 20 novembre 1965).

16.00 Vers Ariccia (avec Mgr Baum et Corinna).
Arrivée à Ariccia, de même que les autres participants.
19.00 Session d'ouverture. Lecture de la Bible et prière. Repas.
20.00 La session continue: le programme des journées suivantes.

Jeudi 18 novembre 1965
Ariccia.
Discussion sur les 24 points de Bossey.
Discussion concernant les principes de l'œcuménisme (rapports de Hamer et de Lukas Vischer).
(À Rome, Sessio publica du concile: promulgation du *De divina Revelatione, De Apostolatu laicorum*).
16.00 Discussion.
20.00 Retourné à Rome pour la session du concile de demain.

Vendredi 19 novembre 1965
Ariccia.
À Rome, pour la session du concile: vote sur le *De Libertate religiosa*.
Visite de Maccarrone au Secrétariat concernant les remarques du Saint-Office sur son projet pour 1054.
Visite de Scrima au Secrétariat: je lui ai donné un projet pour Constantinople.
À Ariccia, discussion au sujet du dialogue. Rapports de Congar, de Nissiotis, de Schlink.
11.30 Au Secrétariat. Lettre au sujet du texte de la commission 1054 avec un «appunto» [note] de Maccarrone.
Lettres à Dell'Acqua et au card. Ottaviani concernant le *Directorium*[553].
14.30 Retourné à Ariccia[554].
À Ariccia, discussion sur les 24 points.
Visite du patriarche Athénagoras à Rome.
La question de l'excommunication de 1054.
La question d'une commission mixte: Rome – Constantinople.
La question d'un centre œcuménique à Palombara[555].

---

553. Le texte est quelque peu embrouillé. Il se peut aussi que Willebrands ait envoyé le projet de texte du *Directorium*.

554. Cf. Journal Congar, II, p. 479 où Congar note: «Willebrands est rentré de Rome. Je réalise mieux ce soir, ce qu'il apporte à une réunion par son calme, son attention, son esprit concret et précis, cette espèce de grâce d'accueil et de prudence qu'il possède».

555. Il s'agit de l'abbaye S. Giovanni in Argentella à Palombara.

La question de ma demande d'audience chez l'ambassadeur russe.
18.30 Après le repas, discussion au sujet de la communicatio in sacris.
Après la réunion, entretien avec Borovoj (de 22 h à 23 h 30).

Samedi 20 novembre 1965
Ariccia.
Discussion:
– des 24 points.
– du communiqué de presse.
– de la coopération internationale et des Organisations catholiques internationales.
12.30 Clôture de la réunion.
Avec le Dr Visser 't Hooft, Lukas Vischer et Nic. Nissiotis vers Bracciano.
15.30 À Bracciano, au château, réception par le prince et la princesse Odescalchi[556].
Dans la voiture, parlé à Visser 't Hooft:
– du voyage à Constantinople.
– de la question de l'audience chez le pape et de la prière avec les observateurs (le Dr Visser 't Hooft ne voit aucune objection).
Parlé au métropolite Emilianos de notre voyage à Constantinople.
19.00 Chez Mgr Dell'Acqua: concernant les communications du Rev. Satterthwaite: tout est en ordre. Cela peut être communiqué à Canterbury.

Dimanche 21 novembre 1965
12.30 Entretien à la Pensione Castello avec les observateurs serbes et bulgares au sujet du voyage à Constantinople.
14.00 Départ, avec Duprey, de Rome vers Istanbul[557].
18.30 À Istanbul, le métropolite Chrysostomos, l'archimandrite Gabriel et [un blanc] sont venus nous chercher.
20.00 À l'Hilton.

Lundi 22 novembre 1965
Istanbul.
10.30 Reçu par le patriarche Athénagoras.
11.00 Session de la commission d'étude[558].
17.00 Session de la commission d'étude.

---

556. Pour cette excursion avec les observateurs, voir aussi Journal Hermaniuk, 20 novembre 1965.

557. Pour ce voyage à Istanbul de Willebrands, Maccarrone, Raes, Stickler, Dumont o.p. et Duprey, cf. G. CAPRILE, *Il Concilio Vaticano II*, V, Rome, 1969, p. 506-507.

558. Pour les allocutions du métropolite Meliton d'Heliopolis et Theira et de Mgr Willebrands, cf. *Tomos Agapis*, n. 122 et 123.

Mardi 23 novembre 1965
Istanbul.
10.00 Session de la commission d'étude (10 h – 14 h 30).
17.00 Session de la commission d'étude (17 h – 21 h 30)[559].
20.00 Reçu par le patriarche Athénagoras.

Mercredi 24 novembre 1965
8.30 Départ d'Istanbul, raccompagné par les métropolites Meliton et Chrysostomos.
10.00 À l'aéroport d'Athènes, entretien avec Monsieur [un blanc].
13.30 Au Monte Mario.

Jeudi 25 novembre 1965
10.30 Chez Don Macchi: au sujet de la célébration œcuménique à San Paolo[560].
11.30 Entretien avec l'archimandrite Juvenalij et Anfinoguenov (au sujet d'une visite éventuelle du métropolite Nikodim au concile, des contacts avec le patriarche Athénagoras à Constantinople).
13.30 Déjeuné avec Fr. Thijssen.
15.00 Avec Don Macchi et Giovannini vers la Basilica et l'Abbazia di San Paolo. Sopraluogo [visite des lieux] pour la Celebratio oecumenica.
17.30 Au Secrétariat.
19.30 Dîné à l'hôtel Columbus; dîner offert par l'évêque Moorman de Ripon[561].

Vendredi 26 novembre 1965
9.00 Au Secrétariat: discussion du texte de la Celebratio oecumenica. Le Père Bugnini, Mgr Michalon, Mgr Arrighi, Long, Stransky, Willebrands.
14.00 Déjeuné chez Mgr Arrighi (les archevêques d'Aix, de Verdun), Père Hamer, Michalon.
15.30 Chez moi.
19.30 De Bruges, coup de téléphone de Mgr De Smedt concernant la lettre du card. Ruffini: *De Libertate religiosa*[562].

---

559. Pour le procès-verbal de l'accord de la commission mixte, cf. *Tomos Agapis*, n. 124.
560. Il s'agit de la célébration œcuménique du 4 décembre dans la basilique de Saint-Paul-hors-les-murs.
561. Cf. Journal Edelby, p. 336.
562. Le 23 novembre Dell'Acqua avait transmis à De Smedt une lettre de Ruffini à Cicognani (du 19 novembre) avec de nouvelles modifications pour le texte du *De Libertate religiosa* (cf. A.S. V, III, p. 601 et 590-592, F. De Smedt 1676-1677 et Journal Prignon, p. 217-218). Après la clôture du concile, Willebrands répondra encore à Dell'Acqua le 15 décembre 1965 (A.S. V, III, p. 657-659).

Samedi 27 novembre 1965

9.30 Visite du Prof. Chouard[563] et de monsieur Jacob, de la Conférence de Saint Vincent de Paris.

10.30 Avec les observateurs serbes et bulgares, coptes et indiens chez le pape (Le P. Schmidt nous accompagne comme interprète pour les Serbes).

13.00 Déjeuné avec le P. van Doornik.

15.30 Au Secrétariat. Correspondance.

Dimanche 28 novembre 1965

10.00 Petite excursion vers Nepi, Castel S. Elsa, Anguillara. Un concert à Rome avec l'évêque de Rotterdam [Mgr Jansen], le prof. Groot, Eugène Guljé.

Lundi 29 novembre 1965

8.30 Corrigé les épreuves du *De Libertate religiosa* pour la Sessio publica.

9.30 Discussion avec Arrighi concernant la présentation à Mgr Dell'Acqua de la Celebratio oecumenica du 4 décembre prochain.

10.00 Visite du Prof. Afanassieff, son fils et sa belle-fille.

11.30 Visite de l'évêque de Linarès [Salinas Fuenzalida][564], au Chili, président de la commission œcuménique au Chili.
(La commission théologique se réunit au sujet du texte du *Directorium*)[565].

12.30 Réunion du Comitato provvisorio de l'institut de Jérusalem chez les Pères de la Ste-Croix.

16.00 Mgr Pavan est au Secrétariat pour les dernières objections contre le *De Libertate religiosa*: les lettres du card. Ruffini et de Mgr Dino Staffa[566].

17.00 Discussion avec le Père Bugnini, avec Arrighi et Long au sujet des textes pour la Celebratio oecumenica à Saint-Paul le 4 décembre.

17.30 Visite au Secrétariat de Mgr Nierman et de Fr. Thijssen.
Le rapport sur les entretiens à Constantinople est prêt. Porté les deux documents au Vatican (le premier à Don Macchi, le second à Dell'Acqua).

18.30 Discussion avec l'archimandrite Joan de Sofia au sujet de son audience chez le pape le 27 novembre.

---

563. Chouard, professeur à la Sorbonne, président des Conférences de St Vincent de Paul.

564. A. O. Salinas Fuenzalida (1899-1991), ss.cc., chilien, évêque de Linares de 1958 à 1976.

565. Pour un rapport détaillé des trois sessions (29 et 30 novembre, 1 décembre) de la commission doctrinale consacrées au *Directorium oecumenicum*, cf. Relatio Secretarii [= Tromp] de laboribus Commissionis (14 sept. – déc. 1965), p. 117-123, F. Philips, Dossier 4, p. 6.

566. Pour la lettre du 28 novembre de Dell'Acqua à De Smedt avec l'amendement de Staffa, cf. *A.S.* V, III, p. 628-629 et F. De Smedt 1678-1679. Comme De Smedt se trouvait à Bruges, Prignon lui a téléphoné, mais Mgr De Smedt ne semblait vraiment pas très ému. Et la lettre de Staffa passera aux archives (cf. Journal Prignon, p. 237-238). Après la clôture du concile, Willebrands répondra encore à Dell'Acqua le 15 décembre 1965 (cf. *A.S.* V, III, p. 660).

Mardi 30 novembre 1965

8.30 Par la Via Cassia 645 au Secrétariat (regardé l'appartement[567]).

10.00 À la session du concile. Parlé à Felici: samedi midi il annoncera le service de prière dans la basilique de Saint-Paul.
(Un télégramme de Constantinople est arrivé au Secrétariat – de Meliton – en principe ils acceptent la Declaratio[568]).

13.30 Déjeuné chez les Dames de Béthanie.

14.30 Duprey me téléphone: une lettre de Dell'Acqua est arrivée: le pape accepte la Declaratio, mais veut changer un mot – sans signification substantielle – nous devons envoyer les documents au Saint-Office et fixer la procédure afin de pouvoir finir le tout.

16.30 Session avec les Observers. J'ai expliqué plus en détail le service de prière à Saint-Paul et l'audience qui aura lieu ensuite.
Discussion sur les *Matrimonia mixta*. Introduction par le Père Stransky.
(La commission théologique se réunit au sujet du *Directorium*).

17.30 Vers l'audience, au Quirinal, du Président Saragat[569].

19.00 Au Secrétariat avec Duprey. Transmis les documents sur Constantinople au Saint-Office.

Mercredi 1 décembre 1965

(La commission théologique se réunit au sujet du *Directorium*).
Chez moi au Monte Mario (indisposé).
Duprey travaille à la procédure pour tout parachever avec Constantinople en ce qui concerne 1054.
Mgr De Smedt est de retour à Rome.

Jeudi 2 décembre 1965

8.30 Le Père van Leeuwen o.f.m.[570] et le P. Mulders [sic = Smulders] s.j.[571] au Secrétariat.

---

567. Willebrands avait l'intention de quitter le couvent du Monte Mario et de s'installer dans un appartement. À la Via Cassia 645 se trouvait une maison des Religieuses Franciscaines de Heythuizen.

568. Concernant la levée de l'excommunication de 1054.

569. G. Saragat (1898-1988), homme politique italien, fondateur du Parti social démocrate italien, président de la République italienne de 1964 à 1971.

570. Bertulf (Peter) van Leeuwen (1913-), franciscain néerlandais, de 1938 à 1941 étudiant à la Faculté de théologie de l'Université de Louvain, en 1964 professeur à la Faculté de théologie de l'Université de Nimègue, pendant le concile conseiller de l'épiscopat indonésien.

571. Il s'agit probablement du Père Piet Smulders (1911-2000), jésuite néerlandais, professeur de dogmatique et de patrologie au Theologicum des jésuites à Maastricht de 1943 à 1967, conseiller de l'épiscopat indonésien, *peritus* conciliaire.

9.00 Au concile.
12.00 Don Molari m'a téléphoné: Le Saint-Office donne le «disco verde» [feu vert] pour le texte de la déclaration [Constantinople 1054]. La lettre arrivera au cours de l'après-midi.
13.30 Déjeuné chez Höfer avec le card. Bea, le P. Schmidt, Mgr Cardinale.
15.00 De retour au bureau. Duprey vient également.
Nous téléphonons à Constantinople: nous leur communiquons que le texte est accepté (à l'exception d'un mot: «réparation»[572], parce qu'ici on en parle de façon trop vague et trop générale). L'archevêque Gabriel dit que cela peut être accepté. Ils demandent la même date pour la promulgation[573]. Le pape est d'accord pour le 7 décembre.
Dumont vient au Secrétariat: il a fait un projet pour le bref[574]. Discussion de ce projet, et continué la discussion avec Duprey et Maccarrone.
Je vais à la conférence de presse de Cullmann au Deutsches Pressezentrum, où je dois prononcer les mots de conclusion (Là-bas je rencontre Hromádka[575], Andra [lecture probable] et Uptchensky [sic][576].
Ensuite, dîné, sur invitation de Mgr van Lierde, à la Domus Mariae avec les évêques néerlandais.

Vendredi 3 décembre 1965
9.00 Entretien avec un évêque espagnol qui demande les interventions sur le *De Libertate religiosa*.
9.00 Entretien avec le Prof. Lackmann[577].
10.00 Entretien avec le Prof. Bronkhorst[578].
11.30 Téléphoné avec Mgr Felici concernant l'organisation de demain après-midi à San Paolo.

---

572. Pour le texte définitif de la *Declaratio communis*, cf. *A.A.S.* 58 (1966) p. 20-21 et *Tomos Agapis*, n. 127. Le mot «réparation» se trouvait au n. 5: «Ce geste de justice et de pardon réciproque…».
573. La déclaration sera lue en même temps à Rome et à Constantinople (au Phanar).
574. Il s'agit du bref pontifical *Ambulate in dilectione*, que le pape donnera au métropolite Meliton le 7 décembre.
575. J. L. Hromádka (1889-1970), théologien tchèque, promoteur du dialogue entre chrétiens et marxistes, fondateur de la Conférence chrétienne pour la paix (à Prague), vice-président de l'Alliance réformée mondiale de 1954 à 1964.
576. Il s'agit de M. Opocensky (1931-2007), de l'Église des Frères tcheques, théologien et collaborateur de Hromádka, secrétaire général de l'Alliance réformée mondiale de 1989 à 2000.
577. M. Lackmann (1910-2000), théologien protestant allemand, opposant du nazisme et œcuméniste. Il fonda, en 1960, le «Bund für Evangelisch-Katholische Wiedervereinigung».
578. A. J. Bronkhorst (1914-1994), Néerlandais, protestant réformé, professeur à la Faculté de théologie protestante à Bruxelles.

Entretien avec Duprey: il part pour Istanbul pour les ultimes explications et pourparlers.

Envoyé au pape la liste pour la délégation (card. Shehan, l'archevêque Nicodemo[579] de Bari ou Costa[580], Maccarrone, Dumont o.p., Long, White[581]). Le Père Marco [Malagola] répond que le pape préfère Nicodemo à Costa.

13.00 Déjeuné avec Hermann Volk et Fr. Thijssen chez Pierdonati[582].
16.00 Avec Arrighi, les ultimes (?) arrangements pour la solennité à San Paolo.
16.30 Entretien avec l'évêque luthérien d'Islande et le Père Mertens.

Samedi 4 décembre 1965
10.00 Au concile, entretien avec l'archevêque Nicodemo de Bari: au sujet de son appartenance à la délégation pour Constantinople.
11.30 Duprey est de retour d'Istanbul: tout est en ordre.
13.00 Déjeuner dans l'abbaye de San Paolo avec les observateurs. Visite de l'abbaye.
17.00 Service de prière dans la basilique de San Paolo pour l'unité des chrétiens.
19.00 Au Secrétariat: communiqué de presse sur la question 1054 pour le 7 décembre[583].

Dimanche 5 décembre 1965
9.30 Beaucoup de coups de téléphone avec Duprey concernant la question 1054 pour le 7 décembre[584].
16.00 Avec Duprey, chez l'ambassadeur de Turquie pour le mettre au courant de la question 1054.
21.00 Concert à l'Auditorio Gonfalone[585], offert par les Dames de Béthanie.

---

579. E. Nicodemo (1906-1973), évêque de Mileto 1945 à 1952, archevêque de Bari de 1952 à sa mort. Le diocèse de Bari a des liens particuliers avec l'Orient à cause de Saint Nicolas – saint vénéré aussi bien en Orient qu'en Occident – dont les reliques sont conservées dans la cathédrale de Bari.

580. S'agit-il de F. Costa (1904-1977), archevêque titulaire d'Emmaus en 1963 et assistant écclésiastique général de l'Action catholique italienne?

581. Porter I. White, prêtre du diocèse de Baltimore, secrétaire de Mgr Shehan, *peritus* conciliaire.

582. Restaurant Pierdonati, Via della Conciliazione 39, 00193 Roma.

583. Pour le texte de ce communiqué, cf. G. CAPRILE, *Il Concilio Vaticano II, Quarto Periodo*, V, p. 507.

584. Dans son journal de Lubac signale que le pape a donné son approbation définitive au texte de Constantinople 1054 pendant le repas de midi du 5 décembre (H. DE LUBAC, *Carnets du Concile*, II, Paris, 2007, p. 478). Cf. également J. GUITTON, *Œuvres complètes, Journal de ma vie*, Paris, 1976, p. 526.

585. Il s'agit de l'Oratorio Gonfalone, Via del Gonfalone 32a, Roma.

Lundi 6 décembre 1965
11.30 Arrivée du métropolite Nikodim.
13.30 Déjeuner avec les interprètes et les *periti* au Columbus.
16.00 Session du Secrétariat (les remarques de la commission doctrinale au sujet du *Directorium* ne sont pas encore arrivées. Je lis le texte de la Declaratio 1054 de demain).
17.30 Réception des Observers à la Via Pietro Cossa 40[586].
19.30 Dîner chez les Pères Montfortains, à l'occasion de [la visite de] l'évêque luthérien d'Islande.
20.30 Arrivée d'Athénagoras de Thyatira.
Le soir à 23 h, téléphone de Don Macchi: le Saint-Père m'invite à déjeuner, mercredi, immédiatement après la session du concile.
23.35 Arrivée de Chrysostomos de Vienne.

Mardi 7 décembre 1965
Le matin à 4 h, à Fiumicino pour accueillir Meliton.
Ensuite, repos au Secrétariat jusqu'au moment de me rendre au concile.
9.00 Avec la délégation de Constantinople au concile (Meliton de Heliopolis, Jakovos d'Amérique – il est venu pendant le concile, Chrysostomos de Vienne, Maximos Agiorgousis[587], le diacre Bartolomeos[588]).
Pendant la session du concile, il y a la promulgation du *De Libertate religiosa* et de la Declaratio sur 1054.
12.30 Après la session du concile, la délégation [de Constantinople] est reçue par le pape dans la Sala dei Paramenti[589].
13.30 Déjeuner au Raffaello[590] avec la délégation de Constantinople, le métropolite Nikodim et les observateurs russes, Duprey, Long.
16.30 Visite de la délégation de Constantinople chez le card. Bea.
19.30 Dîner au Raffaello avec la délégation de Constantinople, le métropolite Nikodim, tous les observateurs orthodoxes, les membres du staff du Secrétariat, les membres de la commission d'études 1054, le Père Lanne.

---

586. Adresse de la Faculté vaudoise de théologie à Rome.
587. Maximos Agiorgousis (1935-), en 1964 il a obtenu un doctorat en théologie à l'Université catholique de Louvain, archimandrite, en 1979 métropolite de Pittsburgh (États-Unis), observateur du patriarcat de Constantinople et recteur de l'église grecque-orthodoxe de Rome.
588. Bartolomeos I (1940-), né à Gakceada (Turquie), entre 1963 et 1968 étudiant à Rome, à Bossey et à Munich, ordonné prêtre en 1969, sacré évêque de Philadelphie en 1973, élu archevêque de Constantinople et patriarche œcuménique en 1991.
589. Une salle dans le palais apostolique. Pour l'allocution du métropolite Meliton, cf. *Tomos Agapis*, n. 130.
590. Albergo Raffaello, Via Urbana 3-5, 00184 Roma.

Mercredi 8 décembre 1965
Session de clôture du concile.
13.30 Déjeuner chez le Saint-Père: présents: Mgr Felici, Mgr Carlo Colombo, Mgr Willebrands, Don Macchi, Don Bruno[591].
16.00 Au bureau.
19.00 Visite de Nikodim chez le card. Bea (avec Mgr Willebrands).

591. Bruno Bossi (1910-1995), prêtre du diocèse de Milan en 1945, secrétaire d'abord de Montini à Milan, puis de Paul VI à Rome.

Index onomastique

Remarque préliminaire
Les noms repris dans l'index ne renvoient qu'aux Agendas et ne concernent donc pas la Préface et l'Introduction. Le nom de «Jo Willebrands» ne se retrouve evidemment pas dans l'index.
Pour les prénoms on a habituellement pris le prénom dans la langue maternelle de la personne en question. Certains évêques surtout orthodoxes et des religieuses sont classés selon leur prénom, qui est plus connu que leur nom propre. Pour sa famille et ses amis, Willebrands n'indique d'habitude que leur prénom.

Aagaard J., 17
Afanassieff N., 232, 234, 235, 264
Agagianian G., 81, 134, 223, 227, 230, 231
Agnes sr (Tinga), 67, 86, 147, 155, 179, 183, 211, 219, 244, 251, 252
Ahern B., 94
Albanesi A., 95
Alberigo G., 9, 39, 82, 89, 150
Alexandre, 194
Alexis de Talinn, 111, 144, 174
Alexis I patriarche, 39, 187, 188, 194
Alfrink B., 29, 39, 68, 101, 102, 137, 139, 155, 167, 215, 216, 222, 227, 235
Alibrandi G., 161
Alivisatos H., 43, 46, 122
Alonso G., 17, 151, 248
Alter K. J., 66, 68, 79
Alting von Geusau L., 22, 35, 44, 89, 110, 123, 203
Amadei A., 166
Amaryllios, 207
Anastasio del SS.mo Rosario (Ballestrero A.), 139, 140
Anawati G., 51

Ancel A., 228, 233, 235, 236, 237, 239, 255
Andersen, 256
Andra, 266
André métropolite, 199, 200
Andriessen P., 47
Anfinoguenov N., 29, 237, 246, 252, 263
Anthonisse J. M. (Zacharias), 71
Antonelli C., 117
Antoniutti I., 22
Antonov G., 198
Arrighi J. Fr., 9, 17, 22, 23, 25, 26, 29, 30, 31, 32, 36, 38, 40, 44, 46, 50, 51, 53, 56, 57, 58, 60, 69, 70, 74, 75, 80, 82, 87, 92, 94, 99, 102, 103, 105, 107, 110, 113, 118, 123, 127, 130, 132, 133, 141, 142, 144, 147, 149, 150, 151, 160, 164, 167, 183, 197, 206, 210, 211, 220, 227, 228, 229, 230, 232, 234, 245, 246, 253, 256, 259, 260, 263, 264, 267
Arrighi Mme, 148, 164, 165
Arrupe P., 205
Asmussen H., 55

Athénagoras patriarche, 16, 35, 37, 38, 43, 54, 57, 77, 82, 83, 84, 86, 87, 103, 108, 109, 110, 114, 118, 119, 120, 135, 151, 166, 207, 238, 242, 261, 262, 263
Athénagoras Kokkinakis, 87, 88, 103, 268
Aubert R., 39
Aucher J., 92
Augustin st, 218
Ayrouth H., 38

Baas L., 62
Bach J. S., 218
Bakker T., 47
Balducci C., 174
Barnes, 5
Barot M., 250
Barr J., 6
Bartolomeos diacre, 53, 268
Bashir, 126
Basilios métropolite, 165, 168, 173, 174
Batanian I., 94, 96, 162, 204, 208
Baum Gr., 6, 42, 64, 91, 93, 142, 155, 179, 184, 221, 222, 225, 244, 260
Baum W., 158, 258, 261
Bayer K., 149, 184, 211, 256
Bazille J., 98, 160
Bea A., 1, 2, 4, 5, 6, 7, 10, 11, 12, 13, 14, 15, 16, 17, 19, 20, 21, 23, 24, 27, 29, 30, 31, 32, 34, 35, 36, 37, 38, 39, 40, 54, 55, 56, 58, 60, 62, 63, 66, 67, 69, 70, 71, 72, 74, 75, 76, 77, 79, 80, 81, 82, 84, 85, 86, 87, 89, 90, 91, 92, 93, 94, 95, 96, 98, 99, 101, 102, 105, 107, 108, 109, 112, 113, 114, 115, 116, 117, 123, 124, 125, 129, 131, 132, 133, 134, 135, 136, 137, 138, 139, 140, 141, 142, 144, 145, 146, 147, 148, 149, 150, 151, 152, 153, 156, 157, 158, 159, 160, 161, 162, 163, 166, 167, 168, 170, 171, 172, 173, 178, 180, 181, 182, 183, 184, 186, 193, 195, 196, 201, 202, 203, 204, 205, 206, 208, 211, 218, 221, 222, 223, 224, 225, 226, 227, 228, 230, 231, 232, 235, 236, 237, 238, 242, 243, 244, 245, 246, 249, 250, 251, 253, 258, 259, 266, 268, 269
Beaubien I., 43, 51, 112
Beauduin É, 18
Beauduin L., 18
Becker W., 92, 142, 177, 239, 247, 253, 255
Becquet Th., 32, 155
Beethoven L. van, 250
Beex H., 49
Béguin O., 12
Bekkers W. M., 16, 78, 182, 183
Bellini, 52
Belpaire Th., 217
Benediktos patriarche, 174, 209
Bernardine, 104
Bernard-Maître H., 95, 112, 116
Bernhard prince, 101
Berruex A., 34
Bévenot M., 103, 252
Bidagor R., 15, 16, 35
Biot, 52, 128
Blaser, 38
Blomjous J., 39, 52, 56
Blondeel M., 173, 174, 209
Bloom A., 105
Boegner M., 124, 147, 152, 153, 168
Boekel A., 23
Boekraad A. J., 101
Bonduelle J., 170
Boniface VIII pape, 202
Borovoj N., 29, 34, 43, 64, 65, 69, 71, 79, 82, 118, 144, 153, 235, 251, 262
Borromini Fr., 202
Bossi Br., 269
Boyer Ch., 18, 46, 173, 201, 242, 259

Braisios, 121, 122, 167
Brand P., 61
Braun G., 184
Brearly Ch., 226, 232
Bréchet R., 13, 82, 152
Brien D., 67, 70
Brini M., 174, 175, 209, 210
Brinkel B. (voir Van der Plas M.), 221
Brinkerink, 15
Brinkerink Corinna, 15
Bronk, 226
Bronkhorst A. J., 238, 266
Brown Leslie, 142
Brown R., 18
Browne G., 83
Browne M., 36, 137, 139, 140, 242, 243, 259
Bruce M., 248
Brunello A., 201
Bruning, 187
Bugnini A., 88, 263, 264
Bukatko G., 74, 75, 94, 199, 200
Burcksen A., 223
Burgos, 52

Cabassi, 149
Cacoyannis M., 185
Caloyéras D., 111, 196, 206, 207, 220
Canaan A. (ou Kenaan), 224, 238
Canelli R., 59
Cannon W., 225
Cantero Cuadrado P., 154, 226, 235, 239
Cantuti Castelvetri F., 119, 120, 123
Capovilla L., 196
Cappiello L., 173, 209
Caprile G., 55, 66, 75, 109, 144, 148, 262, 267
Carbone V., 24, 37, 40, 136, 137, 143
Cardinale I., 10, 12, 14, 20, 21, 24, 27, 29, 33, 34, 51, 56, 57, 63, 66, 67, 84, 103, 104, 266
Cargiolo, 116

Carlos Hugo de Bourbon-Parme, 101
Carmelite sr, 198
Casaroli A., 151, 163, 186, 197, 201
Casimiri, 84
Caspar R., 155
Cassien (Bezobrazov), 63
Castelli E., 22
Cento F., 36
Cervi N., 28
Chantin J. P., 92, 106
Charrière Fr., 39, 40, 41, 44, 55, 56, 157, 158
Charue A. M., 1, 2, 116, 117, 139, 168, 244, 247
Chavaz E., 55, 126, 185
Chenaux Ph., 55
Chouard, 264
Chrysostomos Constantinidis, 43, 166
Chrysostomos de Myra, 151, 152, 166, 167, 206, 222, 235, 238, 262, 263, 268
Chrysostomos de Neo Cesarea, 167
Chrysostomus Johannes, 97
Ciappi L., 259
Cicognani A., 3, 8, 9, 12, 13, 14, 15, 21, 24, 35, 36, 39, 40, 57, 59, 67, 68, 74, 75, 76, 78, 94, 95, 109, 111, 115, 116, 118, 120, 124, 125, 131, 133, 134, 135, 137, 139, 141, 142, 143, 158, 161, 162, 170, 196, 202, 204, 205, 206, 209, 226, 231, 242, 249, 253, 259, 260, 263
Civardi L., 97
Clément R., 39
Cobben W. P., 195
Cody J. P., 179
Coebergh H., 47, 102
Coleman P., 15
Collins P. W., 37
Colombo C., 52, 62, 96, 98, 137, 138, 140, 141, 177, 187, 229, 230, 231, 233, 234, 235, 236, 243, 245, 247, 255, 258, 259, 269

Commandeur N. A., 76
Condrin, 148, 164
Congar Y., 25, 39, 61, 81, 94, 105, 112, 113, 115, 125, 150, 152, 153, 154, 156, 157, 176, 177, 178, 179, 201, 202, 225, 239, 242, 250, 252, 253, 255, 261
Constantin prêtre, 191
Constantinos (Platis) métropolite, 110, 111, 121
Cooke L., 211
Copello S. L., 132
Corbon J., 52, 162, 163, 235
Corson F., 225, 231, 232, 233
Costa F., 267
Cottier G., 184
Court, 248
Cousins N., 10, 12
Coussa G. A., 14
Couturier P., 127, 128
Crialesi V., 243
Crosti N., 202
Cullmann O., 81, 147, 266
Cunial E., 129
Cuoq J., 91, 155, 157, 225
Cushing R. J., 5
Cyrillus patriarche, 198

Dagher A., 235
Dagne H. G., 65
Damen J., 55, 94, 98, 118, 131, 136, 145, 172
Daniélou J., 145, 168
da Sangallo A., 73
Davies, 77
Davis Fred, 46, 82
Davis H. F., 180
Davis Thurston, 13
Dearden J., 73
de Beer G., 31, 32
de Blank J., 103
Declerck L., 38, 124, 228
de Clercq C., 92, 94

De Gaspari, 246
de Groot O., 48, 227
Degrijse O., 154, 239, 255
de Habicht M., 256
de Jong J. P., 227
De Keyzer M., 169
de Lange W., 203
Delarue J., 148
de Leusse H., 124
del Gallo L., 36
Dell'Acqua A., 14, 24, 32, 38, 40, 41, 72, 73, 82, 83, 85, 87, 109, 110, 114, 119, 123, 131, 132, 133, 135, 138, 139, 140, 141, 147, 150, 151, 159, 166, 168, 170, 178, 186, 187, 202, 203, 204, 219, 220, 226, 227, 229, 230, 231, 232, 233, 234, 235, 236, 237, 241, 242, 243, 244, 246, 247, 253, 254, 255, 259, 260, 261, 262, 263, 264, 265
de Lubac H., 145, 267
De Martini Corinna, 11, 15, 23, 27, 34, 37, 39, 40, 51, 63, 77, 101, 114, 130, 139, 156, 166, 170, 196, 202, 203, 215, 216, 217, 218, 219, 221, 228, 231, 246, 247, 252, 255, 261
De Mel, 79
Depoorter A., 220
de Provenchères Ch., 94
Derderian Y., 174
de Riedmatten H., 14, 77, 256
Derouineau A., 92, 105, 129, 148, 149
de Rothschild E., 17
De Simone R., 163
De Smedt E. J., 1, 3, 17, 20, 36, 38, 39, 66, 68, 71, 74, 76, 77, 89, 90, 91, 92, 93, 99, 114, 116, 134, 138, 140, 141, 142, 152, 154, 156, 157, 160, 168, 169, 180, 181, 182, 201, 204, 206, 207, 208, 209, 210, 219, 220, 221, 223, 224, 225, 226, 227, 228, 230, 231, 232, 233, 234, 235, 236, 237, 238, 239, 240, 241, 244, 245,

246, 247, 249, 252, 253, 255, 256, 257, 258, 259, 260, 263, 264, 265
De Waelhens A., 22
De Wil J., 48
De Wilde F., 78
De Wit D., 195
De Wit Klaas, 50, 213
Dhanis É., 124
Dib P., 208
Dijkman, 100
Dimetros M., 65, 66
Divarkar P., 205
Doens I., 217
Döpfner J., 12, 35, 59, 80, 89, 137, 139, 167, 223, 225, 227, 229, 246
Doi Masotashi, 30
Domenico, 70
Dominique St., 128
Doty R., 131
D'Souza E., 65, 119
Dumont Chr., 28, 33, 39, 40, 41, 60, 61, 105, 114, 115, 123, 130, 148, 149, 168, 177, 204, 257, 258, 262, 266, 267
Dumont P., 20
Duncker G., 133
Duprey P., 17, 18, 19, 21, 24, 29, 34, 36, 38, 39, 41, 50, 51, 53, 54, 55, 57, 58, 59, 60, 72, 75, 80, 82, 83, 84, 85, 86, 87, 88, 93, 96, 99, 108, 109, 112, 113, 114, 116, 118, 119, 120, 123, 126, 130, 135, 144, 150, 151, 152, 155, 157, 161, 162, 163, 166, 168, 173, 174, 175, 178, 184, 185, 187, 189, 190, 199, 201, 202, 203, 204, 205, 206, 208, 209, 219, 220, 221, 222, 224, 225, 234, 235, 243, 244, 246, 252, 253, 255, 257, 258, 260, 262, 265, 266, 267, 268

Eastman J., 222
Eberhard, 108
Ebneter A., 13

Edelby N., 38, 59, 94, 116, 162, 196, 208, 224, 242, 263
Eftym Papas, 51, 240
Elefteriades E., 116
Eley St., 79
El-Pharaony F., 73
El Tabéi Mohamed, 234
Emilianos évêque, 199, 200
Emilianos Timiadis, 153, 240, 241, 262
Emmanuel prêtre, 191
Engelberg-Beam Mme, 258
Espy E., 153
Etchegaray R., 228, 230
Eucaristine sr, 198
Evangelos évêque, 110, 166, 167
Evdokimov P., 161, 241
Evenhuis, 64
Eyckelhof, 195

Fagiolo V., 15, 37, 41, 57, 70, 74, 76, 101, 114, 115, 117, 118, 124, 125, 136, 143, 183, 245, 246, 256, 258, 260
Fairweather E. R., 229, 256, 257
Falchi Mme, 124
Faller O., 55
Fausta (Marchese Delfina) sr, 221, 222
Fazilleau, 130
Feiner J., 60, 61, 89, 90, 91, 92, 93, 94, 115, 116, 117, 118, 153, 177, 178, 182, 225, 239, 244, 247, 251, 253, 255
Felici A., 155, 156, 161, 170, 171
Felici P., 3, 15, 37, 41, 51, 52, 59, 63, 67, 68, 70, 76, 88, 94, 95, 109, 116, 118, 119, 124, 125, 134, 136, 137, 138, 139, 140, 141, 142, 143, 155, 156, 161, 163, 167, 171, 177, 179, 186, 219, 220, 221, 223, 230, 231, 233, 240, 244, 245, 246, 247, 250, 251, 254, 256, 257, 258, 259, 260, 265, 266, 269

Felici photographe, 119
Fellini F., 53
Feltin M., 139, 216
Féodoroff L., 53
Fernandez A., 20, 28, 137, 140
Ferrari G., 160
Ferree W., 97
Filaret métropolite, 211
Fincke E., 55
Findlow J., 146, 150, 159, 163, 229, 236, 256, 257
Fiolet H., 216
Fisher M., 103, 133, 136
Fittkau G., 72, 74, 218
Fleischmann M., 58
Florit E., 120
Fluitman Ans, 4, 8, 23, 41, 42, 44, 86, 102
Fortino E., 247
Fortunatus V., 165
Fossati M., 25
Franck Fr., 32
François sr, 212
François d'Assise st, 237, 252
François de Sales st, 65
Franić Fr., 139, 140
Friedeberg I., 149
Fries H., 22, 52
Frings J., 139, 167
Fry Fr. Cl., 5
Frysman, 155, 158
Fuchs J., 90

Gabard, 107
Gabriel archimandrite, 166, 167, 207, 262, 266
Gabriel père, 14
Gabriele sr (Lutterman), 130, 198
Gad H., 51, 121
Galema A. H., 160, 220
Garber, 123
Garrone G.-M., 25, 139
Gérard frère, 133

Gerlier P.-M., 127, 146
Germanos archimandrite, 165, 168, 174
Germanos patriarche, 54, 200
Gerritse F. B., 170
Giaquinta G., 170
Gilardone E., 88
Gill J., 152
Giobbe P., 145
Giovannini G., 29, 30, 33, 136, 263
Girardi G., 97, 103
Glorieux A., 15
Goethe R., 170
Goldie R., 115, 173, 250, 256
Gori A., 152, 173, 204, 209, 211, 250, 251
Gottardi A. M., 26
Granados Garcia A., 140
Greitemann N., 67
Griffiths J. H., 7
Grillmeier A., 247
Groenendijk P. C., 28
Grol W., 11, 24, 45, 46, 85, 215
Grond L., 72, 74
Groot J. C., 46, 49, 65, 68, 70, 78, 165, 229, 256, 264
Grootaers J., 4, 9, 169, 205, 238
Groothuizen D., 147, 186, 202
Grotoff S., 56, 60, 211
Guano E., 25, 115
Guarducci M., 88
Guerri S., 56, 57, 63, 88, 119, 123, 124, 125, 133
Guitton J., 267
Guljé E., 70, 264
Gut B., 20, 24

Haarsma F., 80
Habib Bacha, 223, 224, 225, 235
Hadje Mariam, 176
Hadjivassiliou, 83
Haggan, 58
Hailé Sélassié, 176

Hallinan P. J., 16
Hamer J., 9, 17, 28, 33, 51, 60, 92, 97, 98, 99, 103, 104, 108, 113, 114, 115, 138, 144, 148, 153, 154, 156, 157, 184, 196, 219, 221, 225, 226, 228, 233, 237, 238, 239, 245, 253, 254, 255, 256, 257, 258, 259, 261, 263
Hamm, 64
Hanahoe E., 8
Harms H., 42
Haubtmann P., 231
Haymes, 130
Heenan J. C., 66, 90, 103, 104, 105, 157, 167, 180, 181, 251
Hegge R., 215
Heiligers C., 171
Helder Camara, 79, 228
Helmsing Ch., 158
Hélou Ch., 180
Hengsbach Fr., 66
Henri VIII, 34
Hermaniuk M., 57, 66, 69, 70, 73, 74, 77, 80, 83, 99, 156, 157, 158, 181, 182, 239, 245, 262
Herzel S., 250
Hesburgh Th., 163
Heschel A. J., 5, 7, 76, 77
Hetzler J. H., 32
Heuschen J. M., 116, 117, 229
Heylen V., 239, 240
Hildegard sr (Michaelis), 37, 38, 46, 47, 49, 50, 76, 102, 130, 210
Hirschmann J., 62
Hoch A., 218
Höfer J., 13, 14, 15, 35, 38, 52, 66, 117, 145, 173, 205, 266
Hofwijk J. W. (Kint W. J. V.), 204
Holland Th., 23, 158, 184, 258
Hollenbach, 63
Holmgren L., 7
Horton D., 6
Hosman B., 203

Houtart Fr., 239
Hromádka J. L., 56, 266
Hubble, 186
Huf F., 220
Huhn G., 55
Huibers J. P., 47, 213
Husseau, 92, 106, 107, 129
Huyboom A., 28
Hy Mr. et/ou Mme, 105, 107, 129, 148, 164

Ignace sr, 205
Ilich J., 192, 194
Imbert C., 164
Imelda sr (Esser), 108, 184, 252
Ioann Razumov, 192, 193
Irène princesse, 101, 104, 110, 113, 114
Ireneus métropolite, 168
Iwas Z., 64, 68, 73

Jacob H., 264
Jacobs J., 2
Jacoub Ignatius patriarche, 162
Jadot, 129
Jaeger L., 80, 156, 157
Jakovos Coucouzes, archevêque, 5, 6, 7, 268
Jaller, 144
Jansen M. A., 58, 59, 70, 159, 264
Jansen J., 159, 173
Jean XXIII, 1, 10, 11, 15, 19, 22, 24, 25, 26, 27, 30, 31, 32, 33, 56, 57, 65, 71, 92, 105, 107, 137, 151, 191, 193, 196, 198, 207, 231, 244
Jewett S. O., 6
Joan archimandrite, 237, 246, 264
Johan archevêque, 200
Johan évêque, 200
Jongedijk, 251
Josaphat, 9, 83
Joseph métropolite, 192
Journet Ch., 228, 242, 243

Juliana reine, 101, 114
Justin métropolite, 44
Juvenalij archimandrite, 187, 190, 194, 235, 237, 246, 251, 252, 263

Kabes Y., 175, 210
Kaczynski R., 89
Kalapesi M., 23, 36, 159, 229
Kalinikos diacre, 111
Kampe W., 72
Kaplan E. K., 5
Kasem-Beg A., 187
Katkoff A., 70
Kazantzákis N., 185
Keating J., 42
Keighley, 112
Kelly, 17, 18
Kelly o.p., 184
Kennedy J. F., 8, 10, 78
Kere, 123
Kersters Josette, 34, 51, 252, 258
Khoklov N., 160
Khoren I katholikos, 162
Khoury J., 223, 224
Kilmartin E., 12
Kint W., 204
Kiprian exarque, 188
Kiziloğlu, 152
König Fr., 10, 139, 196, 234
König Clemens, 54
Kok A., 4
Kok Geertje, 50, 213
Kominek B., 184
Koopman, 213
Kosmadopoulos, 121, 122
Kotliarov V., 27, 29, 34, 118
Koulik A., 70, 144, 251
Kozyrew S., 10, 25
Krassikov A., 10
Krouchtchev, 10, 11
Kucinskas, 77
Küng H., 61, 224
Kuroedov V., 189

Kurt P., 84
Kurteff K. St., 198
Kutepov P. A., 187, 190
Kyrillos patriarche, 175

La Pira G., 120
Lackmann M., 55, 266
Ladner G., 6
Lamberigts M., 55, 124
Landazuri Ricketts J., 139
Landi A., 28
Lanne E., 10, 18, 35, 39, 58, 83, 114, 115, 118, 130, 134, 147, 172, 221, 222, 225, 239, 241, 268
Larcher, 203
Lardone Fr., 161
Latreille A., 127
Latreille C., 127
Lavigerie Ch., 173
Lawrence J. W., 257
Lazzeri A., 21
Le Corbusier (Ch. Éd. Jeanneret), 128
Lee H., 5
Lefebvre J., 105, 137, 139, 227, 228
Lefebvre M., 137
Léger P.-É., 29, 42, 43, 44, 62, 139
Le Guillou M. J., 41, 149
Lehmann W., 55
Lemeer J. W., 171
Lercaro G., 61, 79, 89, 223
Lévinas E., 22
Liénart A., 35, 38, 40, 41, 95, 133, 139, 227, 228, 237
Lindbeck G., 15, 131, 220
Lippmann W., 65
Loeff J., 16
Löhrer M., 60
Long J., 18, 24, 25, 32, 50, 51, 54, 57, 66, 69, 75, 85, 87, 88, 90, 94, 97, 99, 101, 109, 112, 113, 114, 115, 118, 123, 126, 144, 150, 151, 157, 158, 159, 167, 171, 172, 178, 180, 183, 184, 201, 206, 219, 220, 221,

222, 224, 232, 235, 239, 246, 249, 250, 258, 263, 264, 267, 268
Lowie J., 169
Lupi A., 31
Luther M., 172
Lyonnet St., 153, 154, 179

Maan P. J., 102
Maccarrone M., 241, 242, 243, 253, 254, 255, 257, 258, 261, 262, 266, 267
Macchi P., 229, 230, 257, 263, 264, 268, 269
Magdalena sr (Nouwen Johanna), 108, 184
Maggi, 27, 84
Mailleux P., 53
Makarios III métropolite, 74
Malagola M., 232, 246, 267
Mancini G., 237
Mancini T., 248
Manes-Mulder, 31, 39
Mansourati I., 67, 93, 157, 158
Marella P., 14, 22, 96, 123, 133, 135, 225, 232
Margaretha sr (Elisabeth Godebrooy), 132, 179, 184, 211, 219
Maria Grazia, 184
Mariani B., 171, 232
Martano V., 238
Martensen H., 52, 172, 184, 217, 225
Martimort A.-G., 89, 139, 227, 230
Martin Jacques, 110
Martin Joseph, 22, 23, 62, 65, 74, 75, 110, 112, 156, 157, 158
Massip M., 187
Masson J., 175
Mateos J., 35, 37
Mathew A., 102
Matray, 128
Mau, 183
Mauro A., 9, 40, 123, 206, 210
Maximos IV (Saigh), 150, 151, 162, 163, 204, 208, 224

Maximos Agiorgousis, 268
Mazerat H., 105, 148
Maziers M., 145
McConnell J., 42, 44
McCool Fr., 153, 154
McGrath M., 168
McInnes, 174, 209
McManus F., 16
Medawar P., 162, 208
Médebielle P., 209
Medina J., 89, 168, 230, 239, 253, 255
Mejia J., 52
Melaspina, 54
Meliton métropolite, 151, 152, 166, 167, 196, 202, 203, 262, 263, 265, 266, 268
Melloni A., 10, 83
Meouchi P., 161, 162, 204, 208, 212
Mertens A. et Mme, 169
Mertens père, 241, 267
Meštrović I., 200
Meuleman Cl., 213
Meura, 108
Meyer A., 94, 139
Miano V., 170, 196, 197
Michalon P., 90, 126, 127, 128, 145, 253, 255, 263
Michel, 163
Migone B., 69
Miguez-Bonino J., 69
Miller J. H., 249
Miller S. H., 4, 5, 6
Mindszenty J., 10, 106
Mira Christina sr (Tonnier Wilhelmina), 56, 72
Moeller Ch., 43, 44, 64, 68, 97, 113, 115, 116, 117, 150, 152, 155, 179, 180, 181, 182, 224, 225, 243
Mojoli G., 175
Molari C., 38, 58, 234, 235, 245, 266
Monduzzi D., 142

Mönnich C. W., 49
Montini G. B. (voir aussi Paul VI), 17, 31, 39, 269
Moore S., 159
Moorman J., 16, 17, 34, 64, 66, 80, 229, 237, 257, 263
Moretti G., 135
Morlion F., 5, 6, 10
Morris A., 160
Mosconas Th., 64
Moskowitz, 87
Mozart W. A., 218
Muller R., 215
Munged El-Hachem, 224
Murray J. C., 26, 68, 71, 76, 142, 153, 154, 156, 177, 178, 179, 182, 219, 225, 226, 228, 229, 231, 235, 237, 238, 240, 241, 255
Murray R., 103

Nabaa Ph., 162, 208
Naguib G., 3, 31
Napoléon Bonaparte, 92
Nasalli Rocca M., 152
Neuner J., 155, 157
Nevsky A. St., 199
Newbigin L., 126
Newman J. H., 70, 101
Nicodemo E., 267
Nicolaas W., 31, 32
Nieland A., 239
Niemöller M., 65
Nierman P. A., 179, 215, 264
Nikodim métropolite, 55, 56, 57, 111, 144, 188, 193, 194, 195, 263, 268, 269
Nikolai évêque, 198
Nikolaos archevêque, 176
Nina ste, 191
Nissiotis N., 78, 108, 126, 153, 184, 225, 261, 262
Nobel, 186
Nolet M., 87, 215

Oberhoffer M., 213
O'Connor M., 224
Odescalchi, 181, 262
Oesterreicher J. M., 7, 22, 37, 155, 177, 182
Ohm Th., 4
Opocensky M., 266
Ottaviani A., 2, 19, 21, 22, 24, 38, 63, 68, 70, 71, 116, 132, 139, 140, 141, 142, 201, 226, 232, 233, 244, 245, 261
Ourfalian D., 249
Outler A., 74

Pacchiacucchi F., 15, 16
Pacheco A., 186
Paglialunga G., 32
Paolo père, 119
Paolo VI (voir aussi Paul VI), 24, 39, 40, 82, 136, 143, 148, 228, 231
Pappàs, 121, 122
Parente P., 21, 43, 44, 63, 71, 108, 110, 116, 117, 139, 140, 159, 202, 221
Pascoli Pl., 38
Pasty G., 110, 111
Paul de Grèce, 94
Paul VI (voir aussi Paolo VI et Montini), 3, 17, 22, 31, 32, 33, 34, 37, 57, 62, 71, 75, 82, 87, 88, 107, 110, 133, 137, 138, 143, 146, 150, 151, 162, 173, 186, 219, 228, 229, 231, 253, 260, 269
Paula sr (Consemulder Johanna), 249
Paulos diacre, 111
Pavan P., 26, 68, 90, 91, 92, 99, 138, 142, 153, 160, 177, 178, 220, 226, 228, 231, 233, 237, 238, 239, 241, 244, 245, 253, 256, 257, 264
Pawley B., 17, 18, 30, 31, 33, 34, 57, 66, 83, 103, 104, 116, 117, 131
Peck Gr., 5
Peereboom S., 216
Peignault, 130, 149, 164
Pelletier G., 139, 140

Pelton R., 82
Perniciaro G., 201
Perrin M., 222
Peters A., 205
Petra sr (Hermanides), 37
Petra sr (Hoefsloot Wilhelmina), 51, 210
Petrov, 199
Philippos K., 74
Philips G., 3, 22, 43, 48, 61, 63, 64, 66, 69, 71, 73, 97, 116, 117, 231, 239, 246, 247, 264
Pichler A., 201
Picker, 33
Pie VII, 92, 106
Pierdonati ristorante, 267
Pierre le Grand, 194
Pietrangeli A., 211
Pimen le Grand, 188
Pinna G., 219
Pintasilgo Maria de Lourdes, 213
Pinto P., 175
Pirenne M., 16
Pitirim K., 187, 188, 189, 190
Pocock Ph., 73
Poorthuis M., 50
Pradervand M., 125, 126
Prasko I., 77
Prignon A., 28, 36, 88, 116, 219, 222, 223, 224, 225, 227, 230, 231, 238, 240, 243, 246, 249, 257, 259, 260, 263, 264
Primeau E., 92, 154, 158, 239, 241, 255
Prinetto A., 220
Printesis B., 74, 121
Puchinger G., 62
Pujol Cl., 8, 9, 15, 75, 94
Punzolo L., 162
Pusey M., 5

Quintero J. H., 139

Raat Mia, 4, 11, 44, 136, 216
Rabban R., 93, 157, 158

Radegonde ste, 165
Raes A., 97, 257, 258, 262
Raffael sr (Boerrigter Lamberta), 179
Ralph père, 8
Ramsey M., 103, 104, 108, 146, 196, 260
Randag W., 48
Rebecchini C., 120, 133
Reinhald père, 171
Rembrandt, 193
Remmer Jan, 11, 13, 14, 45, 156, 214, 248, 250, 251
Ricoeur P., 22
Rijk K., 86, 253, 259
Rina, 116
Ritter K., 79, 139, 167
Robert, 218
Roberti Fr., 219
Rocchi, 211
Rochcau G., 212
Rodger P., 42, 126
Rodhain J., 147, 174, 256
Rolland famille, 92
Rolland Charles Mme, 127
Rolland Daniel, 127, 128
Rolland Louis, 128
Romano G. Fr., 119
Romeo A., 31
Root H., 229, 237
Rooyackers L., 16
Rossi G., 28, 237
Rossi R., 82
Rouquette R., 13
Rousseau O., 217
Roux H., 62, 69, 235
Ruffini E., 230, 233, 236, 263, 264
Ruth sr (Nachbahr), 37, 130, 210
Rutten P., 133
Ruysschaert J., 56, 88
Rypes J., 4

Saba, 199, 243
Saba st, 201, 243, 244, 247, 252

Sabet M., 97
Saers, 248
Saladin sultan, 210
Salemink Th., 50
Salinas Fuenzalida A. O., 264
Salmeron, 39
Salzmann E., 11, 25, 57, 85, 118, 130, 132, 136, 147, 152, 153, 161, 165, 167, 170, 178, 183, 196, 219, 242, 245, 247, 248, 258, 260
Samoré A., 80
Samuil Amba, 175, 210
Sanders J., 251
Santos R., 139, 140
Saragat G., 265
Sarkissian K., 162, 235, 237, 249, 251
Satterthwaite J., 103, 104, 256, 257, 260, 262
Scapinelli G. B., 113, 131
Scarlett P., 149
Scatena S., 22, 37, 48, 67, 76, 79, 136, 141, 143, 152, 223, 224
Schaepman Roos, 130, 172, 186, 219, 247, 252, 255
Schaepman M. et Mme, 172
Scharf K., 159
Schaschinger, 196
Schelkens K., 246
Schillebeeckx E., 61, 65, 172, 222, 227
Schillink, 241
Schlatmann G., 13
Schlink E., 22, 30, 57, 64, 72, 74, 102, 153, 205, 220, 222, 225, 261
Schmahl, 72
Schmidt St., 1, 4, 5, 6, 7, 10, 12, 14, 32, 36, 38, 40, 60, 75, 76, 77, 82, 84, 85, 87, 96, 99, 107, 108, 113, 114, 115, 123, 126, 129, 132, 134, 137, 140, 141, 142, 146, 150, 151, 152, 166, 170, 171, 202, 211, 218, 221, 227, 241, 245, 258, 264, 266
Schmidt-Clausen K., 98, 183, 212, 217
Schmitt, 44

Schökel A., 43
Schomer H., 6
Schoonebeek B., 28
Schoonebeek Piet, 13, 14, 44, 45, 102, 156, 214, 248, 250, 251
Schutz R., 1, 34, 82, 128
Schwarz O., 50
Scrima A., 38, 54, 77, 107, 114, 119, 149, 237, 247, 250, 261
Šeper F., 54, 89, 155, 201
Seraphim archiprêtre, 197, 198, 199
Shakovskoy J., 147
Shamoon S., 252
Sheerin J., 4, 7
Shehan L. J., 73, 157, 158, 179, 203, 227, 231, 242, 267
Shenork Kaloustian, 111
Shuster Z., 63, 77
Sidarouss St., 96, 156, 175, 204, 209, 210
Sigmond R., 89
Signorelli-Van Ree M., 119
Silén Sv., 69, 82
Silva Henriquez R., 139
Silvestrini A., 249
Simaan N., 209
Simone sr (Heeren), 210
Skrypnyk M., 69, 70, 77, 79, 80
Skydsgaard K., 17, 60, 67, 69, 187
Slipyj J., 10, 11, 13, 18, 29, 55, 56, 60, 65, 66, 69, 71, 72, 73, 74, 83, 85, 98, 113, 124, 148, 160, 245, 246, 247
Smit J., 117, 145
Smits L., 74
Smulders P., 265
Soetens Cl., 55, 82
Sondaal H., 49, 80, 216, 217
Spadafora F., 31
Spanedda F., 140
Spellman Fr., 7, 22, 71, 95, 167
Spina A., 197
Springhetti E., 93, 94, 96, 97, 98, 160, 161

Stählin W., 80
Staffa D., 43, 63, 81, 264
Stakemeier E., 158, 180, 254
Stammeyer P., 213
Stankelevitch, 27, 28
Stavropoulos M., 166
Steere D., 108, 254
Steere Dorothy, 80
Stefan évêque, 197, 199
Stephanou I., 12, 75
Stickler A., 257, 258, 262
Stieger J., 77
Stone F., 42
Stoop, 14
Storman Aatje, 213
Stransky T., 3, 4, 5, 6, 7, 8, 13, 17, 42, 46, 51, 52, 53, 77, 82, 99, 101, 112, 113, 133, 152, 153, 158, 159, 160, 171, 172, 177, 178, 183, 184, 186, 219, 221, 222, 225, 231, 243, 246, 252, 254, 258, 263, 265
Strotmann Th., 217
Suenens L. J., 9, 10, 22, 35, 36, 37, 38, 48, 59, 63, 66, 67, 68, 71, 76, 78, 79, 89, 95, 96, 102, 116, 117, 138, 159, 223, 224, 227, 228, 229, 230, 232, 238, 249
Sugranyes de Franch R., 81

Tabet P., 174, 209
Tadros T. M., 175
Tagher Simone, 175
Tappouni I., 161, 204, 208, 255
Tarcisius frère, 171
Tarvydis M., 188, 189, 190
Tavard G., 90, 91
Tawil J. E., 162, 163
Testa G., 10, 22, 29, 38, 83, 85, 98, 123, 133, 135
Texier, 129
Thangalathil Gr., 36
Theodosios patriarche, 162
Theophilos patriarche, 176

Thijssen F., 2, 8, 11, 20, 21, 23, 44, 46, 48, 49, 52, 54, 60, 61, 62, 63, 68, 70, 72, 76, 77, 79, 81, 86, 88, 89, 100, 102, 125, 137, 153, 155, 156, 158, 164, 165, 170, 176, 182, 183, 213, 214, 215, 216, 217, 219, 222, 225, 230, 236, 237, 249, 251, 252, 253, 263, 264, 267
Thils G., 60, 61, 68, 116, 117, 156
Thomas J., 6, 32
Thurian M., 82, 128
Tichon V. J., 188
Timotheus archevêque, 254
Tinga Mr, 86, 214
Tinivella F., 25
Tisserant E., 17, 57, 130, 151, 152, 195, 225, 227, 228, 231, 248
Tocchi M., 28
Tolenaar Dr, 23, 86, 214
Tomkins O., 153, 172
Tondini A., 30, 31
Treffler G., 12
Troisfontaines Cl., 228
Tromp S., 2, 19, 24, 35, 36, 59, 101, 116, 117, 124, 216, 264
Tros Aatje, 213
Tucci J., 132
Tucci R., 78, 115, 143, 234
Turpeault Mme, 107

Urbani G., 242, 243
Ursi C., 78

Vaccaro L., 39, 52
Vajta V., 245
Vallainc F., 224
Van Biervliet T. A., 92
van Bockxmeer C., 59
van den Akker N., 99, 258
van den Brink J., 100
van der Linde H., 48, 60, 62, 78, 182, 183
Van der Meer W., 133

van der Plas M. (voir Brinkel B.), 221
van der Weijden A., 133
van de Weyer A., 235
van Dijk, 214
van Dodewaard J., 28, 68, 101, 222
van Doornik N., 64, 264
van Dusen H., 60
van Ginneken J., 18, 33
van Heygen L. J., 248
van Holk L. J., 62
van Leeuwen P., 265
van Lierde P. C., 145, 266
van Look, 17
van Oeyen Chr., 16
van Oosterom A., 219
van Santvoort H., 62
van Scherpenberg H., 145
van Straaten A., 46, 174
van Velsen G., 59, 62, 158, 221, 229, 248
Vasily III, 189
Velati M., 1, 9, 18, 19, 39, 53, 55, 60, 103, 108, 116, 143, 248
Veneranda ste, 199
Venini D., 129
Verardo A., 201, 202
Verghese P., 17, 78, 153, 159, 185, 251
Vergote A., 22
Veronese V., 206
Verschure L., 155
Verschuren P., 195
Verwer L., 4, 11, 23, 41, 42, 44, 85, 87, 100, 136, 165, 215, 216
Viering Fr., 229
Vijverberg Chr., 132, 133
Villez, 128
Villot J., 127
Vinay V., 118
Vion H., 130, 148, 149, 164
Vischer L., 3, 14, 15, 30, 42, 43, 62, 64, 65, 69, 78, 80, 84, 99, 108, 126, 127, 147, 153, 184, 185, 197, 225, 234, 235, 236, 237, 241, 254, 256, 260, 261, 262
Visser 't Hooft W., 2, 30, 37, 42, 57, 99, 108, 127, 149, 152, 153, 184, 185, 216, 238 244, 260, 262
Vodopivec J., 1, 10, 15, 17, 18, 35, 38, 39, 60, 61, 62, 81, 90, 91, 92, 93, 94, 114, 205, 206, 242
Vogt P., 83
Volk H., 14, 21, 60, 62, 68, 96, 184, 205, 217, 267
Volker L., 60, 114
von Galli M., 13, 57
von Rudloff L., 18, 20, 83, 93, 155, 157

Walser Emmy, 247, 252
Waltermann, 21
Wattson P., 8
Weber, 170
Weber J. J., 217
Webster Leadbeater Ch., 102
Wedgwood Ingall J., 102
Weigel G., 37, 92
Weil, 117
Welsh Cl., 57
Welykyj A., 9, 15, 58
Wennekker Chr., 203
Wenngren C. E., 131
White P. J., 267
Willebrands Ans, 11, 24, 45, 46, 215
Willebrands Evert, 4, 11, 23, 41, 44, 47, 87, 100, 136, 165, 213, 215, 216
Willebrands Frans, 4
Willebrands Herman, 4, 11, 44, 45, 136, 216
Willebrands Herman père, 4
Willebrands Jaap, 117, 136
Willebrands Lize, 50
Willebrands Loet, 4
Willebrands Piet, 4, 8, 21, 23, 41, 42, 44, 50, 86, 102, 136

Willebrands Truus, 11
Willebrands Walter, 4, 214
Williams G., 6, 248
Willibrord st, 216, 255
Willis Fr., 248
Willougbhy F. S., 102
Winderaken, 16
Witte J., 1, 10, 38, 90, 91, 178, 183, 197
Witteman N., 215, 216
Wojtyła K., 257
Wolf H., 185
Woodhams W., 34
Woodruff D., 37

Wright G. E., 4
Wright J., 76
Wüst I., 61, 239
Wyrwoll N., 239
Wyszynski St., 257

Yemmeru A. M., 176

Zanini L., 174, 209
Zevi T., 53
Ziadé I., 208, 235
Zorbás A., 185
Zwartkruis Th., 32